Melanchthon deutsch

VI

Sonntagsvorlesungen und Anekdoten

Melanchthon deutsch

Begründet von
Michael Beyer, Stefan Rhein und Günther Wartenberg (†)

Melanchthon deutsch

Band 6

Sonntagsvorlesungen und Anekdoten

Herausgegeben von
Stefan Rhein, Gottfried Naumann und Matthias Dall'Asta

Evangelische Verlagsanstalt · Leipzig

*Die Drucklegung dieses Bandes wurde gefördert
durch die Evangelische Kirche in Deutschland (EKD)
und die Leipziger Bibelgesellschaft.*

Evangelische Kirche
in Deutschland

Bibliografische Information der Deutschen Nationalbibliothek
Die Deutsche Nationalbibliothek verzeichnet diese Publikation in der Deutschen Nationalbibliographie; detaillierte bibliographische Daten sind im Internet über http://dnb.dnb.de abrufbar.

Das Buch wurde auf alterungsbeständigem Papier gedruckt.

Gesamtgestaltung: Kai-Michael Gustmann, Leipzig
Druck und Binden: Hubert & Co., Göttingen

ISBN 978-3-374-06700-8 // eISBN (PDF) 978-3-374-06701-5
www.eva-leipzig.de

Vorwort

Die Reihe „Melanchthon deutsch“ will den Reformator und Humanisten Philipp Melanchthon mit Übersetzungen auch heute zum Sprechen bringen und seinen Texten die Resonanz geben, die sie im lateinkundigen 16. Jahrhundert in großem Umfang hatten. Melanchthon war ein Bestsellerautor, dessen Lehrbücher europaweit den Unterricht in Universität und Schule bestimmten und dessen reformatorische Hauptschriften wie die „Loci communes“ oder die „Confessio Augustana“ die theologischen und kirchenpolitischen Debatten prägten. Sein Erfolg basierte aber nicht nur auf seinen Büchern und ihren hohen Auflagen, sondern auch und ganz besonders auf seinen Schülern, die in großer Zahl in den Vorlesungen ihres verehrten Lehrers saßen und von ihm Inhalte und Methoden lernten, die sie dann in ihren späteren Tätigkeiten in Kirche, Universität, Schule und Verwaltung umsetzten.

Band 6 von „Melanchthon deutsch“ stellt Melanchthon als Lehrer und Vortragenden vor, der durch sein umfassendes Wissen beeindruckte, der aber auch durch seine lebendige Art des Vortrags zu faszinieren wusste. Dies tritt v. a. bei den Sonntagsvorlesungen zu Tage, wenn Melanchthon bei seiner Bibelexegese ein großes Füllhorn an Geschichten ausschüttete, Geschichten, die von der Antike bis zu Selbst-Erlebtem reichen. Solche „Historiae“ oder Anekdoten wurden von den Zuhörern aufgeschrieben und sind als „Dicta Melanthonis“ vielfach überliefert. Hier zeigt sich ein Melanchthon, der heute meist vergessen wird: der Erzähler, der einen großen Schatz an Geschichten und Anekdoten parat hatte und diese in seine Vorlesungen einstreute – und der dadurch zum begeisternden Lehrer wurde.

In dem vorliegenden Band stehen drei Vorlesungen exemplarisch für Melanchthons sonntägliche Vortragstätigkeit, die er 1522 für ausländische Studenten, die der deutschen Predigt im Gottesdienst nicht folgen konnten, begann und erst wenige Tage vor seinem Tod beendete, die ihn also fast sein gesamtes Wittenberger Leben begleitete. Die Anekdoten in diesen Sonntagsvorlesungen, aber auch in seinen akademischen Vorlesungen werden im zweiten Teil des Bandes an Hand der Sammlung des aus Nürnberg stammenden Studenten Ulrich Vendenhaimer vorgestellt; sie schlagen einen weiten Bogen von der Antike bis in Melanchthons Gegenwart, von literarischen Texten bis zu populären Teufelserzählungen, von Sagen bis zu eigenen Erlebnissen des Humanisten und Reformators.

Die Herausgeber danken sehr herzlich der Evangelischen Kirche in Deutschland und der Bibelgesellschaft Leipzig für die großzügige finanzielle Unterstützung und der Evangelischen Verlagsanstalt Leipzig für die sorgfältige Druckbetreuung, so dass als Ergebnis einer guten Zusammenarbeit ein schönes Buch mit zahlreichen Neuentdeckungen der Öffentlichkeit übergeben werden kann.

Lutherstadt Wittenberg / Melanchthonstadt Bretten, im Mai 2020
Die Herausgeber

Inhalt

Die in den Texten kursiv gesetzten Wörter und Sätze sind bereits im Original auf Deutsch formuliert; die frühneuhochdeutschen Formen und orthografischen Besonderheiten wurden beibehalten.

Sonntagsvorlesungen

Postilla Melanthoniana

Sonntagsvorlesungen – die „Postilla Melanthoniana"

Neben seinen vielfältigen Verpflichtungen in Universität und Kirche hat Melanchthon sich jahrzehntelang die Zeit genommen, den ausländischen Wittenberger Studenten sonntägliche Bibelauslegungen vorzutragen, da diese die deutschsprachigen Predigten im Gottesdienst häufig nicht verstanden. Bald wurden diese lateinischen Vorlesungen so beliebt, dass sich aus Interesse eine zunehmend größere Hörerschaft am Sonntagmorgen um 6 Uhr im Hörsaal der Universität einfand, um Melanchthons mit Anekdoten und Lebensweisheiten angereicherten Auslegungen zu folgen. Zu den frühesten Zuhörern gehörte der spätere Arzt Matthäus Ratzeberger (1501–1559), der diese Vorlesungen aus der Rückschau so beschrieb:

> *„Nhun hatte Philippus außerhalb seinen ordentlichen Lectionibus In der Wochen auch diesen brauch, Das er von wegen der frembden auslendischen Studenten, welches waren Polen, Ungern, Siebenburger, Behemen, Dennemarker, Schweden und dergleichen, die der deutschen sprache ungeubt wahren, des Sonntags frühe, fur* [vor] *der Pfarr-Predigt privatim In seiner stuben Im Collegio Maiore eine praelectionem in sacris eine stunde lang zu thun pflegete, Diese stunde teilet er gewönlich also aus, Das er die erste halbe stunde in explicatione Danielis vel Geneseos vel Evangeliorum Dominicalium, Die uberige halbe stunde aber in catechesi zubrachte, Darinnen pflegete er die articulos et locos Theologicos gantz artlich secundum methodum Dialecticam zu handeln*" (zitiert nach Michel: Sonntagsvorlesungen, S. 177 f.).

Sonntagsvorlesungen über die erwähnten alttestamentlichen Bücher Genesis und Daniel sind für 1522 und 1533/34 bezeugt; bald rückten aber die regelmäßigen Evangeliumsperikopen ins Zentrum der Auslegungen, die Melanchthon bis zum Ende seines Lebens fortführte. Die letzte dieser Vorlesungen (CR 24, 678–683) hielt er fieberkrank (s. CR 24, 672) an Karfreitag 1560 – eine Woche vor seinem Tod. Dokumentiert sind diese frei gehaltenen Vorlesungen in diversen Hörermitschriften aus drei Jahrzehnten; Stefan Michel konnte 2011 immerhin auf 15 noch erhaltene Handschriften aus den Jahren 1533–1559 verweisen. In gedruckter Form erschienen die Vorlesungen erstmals 1544 unter dem Titel „Annotationes in Evangelia". Diese Sammlung erlebte bis 1585 rund zwanzig Auflagen und Nachdrucke; 1545 wurde sie von Kaspar Brusch unter dem Titel „Kurtze Postill [...] uber die Evangelia" auch in einer deutschen Übersetzung vorgelegt, die Johannes Pollicarius 1549 nochmals überarbeitet hat.

Zu der lateinischen Originalausgabe hat Melanchthon selbst 1544 eine längere Vorrede beigesteuert (MBW 3546), in der er das Ziel und die Eigenart seiner paränetischen Vorlesungen beschreibt: Sie sollten der Jugend in leicht fasslicher Form die grundlegenden Lehren des Christentums vermitteln und sie zu eigenen Reflexionen und zum Gebet anregen; keineswegs habe er aber damit gerechnet, dass diese ursprünglichen „Hauspredigten" („domestici sermones") später einmal im Druck erscheinen würden, ja er spricht in diesem Zusammenhang sogar von der dummen Leichtfertigkeit der Herausgeber, die seine „improvisierten kleinen Predigten" („confusaneae contiunculae") nicht einmal sorgfältig überarbeitet hätten.

Diesem Vorwurf wollte sich der philippistische Theologe Christoph Pezel (1539–1604) später nicht aussetzen, als er auf offenbar vielfachen Wunsch hin rund 35 Jahre nach dem Tod des „Praeceptor Germaniae" eine neuerliche Ausgabe der Sonntagsvorlesungen publizierte, die 1594/95 unter dem Titel „Postilla Melanthoniana" in vier Teilen in Heidelberg und Hanau erschien. Bei der Vorbereitung hatte sich Pezel eine ganze Reihe von Hörermitschriften beschafft, die aber erst 1549 oder später einsetzten, so dass er in seiner Vorrede zum ersten Band der „Postilla" kurzerhand behauptete, Melanchthon habe mit diesen Vorlesungen erst nach dem Schmalkaldischen Krieg begonnen (s. CR 24, XXIX–XXX). Pezel sah sich angesichts der disparaten, lückenhaften, oft flüchtigen und teilweise nur schwer lesbaren Mitschriften mit enormen Schwierigkeiten konfrontiert, die er durch eine Kompilation der verschiedenen Aufzeichnungen zu überwinden versuchte. Der erste Teil seiner „Postilla Melanthoniana“ bietet für die Perikopen bis Sexagesimae, dem vorletzten Sonntag vor der Passionszeit, dementsprechend Mischtexte aus verschiedenen Handschriften und aus den Vorlesungen mehrerer Jahre. Dies war ein methodisch fragwürdiges und zudem extrem aufwendiges Unterfangen, von dem Pezel für die Teile 2–4 der „Postilla“ dann auch wieder Abstand nahm, indem er sich dort jeweils auf einen Haupttext konzentrierte, dem er lediglich einzelne Ergänzungen aus anderen Jahren beigab.

Da Pezels Ausgabe in den Bänden 24 und 25 des „Corpus Reformatorum“ einfach nachgedruckt wurde (leider in zum Teil nachlässiger Weise), bildet sie bis heute die traditionelle Textbasis der Sonntagsvorlesungen. Als Edition wurde sie nicht selten harsch kritisiert, und in der Tat würde die neuerliche Auswertung der noch existierenden Handschriften vermutlich eine viel genauere Rekonstruktion von Melanchthons Vorlesungen der letzten zwölf Jahre ermöglichen. So zeigt etwa eine 1895 von Wilhelm Meyer beschriebene Göttinger Handschrift von 1555/56, dass Melanchthon seinen Studenten zu Beginn der Vorlesungen oft Fragen zur Grammatik, Geschichte, Logik, zu Bibelstellen, den Glaubensbekenntnissen und dergleichen stellte – und dabei meist recht ungeduldig war und auch schimpfen konnte, wenn er auf allzu große Lücken stieß. Andererseits bildet die „Postilla Melanthoniana“ auch in der vorliegenden Form eine wahre Fundgrube von Auslegungen, Erläuterungen, Beispielen und Anekdoten, die den Lehrvortrag Melanchthons in seiner ganzen Farbigkeit und Universalität eindrucksvoll ans Licht treten lassen.

Die Texte beleuchten einen akademischen Lehrer, der bei seinen Erklärungen nicht selten vom Lateinischen ins Deutsche wechselte und seine Freude an sprachlichen Beobachtungen, Etymologien, historischen Exempla und – natürlich – an theologischen Themen weitergeben wollte und dabei auch immer wieder Lebensweisheiten einflocht, die von einigen seiner Studenten zum Glück eifrig mitgeschrieben wurden. Den theologischen Gehalt der behandelten Evangeliumsperikopen erläuterte Melanchthon anhand von differenzierten Grund- oder Leitbegriffen wie Sünde, Gesetz und Gnade, die bei ihm zu einer regelrechten Loci-Methode ausgebaut sind. Schon in seinem einflussreichen dogmatischen Jugendwerk, den von ihm immer wieder überarbeiteten „Loci communes“ von 1521, hatte er den an antike Autoren wie Cicero und an die Humanisten Rudolf Agricola (1444–1485) und Erasmus von Rotterdam (1466/69–1536) angelehnten Begriff des Topos, Locus oder „Ortes“ für die christliche Theologie fruchtbar gemacht.

Die folgende Auswahl dreier Sonntagsvorlesungen zu Epiphanias, dem vierten Sonntag nach Epiphanias und zu Invokavit umfasst drei Texte unterschiedlicher Länge aus den ersten beiden Teilen der „Postilla“. Aufgrund inhaltlicher Kriterien lassen sich die hier dokumentierten Fassungen der Vorlesungen im Wesentlichen auf die Jahre 1556 (Nr. 3), 1559/60 (Nr. 1) und 1560 (Nr. 2) datieren und somit dem späten Melanchthon zuordnen. Um gleichwohl zu dokumentieren, dass es sich um eine komplexe Überlieferung von seriellen mündlichen Vorlesungen handelt, die über die Jahre nicht unwesentlich variiert wurden, verweisen die Einführungen zu den drei Texten aber auch auf die älteren, bereits gedruckten Fassungen der jeweiligen Evangeliumsperikope (in den lateinischen und deutschen Ausgaben von 1544, 1545 und 1549 sowie in einer Hallenser Handschrift von 1551 gemäß CR 25).

Literatur: Andreas Gößner: Deklamationen, Reden und Postillen, in: Philipp Melanchthon. Der Reformator zwischen Glauben und Wissen. Ein Handbuch, unter Mitarbeit von Axel Lange hrsg. von Günter Frank, Berlin/Boston 2017, S. 277–294; Martin H. Jung: Frömmigkeit und Bildung. Melanchthon als religiöser Erzieher seiner Studenten, in: Fragmenta Melanchthoniana. Zur Geistesgeschichte des Mittelalters und der frühen Neuzeit, Bd. 1, hrsg. von Günter Frank und Sebastian Lalla, Ubstadt-Weiher u.a. 2003, S. 135–146; Meyer: Göttinger Nachschrift; Michel: Sonntagsvorlesungen.

Vorlesung zu Epiphanias (6. Januar)

Predigttext Mt 2, [1–12]: „Da Jesus geboren war zur Zeit des Königs Herodes …“

Der Text des Corpus Reformatorum entspricht bis hin zur Einteilung der Absätze der 1594 von Christoph Pezel herausgegebenen Textfassung im ersten Teil der „Postilla Melanthoniana“. Es handelt sich um einen Mischtext, den Pezel auf der Grundlage mehrerer Vorlesungsmitschriften der Jahre 1549–1560 zusammengestellt hat. In der vorliegenden Form schreitet der Vortrag von einfachen Wort-, Namen- und Sacherklärungen über eingeflochtene historische Beispiele zur Darlegung des theologischen Gehalts der Perikope voran. Einen solchen dreistufigen Aufbau (Grammatik, Historie, Lehre) hielt Pezel für ein Charakteristikum von Melanchthons Sonntagsvorlesungen, und eine derartige Disposition scheint einem größeren Teil seiner ansonsten weitestgehend improvisierten Vorträge auch tatsächlich zugrunde gelegen zu haben. Auch eine von Pezel nicht herangezogene Göttinger Nachschrift, die unter anderem Melanchthons Vorlesung vom 6. Januar 1556 dokumentiert, bestätigt, dass dieses Aufbauschema zwar abgewandelt wurde, die Verknüpfung von theologischem Lehrvortrag mit sprachlichen und sachlichen Erläuterungen aber die Regel war.[1] Durch die Erwähnung Georgs von Braunschweig-Wolfenbüttel als „[Erz]Bischof von Bremen“ lässt sich die vorliegende Form der Vorlesung auf die Jahre 1559–1560 datieren.[2]

Eine stark verkürzte Fassung dieser Vorlesung hat Heinrich Ernst Bindseil in seiner Appendix zur „Postilla Melanthoniana“ aus einer Hallenser Handschrift abgedruckt: CR 25, 936–939.[3] Sie ist dort auf 1551 datiert und beginnt mit kurzen, mitunter fast stichwortartigen Ausführungen zu den Bezeichnungen „Epiphanias“ und „Magier“, an die sich wenige geographische Angaben zu deren Heimat anschließen. Die Etymologien der traditionellen Namen Kaspar, Melchior und Balthasar werden erst nach einem kurzen Abschnitt über die Natur des Weihnachtssterns nachgetragen; es folgen Bemerkungen zu Bethlehem und den drei Gaben der Magier: Gold, Weihrauch und Myrrhe. CR 25, 938 beginnt dann unter der Zwischenüberschrift „De doctrina“ eine knappe, dreigeteilte Übersicht über den Lehrgehalt der Perikope, die den Artikeln

(„loci") 2–4 der hier übersetzten Langfassung (CR 24, 228–234) entspricht, deren erster Artikel in der Kurzfassung vorab gesondert als eine „von der Geburt Christi Zeugnis gebende Erzählung" eingeordnet wird. Mit den Worten „Die dritte Lehre besteht darin, dass Gott für die Kirche sorgt, ihr ein Reisegeld gibt etc." bricht die Kurzfassung unvermittelt ab. In einer noch älteren Fassung dieser Sonntagsvorlesung zu Epiphanias, die in Melanchthons „Annotationes" von 1544 enthalten ist, wird der Lehrgehalt nach fünf „loci" gegliedert.

Der ausführliche Vorlesungstext zu Epiphanias ist nicht nur wegen seiner zahlreichen Etymologien und durch die eingestreuten Erinnerungen und historischen Beispiele reizvoll, sondern er darf auch aufgrund seiner kulturgeschichtlichen Aspekte Interesse beanspruchen: Astrologie und Prodigiendeutung kommen ebenso zur Sprache wie Verfassungsfragen, Reliquienverehrung, Alchemie und Kabbala. Vor allem zu Beginn seiner Vorlesungen pflegte Melanchthon einzelnen Zuhörern Wissensfragen zu stellen. Dieser ursprüngliche dialogische Charakter ist im vorliegenden Text in Gestalt einiger Fragen erhalten geblieben, die nun allerdings – jeweils eingeleitet mit einem formelhaften „respondeo" – gleich von Melanchthon selbst beantwortet werden.

Textgrundlage: CR 24, 219–234. Postilla I, S. 426–455, wurde verglichen. Vgl. ferner CR 14, 197–200 (= Annotationes, Bl. 31r–34v); Kurtze Postill, Bl. 42r–46v; Postill, Bl. 48r–[53]r.

Die Bezeichnung des Festtages

Was bedeutet Epiphanias? Ich antworte: Als Substantiv weiblichen Geschlechts bedeutet der dem Wort Epiphanias zugrunde liegende griechische Ausdruck ἡ ἐπιφάνεια so viel wie Erscheinen oder Enthüllung: *ein erscheinung*. Als Substantiv sächlichen Geschlechts ist der Ausdruck τὰ ἐπιφάνεια dagegen eine Festtagsbezeichnung, die wie das römische Wort Saturnalia nur im Plural gebraucht wird. In den Kalendern findet man die Bezeichnung „Fest der Magier" oder „*der Obersten tag*". Ich glaube, dass es sich bei der letzteren Bezeichnung um eine Verstümmelung des deutschen Wortes *erscheinen* handelt, wie auch *ostern* durch eine Verkürzung aus dem

Wort *aufferstehen* entstanden ist, das manche wie *uhrstehn* aussprechen. Zumindest liegt bei den deutschen Wörtern *uhrstehn* und *ostern* eine Buchstabenversetzung vor.[4]

Viele nehmen an, die griechische Bezeichnung ἐπιφανείας sei diesem Fest wegen der Erscheinung des Sternes zugewiesen worden. Ich dagegen meine, dass der Name diesem Tag von den Alten nicht so sehr wegen der Magier und des ihnen offenbarten Sterns, sondern wegen der Enthüllung der Gottheit bei Christi Taufe beigelegt wurde. Das Fest der Magier kam erst zu der Zeit auf, als jene bekannte Fabel Verbreitung fand, derzufolge die Gebeine der drei Magier aus Mailand nach Köln überführt worden seien.[5] Als einmal irgendein Priester gefragt wurde, was Epiphania[s] sei, antwortete er, es habe einst eine Frau gegeben, welche die Amme Christ gewesen sei. Der Trottel nahm also an, es handele sich – etwa so wie bei Euphemia – um einen Eigennamen! In Wirklichkeit handelt es sich jedoch um die Bezeichnung einer Sache: φαίνω bedeutet bei den Griechen „ich zeige", woher sich auch das Wort φάος für „Licht" herleitet, und das Wort Epiphanias erklärt sich aus der Gottheit, die sich bei Christi Taufe gezeigt hat.

Die Magier

Was bedeutet die Bezeichnung Magier? Ich antworte: Die Magier sind persische Priester. Andere Völker benennen ihre Priester mit ganz verschiedenen Namen. [220] Die Perser aber verwendeten für ihre Priester ausschließlich die Bezeichnung Magier. Nachdem jene sich jedoch mit verbotenen Künsten beschäftigt hatten oder solchen verbotenen Künsten geradezu verfallen waren, ist der ehrenvolle Name Magier schließlich auf Betrüger und andere Menschen, die mit dem Teufel im Bunde stehen, übertragen worden. Durch die Laster der Menschen erfahren Wörter nämlich eine Wendung zum Schlechteren: aufgrund missbräuchlicher Verwendung von Dingen, die an sich gut waren, wie etwa der Name Mathematiker an sich äußerst ehrenvoll und geradezu heilig ist, da auch die Sache ehrenvoll ist. Das griechische Wort μάθημα bedeutet nämlich dasselbe wie Wissenschaft. Weil jedoch viele Menschen unter dem Deckmantel der Wissenschaften verbotenen Künsten anhingen, ist die Bezeichnung Mathematiker auf Betrüger und Zauberer übertragen worden.[6] In ähnlicher Weise bezeichnete das Wort Sophist einstmals *einen schulmeister*, der Unterricht gab. Weil aber viele von ihnen nichtige Spitzfindigkeiten und Albernheiten lehrten, wurde diese Bezeichnung mit der Zeit auf schlechte Menschen übertragen, welche die Wahrheit in den Wissenschaften zugrunde richten.

Herodot sagt von den Magiern: „Den Persern ist es nicht erlaubt, ein Opfer ohne einen Magier vorzunehmen; ferner ist es nicht erlaubt, nur für sich persönlich etwas Gutes von der Gottheit zu erbitten; der Magier bittet somit für alle Perser zusammen und für den König im besonderen um Segen."[7] Es steht außer Zweifel, dass unsere Vorfahren einst die Nachbarn der Perser waren, und man sagt, es gebe dort noch heute eine ähnliche Art von Waffen, die dortigen Menschen seien von ähnlicher Gestalt und die Körper der Perser seien im Vergleich mit den übrigen Orientalen größer und widerstandsfähiger. Der Name Perser leitet sich meines Erachtens vom Wort *peres* für „Adler" her. Kyros hat in seinen Standarten das Bild des Adlers geführt, und nach der Eroberung des Perserreiches durch Alexander den Großen hat auch dieser in den Standarten einen Adler abgebildet. Schließlich begannen sogar die römischen Kaiser das Bild des Adlers zu verwenden.

Die erfundenen Namen der Magier: Melchior, Balthasar und Kaspar

Unsere Vorfahren haben aus den Magiern Könige gemacht. Vielleicht hat irgendein Jude ihnen die erdichteten Namen beigelegt, um unsere Glaubensbrüder zu plagen. Obgleich es auch möglich ist, dass die besagten Namen aus irgendeiner Dichtung stammen, dessen Verfasser sie so genannt hat, um damit zum Ausdruck zu bringen, dass die weltlichen Obrigkeiten mit der Kirche verbunden sein müssten und dass gut geordnete Reiche so eingerichtet sein sollten, dass es in ihnen zur Herrschaft geeignete Persönlichkeiten gibt. Die besagten Namen aber lauten folgendermaßen: Melchior, Kaspar und Balthasar.

Melchior leitet sich von [hebräisch] *melech* und *or* her, was „König des Lichtes" oder „berühmter König" bedeutet. Kaspar leiten einige von *gaza* her, so dass es so viel wie „Schatzmeister" bedeuten würde; ich selbst glaube dagegen, dass der Name einen Schreiber bezeichnet. Balthasar schließlich leitet sich von *baal* für „Herr" und *sar* für „Kriegsdienst" oder „Heer" ab, so dass man den Namen mit „Herr des Krieges" übersetzen könnte; auch Belisar ist eine Variante dieses Namens. Staatenlenker müssen von solcher Art sein: Ein König, Fürst oder Herr soll aufgrund seiner Weisheit und Tapferkeit berühmt sein. Er muss sich zu Gott bekennen und durch göttliches Licht ausgezeichnet sein. [221] Dann ist er wahrhaftig von solcher Beschaffenheit, wie es im Psalm heißt: „Ich selbst habe gesagt: ‚Ihr seid Götter.'"[8] Jemand wie Nero ist dagegen kein Melchior, das heißt: kein König, der durch Tapferkeit berühmt oder durch göttliches Licht erleuchtet wäre, sondern eine Kloake des Teufels.

Danach gibt es an jedem Hof zwei besonders wichtige Einrichtungen: 1. die Kurie, zu deutsch: *die Cantzeley oder Rhatstuben*, das heißt: die Regierung der Ratsherren, sowie 2. das Militär. In der Kanzlei werden Gesetzestexte abgefasst, vorgelegt, erklärt und aufbewahrt; das Militär dient der Verteidigung. Denn obwohl Gott als Begründer der Reiche und Herrschaften diese auch selbst verteidigt, so will er sich dabei doch als gleichsam vermittelnder Instanzen der Menschen bedienen. Und so heißt es im Vorwort der Institutionen [Justinians] zutreffend: „Die Kaiserliche Majestät muss nicht nur mit Gesetzen gerüstet, sondern auch mit Waffen geschmückt sein."[9] Und entsprechend heißt es auch in einem Vers Homers, an dem Alexander der Große viel Gefallen gefunden hat: „Er war beides: ein guter König und ein starker Kämpfer."[10] Das griechische Substantiv βασιλεύς für „König" bezieht sich dabei mehr auf Zeiten des Friedens als auf den Krieg. Den Führer im Krieg bezeichneten die Alten nämlich als στρατηγός. Die Philologen leiten das Substantiv βασιλεύς von der Wendung βιβάζειν τὸν λαόν her: *einer, der das volck ordnet*, der es ordnet, aufstellt und ihm mit Gesetzen und Urteilssprüchen Halt verleiht. So muss der Fürst gemäß dem Vers Homers also zuallererst im Frieden ein guter Herrscher und gerechter Richter sein. Erst danach muss er auch ein αἰχμητής, also ein Kämpfer, der die Lanze führt, sein, das heißt: ein Mann, welcher der Schutzschild des Volkes zu sein vermag. Aber ich kehre nun zu den Namen der Magier zurück.

Ich nehme an, der Name Kaspar bedeutet Kanzlist, die Bezeichnung Balthasar aber Marschall oder Reiteroberst oder Kriegsherr. Die Regierung insgesamt jedoch muss der Kirche verbunden sein, dem Ruhme Gottes dienen und den frommen Gliedern der Kirche gegenüber wohltätig sein. Melchior, der König, Kaspar, der Kanzlist, und die Kriegsherren namens Balthasar müssen Christus dienen und die Kirche beschützen, unterstützen und fördern. Eben dies ist der vornehmste Zweck der Regierungen. Deswegen sagt Jesaja: „und Königinnen werden Ammen sein“,[11] womit Staaten, Städte, Völker und Verfassungen angesprochen sind. Das sind im Grunde Kindereien, die aber dennoch eine nähere Betrachtung verdienen und für gewichtige und in höchstem Maße notwendige Themen fruchtbar gemacht werden können. Diejenigen, die im Begriff stehen, irgendwann einmal in eine Regierung einzutreten, müssen derlei bedenken, weil Gott Fürsten und Staaten, die ihre Pflicht gegenüber der Kirche vernachlässigen, hart bestraft.

Bei Aristoteles gibt es eine zwar kurze, aber dennoch gute Definition einer obrigkeitlichen Person: „Der Herrscher ist ein Hüter des Gesetzes.“[12] Er ist Gottes Ebenbild auf Erden. Das Gesetz ist nämlich Gottes Weisheit, und der Herrscher ist die lebendige Stimme des Gesetzes, die im Menschengeschlecht erklingen muss und zu beachten ist. In der Kirche müssen wir dies aber mit der ersten und zweiten Tafel des Dekalogs in Verbindung bringen: Die Obrigkeit muss zunächst dafür Sorge tragen, dass die Menschen richtig über Gott belehrt werden; hernach muss sie aber auch [222] die Gemeinschaft schützen und fördern, und zwar mit dem Ziel, dadurch der Kirche Schutz und Förderung zuteil werden zu lassen.

Die Heimat der Magier

Der Evangelist sagt, die Magier kämen aus dem Morgenland. Einige behaupten, sie seien aus Saba gekommen, wegen der Prophezeiung in Jesaja 60: „Sie werden aus Saba kommen, Gold und Weihrauch bringen“[13] und Psalm 72: „Die Könige aus Arabien und Saba werden Geschenke herbeibringen.“[14] Aber ob sie nun aus dem Königreich Saba oder aus dem nahegelegenen Persien gekommen sind, wie ich es annehme, macht keinen großen Unterschied, da Saba ganz in der Nähe Persiens liegt und die Bewohner von Saba zu den Völkerschaften Reicharabiens zählen, das wie eine Halbinsel zwischen zwei Meeresflächen liegt, dem Arabischen Meer und dem Persischen Golf. Ptolemaios lokalisiert die Hauptstadt Saba in Reicharabien auf dem 76. Längen- und dem 13. Breitengrad.[15]

In Persien bildete Susa die Hauptstadt, wo Daniel Statthalter war. Den Namen hat diese Stadt von der Rose oder der Lilie, denn dort gab es große Anmut. Die Geschichtsschreiber sagen ausdrücklich, die Perser hätten ihre Residenzen so verteilt, dass sie zu verschiedenen Zeiten an jeweils unterschiedlichen Orten waren. Zu Beginn des Sommers waren sie der Anmut der Landschaft wegen in Susa am berühmten Fluss Ulai, den Daniel erwähnt.[16] Susa liegt auf dem 84. Längen- und dem 34. Breitengrad.[17] Somit kann die Entfernung von Jerusalem, dessen Längengrad 66 und dessen Breitengrad 31½ betrug,[18] unschwer ermittelt werden. Von wo auch immer die Magier nun auch aufgebrochen sind, sei es nun aus Saba oder aus Susa, so waren doch bis nach Jerusalem nicht weniger als 200 Meilen zurückzulegen. Ich nehme an, dass sie aus Persien gekommen sind und die letzten Angehörigen der Schule Daniels in Susa bilden, wo dieser viele Jahre lang Unterricht gab. Ich glaube, diese Magier haben die Lehre Daniels bewahrt, und auf diese Weise hatten sie den wahren Gott erkannt und wussten, dass der Messias als Angehöriger des jüdischen Volkes kommen werde. So haben sie meiner Ansicht nach auch etwas über die Zeit gewusst, die Daniel bestimmt hat, indem er die 70 Jahrwochen anführt,[19] das heißt: die 490 Jahre ab der Rückführung des jüdischen Volkes oder seit der

Errichtung des [zweiten] Tempels bis zur Passion Christi. Ich habe keinen Zweifel daran, dass diese Magier heilige Männer waren, Wächter der Lehre Daniels, daneben aber auch Gelehrte, die den Himmel beobachteten und die Sterne beurteilen konnten.

Der Stern, der die Magier führte

Denkt nicht, die Unwissenheit sei früher so groß gewesen, wie sie es in der Gegenwart ist. Wie wenige gibt es heute, die wissen, welcher Stern neu oder nicht neu ist und auf welche Weise ein bestimmter Stern von einem anderen unterschieden werden muss? Besagte Magier haben aus seiner Position erkannt, dass es sich beim Weihnachtsstern weder um einen Fixstern noch um einen Planeten gehandelt hat, weil jene oberen Sterne [223] in der achten Sphäre sowie [die Himmelskörper] in den Planetensphären aufgrund ihrer überaus großen Entfernung einen niedrigen Ort auf Erden nicht anzuzeigen vermögen. Die Magier haben aber gesehen, dass sie und ihre Reise von jenem Stern bestimmt und geleitet wurden und jener Stern ihnen sogar voranging und über dem Stall der Maria stehenblieb.

Aus den Fixsternen lässt sich keine genau markierte Linie entwickeln, die auf einen bestimmten Ort oder gar auf irgendein bestimmtes Haus hinweisen würde. Und die Planeten befinden sich innerhalb des Tierkreises, jener Stern jedoch erschien außerhalb des Tierkreises und bewegte sich in anderer Richtung weiter. Es handelte sich also um irgend etwas unterhalb des Mondes, etwas in der Luft, so dass es aus der Nähe sogar den relativ begrenzten Raum zwischen Jerusalem und Bethlehem anzuzeigen vermochte. [Johannes] Chrysostomos sagt, es habe sich um einen Engel gehandelt,[20] was mir als Erklärung ganz gut gefällt, obwohl es auch sein kann, dass es ein Stern war, den ein Engel bewegt oder geführt hat. Und auch die Meinung ist nicht ungereimt, nach der es sich sowohl um einen Engel als auch um einen Stern gehandelt habe, das heißt: um ein Licht, in welchem vielleicht ein Engel erschien, der also gleichsam von jenem Licht umhüllt gewesen wäre, oder das vom Engel beherrscht oder geführt wurde. Alles in allem war es eine von der Gottheit offenbarte Erscheinung oder ein wie auch immer erschaffenes Licht, das nach Art eines Sternes ins Auge fiel. Dadurch konnten die Magier zu dem Urteil gelangen, es sei in einzigartiger Weise etwas Neues in die Welt gekommen, wie man ja auch von ihnen sagt, sie seien nach ihrer Abreise aus Jerusalem erneut durch seinen Anblick erfreut worden.

Gott lässt im Himmelsraum oftmals wunderbare Vorzeichen sichtbar werden, sogar der Teufel stellt viele wunderbare Erscheinungen vor Augen, wie es ja auch in diesen Jahren oft zahlreiche übernatürliche Gebilde und Zeichen in der Luft gegeben hat, die von Teufeln oder möglicherweise auch von guten Engeln herrühren, die derartige Gestalten zu bilden vermögen. Ich könnte hierfür viele Beispiele anführen; so wurde zum Beispiel in der Nähe von [Bad] Schmiedeberg eine auf dem Berg stehende Hirschkuh gesichtet, und dazu ein großes Heer im Kampf. Dann wurde auch eine Sonne beobachtet, die gleichsam in zwei Teile aufgespalten zu sein schien. Auch wurden einmal Reiter in der Luft gesichtet, später Bauern mit Knüppeln und schließlich ein Turm, bei dem ein Mensch stand und Wasser schöpfte, und zwar so, dass man erkennen konnte, dass es sich tatsächlich um Wasser handelte. Am Ende hat ein mächtiger Drache jenen Mann verfolgt. Die ersten beiden Erscheinungen, das heißt: die Reiter und die Bauern, verschwanden schnell wieder; die übrigen Erscheinungen boten sich dagegen lange Zeit den Blicken dar. Gezeigt haben sich diese Bilder zu genau der Zeit, in welcher der Schmalkaldische Bund geschlossen worden ist, und mir scheint damit das Ende jenes Bündnisses angedeutet worden zu sein.[21]

Der Ausspruch Michas

Was bedeutet Bethlehem? Ich antworte: Haus des Brotes. Mit einem anderen Namen wird es auch Ephrata genannt, das heißt: fruchtbarer oder fruchtbringender Ort. Dort gab es mehr Äcker, mehr Saaten, mehr Getreide, während es an den übrigen Orten

Judäas, die rau und steinig waren, viel Öl gab. Außerdem war das Gebiet von Bethlehem [224] der Wurzel Jesse und den Nachkommen Davids zugeordnet. Daher wird Bethlehem auch Stadt Davids genannt.

Nun wollen wir bedenken, dass auch jene Männer gelehrt gewesen sind, die den Spruch des Propheten Micha so verstanden haben, dass Christus in Bethlehem geboren werden würde. Wenn wir die Stelle bei Micha[22] lesen, werden wir sie vielleicht nur so verstehen, dass der Messias aus den Nachkommen Judas und dem Samen Davids kommen und aus Bethlehem ein Heer herausführen werde, weil Bethlehem die wichtigste Stadt im Gebiet des Stammes Juda und die alte Wohnstadt von Davids Vätern ist. Jene aber haben Micha auch im Hinblick auf die Abstammung des Messias so verstanden, als sollte er in Bethlehem geboren werden. Und ich glaube, sie haben aus den mündlichen Überlieferungen der Alten gelernt, welches die genaue Ansicht des Propheten war, wie zu allen Zeiten zahlreiche heilige Männer die Bedeutung vieler Aussprüche der Schrift aus den mündlichen Überlieferungen der Väter bewahrt haben.

Derartige von den Vätern überkommene mündliche Überlieferungen hat man Kabbala genannt. Und es kann nicht daran gezweifelt werden, dass es viele solcher guter Sprüche gab, obwohl ihnen späterhin Nichtigkeiten und Fälschungen beigemischt wurden, wie das bei zahlreichen Dingen vorkommt, zum Beispiel in der wahrhaften Alchemie. *Chimus* bedeutet Feuchte oder Flüssigkeit und *chimia* bedeutet Gießen, und *al* ist im Arabischen der Artikel. Die wahrhafte Alchemie gibt es an jenen Orten, an denen sich metallische Adern finden wie in Joachimsthal [im Erzgebirge] oder an anderen metallreichen Plätzen, wo große Mengen von Gold, Silber, Blei und anderen Metallen aus dem Gestein herausgeschmolzen werden. Späterhin ist jedoch eine gewisse ausgeklügelte Betrügerei erfunden worden, die heutzutage als Alchemie bezeichnet wird. Auf vergleichbare Weise gibt es auch in der Kabbala viele gute Sprüche, die von den Vorfahren der Nachwelt überkommen sind, denen dann aber von anderen Leuten oftmals nur Erfundenes und bloß Ausgedachtes hinzugefügt worden ist.

Es war dies keine gewöhnliche Übereinkunft, mit der die heiligen Männer ihren Glauben bezeugten. Sie sagten, in Bethlehem werde der Messias geboren. Dabei haben sie die Stellen bei Jesaia und David mit dem Ausspruch des Propheten Micha in Einklang gebracht. Denn Jesaia und David behaupten, der Messias werde aus Sion hervorgehen;[23] Micha dagegen sagt, er werde aus Bethlehem kommen. Diese Stellen schienen einander zu widersprechen. Aber den Überlieferungen der alten Prophetenschulen, deren mündliche Auslegung bei den Nachfolgern erhalten blieb, haben sie eine sinnvolle Verknüpfung dieser Aussagen entnommen. Auf ähnliche Weise werden in der Kirche von jeher einige der alten Zeugnisse, die gemeinhin nicht verstanden wurden, verständlich. So war es etwa beim Beginn des Evangeliums des Johannes: „Im Anfang war das Wort."[24] Ein Mann wie Demosthenes hätte nie verstanden, dass damit eine Person gemeint ist. Wir dagegen wissen, dass eine solche Deutung dem übereinstimmenden Zeugnis der schriftlichen Überlieferung entspricht, und so legen wir der Stelle seit den Zeiten der Apostel diesen Sinn bei. Somit sind uns die Worte des Johannes nun verständlicher.

So haben also besagte heilige Männer, zu denen, wie ich annehme, Zacharias, Simeon und noch andere gehörten, welche die Lehre von den Propheten und ihren Schülern empfangen hatten, aus den Deutungen der Propheten selbst in Erfahrung gebracht, dass Bethlehem der Ort der Geburt sein werde, der Ort der Verkündigung, Passion und Auferstehung dagegen Jerusalem, das [225] nicht wie Bethlehem zum Stamm Juda, sondern zum Stamm Benjamin gehörte.

Wir wollen ferner daran denken, dass diese heiligen Männer auch tapfer und standhaft waren, da sie es wagten, Herodes zu sagen, in Bethlehem werde der Messias geboren. Und ohne Zweifel hatte sich die Kunde von der Geburt des Messias bereits weit verbreitet. Diese Ereignisse scheinen sich nämlich im ersten oder zweiten Jahr nach Christi Geburt zugetragen zu haben. Obwohl Herodes aber ein äußerst gefährlicher Feind war, haben sie bei der Bezeugung ihres Glaubens keinen Rückzieher gemacht. So schenkt Gott immer einige Menschen, welche die Lehre richtig verstehen und die Wahrheit standhaft bezeugen. Doch derartige Menschen gibt es bald in größerer, bald in geringerer Zahl, bald sind sie mehr, bald weniger erleuchtet, wie es auch zu Zeiten der unumschränkten Papstgewalt viele Rechtgläubige gegeben hat, die um der Wahrheit willen hart behandelt worden sind, wie etwa auf dem Konzil zu Konstanz Johannes Hus und Hieronymus von Prag verbrannt wurden, weil sie einige grobe kirchliche Irrtümer angeprangert hatten. Auch Johann Hilten ist in Eisenach im Kerker gestorben.[25] Letztendlich bewahrt Gott in der Kirche aber stets einige Menschen, die von der Wahrheit Zeugnis ablegen. Bald darauf hat er das Licht der wahren Lehre sogar wieder stärker scheinen lassen.

Hat der folgende Satz Beweiskraft: „Christus musste geboren werden, als Bethlehem noch existierte; folglich ist kein anderer Messias mehr zu erwarten“? Ich antworte: Er ist aufgrund einiger Verknüpfungen gültig, und es ist jedenfalls die Rede von der Stadt Bethlehem, die ein Teil des jüdischen Staates ist, wie ja auch Micha sie als klein unter den großen Städten Judas bezeichnet.[26] Mit umso größerer Gewissheit kann folglich hinsichtlich des ganzen jüdischen Staates gefolgert werden: „Der Messias musste geboren werden, als der jüdische Staat noch existierte, der nun schon längst ausgelöscht ist; also ist der Messias mit Sicherheit bereits gekommen.“ Heute ist Bethlehem nichts weiter als eine arabische Räuberhöhle.

Hier aber werfen nun einige Leute spitzfindig ein, Matthäus sage nicht wie der Prophet: „du bist klein“, sondern „du bist ganz und gar nicht die kleinste“.[27] Das ist eine kindische Spitzfindigkeit! Matthäus hat jenes „ganz und gar nicht“ mit Bedacht eingefügt, um die von ihm empfundene Freude auszudrücken: Obwohl jene Stadt Bethlehem ihrer Gestalt nach klein zu sein schien, ist sie jetzt ausgezeichnet und berühmt gemacht worden durch das größte Geschenk und den höchsten Ruhm, weil der Messias dort geboren ist und viele dort bekehrt wurden, so als würde er sagen: „Du, Bethlehem, bist groß oder ruhmvoll durch diese Wohltat, dass aus dir der Messias geboren wird.“ Und dies hat folgende weitergehende Bedeutung: Ist die Kirche auch klein von Gestalt, elend und von Sorgen belastet, so ist sie vor Gott doch ruhmvoll, unter den Kindern der Menschen schön.

In politischer Hinsicht ist Venedig heute die schönste Stadt des ganzen Menschengeschlechts, weil es dort das schönste Staatswesen gibt. Obwohl die Stadt dem Namen nach eine Monarchie ist, [226] liegt die Herrschaft beim Rat und ist das Gemeinwesen in Wirklichkeit eine Aristokratie. Denn der Doge von Venedig besitzt kaum größere Macht als die übrigen Ratsmitglieder. Wie der Rektor einer Universität, so hat der Doge von Venedig das Recht, den Rat einzuberufen, kann aber ohne Zustimmung desselben keinen Beschluss fassen. Jene Aristokratie ist durch Gerechtigkeit und Gesetze geschmückt und besitzt eine derart große Macht, dass sie dem einen oder anderen König gewachsen ist. Rom ist heute nicht derart durch Gesetze geordnet. Dort herrscht große Verwirrung und Tyrannei. Die anderen Stadtstaaten Italiens, wie Florenz, Mailand oder Genua, sind von Knechtschaft bedrückt und keine wirklichen Aristokratien.

Ich frage mich mittlerweile, welche Verfassung einem besser gefällt, die Verfassung irgendeiner kleinen Stadt, die mit himmlischer Gelehrsamkeit in Blüte steht und deren Regierung eine maßvolle Politik betreibt, oder aber diejenige von Venedig? Wenn wir etwa an die nahegelegene Stadt [Bad] Schmiedeberg denken, die zwar eine winzige Stadt ist, in der es aber doch eine Kirche mit rechter Lehre und rechtem Gottesdienst gibt, die nicht öffentlich Götzenbilder aufrecht erhält, wie dies in Venedig geschieht. Obwohl es nämlich in der Stadt Venedig auch Menschen mit rechter Gesinnung gibt, wird dort allenthalben an Götzen und den haarsträubenden Verwirrungen der kirchlichen Lehrsätze festgehalten; von den Inquisitoren werden dort zudem viele fromme Menschen umgebracht. So ist zwar auch Köln eine große und reiche Stadt; die wahrhaft Gläubigen werden aber dort verfolgt, und die götzendienerischen Kulte werden öffentlich verteidigt. Wie groß ist doch dort gegenwärtig die Gottlosigkeit! Sie rühmen sich, die Leichname der Magier seien aus dem Partherreich nach Mailand und von dort nach Köln überführt worden,[28] und unter dem Vorwand dieser Reliquien huldigen sie einem ausgeprägten Götzendienst, kommt es zu einem Auflauf abergläubischer Menschen und zu götzendienerischen Gebetsanrufungen. Wittenberg dagegen oder eine andere Stadt, in der es eine reformierte Kirche gibt und wo man nicht mehr an Götzen festhält, ist ein viel schöneres Gemeinwesen, weil sie jene höchste Zierde besitzt, um deretwillen Städte sich ihren Ruhm verdienen. Und so, glaube ich, hat der Evangelist aus der von ihm empfundenen Freude die Negation „keineswegs bist du die geringste" eingefügt, ganz so, als wolle er sagen, Bethlehem sei von ihrer Gestalt her zwar klein, aber groß durch göttliche Gaben und werde für alle Ewigkeit berühmt sein.

Die von den Magiern überreichten Gaben

Von den Magiern wird nunmehr gesagt, sie hätten Gold, Weihrauch und Myrrhe dargebracht, sehr kostbare Gaben also. Sie waren demnach reich, und Gott wollte auf diese Weise für den Lebensunterhalt Mariens sorgen; Weihrauch und Myrrhe konnten teuer verkauft werden. Außerdem benötigte Maria ein Reisegeld, da sie direkt im Anschluss zur Flucht gezwungen wurde. In Judäa waren die Gerechten zumeist von den Gewaltherrschern unterdrückt und konnten gerade nur wenig geben. Dennoch rief Gott aus Persien oder Arabien steinreiche Männer, die Maria, Joseph und das Kind für ihr Exil mit dem nötigen Reisegeld versahen. Hier gilt es, sich des Psalmenwortes zu erinnern: „Die Löwen hungerten; denen aber, die Gott fürchten, wird es an keinem [227] Gut fehlen."[29] In unserem Bibeltext [der Vulgata] steht: „Die Reichen [‚divites'] hungerten", aber im Hebräischen heißt es: „Löwen", und das ist eine Bezeichnung für große Könige. Demetrios war ein solcher Löwe und Sieger über Seleukos und dennoch geriet er wiederum in die Hände des Seleukos.[30] Dort war er ein Bedürftiger, das heißt: Er lebte durch die Wohltat eines anderen. Wie viele Könige und Fürsten sahen wir zu dieser Zeit in die Gewalt derer kommen, die einst von ihnen besiegt worden waren! Der französische König Franz war mächtig und groß und dennoch wurde er von einem Heer Karls V. gefangen genommen.[31] Dagegen lässt Gott seine

Kirche wachsen und entreißt sie großen Gefahren. Er gibt uns ein Reisegeld, das nicht zu Luxus und Ausschweifungen taugt, aber ausreichend ist, wie es auch in jenem deutschen Sprichwort heißt: *Ist es nicht scheffelicht, so ist es doch leffelicht*, das heißt: wenn es auch kein voller Scheffel ist, so wird den Frommen doch wenigstens ein Löffel vom Lebensnotwendigen bereitgestellt.

Dieser erste Grund für die Darbringung von Geschenken ist besonders zu bedenken und dies verdeutlicht den Grundsatz: Zunächst strebt nach dem Reich Gottes; das Übrige wird sich euch dann schon fügen. Danach mag man auch bedenken, was die erwähnten Gaben eigentlich bedeuten. Gold steht für die Lehre oder genauer: für die Reinheit von Lehre und Glauben. Und diese müssen wir in der Kirche vor allem Gott entgegenbringen. Weihrauch steht für Gebetsanrufung, Bekenntnis und Danksagung, da uns im göttlichen Gesetz aufgetragen ist, dass zum Räuchern Weihrauch zu verwenden sei. Was man in den altgläubigen Kirchen oder besser Parfümerien benutzt, ist unechter Weihrauch. Den gibt es ebenso wie falschen Pfeffer. In Antwerpen sind ganze Vorratskammern mit falschem Pfeffer gefüllt, der zur Täuschung der Menschen dem echten Pfeffer untergemischt wird, wie die κάπηλοι [Schankwirte] das zu tun pflegen. Woher stammt dieses griechische Wort? Von κακίζειν und οἶνος, denn wer den Wein panscht, verschlechtert ihn. Oder es kommt von κακίζειν und πηλός, und das würde dann bedeuten: aus Wein Dreck machen. Die Lateiner bezeichnen einen κάπηλος als „caupo", und dieses Wort leitet sich von lateinisch „cupa" her, was soviel wie *ein stubicht* bedeutet, das heißt: ein Maß, das vier großen Mischkrügen gleichkommt. Paulus sagt: „Geht mit dem Gotteswort nicht wie Schankwirte um",[32] das heißt: Seid keine Menschen, die das Wort Gottes verfälschen! Er verbietet, der wahren Lehre falsche Lehren beizumischen. Der Rauch des Weihrauchs steigt in den Himmel auf, und in eben dieser Weise muss auch das Gebet aufsteigen. Die Myrrhe schließlich steht für das Kreuz. Der Name leitet sich von hebräisch *mar* her, was bitter bedeutet, so dass Myrrhe so etwas wie einen bitteren Tropfen oder eine bittere Träne bezeichnet. In der Heilkunde wird es eingesetzt, um zu verhindern, dass in Wunden Fäulnis entsteht. In den Geschichtswerken ist überliefert, dass die Perserkönige Kronen aus Myrrhe getragen haben. Vielleicht ist das ein Sinnbild dafür, dass Könige dazu bereit sein müssen, Wunden zu empfangen und im Interesse ihrer Untertanen viele Lasten auf sich zu nehmen. Sie müssen tapfer kämpfen und dürfen bei der Verteidigung ihrer Untertanen nicht vor Verwundungen zurückschrecken. Wie aber die Myrrhe die Fäulnis verhindert, so besitzt auch das Kreuz heilende Wirkung und reinigt den Schmutz zahlreicher Sünden. Diese Geheimnisse zu bedenken ist schön. Andere haben die Gaben der Magier folgendermaßen erklärt: Dem Christus wurde Weihrauch dargebracht wie einem Gott, zu dem man betet, Gold wie einem König [228] und Myrrhe wie einem Menschen, der im Begriff ist, Leiden auf sich zu nehmen. Auch diese Auslegung ist nicht schlecht. Aber nach diesen eher grammatischen Fragen komme ich nun zu den eigentlichen Glaubenssätzen. Und das sind vier; ich möchte nämlich wenigstens die wichtigsten Lehren behandeln.

Der erste Artikel

Zuerst ist das Zeugnis über die Geburt des Messias zu betrachten. Gott will, dass bezüglich der Lehre vom Messias Gewissheit herrsche. Deswegen hat er Beweise beigebracht. Und die Apostel wollten diese Beweise schriftlich überliefern, um uns der Erscheinung des Herrn wirklich gewiss werden zu lassen. Ein solches Zeugnis geben nicht nur Maria, die um ihre Jungfräulichkeit weiß, und Joseph, der hörte, wie ein Engel zu ihm sprach, sondern auch die Hirten sowie Simeon, Hanna, Zacharias und Elisabeth. Aber auch aus dem Morgenland kamen Zeugen, denen Gott einen neuen Stern offenbart hatte. Wenn wir diese Zeugnisse bedenken, wollen wir im Geiste auch die übrigen Zeichen und Wunder versammeln, die sich seit Anbeginn der Welt zugetragen haben, wie etwa den Auszug des jüdischen Volkes aus Ägypten, die Totenerweckungen und dergleichen. Alle diese Zeichen sind Zeugnisse für die Lehre der Kirche und für den Messias, bei deren Betrachtung der Heilige Geist in unseren Herzen unseren Glauben bestärkt und durch deren Verkündigung die Kirche versammelt wird.

Von den Evangelisten werden nicht die Namen aller Menschen erwähnt, zu denen die Kunde von der Geburt des Messias gedrungen ist oder die selbst Zeugen dieses Ereignisses gewesen sind. Aber Matthäus bemüht sich in dieser Geschichte in erster Linie darum, uns ein Zeugnis vor Augen zu stellen, das verdeutlicht, dass auch Menschen außerhalb Judäas, die nicht von Juden abstammten, sondern Perser oder Araber und somit Heiden waren, gekommen sind, um die Geburt des Messias zu bezeugen. Und so möchte Gott die Kirche sammeln, damit sie in der Welt Gehör findet und auf ihre Weise sichtbar wird. Sie möchte nicht in dunklen Höhlen verborgen sein. Und obgleich diese Zeugnisse Gottes nicht alle so deutlich vor Augen stehen wie die Siege und Triumphe eines Alexander oder Caesar, deren Kunde die gesamte bewohnte Welt erfüllt, ist ihre Bedeutung dennoch nicht verborgen für diejenigen, die sie fromm und ehrfürchtig in ihrem Herzen bewegen.

Der zweite Artikel

Die zweite Lehre steckt in der Beschreibung der Gestalt des Messias gemäß dem Ausspruch des Propheten Micha: „Und du, Bethlehem, bist keineswegs die geringste unter den Städten in Juda; aus dir wird derjenige hervorgehen, der in Israel Herr sei." Und damit klar wird, von welchem Herrscher er spricht, also nicht von David, der vor einigen Jahrhunderten vorausgegangen war, sondern vom Messias, fügt der Prophet noch an: „dessen Ausgang von Anfang und von Ewigkeit her gewesen ist."[33] Dies ist alles ganz knapp formuliert, aber die Heiligen haben es richtig verstanden, und auch wir können es gemäß der Lehre des Evangeliums zutreffend auslegen. [229] Beschrieben wird die zweifache Abstammung Christi. Die Abstammung im Fleische kommt von Bethlehem her, das heißt: von den Nachkommen Davids und aus dem Ort, welcher der Wohnsitz von Davids Vorfahren war. Die andere Abstammung liegt im Göttlichen, das heißt: der Sohn ist von Anfang und von Ewigkeit her vom Vater gezeugt, ist λόγος [Wort] und εἰκών [Abbild] des ewigen Vaters, durch welchen λόγος die Kreatur begründet ist und der ohne Verzug zu seiner aus dem Menschengeschlecht zu sammelnden und zu rettenden Kirche gesandt ist. Es ist somit an dieser Stelle [bei Micha] dieselbe Aussage überliefert wie im Evangelium des Johannes: „Im Anfang war das Wort, durch das alle Dinge gemacht sind. Und das Wort ward Fleisch."[34]

Micha lebte kurz vor Jeremia. Und nicht lange nach seinem Tod wurde das Königreich Israel erneut zerstört. Micha möchte also zum Ausdruck bringen, er spreche nicht von David, der bereits gestorben sei, oder einem anderen neuen König, der die politische Herrschaft in Israel innehaben werde. Wie es auch nach Salomon niemanden gab, der alle Israeliten unter sich hatte; das Königreich von Samaria, das als Königreich Israel bezeichnet zu werden pflegte, ist nach der Wegführung der zehn Stämme niemals wiederhergestellt worden. Micha spricht aber von einem Herrscher, welcher der verheißene Messias ist, der das ganze Volk oder die ganze Kirche aus dem Menschengeschlecht von neuem versammelt. Somit beschreibt er nicht nur die Person, sondern auch die Aufgabe und die Wohltaten des Messias.

Er möchte, dass man weiß, dass dieser Herrscher mit dem Vater gleich ewig ist und bereits vor Gründung der Welt und vor allen anderen Geschöpfen existierte, aber schließlich dennoch aus Bethlehem kommen würde, geboren aus der Jungfrau Maria, die von den Nachkommen Davids abstammt. Ebenso soll man wissen, dass dieser Herrscher derjenige ist, durch den der Segen, die Vergebung der Sünden und die Wiedereinsetzung in das ewige Leben verheißen sind, durch den wir gerechtfertigt sind, der die Macht hat, der in uns wohnt, der mit seiner Hand die Kirche aufrecht hält und führt, der uns leitet und heiligt durch seinen Heiligen Geist. Er spricht nämlich nicht von einem vorübergehenden Herrscher oder von einer Herrschaft, die nur kurze Zeit überdauert, wie die Juden immer wieder annahmen, sondern von einem Herrscher, der ein immerwährendes Reich begründen, der die Sünde und den Tod hinwegnehmen und Gerechtigkeit und das ewige Leben wiederbringen werde. Wir wollen diese Lehre aber auf uns selbst anwenden: Wir möchten mit Sicherheit annehmen, dass uns dieser Sohn gegeben ist, dass er allmächtig ist und dass er auch für uns der Herrscher sein will.

Im Deutschen steht für Herrscher auch die Bezeichnung *Hertzog*. Diese Bezeichnung verweist auf den Anführer des Heeres, auf denjenigen, bei dem die Führung des Feldzugs liegt. Das Wort *König* kommt von dem Verb wissen, gleichsam als wenn man sagen würde: wissend oder weise – *kündig*. Oder es leitet sich vom deutschen Wort *kün* für „zuversichtlich" her. Die lateinische Bezeichnung [„regnum"] kommt von dem Verb „regere", und das besteht in der Unterscheidung zwischen Gerechtem und Ungerechtem, in der Verteidigung gerechter Menschen und in der Verhinderung von Gewalt und Verbrechen. [230]

Der dritte Artikel

Die dritte Lehre handelt von der Berufung der Völker. Gott hat zu allen Zeiten einige unter den Heiden in die Gemeinschaft seiner Kirche berufen. Und ganz ohne Zweifel haben die Zerstreuung der zehn Stämme Israels und das Exil des Stammes Juda für die heidnischen Völker den Vorteil gehabt, dass viele Heiden zum wahren Gott bekehrt wurden und an die Verheißungen des Messias zu glauben begannen. Auf diese Weise sind nämlich Nebukadnezar, sein Sohn Evil-Merodach, der Meder Dareios und Kyros, vier äußerst machtvolle Könige, bekehrt worden, und zwar durch die Verkündigung Daniels, dem Gott glänzende Beweise für die Richtigkeit seiner Lehre ermöglichte, indem etwa die drei Männer im Feuerofen[35] und Daniel selbst unter den Löwen gerettet wurden.[36] Und man kann sicher folgern, dass sich viele derartige Ereignisse in Babylon zugetragen haben, auch wenn nicht alle aufgezeichnet worden sind.

Denkt nun einmal darüber nach, was die Berufung der Heiden eigentlich bedeutet und welche Lehre sie enthält. Was hatten jene Menschen nämlich kennengelernt, die unter den Heiden berufen worden waren? War es denn nötig, dass sie beschnitten wurden und die mosaischen Kultvorschriften einhielten? Ich antworte: nein. Die Propheten nämlich wussten, dass die Kirche, der Gott seine Güte in vollendeter Ewigkeit zu schenken im Begriff stand, ewigen Bestand haben würde und dass wegen seines Sohnes, des Messias, alle Erwählten der Vergebung der Sünden, der Gabe des Heiligen Geistes und des ewigen Lebens teilhaftig sein würden; sie wussten, dass hier ein neuer Gehorsam seinen Anfang nahm, entsprechend dem ewigen Gesetz, das im Dekalog besteht, und dass dieser von einem leuchtenden Glauben geprägte Anfang Gott gefällt. Und eben das lehrten sie unter den Heidenvölkern. Sie haben sie nicht mit den mosaischen Kultvorschriften belastet, sie haben sie nicht zur Beschneidung gezwungen, von der sie wussten, dass sie ausschließlich für die Nachkommenschaft Abrahams vorgesehen war, um diese so von den Heiden zu unterscheiden und um einen Beweis dafür zu haben, dass der Messias aus dem Samen Abrahams kommen würde.

Somit waren alle Heiden, die den Gott anriefen, der sich im Volke Israel offenbart hatte, das heißt: den wahren Gott, der seinen Sohn als Erlöser schicken würde, so waren also alle diese Heiden Glieder der Kirche Gottes, auch wenn sie die Kultvorschriften des Mose nicht beachteten. Ihnen war genug, dass sie die Glaubenslehre ihres Mittlers sowie den Dekalog einhielten. Sie stellten sich vor, sie würden wegen ihres Mittlers ohne Gegenleistung gerettet, und sie bemühten sich, Gott mit geistlicher Verehrung und durch ihren Gehorsam in Fragen der Moral ihre Dankbarkeit zu bezeugen. Von dieser Art waren die von den Propheten bekehrten Nebukadnezar, der Meder Dareios und der Syrer Naeman.[37] Und im Neuen Testament zählen Cornelius und jener Centurio bei Matthäus dazu.[38] Von solcher Art waren auch diese Magier, die letzten Angehörigen der Schule Daniels, welche die Erinnerung an die Lehre der Propheten bewahrt haben. Sie wurden durch das Zeichen jenes Sterns aufgerufen – und vielleicht auch durch andere Offenbarungen ausgezeichnet, wie ja oft auch in Sachen von geringerer Bedeutung zahlreiche Zeichen zusammenkommen – und bezeugten daraufhin mit ihrer langen Wanderschaft, dass sie an den Messias glaubten und Glieder der Kirche Gottes waren.

In der Apostelgeschichte werden gläubige Männer erwähnt, die sich unter den Heiden zu dem in Israel offenbarten Gott bekehren ließen [231] und die dennoch nicht beschnitten wurden und auch die übrigen jüdischen Kultvorschriften nicht beachteten, obwohl es häufiger vorkam, dass Heiden – im Evangelium des Matthäus und in der Apostelgeschichte werden sie als Proselyten bezeichnet[39] – sich sogar aus eigenem Antrieb beschneiden ließen. Dass es aber gar nicht nötig war, die Heiden zu dieser Praxis zu drängen, sehen wir an Daniels Reden vor König Nebukadnezar,[40] in der weder die Beschneidung noch andere jüdische Kultvorschriften Erwähnung finden. Der König selbst wurde eine Zeitlang von Raserei ergriffen, wie auch ein Herakles und viele andere durch edle Naturanlagen ausgezeichnete Männer oftmals von einem finsteren und schauderhaften Wahnsinn befallen wurden, der so etwas wie eine einzigartige göttliche Strafe bildete. Nachdem Nebukadnezar sich aber später unter den Fürbitten der Kirche, Daniels und anderer Frommer wieder von seiner Krankheit erholt hatte, veröffentlichte er eine Verlautbarung, in der er von seiner Bekehrung zu Gott berichtete und seinen Untertanen befahl, den vom Volk Israel verehrten Gott als den einzig wahren anzuerkennen, ohne dass hierbei die jüdischen Kultvorschriften erwähnt worden sind. Er kannte nämlich den weisen Grundsatz, dass die heidnischen Völker den Kultgeboten des Mose nicht verpflichtet seien, sofern sie die Lehren der Zehn Gebote befolgten und die Verheißung verstanden, in der dem Volk Israel das Kommen eines Herrschers angekündigt wird, durch den Gott das Menschengeschlecht neu annehmen werde. Auf diese Weise haben sich nach meinem Dafürhalten viele unserer Vorfahren zu Gott bekehrt.

Aus diesen Dingen sollen wir lernen, die Größe der unermesslichen Barmherzigkeit Gottes zu erfassen, indem er die Kirche aus dem gesamten menschlichen Geschlecht versammelt hat, und das, obwohl sich die Heiden durch entsetzliche Götzen und Schandtaten besudelt haben. Als die Apostel nach Rom kamen, um dort eine Kirche zu versammeln – was war da schändlicher als Rom, über das damals Nero herrschte, dessen Verbrechen seinerzeit noch sehr viele andere Menschen zu vergleichbaren Untaten eingeladen haben? Gemäß den Versen: „Und so wirken sich die Beispiele der Herrscher natürlich auf die breite Masse aus. Wie den Signalhörnern der Anführer, so folgen die Soldaten auch deren Sitten. An dem Vorbild des Königs orientiert sich alle Welt.“[41]

Es ist meistens so: Wie die Sitten der Fürsten, so sind auch des Volkes Sitten. Und noch mehr gilt, was die Propheten sagen: Wie der Priester, so das Volk.[42] Denn die Priester hätten in einem noch größeren Maße Beispiele der Tugenden sein müssen. Leicht lässt sich daher ermessen, ein wie großes Maß an Schändlichkeit es zu jener Zeit in Rom, ja im ganz überwiegenden Teil des Menschengeschlechts gab, als die Apostel zu den Heiden ausgesandt wurden. Wie groß also ist das Ausmaß der Barmherzigkeit angesichts dessen, dass Gott aus dieser ganz und gar elenden und auf fürchterliche Weise befleckten Masse, aus diesem durch und durch schändlichen und besudelten Teil des menschlichen Geschlechts für sich eine Kirche auswählte?

Sobald man aber von der Berufung der Heiden spricht, soll man auch diese Lehre recht begreifen, dass wir angenommen werden nicht wegen des Gesetzes und nicht wegen unserer guten Werke oder unserer Verdienste, sondern wegen des Sohnes Gottes, durch unseren Glauben, ohne Gegenleistung. Dies ist eine wahrhaft fundamentale Lehre, und es ist ein Trost, dass Gott die Menschen umsonst annimmt aufgrund der Vermittlung seines Sohnes und in ihnen durch die Gabe des Heiligen Geistes das ewige Leben sich entfalten lässt, dass er selbst als der wahre Gott erkannt werden möchte, der seinen Sohn gesandt hat, [232] und die Menschen erhören und retten möchte, wenn – und selbstverständlich nur wenn – sie an Christus glauben. Da aber auch wir unter den Heiden berufen sind, wollen wir diesem wahren und lebendigen Gott danken. Und wir wollen diesen unermesslichen Dank feierlich aussprechen und Gott aus diesem Glauben heraus als Erweckte anrufen. Lasset uns froh sein, dass wir aufgrund der unermesslichen Barmherzigkeit Gottes angenommen sind durch den Sohn, und lasset uns dessen gewiss sein, dass Gott durch eben diesen Glauben verehrt werden will, und lasset uns bei allen Widrigkeiten an dieser Tröstung standhaft festhalten!

Der vierte Artikel

Der vierte Artikel handelt vom Zustand der Kirche, davon, wo und wie sie in der Welt ist. Zu der Zeit, als Christus geboren wurde, bestand die Kirche in Israel aus Maria, Joseph, Elizabeth, Zacharias, Hanna, Simeon und anderen vergleichbaren Menschen. Viele Heilige lebten aber anderswo, teilweise bei den Römern, teilweise unter den Perserkönigen, die damals der römischen Herrschaft nicht unterworfen waren, teilweise auch in Deutschland und teilweise an vielen anderen Orten. Und obwohl nicht alle in jenem kleinen Land Palästina lebten, achteten sie doch auf die Stimme der jüdischen Propheten und auf die in diesem Volk überlieferte Lehre.

Solcherart ist die Kirche immer über viele Länder unter verschiedenen Herrschaften verstreut. Man darf nicht glauben, bei der Kirche handele es sich um einen politischen Organismus, der an die Gesetze und Urteile eines einzigen Volkes gebunden wäre – so wie etwa der Papst die Kirche eingerichtet hat: in enger Gebundenheit an die päpstlichen Traditionen und mit der Maßgabe, dass derjenige, der diese Traditionen nicht einhält, kein Glied der Kirche Gottes sein könne. Wenn aber schon die Preisgabe der mosaischen Kultvorschriften, die doch immerhin durch göttliche Eingebung überliefert worden sind, auf keine allgemeine Verpflichtung aller Menschen hinweist, um wieviel weniger ist jetzt die Kirche an diese doch nur menschlichen Traditionen gebunden! Ein Beispiel aus biblischer Zeit macht deutlich, dass es eine Kirche gibt, auch wenn diejenigen, die in ordentlicher Nachfolge stehen und den Titel Kirche führen, keine wahre Kirche sind: So bildeten damals die Priester und Pharisäer keine Kirche. Ebenso ist es uns heute erlaubt, von den Papisten abzuweichen, die vor aller Augen ihre Götzen aufstellen und als Verfolger der wahren Lehre in Erscheinung treten. Wir wollen uns nicht dadurch beeindrucken lassen, dass sie uns entgegen schreien, sie seien die Kirche und auf sie müsse man hören. Sie sind im Gegenteil gerade nicht die wahre Kirche, weil sie grobe Fehler und einen offenkundigen Götzendienst verteidigen. Deshalb ist es nötig, dass wir uns von ihnen distanzieren und ein entgegengesetztes Bekenntnis veröffentlichen, und zwar gemäß den folgenden drei Richtschnüren: Meidet die Götzen![43] Habt keinen Anteil an den Sünden anderer![44] Meine Schafe hören meine Stimme, einem Fremden folgen sie dagegen nicht.[45]

Die Kirche hängt aber nicht an einer ordentlichen Nachfolge, welche die Papisten zu Unrecht für sich in Anspruch nehmen. Denn was für eine ordentliche Nachfolge liegt denn vor, wenn die Bischofsämter käuflich sind und gehandelt werden, wenn sie nicht der Lehre, sondern nur dem Ehrgeiz dienen? Granvella[46] [233] pflegte immer zu sagen: „Es sind drei Faktoren, die jemanden in Frankreich zum Kardinal machen: der König, das Geld und die Huren." Das ist ganz sicher keine ordentliche Nachfolge, wenn der Kirche ein Mensch aufgedrängt wird, der unfromm und in religiösen Fragen unwissend ist und sich um die Lehre und das Wohl der Kirche gar nicht kümmert. Herzog Heinrichs von Braunschweig Bruder Georg, der Bischof von Minden und danach von Bremen,[47] ein guter Kirchenfürst und sehr wohltätig gegenüber den Armen, hat meiner Erinnerung nach einmal gesagt: „Ich wurde Bischof, als ich noch ein junger Mann war; mein Vater war der Meinung, es sei genug, wenn ich eine Herrschaft hätte, von der ich leben könne; man ließ mich nicht studieren, und dennoch muss ich die Kirche leiten." Der vortreffliche Fürst Hermann [von Wied], der Kölner Erzbischof,[48] beklagte in hohem Alter gleichermaßen, dass er in den Wissenschaften nicht richtig ausgebildet worden sei, und doch setzte er sich dann in Köln nachdrücklich für die Reformation ein, nachdem er das Evangelium richtig verstanden hatte.

Es ist ganz sicher keine ordentliche Nachfolge, wenn einer auf jede Art und Weise in das Bischofsamt gehievt wird: durch Stimmenkauf, Veräußerungen und Bestechung. Und dennoch maßen sich die Papisten wegen einer solchen Nachfolge an, im Besitz der wahren Lehre zu sein, und auf Konzilien reißen sie bei der Entscheidung über Streitigkeiten die richterliche oder königliche Vollmacht an sich. Doch die Prophetie, das heißt: die Auslegung der Lehre, ist ein Geschenk Gottes und rührt nicht von einer ordentlichen Nachfolge her. Ein Konzil besitzt keine königliche Gewalt im Urteil und bei der Interpretation, sondern darf lediglich Zeugnis ablegen, indem es anzeigt, dass die Wahrheit mit Gottes Wort übereinstimmt. So wurde auf jenem Konzil von Jerusalem,[49] zu dem viele heilige Männer berufen worden sind, ein Bekenntnis abgelegt zu einem Satz aus der Prophezeiung des Amos.[50] Es wurde nichts Neues vorgebracht, das dem Wort Gottes widerspricht. So ist das Urteil einer Synode ganz allgemein ein Zeugnis und ein Bekenntnis zu den Ansichten einzelner Menschen, und dieses Zeugnis erhält seine Gültigkeit nicht aufgrund der Autorität des Ortes, sondern nur im Falle seiner Übereinstimmung mit der Heiligen Schrift. Die richterliche oder königliche Vollmacht ist eine Vollmacht im Urteilen, indem sie ein Gesetz näher bestimmt und derart auslegt, dass die Auslegung tatsächlich aufgrund der Autorität des Ortes oder des Standes Gültigkeit besitzt. Innerhalb der Kirche hat das Urteil der Konzilien dagegen nicht aufgrund der Autorität des Ortes Gültigkeit, sondern aufgrund der Heiligen Schrift, insofern es nämlich mit dieser übereinstimmt.

Obwohl aber von den Evangelisten nicht beschrieben wird, was Herodes gegen jene heiligen Männer unternommen hat, die so offen bekannt haben, dass der Messias in Bethlehem geboren werden würde, wird doch von einer Verfolgung der Magier erzählt und nach deren Fortziehen auch von einer [blutigen] Verfolgung der Knaben Bethlehems.[51] Nach ihrer Rückkehr in ihre Heimat sind die Magier auch von ihrem eigenen Priesterkollegium dafür verlacht worden, dass sie ihren Glauben an den Messias öffentlich bekannt haben. Oder sie haben sogar eine Verfolgung seitens der Tyrannen erduldet, die im Volk keine Anlässe für einen Aufruhr und für eine Maßnahme zugunsten des Messias zulassen wollten, wie auch Herodes aus eben diesem Grund vom Teufel dazu angestachelt wurde, [234] dem Messias und den Magiern, die dessen Geburt bezeugt hatten, nach dem Leben zu trachten.

Und dennoch rettete Gott die Magier vor den Nachstellungen des Herodes und lenkte ihren Weg so, dass er sie auf einer anderen Route zurückführte, damit sie nicht zu Dienern und Werkzeugen des Tyrannen würden. So wacht er auf wundersame Weise beständig über seine Kirche. Und mir scheint es ein Wunder zu sein, das nicht geringer ist als die Erweckung des Lazarus von den Toten,[52] dass Maria und andere Frauen von vornehmer Gestalt in jenen Zeiten, als ganz und gar verworfene Menschen in Judäa umherzogen, unberührt und unversehrt geblieben sind, obwohl der Teufel ihnen nachstellte, weil er wusste oder ahnte, dass Maria die Mutter des Messias ist.

Und wie die Magier Maria und dem kleinen Kind, für die es beschwerlich war, ohne Geld in der Fremde zu leben, schließlich ihre Gaben bringen, so sorgt Gott für das Überleben seiner Kirche, gibt Herbergen und kleine Hütten. Auch wollen wir bedenken, dass die Magier gleichsam Lehrgeld gezahlt haben für die Lehre, die sie von Maria und Joseph gehört hatten. So müssen wir dessen eingedenk sein, dass man der Kirche und ihren treuen Doktoren Lehrgeld schuldig ist, wie auch Paulus sagt: „Wer unterwiesen oder unterrichtet wird, der teile seine Güter mit dem, der ihn unterrichtet."[53] Und auch sonst ist Dankbarkeit ja eine Sache der Notwendigkeit. Von der übertragenen Bedeutung der drei Gaben habe ich bereits zuvor gesprochen, aber sie gehört auch zu diesem Artikel, in welchem wir von der Kirche handeln. Denn einzig und allein in der Kirche wird Gott durch die Kenntnis der wahren Lehre verehrt, ebenso durch die Anrufung im Gebet, die Beichte und das Leiden am Kreuz. Von Christus war insbesondere vorausgesagt worden, dass sein eigenes Fleisch nicht in Verwesung übergehen würde, wie es im Psalm heißt: „Du wirst nicht zulassen, dass dein Heiliger die Verwesung erfährt."[54] So bedeutet also die Myrrhe, wenn wir über Christus sprechen, unter anderem, dass sein Leichnam nicht verwest ist, sondern unversehrt erhalten blieb. Dies füge man der früher gegebenen Auslegung hinzu, in welcher gesagt worden ist, dass Christus das Gold als einem König dargebracht worden ist, der Weihrauch als einem Gott und die Myrrhe als einem Menschen, dem noch Leiden bevorstehen.

[1] Vgl. Meyer: Göttinger Nachschrift, S. 13–68, bes. S. 37. [2] Vgl. Anm. 47. [3] Vgl. CR 24, XIX–XXII; CR 25, 903 f.; Michel: Sonntagsvorlesungen, S. 186. [4] Der von Melanchthon benutzte grammatische Terminus „metathesis" bezeichnet hier die Verschiebung des Lautes ‚r' vom Ende der ersten zur zweiten Silbe: „u(h)r-ste(h)n" > „o-stern". [5] Die bis heute im Kölner Dom aufbewahrten Gebeine lagen bis 1158 in einem Sarkophag der Mailänder Kirche St. Eustorgio; 1162 erhielt sie der Kölner Erzbischof Rainald von Dassel von Kaiser Friedrich I. Barbarossa als Geschenk und überführte sie nach Köln. [6] Schon in der Antike wurde die Bezeichnung „mathematici" für Astrologen, Wahrsager und Zauberer verwendet (vgl. etwa Kaiser Diokletians Edikt „De mathematicis, maleficis et Manichaeis" von 297). [7] Vgl. Herodot: Historiae 1, 132. [8] Ps 82 (81 Vulgata), 6. [9] Abwandlung des Eingangssatzes von Kaiser Justinians Praefatio zu den Institutiones (Corpus Iuris Civilis, ed. Theodor Mommsen/Paul Krüger, Bd. 1. Berlin 1908, S. XXII). [10] Homer: Ilias 3, 179. [11] Jes 49,23. [12] Vgl. Aristoteles: Politica 3, 15 (1286b33). [13] Jes 60,6. [14] Ps 72 (71 Vulgata), 10. [15] Ptolemaios: Geographie 6, 7, 42. [16] Dan 8,2. [17] Ptolemaios: Geographie 6, 3, 5. [18] Ptolemaios: Geographie 5, 16, 8. [19] Dan 9,24–27. [20] Johannes Chrysostomos: Homilia in Mt 6,2 f. (Patrologia Graeca, Bd. 57, Sp. 66). [21] Das 1531 in Schmalkalden geschlossene protestantische Verteidigungsbündnis wurde nach dem Sieg Kaiser Karls V. in der Schlacht bei Mühlberg (24. April 1547) aufgelöst. [22] Micha 5,1–4. [23] Jes 59,20; Ps 14 (13 Vulgata), 7. [24] Joh 1,1. [25] Melanchthon sah den in Klosterhaft verstorbenen Franziskanermönch Johann Hilten (Johannes Herwich aus Ilten bei Hannover, ca. 1425–1500) wegen seiner Kirchenkritik und seiner Prophezeiungen als einen Vorläufer der Reformation an. [26] Micha 5,1. [27] Mt 2,6. [28] Vgl. Anm. 5. [29] Ps 34 (33 Vulgata), 11. [30] Der makedonische Feldherr Demetrios Poliorketes (ca. 336–283 v. Chr.) kämpfte in den Diadochenkriegen wiederholt gegen Seleukos I. Nikator (ca. 358–281 v. Chr.), von dem er schließlich 286 v. Chr. endgültig besiegt wurde; bis zu seinem Tod lebte Demetrios in luxuriöser Gefangenschaft im Herrschaftsgebiet seines ehemaligen Schwiegersohns. [31] 1525 in der Schlacht bei Pavia. [32] 2Kor 2,17. [33] Micha 5,1. [34] Joh 1,1.3.14. [35] Dan 3,1–30. [36] Dan 6,1–29. [37] Zu Naeman s. 2Kön 5,1–19. [38] Apg 10,1–48; Mt 8,5–13. [39] Mt 23,15; Apg 2,10; 6, 5; 13, 43. [40] Dan 2,27–45; 4,16–24. [41] Claudian: De consulatu Stilichonis 1, 168 f. (bis „auch deren Sitten": „mores castra sequuntur") und De quarto consulatu Honorii 299 f. [42] Jes 24,2; Os 4,9. [43] Vgl. 1Kor 10,14. [44] Vgl. Eph 5,7–11. [45] Joh 10,27. [46] Nikolaus Granvella (Nicolas Perrenot de Granvelle, 1484–1550), burgundischer Jurist, seit 1530 Staatssekretär (premier conseiller) Kaiser Karls V. Melanchthon kannte ihn von den Religionsgesprächen in Hagenau, Worms und Regensburg (1540/41), die von Granvella geleitet wurden. [47] Georg von Braunschweig-Wolfenbüttel (1494–1566), ein Bruder Heinrichs des Jüngeren von Braunschweig-Wolfenbüttel (1489–1568), wurde 1554 Bischof von Minden und 1558 Erzbischof von Bremen. [48] Hermann von Wied (1477–1552), 1515–1547 Erzbischof von Köln und Kurfürst. Mit Unterstützung Martin Bucers und Melanchthons ver-

suchte Hermann von Wied vergeblich, im Erzstift die Reformation einzuführen; 1546 wurde er vom Papst für abgesetzt erklärt; 1547 trat er als Erzbischof von Köln zurück und zog sich auf seine Stammburg Altwied zurück. [49] Apg 15; Gal 2,1–10. [50] Vgl. Apg 15,15–17; Am 9,11 f. Im lat. Text (CR 24, 233, aber auch schon in Pezels Ausgabe von 1594) steht „vaticinii Micheae", gemeint ist aber offenbar „vaticinii Amos". [51] Mt 2,16–18. [52] Joh 11,1–44. [53] Gal 6,6. [54] Ps 16 (15 Vulgata), 10.

Vorlesung zum 4. Sonntag nach Epiphanias

Predigttext Mt 8, [23–27]: „Und er stieg in das Schiff, und seine Jünger folgten ihm …"

Der Text des Corpus Reformatorum entspricht bis hin zur Einteilung der Absätze der 1594 von Christoph Pezel herausgegebenen Textfassung im ersten Teil der „Postilla Melanthoniana". Dort wurde der Text ohne Datumsangabe gedruckt; er lässt sich aber zumindest abschnittsweise auf den 28. Januar 1560 datieren.[1] Die behandelte Perikope vom Seesturm wird zunächst traditionell als ein Bild für das Schicksal der Kirche interpretiert, dann mit den mittelalterlichen Christophorus-Darstellungen verglichen und besonders denjenigen ans Herz gelegt, die ein kirchliches Amt anstreben. Zu Beginn der zweiten Texthälfte (CR 24, 334) verweist Melanchthon darauf, dass das Schiff schon seit jeher als Metapher für den Staat benutzt wurde, und nimmt den Todestag Kaiser Karls des Großen (28. Januar) zum Anlass, einen Exkurs in die deutsche Geschichte anzufügen und ausführlich von den Schicksalen Ottos III., Karls des Großen und ihrer beider Dynastien zu berichten. Elementare Wort- oder Sacherklärungen enthält der Text kaum; lediglich die Etymologie des Stammesnamens der Franken wird behandelt (CR 24, 336). Anlässlich einer auffälligerweise zweimal zitierten Sentenz des römischen Mimen-Dichters Publilius Syrus wendet sich Melanchthon jedoch mit zwei umgehend von ihm selbst beantworteten Fragen an seine Hörer: „Wie skandiert man diesen Vers?" und „Wer waren die Mimen-Dichter?"

Melanchthons Fabulierkunst kommt in seinen Ausführungen über Kaiser Otto III., das „Wunder der Welt", besonders deutlich zum Ausdruck (CR 24, 334 f.). Die Umstände seines frühen Todes im Januar 1002 in der Nähe Roms werden geradezu romanhaft ausgemalt: Die schöne Witwe eines vom jungen Kaiser grausam hingerichteten römischen Patriziers und Aufrührers habe Otto umgarnt und ihn schließlich aus Rache umgebracht, indem sie ihm Handschuhe schenkte, die auf der Innenseite mit Gift bestrichen waren. Dieses Exempel für die Anfälligkeit selbst bedeutender Menschen für Fehler und verderbliche Begierden verknüpft Melanchthon mit den Schicksalen König Davids und des ägyptischen Pharaos Apries und gibt zugleich eine ganze Reihe von Sentenzen zum Besten, die er antiken Autoren wie Simonides oder Ovid entnimmt: „Es ist nicht leicht, in jeder Hinsicht vollkommen zu sein." – „Wen das Glück zu sehr begünstigt, dem raubt es den Verstand." – „Unter günstigen Umständen neigen wir Menschen zur Zügellosigkeit."

Eine kürzere und zum Teil stark abweichende Fassung dieser Vorlesung hat Heinrich Ernst Bindseil in seiner Appendix zur „Postilla Melanthoniana" aus einer Hallenser Handschrift abgedruckt: CR 25, 958–962.[2] Diese Fassung ist auf 1551 datiert und enthält keinerlei Einleitung, sondern beginnt unmittelbar mit dem Lehrgehalt der Perikope nach der Loci-Methode. Der erste Artikel handelt „von den Heimsuchungen" und wird – wie in der hier übersetzten Fassung[3] – unter vier wesentlichen Aspekten betrachtet, die in zwei Durchgängen besprochen werden. Darauf folgen in der Hallenser Handschrift noch drei weitere Artikel („loci"), die mit „Zeugnis der Göttlichkeit Christi", „von der Anrufung in Heimsuchungen" und „Glaubenszeugnis" bezeichnet werden (CR 25, 960 f.). Am Ende steht eine abschließende allegorische Deutung der ganzen Perikope. Während in dieser Allegorese immerhin noch kurz auf den heiligen Christophorus eingegangen wird (CR 25, 961), fehlen Exkurse in die deutsche Geschichte völlig. Melanchthon dürfte die ausführlichen historischen Exempla in seiner Sonntagsvorlesung vom 28. Januar 1560 so sehr in den Vordergrund gerückt haben, dass er von seiner sonst gepflegten Loci-Methode abgekommen zu sein scheint. In der hier übersetzten CR-Fassung findet sich von den in der Hallenser Handschrift behandelten Artikeln 2–4 jedenfalls keine Spur. Dass die lehrhafte Ausdeutung der Perikope vom Sturm auf dem See Genezareth in vier Artikeln bei Melanchthon dagegen früh die Regel war, zeigen seine „Annotationes" von 1544.

Textgrundlage: CR 24, 330–337. Postilla I, S. 644–658, sowie die italienische Übersetzung in Melantone: Predicazione evangelica, Nr. 3, S. 72–83, wurden verglichen. Vgl. ferner CR 14, 210–213 (= Annotationes, Bl. 43v-47r); Kurtze Postill, Bl. 58v-63r; Postill, Bl. 67r-72r.

Das Schiff im Sturm – Christi Schifflein als ein Bild für die Kirche

Diese Erzählung des Evangeliums ist eine bildhafte Darstellung der schrecklichen Verwirrung und des Elends im menschlichen Geschlecht und in der Kirche. Der Nachen wird umhergeschleudert, und Christus schläft. Die Apostel haben keinen derart festen Glauben, dass sie hoffen, unversehrt davonzukommen, wenn sie den Herrn nicht aufwecken. Sie suchen Hilfe im Vertrauen auf seine fleischliche Anwesenheit, wie einstmals die Soldaten Scipios glaubten, sie seien in Anwesenheit dieses Führers sicher.[4] So sind auch wir in schwierigen Lagen ängstlich, halten nach etwas Ausschau, das sichtbar ist und das man anfassen kann.

Inzwischen gibt es überall große und furchtbare Unwetter. Die Türken führen Krieg gegen die Heiligen, wie Daniel es vorausgesagt hat.[5] Die Papisten sinnen auf nichts anderes als auf die Vernichtung der evangelischen Kirchen. Unter uns Evangelischen selbst gibt es zahlreiche innere Streitigkeiten, von denen größere Gefahr droht als von den äußeren Feinden. Die Fürsten sind untereinander uneins, und die Händel der Theologen nehmen kein Ende. Christus scheint zu schlafen, und dennoch sitzt er mit im Boot. Er verlässt die Kirche nicht, er rettet sie, auch wenn Menschen sie nicht mehr schützen können. Er kommt der Schwäche seiner Jünger zu Hilfe, er lässt es zu, dass man ihn aus dem Schlaf aufweckt. Dieses Bild lässt sich ohne weiteres zu allen Zeiten auf die Leitung und Erhaltung der Kirche [331] beziehen, die ganz sicher zu den bei weitem wunderbarsten Werken Gottes gehört, die es seit Anfang der Welt gibt.

Die Lehre vom Kreuz und von den Heimsuchungen

Jetzt werden wir diese besondere Erzählung mit der gemeinsamen Lehre vom Kreuz und von den Heimsuchungen in Beziehung setzen, wobei insbesondere die folgenden vier Punkte zu bedenken sind: Erstens werden wir nicht zufällig von etwas heimgesucht, sondern mit Gottes Willen. Christus hat das Schifflein nämlich zuerst bestiegen, und seiner Führung folgen die Jünger. So gehorchen die Frommen dem Rufe Gottes und nehmen eine bestimmte Art von Leben auf sich. Wie aber die Berufung hierzu durch Gott erfolgt, so rühren auch die mit der Berufung verbundenen Drangsale von Gott her. Wir wollen nämlich nicht annehmen, dass nur die guten Dinge von der Gottheit stammen. Man muss im Gegenteil fest davon ausgehen, dass auch die schlechten Dinge sich infolge der Gottheit ereignen. Dies bezeugt ganz offen der Ausspruch: „Ich bin Gott, der Gutes wie Übles hervorbringt."[6] Gott ist nicht die Ursache dieses Übels, das als das Übel der Schuld bezeichnet wird, sondern der Prophet spricht an dieser Stelle von dem Übel der Strafe, das heißt: Er spricht von schädlichen Dingen, durch die auch die Sünden der Frommen gestraft werden. Andernorts heißt es sogar: „Alle Haare eures Hauptes sind gezählt."[7] Und ebenso: „Der Arme und der Reiche wohnen zusammen; Gott hat beide erschaffen."[8] Armut aber ist eine Form der Heimsuchung.

Wir wollen diesen Gedanken daher den Vorstellungen der Epikureer gegenüberstellen, die glauben, Gutes und Schlechtes falle den Menschen zufällig zu. Es ist aber ein großes Verdienst, im Unglück stets auf Gott zu schauen, den Urheber aller Heimsuchungen, mögen diese uns nun in dieser oder jener Form zustoßen. Dann können wir nämlich die Erfahrung machen, dass Gott feste Grenzen gesetzt hat, innerhalb derer die Übel ihr Werk verrichten müssen.

Zweitens ist festzuhalten, dass Heimsuchungen nicht immer Zeichen des Zornes sind und wir wegen unglücklicher Umstände nicht von Gott verworfen werden. Auf diesem Schifflein ist Christus anwesend, und auf ihm befinden sich auch Christi Jünger, von denen es im Evangelium des Johannes, Kapitel 16 heißt: „Der Vater liebt euch, weil ihr geglaubt habt, dass ich vom Vater ausgegangen bin."[9] Nicht aus Hass also wird ihnen jener Sturm gesandt, sondern damit die Jünger lernen, ihre eigene Schwäche, ihr auf das Fleisch gegründetes Sicherheitsbedürfnis sowie die Fallstricke des Teufels zu erkennen, und ebenso auch, damit in ihnen der Glaube und das Gebet wachsen. Und so werden die Heimsuchungen nicht über uns verhängt, damit wir zugrunde gehen, sondern damit wir zur Buße gerufen werden. Lasset uns im Unglück unseren Glauben üben, die [falsche] Sicherheit vertreiben, Gott anrufen, lasset uns lernen, die Begierden des Fleisches in Schranken zu halten! Denn bis zum heutigen Tag haftet auch den Heiligen die Sünde an; und wenn wir uns keinem Unglück ausgesetzt sehen, dann werden wir meist nachlässiger, haben keine Furcht mehr und beten nicht zu Gott. Diese Übel werden durch Heimsuchungen erkannt und gebannt. Daher steht geschrieben: „Den Sohn, den [332] der Vater liebt, den züchtigt er."[10] Und ebenso: „Wo wohnt Gott? In einem demütigen und gemarterten Geist."[11]

Es hat aber einen Nutzen, diese Ermahnung zu bedenken. Sobald nämlich das Gewissen merkt, dass die Heimsuchungen von Gott herrühren, neigt es der irrigen Meinung zu, man werde von Gott gehasst und aus diesem Grunde heimgesucht. Ebenso glauben die Betroffenen, sie seien von Gott verworfen und gefielen Gott nicht, wovon dann Murren gegen Gott und Verzweiflung die Folge sind. Die Seele beginnt Gott zu misstrauen, hasst ihn wie einen ungerechten Richter und Tyrannen, der unser jammervolles Geschlecht immer wieder mit derart großem Unglück belastet. Hier muss man also wissen, dass Heimsuchungen Zeichen des Wohlwollens sind, das Gott uns gegenüber hegt. Und wie Paulus sagt: „Den Guten gerät alles zum Guten."[12]

Zum dritten müssen wir bei Heimsuchungen von Gott Hilfe erbitten und erwarten, ihm dabei aber nicht die Zeit, den Ort oder die Art und Weise der Hilfeleistung vorschreiben, sondern unser Heil einfach seinem Willen anheimgeben und alles geduldig ertragen, auch wenn er uns nicht sogleich zu Hilfe kommt. Mit dem Gebet und dem Glauben müssen nämlich auch Hoffnung und Geduld verbunden sein. Dies wird [im Gleichnis] dadurch ausgedrückt, dass Christus während des Sturmes schläft, was nichts anderes heißt, als dass Gott die Befreiung bisweilen aufschiebt und uns nicht sofort aus der Gefahr rettet. Wenn so etwas geschieht, hat es für uns den Anschein, als habe er aufgehört, sich um die menschlichen Belange zu kümmern. Allerdings schläft er hier in der Weise, dass er auf das Drängen der Apostel hin erwachte und sich erhob, um Hilfe zu bringen und zuvor deren geringen Glauben zu kritisieren. Unsere Zweifel und unser Mangel an Geduld missfallen Gott nämlich. Er will, dass wir auch mitten in den Heimsuchungen an dem Glauben festhalten, er kümmere sich um uns und er erhöre unsere Bitten, auch wenn er bisweilen die Befreiung und Hilfe erst in fernerer Zukunft gewährt. Diese Erfahrungen werden nur in einem wahrhaftigen Kampf gemacht. Wie ein Schiff im Sturm bald hierhin, bald dorthin schwankt und inmitten der Fluten unsicher umhertreibt, so wird im Unglück auch dem Gewissen auf wundersame Weise zugesetzt: Das Schiff findet keinen Halt, das heißt: Die Sorgen lassen uns nicht los, wenn nicht der Anker ausgeworfen wird, das bedeutet: wenn wir uns nicht stärken durch Hoffnung und feste Erwartung auf Hilfe sowie durch Geduld.

Viertens: Man muss auf das Ende der Heimsuchungen blicken. Gott verspricht uns in seinem Wort, er werde uns dergestalt zur Seite stehen, dass er uns schließlich helfen und befreien möchte, wenn wir ihn nur anrufen und im Glauben an ihn beständig sind. Diese Verheißung bestätigt Christus hier durch sein Wunder. Er befiehlt den Winden und dem Meer und macht dem Sturm ein Ende. Wir wollen festhalten, dass Gott uns auf diese Weise im Unglück Hilfe bringen will und kann. Es ist aber das Werk des alleinigen Gottes, die Stürme auf dem Meer zu besänftigen und daneben auch die Wildheit des Meeres in die Schranken zu weisen. Gott allein nämlich steuert diese Natur, wie er sie ja auch geschaffen hat.

Deshalb heißt es hier auch, die Menschen seien verwundert gewesen und hätten über Christus gesagt: „Was ist dies für ein Mann, dass die Winde und das Meer ihm gehorchen?“[13] Sie er- und bekennen, dass er der wahrhaftige Gott ist. Auch die Apostel selbst wurden ohne Zweifel in ihrem Glauben bestärkt und haben anschließend mit umso größerer [333] Zuversicht auf Christus vertraut, nachdem sie seine Hilfe in einer derart großen Gefahr so machtvoll haben erfahren dürfen. Wir wollen Gott dieses Lob also auch in den Heimsuchungen selbst nicht vorenthalten, dass er nämlich sowohl die Macht als auch den Willen hat, uns zu helfen. Wir wollen uns durch dieses Beispiel aufrichten und bestärken, um festzustellen, dass er auch uns zu seiner Zeit retten wird. Sobald wir dann auch von Gott befreit worden sind, wollen wir mit umso größerem Vertrauen auf ihn unsere Hoffnung setzen. Hinzu komme noch die Verkündigung göttlicher Wohltaten bei anderen, auf dass der Ruhm Gottes sich ausbreite. So ist in dieser Erzählung ein anmutiges Bild enthalten für die Lehre von den Heimsuchungen.

Bilder zur Ausmalung von Dingen, die sich im Dienst [am Evangelium] ereignen

Weil aber die Apostel vor allem für die Diener der Kirche stehen, sollen dieses Bild ganz besonders jene bedenken, die im Begriff stehen, einmal ein kirchliches Amt zu bekleiden. Sie sollen sich auf das Befahren des Meeres, womit die Welt gemeint ist, vorbereiten, wo sich stets zahlreiche Gefahren zeigen, weil Stürme und Winde – das heißt die Teufel und deren Werkzeuge: die Tyrannen, Häretiker und andere ruchlose Menschen – die Welt immer wieder in Aufruhr versetzen und hier und dort die Fluten aufpeitschen, von denen das Dieneramt beständig angefochten wird.

Ich vermute, dass auch das Bild des Christophorus anfangs dazu erdichtet worden ist, einen Lehrer des Evangeliums oder einen Diener der Kirche zu versinnbildlichen. Dieser Christophorus trägt den Christus, um ihn den anderen Menschen zu offenbaren. Es muss aber in einem solchen Mann eine große Körperkraft vorhanden sein, und deswegen wird er auch immer mit riesenhafter Gestalt gemalt. Schließlich erwarten einen Lehrer des Evangeliums unendliche Gefahren. Daher schreitet dieser Held auch durch das Meer und mitten durch die Fluten, und rings um ihn herum schwimmen verschiedene Untiere, die ihm Verderben androhen. Der Knabe, den er trägt, ist klein. Christi Macht scheint nämlich bisweilen äußerst gering zu sein; die Apostel mühen sich ja und sind in Gefahr und scheinen von Gott nicht unterstützt zu werden. Und Christophorus beklagt sich über das ungewohnt große Gewicht; der Knabe selbst drückt seinen Träger zu Boden. Oftmals nämlich scheint Gott selbst feindselig zu sein und zu zürnen; dann erschreckt er die Frommen und treibt sie fast in die Verzweiflung. Doch mitunter richtet sich jener Polyphem hoch auf und stützt sich mit einer Art Baumstamm ab. Dies aber bedeutet, dass sich die Heiligen in Zeiten des Schreckens durch das Wort Gottes abstützen und wieder aufrichten. Und jener anfangs trockene Baum fängt später an zu blühen, denn auch die Lehre bringt viele gute Früchte hervor: Sie rettet sowohl den Lehrer als auch die Kirche, obwohl ruchlose Menschen urteilen, die Lehre sei nichtig und nutzlos.

Auf dem Ufer geht aber ein alter Mann mit einer Leuchte voran. Dieser versinnbildlicht die Propheten, die Christi Geburt im voraus angekündigt haben und uns durch ihr Zeugnis in unserem Glauben bestärken. Auch den Frommen fehlt ihr Lebensunterhalt nicht, mögen auch die Ruchlosen [334] allenthalben wünschen, dass sie verloren sind. Und deshalb trägt Christophorus in einem Ranzen Fisch und Brot bei sich. Dieses Bild, das früher in allen Kirchen gemalt war, sollen junge Menschen bedenken, um auf diese Weise an die Gefahren des kirchlichen Dienstes gemahnt zu werden; auch sollen sie bedenken, welcher Art dieser Dienst ist und dass es nötig ist, einen Christen und ganz besonders einen Lehrer des Evangliums zu ernähren. Auch wäre es nicht ohne Nutzen, diesen Stoff der Übung im Schreiben halber von den Lernenden behandeln und die Allegorie dieses Bildes vergleichen zu lassen mit der Geschichte vom Schifflein Christi, das zwar in einem gewaltigen Sturm in Gefahr war, aber dennoch gerettet wurde.

Die Bildliche Darstellung der Veränderungen in Staatsgebilden

In Gedichten und sorgfältig ausgearbeiteten Reden werden auch die Gefahren von Reichen und Staatsgebilden mit einer Schifffahrt auf dem Meer verglichen. Auch der heutige Tag, der 28. Januar,[14] bietet uns Gelegenheit, über dieses Thema nachzudenken. Dieser

Tag ist nämlich durch den Tod zweier hochberühmter Könige bedeutsam: denjenigen von Karl dem Großen und denjenigen von Otto III. Zwischen dem Tod beider Männer liegen aber 200 Jahre oder etwas weniger.[15] Karls Familie herrschte nämlich ungefähr 100 Jahre. Ebenso behauptete auch die Familie Heinrichs des Voglers, die aus Sachsen stammte, fast 100 Jahre lang die Macht. Aus dieser sächsischen Familie kam Otto III., auf dessen Veranlassung hin kurz vor seinem Tod, also etwa um das Jahr 1000, in Deutschland das Kollegium der Kurfürsten[16] eingerichtet worden ist. Aus der sächsischen Familie gingen drei berühmte Kaiser hervor: Heinrich der Vogler, Otto I. und Otto III. Denn Otto II.[17] glich nahezu einem [Tyrannen wie] Domitian. Er lebte in Rom und lernte die Sitten der Römer, wie die Menschen ja oft ihre angestammten Sitten verändern, wenn sie anderswo leben. Auch glaube ich, dass der Teufel in schlechter Gesellschaft auch mittelmäßigen Menschen sein Gift anbläst. Menschen werden nicht nur durch schlechte Beispiele und üble Gespräche verdorben, sondern auch vom Teufel, der ihnen sein Gift anhaucht. Wenn tüchtige Fürsten schlechte Menschen, die Werkzeuge des Teufels sind, in ihrer Nähe dulden, dann werden sie verdorben, auch wenn sie zuvor tüchtig waren. So war Otto II. in Rom bei jenen schlechten Menschen, die er lieber nachahmen wollte als den vortrefflichen Vater. Er hatte eine griechische Gemahlin, Theophanu.

Otto III.

Folglich entstammte Otto III. griechischem und deutschem Blute. Er war von solch großer Schärfe und Schnelligkeit des Geistes, dass man ihn „*Mirabilia mundi*" [„Wunder der Welt"] nannte. In Merseburg sah ich das Buch eines Merseburger Bischofs, der am Hof Ottos III. lebte. In diesem Buch heißt es: [335] „Ich könnte wunderbare Dinge von ihm schreiben, wenn ich wollte."[18] Ich wünschte, er hätte tatsächlich über jene Dinge geschrieben. Als erster setzte Otto III. dem König von Polen die Krone auf.[19] Also gibt es die Königswahl schon seit mehr als 500 Jahren. Und ebenso das Königreich Polen, während das ungarische Königreich noch etwas älter ist.

In Frankreich regierte die Familie Karls des Großen das Reich ungefähr 500 Jahre lang. Danach folgten andere Familien nach. Meistens bringt das Ende eines Zeitraums von 500 oder 700 Jahren in Königreichen eine Veränderung mit sich. Wenn ein solcher Zeitraum abgelaufen ist, stehen den Reichen im allgemeinen gewaltige Veränderungen bevor. Wir sehen mit Gewissheit, dass viele Reiche bereits zusammenbrechen und einer noch größeren Zahl der Zusammenbruch droht. Wir wollen daher an unsere Vorfahren, deren Tapferkeit herausragend war, denken und dafür beten, dass Gott uns auch jetzt gute Regierungen beschert.

Doch ich werde jetzt ausschließlich über den Tod Ottos III. sprechen. Er kam zur Unterdrückung eines Aufruhrs nach Rom. Dort hatte sich nämlich jemand zum Fürsten von Rom erklärt und prahlte, er wolle das Königreich Italien wiederherstellen. Er hatte in ganz Italien Edikte erlassen, um die Städte gegen die deutschen Kaiser aufzuwiegeln. Diesen setzte Otto auf einen Esel und ließ ihn mit abgeschnittener Nase durch Rom führen; dann hängte er ihn auf. Dieser Mann[20] hinterließ eine Frau von ausnehmend schöner Gestalt, von der Otto III. umgarnt wurde und zu der er in Liebe entbrannte. Später tötete sie Otto durch Gift, während er vergeblich auf eine Ehe mit ihr hoffte. Sie hatte nämlich die Handschuhe, die sie Otto als Geschenk zusandte, innen mit Gift bestrichen. Dieses Beispiel zeugt zum einen von der großen Hinfälligkeit des Menschen: Sogar ein Mann von herausragender Tapferkeit begeht Fehler, wie auch Simonides richtig bemerkt hat: „Es ist nicht leicht, in jeder Hinsicht vollkommen zu sein“,[21] das heißt: unter allen Umständen standhaft zu bleiben. Zum andern zeugt das Beispiel von Übermut oder Nachlässigkeit im Glück, vergleichbar mit der Geschichte Davids.[22] Zum dritten ist Ottos Tod ein Beispiel für die Bestrafung der Begierden. Es steht auch geschrieben, er habe eine seiner Ehefrauen verbrannt; im Umgang mit Frauen hatte er kein Glück. Wenn wir daher die Geschichte von seinem Tod lesen, dann wollen wir daran denken, dass Salomo nicht ohne Grund gesagt hat: „Wohl dem, der stets besorgt ist",[23] das heißt: der sich nicht mit fleischlicher Sicherheit begnügt, sondern Gott fürchtet, um seine eigene Hinfälligkeit weiß und zu Gott betet. Herodot schreibt, der ägyptische Pharao Apries habe behauptet, er besitze eine derart große Macht, dass niemand ihn aus seinem Reich vertreiben könne.[24] Hernach ist er aber von seinem Statthalter Amasis abgesetzt worden. Sobald die Menschen nämlich beginnen, übermütig zu werden und sich allzu sicher zu fühlen, folgt sogleich die Buße. „Wen das Glück zu sehr begünstigt, dem raubt es den Verstand."[25] Und: „Unter günstigen Umständen neigen wir Menschen zur Zügellosigkeit."[26]

Tapferkeit ist etwas Herausragendes und wie ein göttlicher Strahl; sie erlischt aber durch Nachlässigkeit und Ruhe. Bei Jesus Sirach heißt es: „Je größer einer ist, desto bescheidener soll er sich geben."[27] Diesen Ausspruch hat Karl V. oft [336] wiederholt, denn mitunter gibt es auch bei bedeutenden Männern Bescheidenheit. Ändern sich die Sitten, ändert sich auch das Glück, wie es in jenem [eben bereits zitierten] Vers zum Ausdruck kommt: „Wen das Glück zu sehr begünstigt, dem raubt es den Verstand."[28] Wie skandiert man diesen Vers? Es handelt sich [im lateinischen Original] um einen iambischen Senar. Und er stammt von einem der Mimen-Dichter. Wer waren die Mimen-Dichter? In Rom gab es zwei: [Decimus] Laberius und Publi[li]us [Syrus], die eine große Meisterschaft im Verfertigen witziger Sprüche besaßen. Gleichwohl gab es auch noch viele andere Mimen-Dichter: mit Witz begabte Menschen, die bei Komödienaufführungen den ehrenwerten Leuten die Sitzplätze zuwiesen und die übrige Menschenmenge so unter Kontrolle hielten, dass die Aufführungen nicht behindert wurden, und die dabei mitunter schlagfertig oder witzig ihre Sprüche unter das Volk streuten. Sie haben die Machthaber getadelt, in verdeckter Form deren Fehler aufs Korn genommen und dabei moralische Bewertungen eingeflochten. Heute pflegen sich kostümierte Narren, die Masken tragen, denjenigen beizugesellen, die Komödien aufführen. Nach dem Beispiel der alten Mimen-Dichter halten sie die Menschenmenge zur Ordnung an und geben dabei manchmal ihre Witzeleien zum Besten. Früher geschah dies jedoch mit größerer Würde. Einige Sentenzen der

Mimen-Dichter haben sich bis zum heutigen Tag erhalten, darunter etwa auch dieser: „Das Glück ist gläsern; wenn es glänzt, zerbricht es.“[29] Menschen lassen sich durch Erfolge betören. Sie beginnen überheblich und übermütig zu werden, sie setzen allzu viel Vertrauen in ihre eigenen Kräfte. Um es kurz zu machen: Niemand wird durch beständige Erfolge besser. Die Strafen folgen auf dem Fuß. Wie groß war der Ruhm Davids, wie groß sein Glanz? Und dennoch ist er gestrauchelt, hat sich durch ein haarsträubendes Verbrechen besudelt.[30] Und obwohl er sich besserte, wurde er von Strafen heimgesucht.

Karl der Große

Ich möchte noch etwas über Karl den Großen anfügen, da er zu den herausragendsten Königen aller Zeiten gehörte. Deshalb darf man die Erinnerung an ihn und die von ihm vollbrachten Taten nicht vernachlässigen. Wer war Karl der Große? Aus welchem Stamm ging er hervor? Aus demjenigen der Franken. Über dessen Ursprung werden verschiedene Dinge geschrieben. Hieronymus aber sagt, die Franken seien ein Stamm zwischen Saale und Main, nicht groß, aber kriegerisch.[31] Dies schreibt Hieronymus über seine eigene Zeit, als die Franken noch in Deutschland lebten und noch nicht nach Frankreich hinübergezogen waren. Ich glaube, dass dem Namen Franken ein deutsches Wort zugrunde liegt. *Francken* bedeutet *die freyen ancken*; *anck* aber bezeichnet einen *knecht*, wie in meiner Kindheit die Soldaten, *die landsknecht*, als *die freyen knechte* bezeichnet wurden. Sie trugen den Namen Franken, weil sie ein kriegerischer Menschenschlag waren. Dennoch waren sie nicht allein kriegerische und tapfere Männer, sondern sie waren auch bescheiden, gerecht und fromm.

Ihr werdet nicht ohne Mühe in einer einzigen Königsfamilie vier derartige Männer finden wie 1. Karl Martell, 2. Pippin, 3. Karl den Großen und 4. Ludwig den Frommen. Sie folgten einander in ununterbrochener Reihe. Kaum werdet ihr vier vergleichbare andere Fürsten finden, die in ununterbrochener Folge

[337] in einer Familie vorkommen. Zwar hatte David einen Salomo zum Nachfolger, und Caesar hatte den von ihm adoptierten Augustus. Deren jeweilige Nachfolger aber waren Ungeheuer, Tyrannen, wilde Tiere. Und so sind auch nach Vespasian und Titus Tyrannen gefolgt.

Karl Martell hat ein Heer aus 300 000 Sarazenen, das nach Gallien eingedrungen war, vernichtend geschlagen. Pippin befriedete Italien und einen weiten Teil Europas. Karl der Große schmückte diese Gebiete mit Bildung und Wissenschaft. Er ist als erster deutscher Kaiser ausgerufen worden und hat bedeutende Taten vollbracht, wie in den Chroniken nachzulesen ist. Und auch Ludwig der Fromme war ein guter Fürst. Dessen Sohn, der über Deutschland herrschte, gründete das Kloster Gandersheim.[32] Ich habe den mit Gold geschriebenen Stiftungsbrief selbst gesehen, nämlich damals, als Kurfürst Johann Friedrich [von Sachsen] und der Landgraf [Philipp von Hessen] das Herzogtum Braunschweig besetzten.[33] Es war ein schönes Dokument.

Ihr müsst die alten Geschichten kennen, um zu erwägen, auf welche Weise Gott die Königreiche verändert, und damit ihr ihm dafür dankt, dass er die Kirche gerettet hat. Denn die Geschichte ermahnt uns immer zur Sammlung und Verteidigung der Kirche und des menschlichen Geschlechts. Auf diese Weise, so sagten wir ja, wird in der Erzählung des Evangeliums ein Bild vorgestellt für die Dinge, die sich im Gefüge der Mächte auch vor unseren Augen ereignen, und für die Kirche. Ein bedrohlicher Aufruhr entstand auf dem Meer, als Christus schlief. So gerät die Welt oftmals in Schauder erweckende Unruhe, ganz so, als würde Christus schlafen. Aber, wie ich gesagt habe, den Chroniken werdet ihr die Taten Karls des Großen entnehmen, wo wir dann besonders von der Translatio imperii, der Übertragung des Reiches, sprechen müssen. Die Päpste behaupten nämlich, es stehe in ihrer Macht, Königreiche zu verleihen, wie es auch beim letzten Augsburger Reichstag eine heftige Auseinandersetzung über diese Sache gab, da der dummdreiste Papst Paul IV. die Wahl Kaiser Ferdinands nicht anerkennen wollte und behauptete, es stünde ihm zu, die Kaiser zu ernennen und abzusetzen.[34] Das haben die Päpste oftmals getan und damit Anlässe zu großen Unruhen gegeben. Jene geschichtlichen Ereignisse müsst ihr im Gedächtnis behalten, die ihr dereinst ein Regierungsamt antreten werdet, auf dass ihr euch nicht durch schlechte Ratschläge einwickeln lasst. Unsere Fürsten müssen in fester Einigkeit den von ihnen gewählten Kaiser schützen. Sie dürfen ihn nicht im Stich lassen, da er beim Regieren gerecht ist, auch wenn er seine Fehler hat. Wir dürfen nicht gegen ihn aufbegehren, wie es aufgrund päpstlicher Machenschaften in der Vergangenheit oft geschehen ist. Somit ist bereits die Geschichte dieses einen Mannes, Karls des Großen, in vielerlei Hinsicht lehrreich.

[1] Zur Datierung vgl. Anm. 14 und 34. [2] Vgl. CR 24, XIX–XXII; CR 25, 903 f.; Michel: Sonntagsvorlesungen, S. 186. [3] Vgl. CR 24, 331: „quatuor praecipue consideranda sunt"; CR 25, 958: „praecipue quatuor observanda sunt". [4] Gemeint ist vielleicht der im Bürgerkrieg auf Seiten der Republikaner kämpfende und in der Schlacht bei Thapsus von Caesar entscheidend besiegte Quintus Caecilius Metellus Pius Scipio (ca. 100/98–46 v. Chr.), dessen Cognomen an den berühmten Publius Cornelius Scipio Africanus (235–183 v. Chr.) erinnerte und bei seinen Anhängern und den Soldaten mit der abergläubischen Vorstellung verknüpft war, ein Scipio könne in Afrika nicht unterliegen. Vgl. Cassius Dio: Historia Romana 42, 57 f. [5] Vgl. Dan 11. [6] Vgl. Jes 45,7. [7] Mt 10,30. [8] Spr 22,2. [9] Joh 16,27. [10] Spr 3,12. [11] Vgl. Jes 57,15. [12] Röm 8,28. [13] Mt 8,27. [14] Zwischen 1549 und 1560, dem Zeitraum der in Pezels „Postilla Melanthoniana" enthaltenen Sonntagspredigten, fiel der vierte Sonntag nach Epiphanias nur in den Jahren 1554 und 1560 auf den 28. Januar. [15] Karl der Große (geb. 747 oder 748) starb am 28. Januar 814, Otto III. (geb. 980) am 23. oder 24. Januar 1002. Die heute nicht mehr vertretene Datierung von Ottos Tod auf den 28. Januar findet sich in Paul Ebers „Calendarium Historicum" (Basel 1550 u.ö.) sub dato. [16] Zu dieser Bezeichnung des „Senatus Electorum in Germania" vgl. Melanchthons Einleitung zum „Chronicon Carionis": „Ebenso wurde in Deutschland mit größter Weisheit das Kollegium der Kurfürsten eingerichtet, das seit nunmehr schon 500 Jahren das Rückgrat des Deutschen Reiches bildet" (CR 12, 712: „Item sapientissime constitutus est senatus Electorum in Germania, qui iam annis quingentis nervus fuit Germanii imperii"). [17] Heinrich I. (ca. 876–936), genannt der Vogler, ab 919 König des Ostfrankenreiches, war der Vater Ottos I. (912–973, ab 962 Kaiser), Großvater Ottos II. (955-983, ab 973 Kaiser) und Urgroßvater Ottos III. [18] Vgl. Thietmar von Merseburg: Chronik 4, 8 u. 29. [19] Bolesław I. Chrobry (965/967–

1025) soll im Jahr 1000 in Gnesen (vgl. Thietmar von Merseburg: Chronik 4,28) von Otto III. zum König von Polen erhoben worden sein. [20] Gemeint ist Crescentius I. Nomentanus (998 hingerichtet), nicht mehr der auf Geheiß Ottos III. verstümmelte und auf einem Esel durch Rom getriebene Gegenpapst Johannes XVI. Zu beider Ende vgl. Thietmar von Merseburg: Chronik 4,21. Der folgende Bericht über Ottos Vergiftung durch die schöne Witwe des Crescentius (Stephania) findet sich nicht mehr bei Thietmar von Merseburg, jedoch in anderen deutschen Chroniken; vgl. Louis Lewin: Die Gifte in der Weltgeschichte. Toxikologische, allgemeinverständliche Untersuchungen der historischen Quellen, Berlin 1920, S. 97–99. [21] Vgl. Simonides: Fragment 37 (Page). [22] Vgl. Anm. 30. [23] Spr 28, 14. [24] Herodot: Historiae 2, 169. [25] Publilius Syrus: Sententiae F 8 (Beckby). [26] Ovid: Ars amatoria 2, 437. [27] Sir 3,20. [28] Zu der neuerlichen Anführung dieses Publilius Syrus-Verses (Sententiae F 8) vgl. die Einleitung. [29] Publilius Syrus: Sententiae F 24 (Beckby). [30] Anspielung auf Davids Ehebruch mit Bathseba und dessen Begleitumstände; vgl. 2Sam 11. [31] Hieronymus (347–420), Stelle nicht ermittelt. [32] Offenbar Verwechslung des Sachsenherzogs Liudolf (ca. 806–866), des Gründers des Stiftes Gandersheim, mit Ludwig dem Deutschen (ca. 806–876). [33] Über einen Besuch Melanchthons in Gandersheim ist nichts bekannt. Die Besetzung des Herzogtums Braunschweig durch Kurfürst Johann Friedrich von Sachsen und Landgraf Philipp von Hessen erfolgte 1542. Wie Melanchthon am 22. Oktober 1545 brieflich von Wittenberg aus berichtet (MBW 4044), marschierte der Landgraf im zweiten braunschweigischen Krieg 1545 mit einem Heer nach Gandersheim, um Herzog Heinrich an der Rückeroberung seines Herzogtums zu hindern. [34] Nach der Abdankung Kaiser Karls V. (1556) wurde sein Bruder Ferdinand gegen den Widerstand Pauls IV. (1555–1559 Papst) zu dessen Nachfolger ausgerufen; die Kaiserkrönung fand im März 1558 in Frankfurt statt. Der erwähnte Augsburger Reichstag ist derjenige von 1559, der erst im Sommer zu Ende ging. Zumindest der vorliegende Abschnitt dieser Sonntagsvorlesung muss also aus Melanchthons Todesjahr 1560 stammen.

Vorlesung zu Invokavit (1. Sonntag der Passionszeit)

Predigttext Mt 4, [1–11]: „Da ward Jesus vom Geist in die Wüste geführt …"

Der Text des Corpus Reformatorum entspricht (abgesehen von etlichen Versehen und Druckfehlern) bis hin zur Einteilung der Absätze der 1594 von Christoph Pezel herausgegebenen Textfassung im zweiten Teil der „Postilla Melanthoniana". Eine von Pezel nicht herangezogene Göttinger Handschrift bietet eine stark verkürzte Fassung dieser Vorlesung, die dort auf Montag, den 24. Februar 1556, datiert ist. Der Sonntag Invokavit fiel 1556 auf den 23. Februar, an dem Melanchthon erst spät von einer zehntätigen Reise nach Dresden und Torgau wieder nach Wittenberg zurückkehrte, so dass er die ausgefallene Sonntagsvorlesung am nächsten Tag nachholte.[1] Zu dieser Datierung auf Anfang 1556 passt die kurze Anspielung auf die vorübergehende Rekatholisierung Englands unter Königin Mary Tudor, die 1558 starb;[2] Karl V., der im September 1556 zugunsten seines Bruders Ferdinand abdankte, wird im Text offenbar noch als regierender Kaiser vorgestellt.[3]

Christi Versuchung durch den Teufel nimmt Melanchthon zum Anlass, das Handeln dieses „unsauberen Geistes" (Mt 12,43 u. ö.) in der Welt ganz allgemein zu beleuchten. Neben den einschlägigen biblischen Texten kommen auch zeitgenössische Exempla zur Sprache wie etwa Fausts angeblicher Flugversuch in Venedig, bei dem der deutsche Magier und Teufelsbündner am Boden zerschellt sei (CR 24, 455). Das Thema „Teufel und Sexualität" erhält selbstverständlich auch seinen Platz und wird mit antirömischer Polemik gegen die „behexten Papisten" verbunden, die die Religion „mit vielerlei Unzucht verunreinigt" hätten (CR 24, 449). In diesem Zusammenhang erzählt Melanchthon die Geschichte von einer Torgauer Kapelle, in der sich ein vorreformatorischer Brauch abgespielt haben soll: Man habe schwangeren Frauen damals eine leichtere Geburt versprochen, wenn sie – unter den Augen eines interessierten (wohl männlichen) Publikums – den Altar jener Kapelle nackt umrundeten und dabei ein aus Wachs geformtes und geweihtes Lamm trugen. Angesichts solcher Bilder verwundert es nicht, dass am Ende dieser Sonntagsvorlesung an das leuchtende Vorbild Josephs erinnert wird, der den sexuellen

Avancen von Potiphars Weib widerstanden habe; bloße Achtsamkeit biete jedoch keinen ausreichenden Schutz, solange der Mensch nicht im Gebet auch um Gottes Beistand bitte (CR 24, 464 f.).

Die oben erwähnte Göttinger Vorlesungsmitschrift ähnelt der ebenfalls stark verkürzten Fassung des Jahres 1551, die Heinrich Ernst Bindseil in seiner Appendix zur „Postilla Melanthoniana" aus einer Hallenser Handschrift abgedruckt hat: CR 25, 980–982.[4] Ein Vergleich der beiden CR-Fassungen zeigt, dass die Kurzfassung den Einleitungssatz fast textgleich zu der hier übersetzten Langfassung (CR 24, 446–465) wiedergibt. Danach springt die Kurzfassung zu der Frage, ob der Teufel Christus in sichtbarer Gestalt erschienen sei, und knüpft daran einige Reflexionen, die wie die Frage selbst zumeist hier (CR 24, 451) wie dort (CR 25, 980) begegnen und teilweise wieder wortgleich formuliert sind. Die in CR 24, 452–461 ausführlich erläuterten drei „Stufen der Versuchungen" sind CR 25, 980–982 nur in starker Raffung abgehandelt; die zahlreichen historischen Exempla (darunter Dionysios von Syrakus, Paul von Samosata, Arius und Heinrich der Fromme) werden dabei ebenso übergangen[5] wie zuvor die CR 24, 447–450 gemachten Ausführungen zur Natur und Handlungsweise des Teufels; die Kurzfassung konzentriert sich auf die Irrtümer der Mönche und „Türken". Aus den Abschnitten über Mt 4,10 und die sich daran anschließende Frage nach dem wahren Gottesdienst (CR 24, 462–464) bietet die Kurzfassung nur einige Kerngedanken (CR 25, 982); der Abschnitt über das Ende der Versuchungen Christi (CR 24, 464 f.) fehlt in ihr ganz. Die „Annotationes" von 1544 dokumentieren, dass Melanchthon in seinen früheren Sonntagsvorlesungen über diese Perikope noch stärker seiner Loci-Methode folgte.

Textgrundlage: CR 24, 446–465. Postilla II, S. 59–95, sowie die italienische Übersetzung in Melantone: Predicazione evangelica, Nr. 6, S. 140–171, wurden verglichen. Vgl. ferner CR 14, 226–229 (= Annotationes, Bl. 59r-62r); Kurtze Postill, Bl. 80r-84v; Postill, Bl. 91v–97r.

Diese Lesung behandelt ein ziemlich erhabenes Thema, dessen Erklärung überaus schwierig ist. Sie beschreibt nämlich – und dies nur in Andeutungen – die Versuchungen[6] Christi, deren wenigstens eingeschränktes Verständnis nicht jedem vergönnt ist, wenn ein Mensch sie denn überhaupt verstehen kann.

Anderswo war Christus auch anderen Versuchungen ausgesetzt. So ruft er etwa bei Johannes im 12. Kapitel aus: „Jetzt ist meine Seele betrübt. Und was soll ich sagen? Vater, hilf mir aus dieser Stunde!“[7] Dort sind jedoch die Ursachen und die Art der Versuchungen nicht beschrieben. Hier [bei Matthäus im 4. Kapitel] sind die Versuchungen dagegen konkret benannt, wenn man auch davon ausgehen muss, dass Christus während jener vierzig Tage, die er in der Wüste zubrachte, noch vielen anderen außerordentlichen Versuchungen ausgesetzt war. Genau das bringt Lukas deutlich zum Ausdruck, wenn er schreibt: „Er wurde vierzig Tage lang versucht.“[8] Und schließlich wissen wir, dass auch die Versuchungen, die bei Matthäus ausdrücklich beschrieben werden, große Kämpfe gewesen sind. Zwar kann man in kurzer Zeit von ihnen erfahren; in vergleichbar kurzer Zeit ausgefochten wurden diese Kämpfe aber nicht.

Vergleich der Versuchung Adams und Evas mit der Versuchung Christi

Wir wollen diese Erzählung mit der ersten Versuchung der Menschheit im Paradies vergleichen, denn unter den beteiligten Personen sind die beiden wichtigsten Vertreter des menschlichen Geschlechts: Der erste ist Adam, der zweite ist unser Herr Jesus Christus.

Adam verkörperte im Paradies die gesamte Menschheit, und wegen seines Sündenfalls wurde seine gesamte Nachkommenschaft der Sünde und dem Tod unterworfen. Denn zwar war Adam [447] mit der Gerechtigkeit und dem Leben beschenkt worden, um diese Geschenke an seine ganze Nachkommenschaft weiterzugeben, doch erlag er der Versuchung durch den Satan, da der Teufel ihn trotz seiner noch unverdorbenen Natur verführte, indem er das Verlangen nach Klugheit und Vollkommenheit und das neugierige Streben nach den verbotenen Dingen in ihm weckte.

Die bekannten Worte des Teufels klangen sehr verheißungsvoll: „Ihr werdet sein wie Gott.“[9] Jeder möge für sich über seine eigenen

Fehler nachdenken und aus der ganzen bisherigen Geschichte der Welt lernen, wie leicht die Menschen unter dem Anschein großer Klugheit unüberlegt handeln.

Bei der geschilderten ersten Versuchung war der Teufel siegreich, und Adam wurde zum Mörder an seiner ganzen Nachkommenschaft.

Anders war es bei dem zweiten großen Vertreter der Menschheit, bei Christus: Hier wurde der Teufel besiegt. Durch den Gehorsam dieses Sohnes ist der Sieg auch unser, das heißt: durch diesen siegreichen Sohn werden wir gerettet und behütet, und er selbst ist in uns siegreich, wie Johannes bezeugt: „Dazu ist erschienen der Sohn Gottes, dass er die Werke des Teufels zerstöre."[10]

Dieses außerordentlich ermutigende Zeugnis sollen wir vor Augen haben, denn es ist ein Ausdruck jenes ersten Versprechens: „Der Samen der Frau wird den Kopf der Schlange zertreten."[11]

Dasselbe wird auch durch dieses Zeugnis ausgedrückt: „Niemand wird die Schafe fortreißen aus meinen Händen."[12] Diese Worte sind mit großem Nachdruck formuliert: „Niemand wird sie fortreißen" deutet darauf hin, dass der Kampf erbittert ist. Dann heißt es weiter: „aus meinen Händen"; dies ist ein Bild für das Getragenwerden der Kirche, die der Sohn Gottes gleichsam mit eigener Hand beschützt vor dem schrecklichen Wüten des Teufels, vor seinen zahllosen Anschlägen, durch die der Teufel mit großer Verschlagenheit die Kirche zu vernichten strebt.

Wir wollen auch folgende Zeugnisse anfügen: „Ich habe für dich gebeten, dass dein Glaube nicht aufhöre"[13] und „Betet, auf dass ihr nicht in Anfechtung fallet!",[14] was bedeutet, dass ihr nicht besiegt werdet, der Versuchung nicht nachgeben sollt. Suchen wir also bei Gottes Sohn Zuflucht und bitten wir ihn mit folgenden Worten: Herr Jesus Christus, der du selbst in Versuchung geführt wurdest, um uns den Sieg über den Teufel vor Augen zu stellen, und der du gesagt hast: „Niemand wird die Schafe fortreißen aus meinen Händen", vertreibe von uns die Teufel, deine Feinde, leite uns und rüste uns gegen die Anschläge des Teufels.

Die in dieser Erzählung miteinender kämpfenden Gegenspieler

Nach diesem Vergleich zwischen Adam und Christus wollen wir nun auch die Figur des Teufels näher betrachten, ganz wie in Kriegsberichten die einander gegenüber stehenden Kämpfer zum Gegenstand werden, wenn etwa ein Hektor auf Achilles oder ein Hannibal auf Scipio trifft.[15]

Beim Teufel handelt es sich um ein Geistwesen, das zwar als etwas Gutes erschaffen wurde, aber von Gott abfiel und jetzt von einem brennenden Hass gegen seinen Schöpfer erfüllt ist. Um Gott zu kränken, verfolgt er wie ein Rasender die Kirche und sorgt bei den Menschen für [448] all die Eigenschaften und Dinge, die Gott missfallen, schmiedet Ränke gegen Gottes Wort, worauf auch sein Name zurückgeht.[16] Er verbreitet dem Wort Gottes entgegengesetzte Meinungen und bringt Menschen dazu, Götzen anzubeten und schreckliche Verbrechen zu begehen. Ich erinnere mich an einen Menschen, der leugnete, dass es sich bei Teufeln um etwas real Existierendes handele. Er nannte gute Gedanken „gute Engel", böse Gedanken bezeichnete er dagegen als „böse Engel".

Die Existenz von Teufeln wird jedoch schon durch die sichtbaren Beispiele von Besessenen bewiesen. Viele Menschen sind ganz offensichtlich vom Teufel besessen. Er quält ihre Körper und richtet sie übel zu; er bemächtigt sich ihrer Gliedmaßen und spricht auch durch diese Menschen. Derartige Schauspiele, die außerordentlich schrecklich sind, werden oft beobachtet. In der Nähe von Lüneburg gab es eine besessene Frau, die in griechischer und lateinischer Sprache redete. Ferner zeigen sich die Teufel bisweilen auch selbst in sichtbarer Gestalt. Ein Mann sagte immer wieder, er sehe das Dach voller Teufel; später brachte er sich um. Auch Taten von Teufeln lassen sich beobachten. So gab es hier, vor dem Krieg,[17] eine besessene Frau, die im Kindbett zwei Säuglinge tötete und dann beim Verhör angab, sie wisse nicht, auf welche Weise sich dies zugetragen habe.

Viele andere Menschen scheinen auch gar nicht besessen zu sein, wie Judas, der aber in Wirklichkeit doch besessen war, wie der Bibeltext angibt: „Der Satan fuhr in ihn."[18] Heutzutage laufen schwärmerische Menschen wie zum Beispiel die Wiedertäufer herum, die in Wirklichkeit Besessene sind. Das kommt vor allem zum Vorschein, wenn die Leidenschaft sie ergreift; dann werden sie nämlich geradezu rasend und geben gotteslästerliche Worte von sich. Das Wort „Fanatiker" leitet sich von „fanum" oder von „fari" her, weil solche Leute irgendwelche Prophezeiungen herausposaunen.[19] Dies sind die sichtbaren Beweise dafür, dass Teufel wirklich existieren.

Ferner gibt es sehr viele biblische Stellen, an denen vom Fall und von der Wut der Teufel die Rede ist. Christus sagt: „Wenn der Teufel die Lüge redet, so redet er von seinem Eigenen."[20] Er unterscheidet zwischen dem Wesen des Teufels und dessen vielfältiger Schuld infolge seines Falls; außerdem fügt er hinzu, dass der Teufel ein Geist der Lüge und ein Mörder sei.[21]

Auf die Lüge deutet der Götzendienst hin, wie er bei den Heiden praktiziert wurde und noch immer in der Papstkirche existiert. Was für eine schreckliche Sache ist doch die Anrufung der Heiligen! Und wenn auch die Papisten nicht den Anschein erwecken wollen, als behaupteten sie, die Heiligenbilder selbst seien Gott, so ist es doch ein großer Götzendienst, dass sie glauben, Gott sei bei diesem oder jenem Heiligenbild mehr gegenwärtig oder gnädig als an einem anderen Ort.

Auf Mord wird die ἐπιχαιρεκακία [Schadenfreude] bezogen. Der Teufel ist die Ursache der Unglücksfälle. Er setzt der Kirche auf jede Art zu; er hat seine Freude an den Unglücksfällen der Rechtschaffenen und verhöhnt sie. Er entzweit Ehegatten, Kinder, Eltern; er stachelt Menschen hier wie dort zum Morden an. Und all dies macht er nur aus Hass gegen Gott, obwohl er keinen Nutzen daraus zieht, sondern im Gegenteil Gottes Zorn und Strafen selbst auf sich vereint.

[449] Andernorts bezeichnet die Bibel ihn vielfach als „unsauberen Geist",[22] weil er sich an Unzucht erfreut und die Menschen zu blutschänderischen und schimpflichen Lüsten aufstachelt. Er tut dies nicht etwa, damit es ihm selbst besser geht, sondern nur, damit viele Dinge geschehen, die Gott zuwider sind. Er weiß nämlich, dass die Lüste bei Gott schreckliches Missfallen verursachen. Und nicht

nur die Heiden von früher, sondern auch die vom Teufel behexten Papisten haben die Religion mit vielerlei Unzucht verunreinigt.

Es gab nicht weit von Torgau einmal eine Kapelle. Schwangeren Frauen wurde eine leichtere Geburt versprochen, wenn sie deren Altar nackt umrundeten und dabei ein aus Wachs geformtes und geweihtes Lamm trugen. In der Kapelle aber standen Zuschauer dieses unsittlichen Theaters.

Der Teufel ist ein Wesen, das von einem schrecklichen Hass gegen Gott und gegen uns Menschen getrieben wird, mit dem alleinigen Ziel, Gott zu kränken. Diesem Wesen stellt sich Gottes Sohn entgegen, dem eine göttliche Kraft innewohnt, die sich in diesem Menschen deutlich erkennen lässt. Denn diese Person, zugleich Gott und Mensch, besiegt jene gefährliche Schlange, und er besiegt sie nicht nur in seiner Person, sondern auch in seinen Gliedern. Wir hängen nämlich gewissermaßen am Hals von Gottes Sohn, kraft besagter Natur, die er angenommen hat: Er selbst hat uns als seine Glieder mit sich verbunden und führt uns. Er will uns retten und verteidigen – und rettet uns tatsächlich auf wunderbare Weise.

Wir wollen an die Kirche aller Zeiten denken: Wie unsicher ist doch jeglicher menschliche Schutz! Wir wollen aber auch an die einzelnen Familien denken: Wie sie angesichts der grauenvollen Anschläge, die der Teufel gegen sie verübt, sogar ganz ohne menschlichen Beistand von Gottes Sohn gerettet werden.

Jeder möge an die Widrigkeiten denken, denen er ausgesetzt ist. Dahinter steckt der Teufel; er will Wunden schlagen, bei wem er kann, und versucht uns von Gott wegzureißen. Aber Gottes Sohn heilt uns; an ihn sei zu jeder Zeit unser Gebet gerichtet. Und wenn wir dabei an die Bosheit und Verschlagenheit des Teufels denken, dann wollen wir uns damit trösten, dass der Teufel uns nur aus Hass gegen Gott und Gottes Sohn verfolgt. Wir wollen darauf vertrauen, dass Gottes Sohn uns deswegen umso mehr erhalten will, weil er ja weiß, dass wir die Gefahren um seinetwillen auf uns nehmen.

Unzweifelhaft hat sich Gottes Sohn der ersten Menschen deswegen erbarmt und die Menschheit gerettet, weil der Teufel aus Hass gegen Gott darauf hingearbeitet hatte, jene beklagenswerte menschliche Natur insgesamt zugrunde zu richten, die – wie er sah – von Gott so sehr geliebt wurde.

Zwischen der Schuld Adams und der Schuld des Teufels gibt es einen sehr großen Unterschied. Obwohl Adams Schuld schrecklich ist, ist sie von derjenigen des Teufels grundverschieden. Zwar hat Adam gegen sein Gewissen gehandelt und zwar ist seine Schuld so groß, dass der Mensch deswegen dem Tode verfiel und von Gott weggerissen wurde, gleichwohl aber resultierte diese Schuld nur aus einer Unvollkommenheit. Der Teufel dagegen macht sich der Sünde der Gotteslästerung schuldig, die unverzeihlich ist. Er verführt Adam und Eva, weil er Gott hasst.

Deswegen rettet Gott den schwachen Haufen der Menschen. Dasselbe macht jetzt Gottes Sohn; er will siegreich sein, auch in uns überaus beklagenswerten Menschen.

Wir dürfen nicht den Fehler machen zu glauben, es bestehe keine Gefahr und der Teufel sei untätig, so untätig wie sein gemaltes Abbild auf einer Wand. Im Gegenteil: „Er geht umher wie ein brüllender Löwe und sucht, welchen er verschlinge."[23]

[450] Wie viele grässliche Bisse des Teufels verspürte David, obwohl er ein heiliger Mann war! Der Teufel brachte es nicht nur so weit, dass David sich die Frau eines anderen Mannes nahm, sondern verleitete ihn sogar dazu, jenen Uria zu töten.[24] Anschließend verwickelte er David in ein Labyrinth von Strafen und Sünden, die in seiner Familie und im ganzen Königreich die Folge waren, weil auf Sünden Strafen folgen und mit den Strafen viele Sünden verwoben sind.

Wie viele Sünden waren mit dem Aufstand verbunden, den Absalom begann![25] Viele Tausend Menschen wurden hierhin und dorthin getrieben oder getötet, rechtschaffene Frauen geschändet. Eine Teilschuld an diesen Ereignissen hatte die Verfehlung Davids. In dieser Ballung von Unglücken versuchte der Teufel, David den gleichen Weg wie Saul einschlagen zu lassen: den Weg, der zur Verzweiflung führt. Der Sohn Gottes rief David jedoch zur Buße auf, richtete ihn durch Tröstung wieder auf und besiegte so den Teufel.

Wir wollen daher beide Seiten bedenken bei unserer Beschreibung der gegeneinander kämpfenden Personen, also den Sohn

Gottes und den Teufel, wollen daran denken, dass der Teufel der Menschheit mit größter Schläue nachstellt und dabei meistens ein ganzes Gewebe von Anschlägen knüpft, dass aber der Sohn Gottes für uns kämpft und bis heute den Teufel besiegt, mag unsere menschliche Schwäche auch noch so groß sein.

Welcher Art die Versuchungen des Teufels sind

Die erste Betrachtung gilt den Personen; anschließend sind auch die Sachen zu betrachten.

Die menschliche Vernunft irrt sowohl hinsichtlich der Personen als auch hinsichtlich der Dinge. Sie geht davon aus, dass die Natur des Menschen immer schon so war, wie sie heute ist, dass es von Anfang an in dieser Natur lag, den Sinnenfreuden zugeneigt zu sein. Sie nimmt also an, dass die schlechten Leidenschaften aus der Natur kommen und somit einfach natürliche Leidenschaften sind.

Das Wort Gottes lehrt uns aber, dass der Mensch mit einer Geradheit des Geistes, des Willens und des Herzens geschaffen worden ist. In seinem Geist musste der helle Glanz der Weisheit und der Gotteserkenntnis leuchten; in seinem Willen und seinem Herzen musste das Feuer wahrhaftiger Liebe zu Gott lodern.

So war das Wesen des Menschen im Anfang, als er geschaffen wurde. Der Teufel aber verführte Adam und Eva zur Sünde, und deswegen ist die beklagenswerte Natur der Menschen jetzt der Willkürherrschaft des Teufels unterworfen. Dann aber wurde der Sohn Gottes gesandt, dem wir uns anschließen müssen; wir müssen erkennen, dass unsere Kräfte gegen die feindliche Machtfülle des Teufels nichts ausrichten, der Sohn Gottes jedoch noch machtvoller ist als der Teufel.

Die Philosophen glauben, dass die Versuchungen nur natürliche Leidenschaften sind. Wir dagegen wollen mit Bestimmtheit daran festhalten, dass sie ihren Ursprung beim Teufel haben. Es ist keine natürliche Leidenschaft, wenn Catilina mit brennendem Verlangen einen Aufstand beginnt,[26] sondern der Teufel, der sich in die Regungen des Gehirns und des Herzens einschleicht und die Menschen verwirrt, hat ihn verschlagen dazu angestachelt. Wir wollen also nicht [451] annehmen, Versuchungen seien etwas Zufälliges oder Natürliches.

Ich möchte mich hier nicht festlegen, ob der Teufel Christus in irgendeiner sichtbaren Form erschienen ist und in sichtbarer Gestalt mit ihm gesprochen hat oder ob er ihm nur Gedanken eingegeben hat, durch die Christus heftig bewegt wurde und mit denen er lange gerungen hat.

Es ist durchaus möglich, dass der Teufel Christus zumal in der Wüste auch in sichtbarer Gestalt erschienen ist, wie er ja in dieser Weise auch bedeutendste Männer quält. Und auch gute Engel erscheinen heiligen Menschen mitunter in sichtbarer Gestalt.

Noch häufiger aber gibt der Teufel den Heiligen bloße Gedanken ein, durch die er sie verwirrt. Auf welche Weise das geschieht, kann nicht physikalisch erklärt werden, aber meistens nutzt er dazu eine Gelegenheit, die sich durch etwas von außen Kommendes bietet. Wenn etwa jemand in eine Gesellschaft gerät, in der schmutzige Gespräche geführt werden, erzeugt der Teufel dazu oft unzüchtige Vorstellungen, die den Menschen entflammen. Oft entschlüpft in einer Tischrunde irgendeinem schamlosen Menschen auf Einflüsterung des Teufels irgendein Wort, durch das ein anderer so aufgewühlt wird, dass er sich den bittersten Gedanken hingibt. Und schließlich gaukelt der Teufel den einen und den anderen verschiedenartige Erscheinungen vor, die zum Anlass für vergiftete Gedanken werden.

Alle Menschen machen derartige Erfahrungen. Jedenfalls beschäftigen uns Gedanken, die der Teufel uns eingibt, stärker als solche, die nur aus einem äußerlichen Anblick herrühren. Daher mag es sein, dass der Teufel Christus gleichzeitig mit solchen Gedanken gequält hat, die scharfe Stacheln, große Leidenschaften und starke Vorstellungen waren. Aber lassen wir nun diese Erörterung darüber, auf welche Weise die Versuchungen Christi entstanden sind, und sprechen wir über die Bedeutung dieser Versuchungen. Zuvor jedoch noch ein paar Bemerkungen zu dem Wort „Versuchung" im Allgemeinen.

Das lateinische Verb „tentare“ ist seiner Form nach ein Frequentativum. Auf deutsch bedeutet es *einen haschen*: versuchen, jemanden festzuhalten. Griechisch πειράζω bedeutet lateinisch „experior“. Damit stimmt das deutsche Wort *versuchen* überein, das heißt: etwas in Angriff nehmen, von dem man nicht sicher weiß, ob man es schafft. Dieses deutsche Wort *versuchen* kommt *von dem Suchen*. Das Präfix *ver-* verleiht Komposita eine negative Bedeutung und entspricht in etwa dem griechischen παρά. Dafür gibt es in der deutschen Sprache zahlreiche Beispiele: *verderben* etwa kommt von *ver-* und *derben* und bedeutet *brauchen*, ἀποχρᾶσθαι, nach und nach durch Gebrauch verzehren oder sogar gänzlich zugrunde richten. Ebenso *verbeissen, verklagen, verzagen* und viele ähnliche Verben. *Versuchen* bedeutet somit: *einem so lange nachgehen, bis man ihn in den strick bringet* – wie wenn der Teufel David anfangs durch Liebesglut umgarnt und ihn später mehr und mehr in Verbrechen und Strafen verwickelt. [452]

Die Arten der Versuchungen in dieser Erzählung

Was nun die Erzählung der besagten Versuchungen Christi betrifft, so glaube ich, dass sie deswegen so ausführlich beschrieben wurden, weil sie an der Person Christi die eigentümlichen Versuchungen des gesamten Körpers der Kirche aufzeigen, vom Anfang bis zum Ende [der Zeiten]. Wenn also drei Stufen mit Versuchungen Christi vorgetragen werden, so sind dies eben Bilder oder Beispiele der eigentümlichen Versuchungen der Kirche. Und schließlich erkennt man in genau diesen Versuchungen die Abfolge und Ordnung der Gefahren, der die Kirche zu allen Zeiten ausgesetzt ist. Die erste Stufe ist die Armut, die zweite Stufe ist die Neugier und die dritte Stufe ist der Wille zur Macht.

Die erste Stufe der Versuchung

Zuallererst leidet die Kirche unter Armut, und aus diesem Grunde verlassen viele die Kirche oder den kirchlichen Dienst. Ich meine mit Armut aber nicht nur den Mangel an Nahrung, sondern auch alle möglichen anderen Beschwerlichkeiten, Gefahren und Verfolgungen. Oft hat die Kirche keinen Zufluchtsort, keine sicheren Herbergen, keine Schutzräume, keine Menschen, die sie verteidigen. Wer solche Armut selbst erlebt, der weiß, wie heftig die mit ihr verbundene Versuchung ist. Die Sorge um Nahrung macht einige Menschen so matt, dass sie sich sogar umbringen. Diese Art der Versuchung ist schließlich auch hinlänglich bekannt.

Die meisten Pfarrer sind arm, dazu gezwungen, den Hass der Menschen zu ertragen, und werden sogar noch aus ihren ärmlichen Wohnungen vertrieben. Der Teufel hat auch Christus in dieser Weise zugesetzt, als dieser begann, seine Mission zu erfüllen. Er wollte ihn nämlich von dieser Mission abbringen. Dazu stellte er ihm die drohenden Gefahren vor Augen: „Bedenke doch: Wenn du beginnst zu lehren, wirst du dich verhasst machen. Du wirst Verfolgungen erdulden. Du wirst keine sichere Herberge haben und keinen Schutz." Er sprach so, wie später auch Christus selbst: „Des Menschen Sohn hat nicht, da er sein Haupt hin lege."[27]

Diese Versuchung kommt zum Ausdruck in den bekannten ironischen Worten: „Bist du Gottes Sohn, so sprich, dass diese Steine Brot werden."[28] Soll heißen: „Du wirst von Steinen leben, das bedeutet: Du wirst durch sie Schutz finden. Die Römer werden dich dagegen nicht schützen – und erst recht nicht die Pharisäer; du wirst allen verhasst sein, wirst überall auf Ablehnung stoßen."

Die Worte des Teufels sind sarkastisch, wie er ja auch, wenn er aus Besessenen spricht, beständig mit bissigen Äußerungen und scharfer Ironie sein Spiel treibt. Er *redet spöttisch.* Ein solcher Sarkasmus kommt auch in der Passionsgeschichte vor: „Bist du Gottes Sohn, so steig herab vom Kreuz."[29] Das Wort Sarkasmus kommt vom aufgesperrten Mund, von dem griechischen Wort σαρκάζειν, wenn der schon Besiegte obendrein noch mit frechen Lippen bitter verhöhnt wird.

Mit solchen bitteren Spottworten werden auch unsere Kirchen von den Feinden verlacht: „Ihr wollt eine Kirche sein, aber welchen Rückhalt habt ihr denn? Ihr seid arme Wichte, ihr werdet beständig mit Füßen getreten, ihr seid der Abschaum der Menschheit." Viele [453] Fromme leben mit ihren Familien im Exil. Viele heilige Menschen wurden schon aus England vertrieben.[30] Viele fromme Lehrer ziehen ohne festen Wohnsitz umher. Diese Menschen kriegen den bitteren Spott des Teufels ab: „Du bist ein Sohn Gottes, bist ein Glied der Kirche Christi – und hast doch weder Nahrung noch Zuflucht noch Schutz!"

Von demselben bitteren Spott werden diejenigen gemartert, die bei sich darüber nachdenken, welchen Lebensweg sie einschlagen sollen: „Wenn du ein Diener der Kirche wirst, wenn du die rechte Lehre vertrittst, wirst du im Elend leben und mit deiner Familie Hunger leiden." Die sprachliche Form dieser Überlegung ist der Konditional; sie stimmt überein mit dem rhetorischen Schlussverfahren des Enthymems: „Du willst die rechte Lehre vertreten. Also wirst Du viel Kummer leiden." Im ersten Teil der ironischen Denkfigur wird die Absicht angeführt; dann folgt deren Konsequenz.

Mit dieser Versuchung hinsichtlich der Nahrung und des Schutzes der physischen Existenz hat der Teufel Christus mehrere Tage lang gequält. Doch der HERR hält ihm das Gotteswort entgegen: „Es steht geschrieben: Der Mensch lebt nicht vom Brot allein."[31] So sollen auch wir uns in allen Versuchungen auf das Wort Gottes verlassen, und zwar auf das laut ausgesprochene Schriftwort, das man den Pfeilen und Speeren des Teufels wie einen „Schild"[32] entgegenhalten muss. Der Teufel wird durch das Wort der Schrift gemartert und vertrieben, denn Gott hat durch das Wort Macht über den Satan. Die Frommen siegen durch das Wort und spüren, dass sie siegen, wenn sie Trost empfangen. Und genau dies muss man gegenüber Schwenckfeld im Auge behalten.[33]

Das Trostwort, das Christus unter Anführung eines Ausspruches des Mose[34] laut ausspricht, ist wunderschön, und wir sollten alle oft und viel daüber nachdenken. Christus hat den Auftrag und die Berufung zur Lehre. Er muss daher seiner Berufung nachkommen, und indem er dies tut, wird Gott sich um ihn kümmern.

Das Argument [Enthymema] lautet: „Der Mensch lebt nicht von Brot allein, sondern von jedem Wort Gottes."[35] Folglich werde ich gehorsam meiner Berufung leben, mag ich nun Nahrung, Schutz und Hilfsmittel haben oder nicht, mögen auch Hunger und andere widrige Umstände mich bedrücken. Der Ausspruch Christi wird leichter verständlich werden, wenn man ihn wie folgt zu einem vollständigen Syllogismus erweitert:

> „Brot allein hält einen nicht am Leben."
> (oder alternativ: „Was einen am Leben hält, ist nicht allein Brot.")
> „Hielte ich nicht auch am Wort Gottes fest, hätte ich allein Brot.
> Also könnte ich nicht leben."

Das bedeutet: Die Sache würde kein glückliches Ende nehmen, auch wenn ich menschlichen Ratschlägen folgte, sofern diese Gottes Wort entgegenstehen. Man könnte den Syllogismus auch so formulieren:

> „Wer am Wort Gottes festhält, bleibt am Leben.
> Ich halte am Wort fest.
> Also werde ich am Leben bleiben, auch wenn alle Umstände gegen mich sind."

Wir wollen aber diesen Trost auch auf uns anwenden, denn dieser Ausspruch ist dem Sinne nach allgemein gültig und bedeutet dies: Das Leben beruht vorrangig auf Gott und nicht allein auf sekundären Ursachen. Gott handelt in absoluter Freiheit und ist nicht an sekundäre Ursachen gebunden. *Wenn Gott einen Menschen erhalten will, so erhält er ihn, auch wenn es allen Teuffeln leid wäre.* Mose drückt dies anderswo so aus: „Denn das ist dein Leben und dein langes Alter."[36] [454] Das bedeutet: Der Mensch lebt, weil Gott ihn unterstützt und am Leben hält. So wird die Kirche in der Welt auf wunderbare Weise immerzu erhalten, mag sie auch großen Unsicherheiten, Erschütterungen und Unruhen ausgesetzt sein. Und so bleibt auch jeder einzelne nicht durch Brot allein, das heißt: nicht allein durch natürliche Hilfsmittel am Leben, sondern der Mensch lebt in jedem Wort Gottes, das heißt: Wenn er dessen Wort folgt, dann wird er Unterstützung erfahren.

Wir wollen uns an diese in einem Psalm formulierte Richtschnur halten: „Gehorche Gott; er wird es gut einrichten."[37] Handle so, wie es deiner Berufung entspricht, und erwarte Hilfe von Gott. „Wirf dein Anliegen auf den HERRN; er wird dich versorgen."[38] Er wird dir Nahrung geben, er wird dich am Leben erhalten wie die Leibesfrucht im Mutterleib. Das ungeborene Kind weiß nicht, wodurch es lebt. Und so wissen auch wir nicht, wodurch wir leben.

Herrschaften und Reiche suchen sich Mittel zu ihrem Schutze. Doch auch sie sind ohne den Beistand Gottes nicht sicher. Dionysios pflegte zu sagen, er hinterlasse seinem Sohn eine „Herrschaft in eisenharten Fesseln",[39] das heißt: eine so gefestigte Herrschaft, dass er glaubte, sein Sohn könne nicht daraus vertrieben werden. Und der Sohn wurde trotzdem vertrieben und kam in der Verbannung um! Heutzutage verschanzen sich die Fürsten hinter Reichtum und Heeresmacht und leben an festungsartig ausgebauten Orten.

Unterdessen hat die Kirche keinen festen Platz. Unsere Familien haben keine festen Wohnstätten oder Nestchen; wir leben kaum sicherer als die Vögel, wenn sie in der Luft sind. Dennoch wollen wir an der Überzeugung festhalten, dass Gott für die Kirche Sorge trägt und diese in den Unruhen der Welt gerettet wird, selbst wenn der ganze Erdkreis zerbrochen einstürzt. Jeder einzelne komme den Pflichten seiner Berufung nach und vertraue deren Ausgang Gott an. Jeder einzelne spreche: „Ich werde Gottes Wort gehorchen und meine Armut, Leiden, Gefahren und Hunger Gottes Sorge sein lassen", wie es im Psalm heißt: „Vertraue dein Leben Gott an; er wird es gut einrichten."[40]

Mose erhielt von Gott den Auftrag, das jüdische Volk [aus Ägypten] herauszuführen. Unterwegs wird er auf einer Seite vom Meer, auf der anderen Seite von Bergen eingeschlossen; im Rücken hat er die Feinde. Und was macht Moses? Er hält an Gottes Auftrag fest und bleibt auf seinem Posten. Deswegen spricht er: „Stehet fest und ihr werdet die Wunder Gottes sehen."[41] In der Wüste gab Gott den Israeliten Manna, jedem einzelnen ein

Omer, das heißt: zwei „choínikes".[42] So reichlich ernährte Gott sie in der Wüste! Auch Paulus sagt ja: „Er gibt uns reichlich, allerlei zu genießen."[43]

So gibt uns Gott über alle unsere Vorstellungen hinaus auf wunderbare Weise Nahrung, und zwar zur rechten Zeit. So steht es geschrieben: „Ich habe den Gerechten noch nie verlassen gesehen."[44] Und ebenso: „Löwen haben gehungert; diejenigen aber, die den HERRN fürchten, werden keinen Mangel haben an irgendeinem Gut."[45] Antonius ist ein Löwe; dennoch gibt er sich den Tod.[46] Saul ist ein Löwe; dennoch verfällt er der Verzweiflung.[47]

Wenn jemand seine Freude an Allegorien hat, dann kann er den Ausspruch, den Christus zitiert,[48] auf die ersten Menschen beziehen: „Der Mensch lebt nicht vom Brot allein", das heißt: nicht vom Verzehr der besagten Frucht, sondern „von jedem Wort Gottes", das heißt: Adam und Eva kannten das Wort „Davon sollst du nicht essen."[49] Wenn sie diesem Wort gefolgt wären, hätten sie überlebt.

Wir wollen uns aber lieber an den allgemeinen Sinn halten. Jeder unterziehe sich der mühsamen Arbeit, die Gott ihm aufgegeben hat, und wir werden [455] sehen, dass unsere Mühe im HERRN nicht vergeblich sein wird.

Im Gegenteil, Gott erließ das Gebot: „Du sollst nicht stehlen";[50] er verbot, Aufruhr zu erregen und seine Berufung wegen Armut oder aus Furcht vor Gefahren aufzugeben. Wenn du diese Gebote verletzt, wirst du bestraft werden. „Denn der Mensch lebt nicht vom Brot allein, sondern von jedem Wort Gottes", das heißt: Gott macht durch sein Wort lebendig und bestraft im Gegenzug jene, die gegen sein Wort und ihre Berufung handeln.

Die zweite Stufe der Versuchungen

Jetzt komme ich zur zweiten Versuchung. Christus wird geführt „auf die Zinne des Tempels".[51] Die Türme alter Gebäude waren nicht wie bei uns mit Sattel- oder Spitzdächern bekrönt, sondern ganz oben gab es auf den Türmen eine ebene Fläche, die man betreten konnte. Vielleicht hat der Teufel bei Christus die Vorstellung erzeugt, er steige auf das Dach des Tempels hinauf, sofern er ihn nicht etwa durch irgendein Mittel tatsächlich dorthin mitgenommen hat. Als Christus aber dort stand, hat der Teufel ihm folgende Gedanken eingeflüstert: „Stürz dich hinunter, um so für ein schönes Wunder zu sorgen." Der Teufel ist nämlich auf nutzlose Wunder aus, wie in der Erzählung von Petrus und Simon Magus, die in Neros Gegenwart gegeneinander kämpften.[52] Gemäß dieser Erzählung wollte Simon Magus in den Himmel emporfliegen; Petrus sorgte jedoch durch sein Gebet dafür, dass er abgestürzt ist. Ich glaube, dass die Apostel große Kämpfe auszufechten hatten, auch wenn nicht alle überliefert sind. Dasselbe [Kunststück wie Simon Magus] hat in Venedig auch Faustus versucht; er ist jedoch am Boden zerschellt.[53]

Der Teufel führt ein biblisches Wort an: „‚Denn er hat seinen Engeln befohlen über dir.' Du bist der Messias, dir kann nichts Schlimmes passieren." Lässt er dagegen die Worte „auf deinen Wegen"[54] aus, weil er Christus vom Weg abbringen will? Er will, dass Christus aus bloßer Ehrsucht Wunder vollbringt, die den Beifall und die Bewunderung des Volkes finden. Doch Christus vollbringt andere Wunder, berühmtere Taten wie die Erweckung von Toten, was viel gewichtiger ist als der Absprung von einem Turm.

Es besteht kein Zweifel, was diese ganze Erzählung bedeuten soll: Sobald die Kirche sich gegen die erste Versuchung der Armut und Verfolgung mühsam behauptet hat, folgen sogleich die Versuchungen derjenigen, die auf dem Dach des Tempels stehen, das heißt: der Lehrer und Lenker der Kirche, auf dass sie sich neue Dogmen und Kulte ausdenken.

Nachdem in der Kirche der Frühzeit die Verfolgungen nachgelassen hatten, entstanden augenblicklich schreckliche Häresien. Dasselbe trägt sich auch bei jedem einzelnen Menschen zu. Sobald jemand nicht mehr um ausreichend Nahrung besorgt sein muss, richtet er seine Aufmerksamkeit alsbald darauf, unnötige Dinge zu tun, das heißt: Neugier stellt sich ein, die ein gewaltiges und verderbliches Übel darstellt. Wir wollen zunächst einmal von den Auseinandersetzungen über die Glaubenssätze sprechen.

Der Mann aus Samosata[55] steht „auf der Zinne des Tempels", er befindet sich an hervorragender Stelle, ist – wie vor ihm schon Petrus – Bischof von Antiochien und bewundert seine eigene Bildung, Beredsamkeit [456] und Geisteskraft. Dieser Mensch stürzte sich vom Tempel hinunter, das heißt: Er wich ab von der einfachen, von Gott offenbarten Lehre und erdichtete neue Hirngespinste: leugnete, dass der λόγος ein ὑφιστάμενον [eine Hypostase] sei, dachte, es sei absurd zu behaupten, Gott habe einen Sohn, und wollte diese vermeintliche Absurdität aus den Glaubenssätzen entfernen. Er suchte eine neue Farbe, um den Text des Johannes zu verfälschen: „Im Anfang war das Wort."[56]

Ebenso steht Arius „auf der Zinne des Tempels", er befindet sich an hervorragender Stelle, bekleidet in der Kirche einen hohen Rang, ist redebegabt.[57] Auch er stürzte sich hinunter, das heißt: Er verbreitete ein neues Dogma, gab vor, der Sohn [Jesus Christus] sei nur ein besonders ausgezeichnetes Geschöpf, geschaffen aus dem Nichts.

Genauso handelten die übrigen Häretiker, Nestorius,[58] Eutyches,[59] Pelagius[60] und andere, die sich im Vertrauen auf ihren Verstand und ihre Klugheit vom Tempel stürzten und neue Glaubenssätze in die Welt setzten. Andere dachten sich neue Traditionen aus, suchten die Verehrung Gottes im Mönchtum und erfanden den Zölibat. Solche Dinge schlichen sich schnell in die Kirche ein. Und welch eine Vielzahl von Auseinandersetzungen gibt es in ihr noch heute!

Wenige halten an der Reinheit der Lehre fest. Vermeintlich ‚weise' Reformatoren gibt es viele, ihre Weisheit ist aber nur angemaßt; dennoch wollen sie alles reformieren. Sie geben sich ihren Mutmaßungen hin, säen Zwietracht in der Kirche und bringen die gut begründete Lehre ins Wanken, um durch die Neuheit ihrer Lehrsätze den Beifall der großen Menge zu finden. Die Volksmenge ist nämlich so beschaffen, dass sie stets das Neue bewundert und wertschätzt, wie auch Thukydides von seinen Mitbürgern sagt, das Übliche sei ihnen zuwider, das Absurde fände dagegen ihre Bewunderung.[61] Das ist wahrhaftig der Geist unseres Zeitalters!

Osiander behauptet, wir hätten nur einen halben Christus gepredigt, während er den ganzen Christus gesehen habe, und erfindet den neuen Begriff der „essentiellen Gerechtigkeit". Er sagt, der Mensch werde nicht durch das Blut Christi gerechtfertigt, sondern durch die „essentielle Gerechtigkeit".[62] Demgegenüber schaffen wir die Wirksamkeit Christi in uns nicht ab, lehren aber, dass der Mensch wegen des Gehorsams seines Sohnes gottgefällig ist. Denn obgleich Gottes Sohn im Menschen wirksam ist, ist der Mensch nicht wegen jener Wirksamkeit oder „essentiellen Gerechtigkeit" gerecht, sondern wegen des Gehorsams des Sohnes.

Auf solche Weise hatte auch Servet seine Sympathisanten; er bestritt in seiner Lehre die göttliche Natur von Gottes Sohn.[63] Schwenckfeld schwächt die Bedeutung des ausgesprochenen Wortes ab.[64]

Besonders in der Jugendzeit ist diese Versuchung sehr stark verbreitet. Viele junge Menschen haben nämlich ihre Freude an spektakulären wissenschaftlichen Debatten, bringen in Unordnung und erschüttern, was nicht hätte in Zweifel gezogen werden dürfen und was das Licht und die Wahrheit der Lehre verdunkelt, sobald es einmal unbedacht in Frage gestellt worden ist. Auch so etwas bedeutet, „sich von der Zinne des Tempels zu stürzen".[65]

Und wie viele unnötige Kriege und Aufstände unter den Fürsten gibt es schließlich im öffentlichen Leben! Wieviel Zügellosigkeit auch bei Privatleuten! Und doch dienen für neu erfundene Lehren und Kulte, genauso für Handlungen aus bloßer Neugier, immer wieder die Autorität und der Wortlaut der Schrift zur Bemäntelung. Und so hat hier auch der Teufel einen verstümmelten Psalmenvers angeführt.[66]

Es gibt ein altes Zeugnis bei Demosthenes, wonach diejenigen, die jemanden täuschen wollen, die Gesetze in verkürzter Form anführen.[67] Deswegen haben [457] die Rechtsgelehrten den Grundsatz: „Man muss den vollständigen Gesetzestext betrachten, nicht nur einen Auszug."[68] Die Häretiker zitieren zwar aus der Heiligen Schrift, aber sie betrügen dabei, indem sie Unzusammengehöriges verbinden und Zusammengehöriges trennen.

Die Heranwachsenden geben sich ihren Begierden hin, streifen bei Nacht umher, setzen sich unnötigen Gefahren aus und benutzen zur Bemäntelung ihres Verhaltens die Verheissungen über den Schutz der Engel. Die Wege, auf denen die Engel uns beschützen, sind jedoch nur die unserer Berufung entsprechenden Tätigkeiten. Auf genau diesen Wegen beschützen uns die Engel, das heißt: bei unserer Berufung, bei den Tätigkeiten, die Gott selbst uns aufträgt.

Ein Ehebrecher soll bloß nicht denken: „Ich möchte zu meiner Geliebten gehen; Gott wird mir schon beistehen." Im Gegenteil: Bete zu Gott, dass er dir bei denjenigen Tätigkeiten beisteht, bei denen du deiner Berufung nachkommst. Es ist dagegen kein Akt der Berufung, sich mit Wagemut ins Wasser zu stürzen; so etwas nützt nicht dem Nächsten, es ist unnötig, es ist bloß ein prahlerisches Spiel. Zu solchen Dingen treibt uns der Teufel an, so etwas bedeutet ebenfalls „sich herabzustürzen".[69] Dies ist schließlich sogar allgemein bekannt. Und doch ist es angemessen, in erster Linie über die Vermessenheit beim Erfinden neuer Lehren zu berichten.

Christus kontert diese Versuchung seinerseits mit einem Zeugnis aus der Heiligen Schrift: „Du sollst Gott, deinen HERRN, nicht versuchen."[70] Man versucht Gott aber, wenn man im Vertrauen auf die eigene Klugheit oder die eigenen Kräfte, das heißt: im Vertrauen auf die Gerechtigkeit oder die Macht, von den Geboten oder der Berufung Gottes abweicht und sich einer unnötigen Sache widmet. Das wäre so, als wolltest oder könntest du etwas besser machen, als es im Wort Gottes vorgeschrieben oder in der von ihm begründeten Ordnung festgesetzt ist.

Der Teufel war darauf aus gewesen, Christus zu einer Tat zu bewegen, die bei der breiten Masse Bewunderung finden würde, die aber nicht notwendig ist. Das bezeichnet Christus als „Gott versuchen". Und so „versuchen Gott" ganz allgemein diejenigen, welche die Lehre oder die von Gott überlieferten religiösen Bräuche verderben, indem sie von seinem Wort abweichen.

Die Häretiker haben Zutrauen zu ihren Geistesgaben, ihrer Schläue und ihrer Zungenfertigkeit; sie schielen auf den Beifall der Masse und versuchen daher, etwas besser zu machen, als es in der von Gott überlieferten Lehre wirklich angelegt ist.

Als die Mönche ihre Gebräuche eingeführt haben, meinten sie, vollkommenere Dinge leisten zu können, als sie in der Heiligen Schrift vorgeschrieben werden. Und so dachten sie sich Neuerungen aus, die mit dem Wort oder Gebot Gottes nichts zu tun hatten, ja Gottes Gebot sogar widersprachen.

Wir wissen, dass die Ehe eine göttliche Ordnung darstellt, dass Gott die menschliche Natur zur Fruchtbarkeit bestimmt hat, dass Mann und Frau nach seinem Willen rechtmäßig verbunden sind und dass Gott schweifende Gelüste strengstens verbietet. Und dennoch haben die Vertreter der Papstkirche im Vertrauen auf ihre eigene Klugheit ein Gesetz erlassen, mit dem sie die Ehe verbieten. Sie glaubten nämlich, zur Behauptung ihrer Macht sei der Zölibat von Nutzen. Sie nehmen also eine Last auf sich, die ganz unnötig ist, mag sie auch großartig aussehen. Und weil es offenkundig ist, dass nicht alle für die Einhaltung des Zölibats geeignet sind, versuchen sie Gott, indem sie die göttliche Ordnung geringschätzen.

Hierzu ein besonders gewichtiges Zeugnis, das bei allen [458] Anerkennung finden kann: Sogar Papst Pius II. hat aus freien Stücken eingeräumt, dass es zwar einige Gründe gegeben hat, Priestern die Ehe zu verbieten, dass es aber noch sehr viel mehr Gründe gibt, sie ihnen wieder zu erlauben.[71] Und dennoch schützen die Verantwortlichen den Zölibat, damit es bloß zu keinen größeren Minderungen der Kirchengüter kommt. Ein polnischer König hat diesen Gedanken so ausgedrückt: „Eins von beiden muss ich tun: Verfehlungen gegen das sechste oder Verfehlungen gegen das siebte Gebot erlauben.“[72] Wenn man den Priestern die Ehe erlaubt, nehmen die Güter der Kirche ab.

Solche Gedanken entspringen der Klugheit der Menschen. *Sie wollen es besser machen.* So versuchen die Wiedertäufer Gott. *Die wollen es auch besser machen.* „Lasst uns“, sagen sie, „unsere Güter zusammenlegen, denn so werden wir gute Christen sein. Ebenso brauchen wir mehr Sex; also werden wir auch unsere Frauen miteinander teilen.“[73]

Im 4. Buch Mose verbot Gott den Israeliten, weiter vorzurücken. Einige taten es trotzdem; sie wollten mutiger und eifernder sein, erlitten aber prompt eine bittere Niederlage.[74] Auch das hieß Gott versuchen.

So sprach Petrus: „Was versucht ihr Gott, indem ihr die Völker unter ein Joch zwingt, das weder ihr noch eure Väter haben tragen können?“[75] Damals gab es unter den Schülern der Apostel einige, die an den überkommenen Geboten und Gebräuchen festhalten wollten.[76] Sie hielten es für schön, das Gesetz des Mose[77] unangetastet zu lassen. Doch Petrus bezeichnete dies als „Gott versuchen“, denn diese Menschen sündigten, indem sie an ihre eigene Klugheit dachten. Sie handelten nämlich so, um sich trügerisch ein ruhiges Gewissen zu machen.

Mohammed[78] versuchte Gott noch sehr viel mehr; er veränderte das gesamte Lehrgebäude, schuf ein völlig neues Gesetz, beseitigte das Evangelium und ersann eine neue Lehre. Er glaubte, selbst wenn alle Menschen und Engel sich versammeln würden, könnten sie kein besseres Gesetz ausarbeiten als seines. Er passte seine Lehre den Erfordernissen des Reiches an, das er begründet hat.

Kurzum: Gott versuchen ist kein Vergehen aus Schwäche, sondern das wissentliche und im Vertrauen auf die eigene Klugheit vorsätzliche Abweichen von Gottes Wort und Ordnung oder von der eigenen Berufung; es ist der Kampf gegen Gott mit den Mitteln der eigenen Klugheit, der Versuch, dasjenige zu schützen und zu verteidigen, von dem du weißt, dass es ungerecht ist.

Sehr viele Angelegenheiten in der Kirche, im Staat und im privaten Leben gehen durch die Überzeugung von der eigenen Klugheit schlecht aus, dadurch, *dass man es will fein machen, viel klügeln und besser machen.* Wir haben eine göttliche Ordnung, jeder von uns hat seine besondere Berufung. Und daher müssen wir bei Gottes Wort bleiben, müssen wir Gottes Anordnungen Folge leisten und dürfen wir den Bereich unserer Bestimmung nicht verlassen. Tun wir das nicht, dann setzen wir uns und andere Gefahren aus, die eher unbedeutend erscheinen, solange sie nur den einen oder anderen betreffen. Für die Allgemeinheit sind die Gefahren dagegen schlimmer. [459]

Die dritte Stufe der Versuchungen

Die dritte Versuchung ist von allen die schrecklichste. Denn in ihr ist die Schamlosigkeit des Teufels derart groß, dass er dazu auffordert, ihn anzubeten. Und zudem richtet er diese Aufforderung sogar noch an einen derart herausragenden Menschen, sei es, dass er aus vielen Anzeichen vermutet hat, es handle sich bei ihm um den Messias, sei es, dass er dies nicht wusste, was denkbar ist, da Gott vor ihm möglicherweise einige Dinge verheimlichen wollte. Gleichwohl sieht der Teufel, dass es sich um einen ganz herausragenden Menschen handelt – und gerade diesen will er dazu bringen, ihn anzubeten, und bietet ihm die Herrschaft über die ganze Welt an, was natürlich nur eine abscheuliche Täuschung ist; er tut nämlich so, als unterstünden die Reiche der Welt seiner Macht. Dabei sagt Daniel ausdrücklich: „Gott setzt Könige ab und setzt Könige ein."[79]

Reiche und Staatsgebilde – und was es sonst noch an politischen Ordnungen gibt – sind das Werk Gottes. Gott wacht über sie und nicht der Teufel, der nur ein Zerstörer ist, nichts anderes, wie ein Wolf, der sich auf eine Herde von Schafen stürzt und diese in Verwirrung bringt.[80] Was aber von dieser Herde gerettet wird, das wird durch die Sorgfalt des Hirten gerettet. Als zuverlässiger Hirte bewahrt Gott die Staaten und setzt in ihnen einige zuverlässige Wächter ein. Der Teufel und dessen Werkzeuge, Räuber und Tyrannen, sind wie Wölfe und bringen die Staaten in Unordnung wie eine Herde.

Dieses Bildes pflege ich mich oft zu bedienen, um die Unterschiedlichkeit der Staatsgebilde aufzuzeigen und der Verwirrungen, die von außen auf sie hereinbrechen. Jetzt führe ich dieses Bild dagegen an, damit dadurch auch deutlich wird, wie unerhört gerade diese Täuschung des Teufels ist: Nachdem er Christus mit sich auf einen hohen Berg geführt hat, zeigt er ihm eine weit ausgedehnte Landschaft und sagt: „Das gehört alles mir."[81] Ganz offen und schamlos lügt der Geist der Lüge! Die Reiche der Welt unterstehen nicht der Macht des Teufels. Er kann sie nicht nach eigenem Belieben geben, wem er will. Gott erlaubt dem Teufel lediglich, die von ihm geschaffenen und auch behüteten Dinge zu missbrauchen, erlaubt ihm, unter den Menschen in vielfältiger Weise sein Unwesen zu treiben, wie er etwa Caligula oder Nero erlaubt hat, die Herrschaft über das Römische Reich zu missbrauchen.[82] Dennoch ist es nicht wahr, dass die Welt einem Nero oder einem Caligula gehörte.

Und doch unternimmt der Teufel den vergeblichen Versuch, Christus mit dieser Lüge dazu zu bewegen, seine eigene Mission aufzugeben, sich der Herrschaft zu bemächtigen und sich Gottes Weisung entgegen zum König zu machen. Als Gegenleistung für diese Machtergreifung verlangt der Teufel von ihm Verehrung, und die ist offenkundiger Götzendienst. Es sei darauf hingewiesen,[83] dass es zu allen Zeiten geschieht, dass einige Leute versuchen, die Kirche durch götzendienerische Gebräuche in eine weltliche Herrschaft zu verwandeln, obwohl auch Staatenlenker ihre Herrschaft durch Götzendienst zu sichern pflegen.

Nehmen wir zum Beispiel Nebukadnezar,[84] der einen götzendienerischen Kult begründet hat.[85] Er wollte durch diesen neu eingeführten Kult sein Reich einen. Er führte eine neue Religion ein, um seinen Einfluss und seine Herrschaft zu festigen. Antiochos handelte ähnlich.[86] Er wollte, dass es in seinem Reich nur eine einzige Religion gab, mochte diese auch gottlos sein. So verwandelte er den Tempel des HERRN in einen Tempel des olympischen Zeus. [460] In Jerusalem feierte er die Dionysien, was im Volk Gottes eine ungeheure Provokation war.[87]

Besonders eingegangen sei aber auf den offenkundigen und schrecklichen Götzendienst, der in diesen Endzeiten im Reich des Papstes eingeführt worden ist. Der Lebensnerv und die Basis jenes Reiches sind nämlich der Götze der Transsubstantiation, die Entweihung des Herrenmahls bei käuflichen Messen und Totenmessen, die ruchlose Lehre von der Verdienstlichkeit der guten Werke sowie die Lehre vom Festhalten am Zweifel [an der eigenen Rechtfertigung]; ferner die Anrufung der Heiligen, die einem heidnischen Kult ähnelt, durch den verstorbene Menschen angerufen zu werden pflegten. Auf diesen Lehren ist das Reich des Papstes gegründet, und diesen Götzendienst verteidigen die Papisten ohne Abstriche, um ihre Reichtümer und ihre Macht zu behaupten. Um in den Genuss der Annehmlichkeiten jenes Reiches zu kommen, laufen sogar von unseren Leuten viele zu den Papisten über, obwohl sie sehr wohl begreifen, dass sie damit in den besagten Götzendienst verstrickt werden.

Ein wahrhaft schrecklicher Götze ist das, was die Päpstlichen als „Messe“ bezeichnen und was auf diesen zwei Fundamenten ruht, die offenkundig beide falsch sind: dem Glauben an die körperliche Anwesenheit Christi in der geweihten Hostie und dem Opferverständnis der Messe. Diesen letzteren Kult halten sie für derart unersetzlich, dass sie glauben, ohne jenes vom Priester dargebrachte Opfer würde Gott fast der gesamten Menschheit zürnen.

So war auch die Macht der Pharisäer im Volk der Juden begründet. Unablässig behaupteten sie, die eingeführten Opfer bildeten den wichtigsten Teil der Religionsausübung, durch den man für die Sünden des Volkes Buße tun müsse. Sie behaupteten, jene Opfergaben sorgten für die Vergebung der Sünden und würden diese auslöschen. Diese in Wahrheit götzendienerische Auffassung wickelte das Volk ein: Die Ehebrecher opferten, um ungestraft weiter Ehebruch treiben zu können, wie auch in der Papstkirche Ehebrecher und andere Bösewichte bezahlte Messen lesen lassen, um dadurch Sündenvergebung zu erlangen.

Die Pharisäer waren sich darüber im Klaren, dass nach einer Kappung der Lebensnerven ihres Götzendienstes auch ihre Reichtümer, ihre Macht und ihr Einfluss ins Wanken kämen. Und so schmerzt es die Päpstlichen auch heute, dass ihre Macht und ihre Einkünfte abnehmen, nachdem das Licht der evangelischen Wahrheit nun allenthalben sichtbar ist. In der Vergangenheit konnten die Mönche mit dem Geschäftsmodell der Messen in Nürnberg jährlich nicht weniger als sechshundert Gulden einnehmen – und das je Kloster!

Der Kaiser, die mächtigsten Könige und noch viele andere [vermeintlich] weise Menschen leben immer noch in der Überzeugung, ein derartiges Opfer müsse sein und könne nur von solchen Männern vollzogen werden, die vom Bischof von Rom und den anderen Bischöfen eingesetzt worden seien. Sie sind geradezu besessen von der fixen Idee, Gott würde die Menschheit vollständig auslöschen, wenn jene Opfermessen nicht mehr regelmäßig stattfinden würden. Diese Überzeugung hat zur Folge, dass die mächtigsten Monarchen diese Einrichtung beibehalten wissen wollen, für die Würde dieser Einrichtung in den Kampf ziehen und sich mit allen Kräften dafür einsetzen, deren Kritiker vollständig auszurotten.

Auch die Türken haben ihre Herrschaft auf den Lügenbau eines neuen Glaubens gegründet. Sie geben etwas als Gott aus, was überhaupt nicht Gott ist. Diesen nur vermeintlichen Gott nennen sie den Schöpfer [461] und Bewahrer der Menschheit und der ganzen Natur. Sie rühmen sich, diese allmächtige Gottheit zu verehren; die besonderen Eigenschaften des wahren Gottes projizieren sie jedoch auf ihre bloße Einbildung. Gott will aber so erkannt und verehrt werden, wie er sich offenbart hat; er will dagegen nicht, dass seine Eigenschaften auf eine nur ausgedachte Gottheit projiziert werden, wie es in Wirklichkeit dasjenige ist, was die Türken verehren, indem sie vorgeben, Gott als den allmächtigen und hilfreichen Schöpfer des Himmels und der Erde zu verehren. Dabei verfluchen sie Gott, den Vater unseres Herrn Jesus Christus, indem sie leugnen, dass Christus der Sohn Gottes ist, und indem sie leugnen, dass Gott zusammen mit dem Vater und dem Sohn als Heiliger Geist existiert. Wie ihr also seht, wird in besagter Versuchung zum Ausdruck gebracht, dass Reiche, Macht und Vermögen durch das Anbeten von Götzen aufrechterhalten werden.

Traurig stimmen muss uns aber, dass Ähnliches auch in privaten Angelegenheiten passiert. Wen der Teufel nämlich nicht durch Armut oder durch seine Bewunderung auslösenden Geschenke zu Fall bringen kann, den fängt er häufig durch die Aussicht auf Ehren, Reichtümer und den Glanz dieser Welt ein. Zu diesem Zweck überredet er die Menschen, sich zur Erlangung, Vermehrung und Bewahrung jener äußerlichen Güter götzendienerischen Vereinigungen anzuschließen, mit Zauberern gemeinsame Sache zu machen, ungerecht zu handeln und dabei die Beraubung anderer in Kauf zu nehmen, grausame Tyrannen zu unterstützen und das Bekenntnis zur Wahrheit im Verborgenen zu belassen oder ganz aufzugeben. Was ist dies alles, wenn nicht ein Schielen auf den Prunk dieser Welt und eine Anbetung des Teufels?

Herzog Georg von Sachsen[88] hatte in seinem Testament seinen Bruder Heinrich und dessen Söhne, Moritz und August, unter der Bedingung als Erben eingesetzt, dass sie in der Frage der Religion keine Änderung vornehmen dürften, und bei Nichterfüllung dieser Bedingung seine gesamte Herrschaft dem Kaiser und König Ferdinand[89] vermacht. Noch zu Georgs Lebzeiten wurden deswegen Gesandte zu Heinrich geschickt, die sich verschiedener Argumente bedienten, um den künftigen Herzog zu überzeugen; vor allem brachten sie aber dies vor: Viel Geld stünde bereit, ein luxuriöser Hausrat, Silber in Massen, und Heinrich würde alles bekommen, wenn er nur dem Willen seines Bruders nachkäme. Damals antwortete Herzog[90] Heinrich: „Diese Gesandtschaft bringt mir deutlich jene Versuchung zu Bewusstsein, von der in der Heiligen Schrift berichtet wird, dass nämlich der Satan Christus die Weltherrschaft versprochen hat, wenn er nur vor ihm niederfallen und ihn anbeten würde. Doch für mich besitzen Reichtümer niemals einen solchen Wert, dass ich ihretwegen von der einmal erkannten Wahrheit und der reinen Religion abweichen würde." Nachdem die Legaten diese Antwort erhalten hatten, nahmen sie ihren Abschied. Und noch bevor sie wieder nach Hause zurückgekehrt waren, erfuhren sie, dass Herzog Georg in der Zwischenzeit gestorben war.

An dieser Bibelstelle ist Christus zornig und will ebenfalls nicht länger mit dem Teufel diskutieren, sondern schickt ihn weg.[91] Das bedeutet, dass es vergeblich ist, sich mit den Verteidigern offenkundiger Götzen auseinanderzusetzen, und dass solche Leute zu meiden und mit geistlichem Eifer und einer gewissen Entrüstung zurückzuweisen sind. [462]

Der Ausspruch „Den HERRN, deinen Gott, sollst du anbeten"[92] usw.

Er gibt das erste Gebot des Dekalogs wieder: „Du sollst den HERRN, deinen Gott, fürchten und ihm allein dienen."[93] Dieses Gebot enthält auch die Lehre der beiden früheren Versuchungen. Man darf sich nämlich nicht aus Furcht vor Unglück von Gott entfernen, sondern muss ihm gehorchen, auch wenn dies mit Armut, Verfolgung und anderem Unheil verbunden ist. So[94] darf man auch nicht aus irgendeiner Neugier heraus von Gottes Geboten abweichen. Christus aber bezieht sich hier vor allem auf die Vorstellungen und Hoffnungen auf Macht, Vermögen und auf die Reiche dieser Welt, derentwegen das Anbeten von Götzen aufrechterhalten wird, eine Anbetung, die teilweise derart prächtig gestaltet ist, dass sie auf einen jungen, unerfahrenen Menschen geradezu wie ein wirklicher Gottesdienst wirkt.

So hat Kaiser Karl einmal gegenüber Graf Wilhelm von Nassau[95] geäußert: „Die Messe ist mein Herz. Ich werde nicht zulassen, dass sie mir entrissen wird." Und Granvella pflegte in Regensburg[96] zu mir zu sagen: „Eher wird mein Herr es hinnehmen, dass seine ganze Herrschaft in Gefahr gerät, als zu dulden, dass die Messe als Götzendienst bezeichnet wird."

Die Könige von Frankreich, England, Polen und anderen Ländern sagen: „Wir müssen alle Missstände in den Kirchen dulden, solange das Staatswesen gut eingerichtet ist und in unseren Reichen Ruhe herrscht. Wollten wir jene Missstände beseitigen, dann würde in allen Bereichen größere Unordnung ausbrechen. Wenn wir die Macht der Bischöfe beschneiden, werden unsere Fürstenhöfe verwaist sein,[97] denn die Bischöfe stehen den Höfen vor und mit jenen Höfen ist die höchste Machtbefugnis verbunden. Wenn wir diese Dinge also ändern, werden der Ruhm unseres Reiches und seine reich blühende Pracht zugrunde gehen – und dennoch werden andere, größere Übel kommen." So lautet die blendende Argumentation der Politiker. Doch alle diese Ausflüchte besitzen angesichts des ersten Gebots keine Gültigkeit. Ist Götzendienst erst einmal als solcher erkannt, muss er abgestellt werden, mögen dabei auch Himmel und Erde einstürzen.

In dem Ausspruch „Den HERRN, deinen Gott, sollst du anbeten" sind aber noch viele andere wichtige Punkte enthalten. Warum heißt es: „Den HERRN, deinen Gott"? Weshalb kombiniert er die Bezeichnungen „Gott" und „HERR"? Ich antworte so: „HERR" wird der Bezeichnung Gottes hinzugefügt, um den wahren Gott, der sich im Volke Israel offenbart hat, von allen falschen Gottheiten zu unterscheiden. Die Heilige Schrift bezeichnet Gott mit dem einzigartigen Namen „Jehova", um ihn von den Göttern der Heiden abzugrenzen. Deswegen wird auch das Possessivpronomen „dein" hinzugefügt, damit du erkennst, dass es jener Gott ist, der sich durch sein klares Wort und durch göttliche Zeugnisse in diesem Volk offenbart hat und gesagt hat, er wolle der Gott eben dieses Volkes sein.

Die Türken, die Juden und alle übrigen Völker entfernen sich von Gottes Wort und rufen ihn nicht richtig an, weil sie Gott nicht so anrufen, wie er sich offenbart hat. Wenn wir selbst beten, müssen wir berücksichtigen, welchen Gott wir anrufen, nämlich jenen, der sich in seiner Kirche durch verlässliche Zeugnisse, durch die Entsendung seines Sohnes und durch das ausgesprochene Wort des Evangeliums offenbart hat. [463] Man wendet sich nicht an den wahren Gott, solange man sich nicht an jenen Gott wendet, der sich in der Kirche durch verlässliche Zeugnisse offenbart hat.

Die biblischen Erzväter hatten ihre Zeugnisse, bis die Israeliten aus Ägypten herausgeführt wurden. Der Dekalog weist ausdrücklich auf diesen Vorgang hin: „Ich bin der HERR, dein Gott, der ich dich aus Ägyptenland geführt habe."[98] Das Wort „dein" bedeutet: der sich dir offenbart hat und von dir als Gott verehrt werden will, der deine Bitten erhören und dir beistehen will.

Auf diesen Gott, der sich durch sein Wort offenbart hat,[99] werden wir auch in der Taufformel verwiesen: „Ich taufe dich im Namen des Vaters und des Sohnes und des Heiligen Geistes." Das bedeutet nämlich: durch die Anrufung dieses wahrhaftigen Gottes, welcher der Vater unseres HERRN Jesus Christus ist, welcher seinen Sohn gesandt hat, damit er für dich zum Opfer wird, und welcher den Heiligen Geist gibt und dich damit heiligt.

Diese Richtschnur ist beim Beten immer zu beachten: „Den HERRN, deinen Gott, sollst du anbeten." Dieser Ausspruch bezieht sich aber auf die wahre Anbetung oder Anrufung Gottes, nicht auf zeichenhafte Handlungen, wie sie die Menschen vorzunehmen pflegen, indem sie etwa niederknien oder den Kopf entblößen. Eine solche Anbetung im eigentlichen Wortsinne würde bedeuten, einem Menschen dasjenige beizumessen, was allein Gott zukommt: Allmacht, Omnipräsenz, Allwissenheit, die Fähigkeit, in die Herzen zu blicken, Bitten zu erhören, zu helfen, alle Dinge zu erschaffen und zu bewahren, Leben zu schenken, Gerechtigkeit zu üben und ewiges Heil zu verleihen. Diese Fähigkeiten können keiner geschaffenen Sache beigemessen werden, ohne dass es sich um offenen Götzendienst handeln würde.

Anschließend folgen [in Mt 4,10] noch die andere Götter ausschließenden Worte: „und ihm allein sollst du dienen“, „ihn allein fürchten“, durch die einmal mehr alle nur ausgedachten Götter ferngehalten werden. Der Ausspruch mahnt uns, die Religionen nicht zu vermischen, wie dies zu allen Zeiten oft bei denjenigen geschieht, die sich um einen Konsens in Lehrfragen bemühen. In den Schriften der Alten werden gelegentlich Zeugnisse Platons und anderer heidnischer Autoren, die nicht ganz verblendet sind, angeführt, wenn der Wahrheitsanspruch des Christentums bewiesen werden soll. Dabei heißt es dann, die Heiden hätten im Grunde schon denselben Glauben gehabt, den die Christen haben. Tertullian drückt sich schlecht aus, wenn er zu den Heiden spricht: „Ihr verehrt Gott durch Orpheus, die Juden durch Mose, wir durch Christus.“[100] Und er fügt noch hinzu: „Wie ihr sagt, das Schicksal sei die Weisheit Gottes, so sagen wir, der λόγος sei der Ratschluss Gottes.“[101] In ähnlicher Weise wollte auch Paul von Samosata die Platonische Idee mit dem λόγος in Einklang bringen.[102] Derartige verwirrte Vermischungen der Religionen müsst ihr durchschauen, meiden und verabscheuen.

Das Verb „dienen“ umfasst alle Formen des Gottesdienstes. Wir müssen Gott aber so dienen, wie er es vorgeschrieben hat. Das vorrangige und letzte Ziel der Anbetung und der übrigen religiösen Praktiken muss darin bestehen, jenen einzigen wahren Gott gemäß dem von ihm überlieferten Wort[103] zu verehren – und keine Kultformen zu praktizieren, die außerhalb der durch sein Wort vorgegebenen Ordnung stehen.

Somit bindet uns diese Verordnung an den geoffenbarten Gott und an die Form des Gottesdienstes, die durch das Wort überliefert ist. Es soll daher hier die genaue Bestimmung dieses Gottesdienstes noch einmal wiederholt werden. [464]

Was ist der wahre Gottesdienst?

Er ist ein von Gott befohlenes Werk, geleistet im Glauben oder im Lichte des Glaubens, das heißt: im Vertrauen auf den Mittler. Der mittelbare oder unmittelbare Zweck dieses Werkes aber besteht darin, Gott Ehre zu erweisen. Deine Studien sind nach ihrer Ordnung ebenfalls ein Gottesdienst, nicht weil du Gott unmittelbar Ehre erwiesest, indem du Grammatik lernst, aber mittelbar. Denn du lernst ja, um die heilige Sprache zu verstehen und anschließend andere zu unterrichten und auszubilden, um die Lehre weiterzugeben und den Ruhm Gottes zu bewahren.

Die Mönche haben behauptet, ihre strengen Gebräuche seien sogar Werke, durch die Gott unmittelbar Ehre erwiesen würde. Sie irren damit jedoch in doppelter Hinsicht: Einerseits dienen sie Gott nicht so, wie der es befohlen hat, und andererseits halten sie nicht einmal in mittelbaren Dingen die Ordnung ein. Eine solche Störung der Ordnung führt zu einem fehlerhaften Werk.

Der Zweck des ersten Gebotes ist ein unmittelbarer: Gott Ehre zu erweisen, indem du ihn fürchtest und indem du auf ihn vertraust. In anderen Geboten: „Du sollst nicht töten",[104] „Du sollst nicht ehebrechen"[105] usw. stecken viele untergeordnete Ziele. Die Werke dieser Gebote sind auch Gottesdienst, aber nur mittelbar. Denn die primären Objekte sind die Menschen, mit denen du auskommen musst. Und dennoch: Wenn du jene Anordnungen befolgst, um Gott zu gehorchen, und wenn du ihm dienst nach der Ordnung, die er selbst aufgestellt hat, dann verehrst du Gott.

Bei all diesen Dingen muss aber noch der Glaube hinzukommen, damit du von dir behaupten kannst, wirklich von Gott angenommen und wirklich der Vergebung der Sünden teilhaftig zu sein, Gott zu gefallen und mit diesen deinen von Gott befohlenen Werken seinen Beifall zu finden. Und dies geschieht durch den Vermittler, ohne den Gott nicht verehrt werden kann und ohne den er auch keine Ehrerbietung entgegennehmen will, gemäß den folgenden Schriftzeugnissen: „Wer den Sohn nicht ehrt, der ehrt den Vater nicht.“[106] Ebenso: „Niemand kommt zum Vater denn durch den Sohn.“[107]

Das Ende der Versuchungen Christi

Am Schluss heißt es im Text: „Da kamen Engel herbei und dienten ihm.“[108] Dies bedeutet, dass auf den heftigen Kampf die Tröstung Gottes gefolgt ist, bezeugt durch den bereitwilligen Dienst der Engel. Und so machen diejenigen, die Gottes Wort die Treue halten, schließlich die Erfahrung einer ruhmvollen Befreiung und ganz deutlicher Beweise der Gegenwart und Hilfe Gottes.

An dieser Stelle wird aber auch der Teufel gezwungen, Jesus zu verlassen. Das ist der Beweis, dass er besiegt worden ist und dass Christus wahrhaftig den Sieg davongetragen hat. Deshalb müssen wir uns im Vertrauen auf diesen Sieg des Gottessohnes Gott nähern, ihn anrufen und den Versuchungen des Teufels widerstehen. Das geschieht, wenn wir mit unserem Gebet eine Wachsamkeit verbinden, um die Gelegenheiten zur Sünde zu vermeiden. Joseph wurde nicht nur von einer Frau, sondern auch vom Teufel in Versuchung geführt.[109] In jener Versuchung [465] rüstete er sich ohne Zweifel gegen den Teufel durch das Gebet und den Glauben an die Verheißung – und so siegte er. Gleichwohl vermied er auch gefährliche Situationen: Er legte sich nicht neben sie und schäkerte nicht mit ihr.[110] Viele gehen zugrunde, weil sie Gottes Sohn nicht anrufen und sich selbst in Situationen bringen, in denen sie zu Fall kommen. Paulus fordert uns auf: „Wandelt in Achtsamkeit, nicht wie die Toren wandeln.“[111] Dies bedeutet, dass wir uns nicht in Situationen bringen sollen, in denen Sünden drohen. Doch eine solche Achtsamkeit bietet uns keinen ausreichenden Schutz. Deswegen muss das Gebet hinzukommen, durch das wir darum bitten, gerettet zu werden durch Gottes Sohn, den Sieger über den Teufel.

[1] Vgl. Meyer: Göttinger Nachschrift, S. 54; MBW, Bd. 10 (Itinerar), S. 677. [2] Vgl. Anm. 30. [3] Vgl. Anm. 89. [4] Vgl. CR 24, XIX–XXII; CR 25, 903 f.; Michel: Sonntagsvorlesungen, S. 186. [5] Wo mit Nebukadnezar doch einmal ein historisches (und zugleich biblisches) Beispiel genannt wird, vermischt die Kurzfassung dieses mit einer anschließenden Äußerung Melanchthons über Antiochos IV. Epiphanes: „Diese Versuchung ist offenkundiger Götzendienst, wie ihn einst Nebukadnezar eingeführt hat; er wollte einen [neuen] Kult einführen und machte den Tempel Gottes zu einem Tempel des Dionysos" („Haec tentatio est manifesta idololatria, ut Nabuchodonosor constituit idololatriam, vult facere unum [so statt ‚novum'?] cultum, convertit templum Dei in templum Bacchi", CR 25, 981); vgl. dagegen CR 24, 459 f. und die vorliegende Übersetzung mit Anm. 84–87. [6] CR 24, 446 bietet hier irrtümlich den Singular „tentationem". In Pezels Ausgabe von 1594, S. 59 heißt es richtig „tentationes". [7] Joh 12,27. [8] Lk 4,2. [9] Gen 3,5. [10] 1Joh 3,8. [11] Gen 3,15. [12] Joh 10,28. [13] Lk 22,32. [14] Lk 22,40. [15] Der Trojaner Hektor und der Grieche Achilles sind im griechischen Mythos die stärksten Kämpfer des Trojanischen Krieges; das 22. Buch von Homers „Ilias" handelt von ihrem Zweikampf, der mit Hektors Tod endet. Der Karthager Hannibal (ca. 247–183 v. Chr.) und der römische Feldherr Publius Cornelius Scipio Africanus (235–183 v. Chr.) standen sich im Zweiten Punischen Krieg gegenüber; der zuvor in zahlreichen Schlachten siegreiche Hannibal unterlag Scipio in der kriegsentscheidenden Schlacht bei Zama (202 v. Chr.). [16] Das griech. Wort für Teufel, διάβολος, bedeutet Verleumder. [17] Gemeint ist der Schmalkaldische Krieg (1546/47). [18] Joh 13,27. [19] Das lat. Substantiv „fanum" bezeichnet einen (heidnischen) Tempel; das lat. Verb „fari" (verkünden) wird besonders im Zusammenhang mit Orakelsprüchen verwendet. [20] Joh 8,44. [21] Vgl. ebd. [22] Mt 12,43; Mk 5,2 ff.; 7,25; Lk 4,33 u. ö. [23] 1Petr 5,8. [24] Der Hethiter Uria war der Mann der von David geschwängerten Bathseba. Vgl. 2Sam 11. [25] Vgl. 2Sam 13–19. [26] Der römische Patrizier Lucius Sergius Catilina (108–62 v. Chr.) versuchte 63 v. Chr. in Rom die Macht an sich zu reißen, wurde daraufhin zum Staatsfeind erklärt, floh mit seinen Truppen aus der Stadt und fand in der Schlacht bei Pistoia den Tod. [27] Mt 8,20. [28] Mt 4,3. [29] Mt 27,40. [30] Anspielung auf die vorübergehende Rekatholisierung Englands in der Regierungszeit Mary Tudors (1553–1558), die zahlreiche Protestanten auf den Scheiterhaufen brachte oder in die Verbannung führte, was ihr den Spitznamen „Blody Mary" eintrug. [31] Mt 4,4. [32] Vgl. Eph 6,16. [33] Neben dem „äußerlichen Wort" der Bibel maß der Spiritualist Kaspar von Schwenckfeld (1489-1561) dem „inneren Wort" aus göttlicher Eingebung maßgebliche Bedeutung bei, was bei Luther und Melanchthon auf Ablehnung stieß. [34] Mt 4,4 greift die Worte aus Deut 8,3 auf: „[…], dass der Mensch nicht lebt vom Brot allein, sondern von allem, was aus dem Mund des HERRN geht". [35] Mt 4,4. [36] Deut 30, 20. [37] Vgl. Ps 37 (36 Vulgata), 5. CR 24, 454 bietet hier irrtümlich „et ipsa faciet". In Pezels Ausgabe von 1594, S. 74 heißt es richtig „ipse". [38] Ps 55 (54 Vulgata), 23. [39] Vgl. Aelian: Varia historia 6, 12. Die Rede ist von dem griechischen Tyrannen Dionysios I. von Syrakus (ca. 430–367 v. Chr.) und

seinem Sohn und Nachfolger Dionysios II. (ca. 396 – nach 337 v. Chr.), der nach zahlreichen Kämpfen endgültig auf die Herrschaft verzichten und ins Exil gehen musste. [40] Vgl. Ps 37 (36 Vulgata), 5. [41] Vgl. Ex 14,13. [42] Das Omer (lat. „gomor") ist ein hebräisches Hohlmaß und entspricht 2,2 Litern. Das griechische Kornmaß χοῖνιξ (im Plural χοίνικες) entspricht 1,1 Litern; ein χοῖνιξ Korn galt in Athen als Tageskost für einen Mann. [43] 1Tim 6,17. CR 24, 454 und bereits Pezels Ausgabe von 1594, S. 75 bieten hier: „Abunde dat ad frumentum omnia"; „frumentum" ist jedoch eine Verschreibung von „fruendum". Vgl. die Vulgata („praestat nobis omnia ad fruendum") und Melantone: Predicazione evangelica, S. 153 Anm. 37. [44] Ps 37 (36 Vulgata), 25. [45] Ps 34 (33 Vulgata), 11. Die Lesart „Leones" (Löwen) folgt dem Text der hebräischen Bibel. Die Septuaginta und die Lutherbibel bieten dagegen πλούσιοι bzw. die Reichen. [46] Ein Jahr nach seiner Niederlage gegen Octavian in der Seeschlacht bei Actium (31. v. Chr.) verübte der römische Politiker und Feldherr Marcus Antonius Selbstmord. [47] Vgl. 1Sam 31,1–4. [48] Vgl. Anm. 34. [49] Gen 2,17. [50] Ex 20,15; Deut 5,19. [51] Mt 4,5. [52] Vgl. Apg. 8,9–25 und ausführlich die apokryphen Acta Petri 4–32. Der Wettkampf vor Kaiser Nero und die anschließend angeführten Details vom Flug und Absturz Simons finden sich nur in den Acta Petri. [53] Zu diesem Flugversuch Fausts in Venedig und seiner Überlieferung im Umkreis Melanchthons vgl. Frank Baron: Der Mythos des faustischen Teufelspakts. Geschichte, Legende, Literatur, Berlin/Boston 2019, S. 73 f. [54] Ps 91 (90 Vulgata), 11 lautet vollständig: „Denn er hat seinen Engeln befohlen über dir, dass sie dich behüten auf allen deinen Wegen" (Wortlaut der Lutherbibel). [55] Paul von Samosata, 260–268 Bischof von Antiochien, danach abgesetzt und als Häretiker verurteilt. Melanchthon bringt seine Lehre mehrfach mit dem Antitrinitarier Michael Servet (s. Anm. 63) in Verbindung; vgl. Melantone: Predicazione evangelica, S. 114 mit Anm. 21 und 22; Philipp Melanchthon: Loci praecipui theologici (lat.–dt.), Bd. 1, hrsg. und übers. von Peter Litwan und Sven Grosse unter Mitarbeit von Florence Becher-Häusermann, Leipzig 2018, S. 44–53; MBW 2135, § 8 f. [56] Joh 1,1. „Wort" ist die Übersetzung für griech. λόγος. Das altkirchliche trinitarische Dogma ging von den drei Hypostasen Gott Vater, Logos Sohn und Heiliger Geist aus. Indem Paul von Samosata die göttliche Natur Christi in Frage stellte, rüttelte er an den Grundfesten der Trinitätslehre. [57] Für den Presbyter Arius aus Alexandria (ca. 260–336) war Jesus Christus mit Gott Vater nicht wesensgleich; dem Sohn (Logos) maß er als einem Geschöpf des Vaters keine unmittelbare Göttlichkeit zu. Seine Lehre wurde 325 auf dem Konzil von Nizäa als häretisch verurteilt, Arius selbst wurde verbannt. [58] Nestorius (ca. 381 – nach 451) lehnte die Bezeichnung Mariens als „Gottesgebärerin" (θεοτόκος) ab; auf dem Konzil von Ephesos wurden seine Lehren als häretisch verurteilt. [59] Eutyches (ca. 378 – nach 454), ein Gegner des Nestorius, wurde wegen seiner Relativierung der menschlichen Natur Christi später ebenfalls als Häretiker verurteilt (auf dem Konzil von Chalkedon 451). [60] Pelagius (ca. 350/360–418/420) wurde nach längerer Auseinandersetzung mit dem Kirchenvater Augustinus wegen seiner Erbsündenlehre auf mehreren Synoden als

Häretiker verurteilt und 417 exkommuniziert; er betonte die Freiheit des Willens. [61] Thukydides 3, 38, 5 und 3, 39, 5; vgl. John Richards: Thucydides in the Circle of Philip Melanchthon, Diss. Ohio State University 2013, S. 52 f. [62] Andreas Osiander (1496–1552), Reformator der Reichsstadt Nürnberg, ab 1549 Theologieprofessor an der Universität Königsberg, löste 1550/51 den nach ihm benannten Osiandrischen Streit aus, den er unter heftiger Polemik gegen Melanchthon und andere zeitgenössische Theologen führte. In seiner Rechtfertigungslehre ging Osiander davon aus, dass der Mensch durch die eingegossene Gerechtigkeit Christi gerecht werde und prägte in diesem Zusammenhang den Begriff der „essentiellen Gerechtigkeit" („iustitia essentialis"). [63] Michael Servet (1511–1553), spanischer Arzt und Humanist; wegen seiner Kritik am Trinitätsdogma auf Betreiben Johannes Calvins 1553 in Genf verhaftet und als Ketzer auf dem Scheiterhaufen verbrannt. [64] Vgl. Anm. 33. [65] CR 24, 456 „diicere" ist zu korrigieren; in Pezels Ausgabe von 1594, S. 79 heißt es richtig „deiicere". [66] Ps 91 (90 Vulgata), 11; vgl. Anm. 54. [67] Vgl. Demosthenes: Orat. 18 (De corona), 121. [68] Vgl. Celsus D. 1.3.24: „Incivile est, nisi tota lege perspecta, una aliqua particula eius proposita iudicare vel respondere." [69] Diese etwas befremdlich wirkende Stelle lässt sich vielleicht aus Melanchthons Furcht vor großen Gewässern erklären. Sein Freund Wilhelm Nesen ist 1524 in der Elbe ertrunken; in Melanchthons Geburtshoroskop wurde zudem vorausgesagt, er selbst werde auf der Ostsee Schiffbruch erleiden. Vgl. Melanchthon in 100 persönlichen Briefen, hrsg. von Christine Mundhenk, Matthias Dall'Asta und Heidi Hein, Göttingen 2017, Nr. 8 [= MBW 344], S. 35; Nr. 91 [= MBW 8288], S. 155 f. [70] Mt 4,7 wird Deut 6,16 zitiert. [71] Pius II. (Papst 1458–1464), 1405 als Enea Silvio Piccolomini in Corsignano bei Siena geboren, galt als „Apostel des Humanismus in Deutschland" (Georg Voigt). Seine in der Papstgeschichte Bartolomeo Platinas überlieferte Sentenz zur Priesterehe lautet im Original: „Sacerdotibus magna ratione sublatas nuptias, maiori restituendas videri", in der Übersetzung von Claudia Märtl (Rez. <www.sehepunkte.de/2006/03/8853.html>): „Es scheine, als ob den Priestern mit gutem Grund das Heiraten untersagt worden sei, mit noch besserem Grund ihnen aber wieder erlaubt werden müsse." Melanchthon verweist bereits in CA 23 auf dieses Zeugnis; vgl. die Bekenntnisschriften der Evangelisch-Lutherischen Kirche, hrsg. von Irene Dingel, Göttingen 2014, S. 135 mit Anm. 27. [72] Der polemische Sinn ist offenbar: Unter Beibehaltung des Zölibats würde der König angesichts der notorischen Unkeuschheit der Priester und Mönche Verstöße gegen das sechste Verbot („Du sollst nicht ehebrechen") erlauben; eine Abschaffung des Zölibats hätte dagegen wegen der dann nötigen Versorgung der Frauen und Kinder verheirateter Kleriker eine Schmälerung des Kirchenvermögens zur Folge, was zugespitzt als Verstoß gegen des siebte Gebot („Du sollst nicht stehlen") dargestellt wird. [73] Anspielung auf die Polygamie im Täuferreich von Münster (1534/35). [74] Num 14,41–45. [75] Vgl. Apg 15,10. [76] Im Original: „qui non volebant mutari politiam patriam". [77] Im Original: „politia". [78] Mohammed, arabischer Prophet, Begründer des Islam (ca. 570/73–632). [79] Dan 2,21. [80] CR 24, 459 bietet hier irrtümlich „turbat gregem illud“. In Pezels Ausgabe von 1594, S. 74 heißt es richtig „illum“. [81] Vgl. Mt 4,8 f. [82] Gaius Caesar Augustus Germanicus, genannt Caligula (12–41, seit 37 Kaiser), und Nero (37–68, seit 54 Kaiser) galten schon in der Antike als ausgeprägt grausame Herrscher. [83] Im Original (CR 24, 459, aber auch schon in Pezels Ausgabe von 1594) steht „significatur“, zu erwarten wäre aber „significetur“. [84] Nebukadnezar II. (ca. 640–562 v. Chr.), ab 605 v. Chr. neubabylonischer König. [85] Vgl. bes. Dan 3,1–7. [86] Antiochos IV. Epiphanes (ca. 215–164 v. Chr.), seit 175 v. Chr. König des Seleukidenreiches. [87] Zur Feier des heidnischen Dionysos-Festes (Dionysien, Bacchanalien) in Jerusalem vgl. 2Makk 6,7. [88] Herzog Georg der Bärtige (1471–1539) war ein entschiedener Gegner der Reformation, starb aber kinderlos, so dass das albertinische Herzogtum Sachsen an seinen lutherisch gesonnenen Bruder Heinrich den Frommen (1473–1541) und danach an dessen Söhne Moritz (1521–1553, ab 1541 Herzog und ab 1547 Kurfürst von Sachsen) und August (1526–1586, ab 1553 Kurfürst von Sachsen) fiel. [89] Karl V. (1500–1558, 1520–1556 Kaiser des Heiligen Römischen Reiches) und sein Bruder Ferdinand (1503–1564, ab 1526 König von Böhmen und Ungarn, ab 1556 Kaiser). [90] CR 24, 461 „Duc“ ist zu korrigieren; in Pezels Ausgabe von 1594, S. 88 heißt es richtig „Dux“. [91] Mt 4,10. [92] Ebd. [93] Ebd.; Deut 6,13; 10,20. Vgl. Ex 20,3; Deut 5,7. [94] CR 24, 462 „Si“ ist zu korrigieren; in Pezels Ausgabe von 1594, S. 89 heißt es richtig „Sic“. [95] Wilhelm der Reiche, Graf von Nassau-Dillenburg (1487–1559). [96] Nicolas Perrenot de Granvelle (1486–1550), Jurist und Kanzler Kaiser Karls V., leitete auf dem Regensburger Reichstag von 1541 die Religionsgespräche zwischen Katholiken und Protestanten, an denen auch Melanchthon teilnahm. [97] CR 24, 462 „vastabantur“ ist zu korrigieren; in Pezels Ausgabe von 1594, S. 90 heißt es richtig „vastabuntur“. [98] Ex 20, 2. [99] CR 24, 463 Druckfehler „petefactum“; in Pezels Ausgabe von 1594, S. 91 heißt es richtig „patefactum“. [100] Vgl. Tertullian: Apologeticum 21,29. [101] Vgl. Tertullian: Apologeticum 21,10 f. [102] Zu Paul von Samosata vgl. Anm. 55 und 56. Zu seiner Deutung von Joh 1,1 s. ferner Epiphanios: Panarion (Adversus haereses) 2,2, 45 bzw. § 65. [103] CR 24, 463 „iuxta verba traditum“ ist zu korrigieren; in Pezels Ausgabe von 1594, S. 93 heißt es richtig „verbum“. [104] Ex 20,13; Deut 5,17. [105] Ex 20,14; Deut 5,18. [106] Joh 5,23. [107] Joh 14,6. [108] Mt 4,11. [109] Vgl. Gen 39,7–20. [110] Vgl. Gen 39,10. [111] Vgl. Eph 4,17.

Geschichten, erzählt von Philipp Melanchthon in seinen öffentlichen Vorlesungen

Historiae quaedam recitatae a Praeceptore Philippo Melanthone inter publicas lectiones

Melanchthons Geschichten, Erzählungen und Anekdoten

Für seine Studenten muss Philipp Melanchthon ein faszinierender Lehrer gewesen sein: Hier war einer, der systematisch das Wissen seiner Zeit durchdrungen hatte und präzis und enzyklopädisch gebildet Themen und Autoren von der Antike bis zu aktuellen anatomischen Theorien behandelte. Er tat dies mit Disziplin und Strenge, liebte es, seine Zuhörer mit Fragen zu traktieren, und bekam nicht selten einen Wutanfall, wenn die Antwort nicht so ausfiel, wie sie nach den Erwartungen des anspruchsvollen Professors zu sein hatte. Luther, der offenkundig weniger fordernd war, empfand seinen Kollegen oft als zu streng, er überrumple seine Schüler und schüchtere sie ein (s. unten Nr. 122). Und doch war Melanchthon an der Leucorea der beliebteste Dozent mit den meisten Hörern. Wie das? Diese Popularität hatte sicherlich auch institutionelle Gründe, denn Melanchthon lehrte nicht nur an der Theologischen, sondern auch an der Philosophischen Fakultät, so dass ihn gerade in den Grundlagenfächern fast alle Studenten erlebten, da über 80% von ihnen an der Artistenfakultät studierten. Gewiss lag seine Beliebtheit aber auch an der Leidenschaft des Lehrens, die Melanchthon auszeichnete und die die Studenten täglich erfahren konnten, in und außerhalb des Hörsaals, etwa bei botanischen Exkursionen, beim Einüben von Theaterstücken oder beim gemeinsamen Dichten. Und nicht zu vergessen: Vor den Studenten stand ein Gelehrter, der immer auf dem neuesten Stand der Wissenschaft war und der die aktuellsten Neuerscheinungen oft schon wenige Tage nach ihrem Erscheinen auf den Buchmessen in seinen Unterricht einbaute. Doch Fachkompetenz und Engagement allein können die Beliebtheit eines Lehrers nicht restlos erklären.

Es muss noch etwas in der Art und Weise des Lehrens geben, das die Zuhörer in ihrer Aufmerksamkeit festhält und ihnen auch nach ihrem Studium nachhaltig – oder darf man sagen: nachhallend – in Erinnerung bleibt. Bei Melanchthon war es das Miteinander von Regel und Beispiel, die gegenseitige Erhellung von Merksatz und Exempel, die didaktische Methode, den systematisierenden Zugriff auf ein Thema immer mit illustrierenden Geschichten aufzubrechen und in der Anekdote das Ganze zu kondensieren. Der Lehrer Melanchthon wurde so zum Erzähler, dessen narratives Füllhorn unendlich viele Geschichten aus allen Zeiten und Literaturen zu umfassen schien. Zudem konnte er viel Selbsterlebtes einstreuen, Begegnungen etwa mit den Großen der Zeit, von Albrecht Dürer bis zu Kaiser Karl V. Ist es verwunderlich, dass die Studenten die philosophischen Spitzfindigkeiten eines Aristoteles vergaßen, sich aber die Geschichten, die Melanchthon zu deren Erläuterung erzählte, merkten? Sie schrieben sich diese Geschichten auf, um sie bei Gelegenheit selbst einmal zu verwenden, etwa in ihrer eigenen späteren Lehrtätigkeit oder in künftigen Predigten, da ihnen in Melanchthons Unterricht klar wurde: Es ist die Geschichte, die Erzählung, die Anekdote, an der auch ein komplexer Sachverhalt verständlich wird und in Erinnerung bleibt. Das Exempel bekam so eine lehrhafte, insbesondere moralische Aufgabe – ganz im Sinne der Erkenntnis von der „Geschichte als Lehrmeisterin des Lebens" („historia magistra vitae"). So entstand ein Textcorpus von „Historiae Melanthonis", das weitgehend handschriftlich überliefert ist: Mit- und Nachschriften der Erzählungen Melanchthons durch studentische Hörer seiner Vorlesungen. Bis heute haben sich zahlreiche Sammlungen erhalten, die bis zu rund 1.250 Erzählungen enthalten, so etwa die Sammlung des aus Lübeck stammenden Wittenberger Studenten und späteren Rigaer Pfarrers Johann Reckemann (1532–1601), die in der UB Leipzig aufbewahrt wird. Dass es eine Nachfrage nach solchen Geschichten gab, zeigt der Erfolg der einzigen im 16. Jahrhundert gedruckten Sammlung: Johannes Manlius (ca. 1535–1604), von 1548 bis kurz nach Melanchthons Tod Student in Wittenberg, publizierte 1562 die „Locorum communium collectanea", die 15 Auflagen (bis 1624) und in der deutschen Übersetzung durch Johann Ulrich Ragor (1534–1604) weitere 3 Auflagen erlebte.

Im Folgenden soll die Sammlung Ulrich Vendenhaimers erstmals in Übersetzung samt Kommentar vorgestellt werden. Erhalten hat sie sich als Handschrift von 88 Blatt in der Herzog August Bibliothek Wolfenbüttel; von Heinrich Ernst Bindseil ist sie 1854 im Corpus Reformatorum ediert worden. Die beiden Vorsatzblätter der Handschrift geben folgende Informationen: „Ulricus Vendenhaimer / Noribergensis / Anno 1557" und „Historiae quaedam / recitatae a Praeceptore / Ph[ilippo] M[elanthone] inter publicas lectiones", also „Ulrich Vendenhaimer aus Nürnberg im Jahr 1557" und „Einige Geschichten, die vom Lehrer Philipp Melanchthon in seinen öffentlichen Vorlesungen erzählt wurden". Außer dass Ulrich Vendenhaimer aus Nürnberg stammt und in Wittenberg studiert hat, ist über ihn leider nichts bekannt. Ob er erst am 12. Dezember 1559, also zwei Jahre nach Beginn seiner Sammlung, als „Ulricus Fendenhaimer Noricus" an der Leucorea immatrikuliert wurde, bleibt unklar. Seine Sammlung ist keine Mitschrift, sondern eine nachträgliche Zusammenstellung, da Vendenhaimer die einzelnen Geschichten nummeriert und häufig mit Überschriften versieht, so dass es sich also um die Abschrift eigener (oder fremder) Aufzeichnungen handelt. Hinter den insges. 304 Nummern verbergen sich 302 Einzeltexte, da Vendenhaimer Nummern überspringt oder sie mitunter auch doppelt belegt. Die narrative Bandbreite ist bemerkenswert: Wir finden Geschichten aus antiken Schriftstellern, besonders häufig von Geschichtsschreibern wie Herodot, Nikephoros oder Eusebios, etwa die Geschichte vom tapferen Tod des Kaisers Maurikios nach den „Historien" des frühbyzantinischen Historikers Theophylakt (Nr. 150). Auch zeitgenössische Geschichtsquellen zieht Melanchthon heran, z. B. die Berichte über König Alfons von Neapel, die erstmals Antonio Beccadelli gesammelt und 1455 herausgegeben hat (Nr. 146). Zahlreiche Geschichten erfuhr er von Johannes Reuchlin, so dass dessen Landesherr Herzog Eberhard I. von Württemberg immer wieder Erwähnung findet (z. B. Nr. 32 oder 84). Überhaupt ist die früh verlassene süddeutsche Heimat Melanchthons noch überraschend stark präsent, etwa durch Sagen wie die „Weiber von Weinsberg" (Nr. 284) oder durch Begebenheiten aus der näheren Umgebung rund um Bretten (Nr. 91 u. 115). Melanchthons Interesse v.a. an der Politik seiner Gegenwart schlägt sich in vielfältigen Erzählungen nieder, die z.T. aus eigenen Begegnungen erwachsen sind, etwa im Fall der Erzählungen über den Salzburger Erzbischof Matthäus Lang (Nr. 251 f.) oder über Kurfürst Friedrich den Weisen (z.B. Nr. 67 u. 72). Einen prominenten Platz nimmt Kaiser Karl V. ein, den Melanchthon als unbestrittene Obrigkeit und, ohne die konfessionellen Differenzen zu thematisieren, als milden und selbstbeherrschten Monarchen wertschätzt (z.B. Nr. 10, 64 etc.). Als Akteur tritt in Melanchthons Erzählungen erstaunlich häufig der Teufel auf, der die Menschen verführt und ins Unheil stürzt – Schauergeschichten, die den Zuhörer bzw. Leser zu einem anständigen Lebenswandel ermahnen sollen (Nr. 12, 83, 92 etc.). Zu den ‚Bösen' gehören für den Wittenberger Reformator naturgemäß v. a. die katholischen Gegner, die nicht selten als Hurenböcke und Idioten dargestellt werden, die mit ehrbaren Ehefrauen schlafen (z.B. Nr. 280) oder intellektuell unfähig sind, ihre Stundengebete zu sprechen (Nr. 258). Eine planvolle Ordnung in der Abfolge der Geschichten ist kaum ersichtlich, da Vendenhaimer sich nicht an damals geläufige Ordnungsschemata wie die Loci oder den Dekalog hält, sondern die Geschichten eher assoziativ aneinanderreiht.

Zahlreiche Aussprüche, die unter den „Historiae recitatae a Philippo Melanthone" versammelt sind, stammen gar nicht von Melanchthon, sondern von Luther und decken sich oft weitgehend mit dem Text, der unter den Tischreden überliefert ist. Offensichtlich gab es v. a. nach Luthers Tod 1546 Schüler, die das Erbe und die Autorität beider Reformatoren durch die Überlieferung möglichst authentischer Worte zu bewahren suchten – auch um die Einheit der Reformation durch die Gemeinsamkeit der beiden wichtigsten Wittenberger Reformatoren zu bekräftigen.

Literatur: Alexander Bartmuß: Melanchthon erzählt. Ein Beitrag zu den „Dicta und Exempla" Melanchthons, in: Luther 79 (2008), S. 26–40; ders.: Martin Luthers Tischreden und die Wittenberger Gruppenidentität. Philipp Melanchthons Exempla, in: Martin Luthers Tischreden. Neuansätze der Forschung, hrsg. von Katharina Bärenfänger u. a., Tübingen 2013, S. 79–94; Volker Honemann: Melanchthon als Erzähler, in: ders.: Literaturlandschaften. Schriften zur deutschsprachigen Literatur im Osten des Reiches, hrsg. von Rudolf Suntrup u. a., Frankfurt (Main) u. a. 2008, S. 33–45.

Zur Übersetzung und zum Kommentar sowie zu den verwendeten Abkürzungen noch einige Bemerkungen:

Vendenhaimer Die Handschrift des Nürnberger Studenten trägt die Signatur HAB Wolfenbüttel Cod. Guelf. 21 Aug. 4°. Für die digitale Zugänglichkeit sage ich Dr. Christian Heitzmann, dem Leiter der Abteilung Handschriften und Sondersammlungen der Herzog August Bibliothek, herzlichen Dank. So war es möglich, bei Verständnisschwierigkeiten den Text des Corpus Reformatorum zu überprüfen und ggf. zu korrigieren.

Manlius Seine umfangreiche Sammlung der Geschichten und Erzählungen Melanchthons, die von Joachim Camerarius, Melanchthons engstem Freund, wegen Ungenauigkeit kritisiert wurde und die doch bis heute zu den wichtigsten protestantischen Exempelsammlungen gehört, hat der in Ansbach geborene Johannes Manlius erstmals 1562 herausgebracht; sie ist nach den Loci Melanchthons geordnet. Zugrunde gelegt wird im Folgenden die Ausgabe Frankfurt am Main 1566.

CR Im Corpus Reformatorum [= CR] wurde in Bd. 20 der „Philippi Melanthonis Opera, quae supersunt omnia" (Braunschweig 1854), Sp. 519–608 die Handschrift Vendenhaimers gedruckt. Die Geschichten Melanchthons sind häufig auch in den Sonntagsvorlesungen überliefert, so dass auf die Parallelen aus CR 24 und CR 25, aber auch aus anderen Texten, etwa dem Theognis-Kommentar, der auf einer Vorlesung basiert (CR 19), im Kommentar zu den einzelnen Geschichten hingewiesen wird.

WA TR In der Ausgabe der Weimarana (WA TR 1–6, Weimar 1912–1921) sind die Tischreden zahlreicher Tradenten versammelt.

Loesche Vendenhaimers Text scheint bei den Luther-Aussprüchen nahe der Überlieferung der Tischreden durch Johannes Mathesius, der 1530–1532 sowie 1540–1542 in Wittenberg studierte, zu sein, so dass diese möglicherweise durch Vendenhaimer rezipiert wurden: Analecta Lutherana et Melanthoniana. Tischreden Luthers und Aussprüche Melanthons, hauptsächlich nach Aufzeichnungen des Johannes Mathesius, hrsg. von Georg Loesche, Gotha 1892.

Bartmuß Alexander Bartmuß bereitet eine Edition der Leipziger Sammlung Reckemann vor, in deren Manuskript er mir dankenswerterweise einen umfassenden Einblick gewährte. Er hat mehr als 80 Parallelen (von wörtlicher Übereinstimmung bis zu inhaltlichen Berührungen) zwischen den Sammlungen Reckemann und Vendenhaimer festgestellt. Wenn die Überlieferung bei Reckemann für das Verständnis der Fassung Vendenhaimers hilfreich ist, wird sie im Folgenden mit „Bartmuß Nr. xx“ als Parallele zitiert.

Alsheimer Eine umfängliche Übersicht, geordnet nach Autoren, von Luthers Tischreden über Johannes Manlius bis Zacharias Rivander, zu den vielfältigen Teufelsgeschichten im Protestantismus des 16. Jahrhunderts bietet Rainer Alsheimer: Katalog protestantischer Teufelserzählungen des 16. Jahrhunderts, in: Volkserzählung und Reformation. Ein Handbuch zur Tradierung und Funktion von Erzählstoffen und Erzählliteratur im Protestantismus, hrsg. von Wolfgang Brückner, Berlin 1974, S. 417–519.

Rehermann Das Weiterleben zahlreicher Geschichten Melanchthons in späteren protestantischen Exempelsammlungen dokumentiert Ernst Heinrich Rehermann: Das Predigtexempel bei protestantischen Theologen des 16. und 17. Jahrhunderts, Göttingen 1977.

Geschichten, erzählt von Philipp Melanchthon in seinen öffentlichen Vorlesungen

Historiae quaedam recitatae a Praeceptore Philippo Melanthone inter publicas lectiones

Nr. 1

Ein hinterhältiger Plan – für den Ratgeber der schlechteste

Einst wollte Papst Alexander mit seinem Sohn Cesare alle Kardinäle, die er als die reichsten ausgewählt hatte, zu einem Gastmahl laden, und zwar mit der Absicht, sie alle zusammen durch Gift umzubringen, um sich selbst ihr Vermögen anzueignen. Er richtete also ein Gastmahl aus, das außerordentlich prächtig und solchen Gästen angemessen war. Cesare aber vergiftete einen Krug, der mit süßestem Wein gefüllt war, mit schnell wirkendem Gift, übergab ihn einem der Diener zur Bewachung und befahl ihm, er solle den Krug niemand anderem geben als ihm selbst, er wolle den Kardinälen, die schon auf dem Wege waren, aus ihm zu trinken geben. Nachdem aber die Gäste schon eingetroffen waren und Cesare bereits lange abwesend war, so dass das Essen beendet war, ging Papst Alexander zufällig in sein Gemach und traf dort auf den Diener, der den Krug bewachte. Er fragte ihn, was denn der Krug enthalte, worauf ihm der Diener antwortete, dieser sei ihm von Cesare zur Bewachung übergeben worden. Darauf entgegnete Alexander: „Wahrscheinlich enthält er irgendeinen süßen Wein, ich werde ihn probieren und meinen Gästen zum Kosten vorsetzen." Und es tranken alle. Inzwischen war auch Cesare gekommen, dem man darauf, ohne dass er etwas ahnte, den Krug reichte, und auch er trank von dem Wein, den er selbst vergiftet hatte. Nach einigen Stunden schließlich forderte Cesare seinen Krug. Der Diener antwortete, jener Wein sei längst ausgetrunken. Auf die Frage, wer denn getrunken hätte, antwortete der Diener: „Der Heilige Vater und alle Kardinäle und du auch." Als Cesare dies vernommen hatte, erhob er sich traurig vom Mahle und befahl, dass dem Vater mitgeteilt werde, er solle mit Arznei für sich sorgen, andernfalls werde er sterben. Cesare aber ließ sich den Magen auspumpen, lag eine Weile mit Leibschmerzen danieder und wurde geheilt, weil das Gift noch nicht tiefer in die Eingeweide eingedrungen war. Alle anderen aber, Alexander und die übrigen Kardinäle, jeder, der diesen Wein getrunken hatte, starben.

Alexander VI. aus der Familie der Borgia war von 1492 bis 1503 Papst. Er und sein unehelicher Sohn Cesare Borgia waren berüchtigt für ihren ausschweifenden Lebenswandel; potenzielle Gegner wie z. B. den venezianischen Kardinal Giovanni Michiel beseitigten sie durch Giftmord. Der Giftanschlag auf den Papst und seine Kardinäle soll sich am 11. August 1503 zugetragen haben; der Wahrheitsgehalt der damals häufig kolportierten Geschichte ist heute umstritten (eher Malaria-Anfall, den Alexander nicht überlebte; vgl. Volker Reinhardt: Der unheimliche Papst. Alexander VI. Borgia (1431–1503), München 2005, S. 248). Luther erzählt diese Geschichte – „das habe ich zu Rom für gewiß gehört" – als Beispiel eines großen päpstlichen Bösewichts: „Darnach bat der Vater Alexander sammt seinem Sohn alle Cardinäl, die Columneser, zu Gaste, und wollt ihnen vergeben mit Gift, so in einer sonderlichen Flaschen zugericht war, aus welcher ungefähr dem Papst und seim Sohn geschenkt und gegeben ward. Der Vater starb davon, aber der Sohn soff Baumöl, ließ sich an den Beinen empor hängen, und brach die Gift also wieder von sich" (WA TR 4, 391; vgl. auch WA TR 5, 670). In den gedruckten Sonntagsvorlesungen erwähnt Melanchthon diese Geschichte ebenfalls, verwechselt allerdings den Vornamen Cesare Borgias („Valentinus Borgias"), nennt dessen Devise („Aut Caesar aut nullus" – „Entweder Caesar oder gar nichts", die tatsächlich auf seinem Schwert eingraviert war) und verweist bei dessen Rettung vor dem Gift auf die noch größere Strafe, die ihn erwarten werde (CR 24, 167; Cesare Borgia geriet am 11.3.1507 in einen Hinterhalt und wurde getötet, vgl. Volker Reinhardt: Die Borgias. Geschichte einer unheimlichen Familie, München [2]2011, S. 116).

Nr. 2

Man darf keinen Menschen wegen eines geringen Vergehens töten

Kaiser Augustus war von einem reichen Bürger zu einem Gastmahl eingeladen worden. Als dessen Familie bei der Vorbereitung sich sehr beeilte und alles Notwendige zusammentrug, geschah es, dass ein Sklave ein kristallenes Glas zerbrach. Als der Herr dies erfuhr, war er sehr erzürnt, ergriff den Sklaven und befahl, ihn in den Fischteich zu den Muränen zu werfen. Der Sklave aber entfloh und begegnete Augustus, der schon zum Gastmahl kam. Er bat flehentlich um Gnade für seine Schuld und darum, der Imperator möge bei seinem Herrn wenigstens erreichen, dass seine Strafe gemildert werde. Als Augustus die Grausamkeit dem Sklaven gegenüber vernommen hatte, eilte er zum Haus des Herrn, forderte, dass ihm der Tisch, auf dem die kristallenen Gefäße aufbewahrt wurden, gezeigt werde, zerschlug eigenhändig alle und fuhr zugleich den Bürger hart an, indem er sagte: „In keinem Fall darf man einen Menschen wegen einer so geringen Schuld töten."

Der römische Kaiser Augustus (63 v. Chr.–14 n. Chr.) wurde von der Geschichtsschreibung als besonders gerecht dargestellt. Dieses Bild übernimmt Melanchthon, der ihn in seinem „Chronicon Carionis" unter die weisen, guten und für das Menschengeschlecht nützlichen Herrscher zählt (CR 12, 908; vgl. auch CR 24, 613, 771 u. 824). Die Erzählung besitzt ihre antike Quelle in der „Römischen Geschichte" von Cassius Dio (54, 23, 1–2): Der reiche Bürger heißt Publius Vedius Pollio, als Verwalter der Provinz Kleinasien vermögend geworden, durch Augustus in den Ritterstand erhoben und legendär durch seine Fischteiche mit den menschenfressenden Muränen (vgl. Elke Stein-Hölleskamp: Das römische Gastmahl. Eine Kulturgeschichte, München 2010, S. 156). In den Sonntagsvorlesungen erzählt Melanchthon diese Geschichte als Exempel für Grausamkeit und Unmenschlichkeit (CR 25, 109).

Nr. 3

Fremdes begehrt – das Eigene verloren

Als Franz, der Vater des jetzigen Königs von Frankreich, durch Geldmangel in Schwierigkeiten war und zugleich befohlen hatte, Truppen durch seine Grafen ausheben zu lassen, meinte er einen Plan finden zu müssen, wie er in kurzer Zeit eine bedeutende Summe Geld zusammenbringen könne. Er schickte also an seinen Kanzler, der in einer Burg des Königs Statthalter war, einen Boten mit dem Befehl zu sagen, er habe den Brief, den er bringe, in Rom erhalten. In ihm stand geschrieben – vermeintlich unter dem Namen eines Freundes jenes Kanzlers –, der Papst sei gestorben und es bestehe große Hoffnung, dass der Kanzler Papst werden würde, wenn er nur die Gunst des Königs habe. Als er den Brief gelesen hatte, eilte der Kanzler, den es nach dem Amt gelüstete, sofort zum König und sagte: „O König, große Neuigkeiten!" Der König tat so, als ob er über diese Angelegenheit nichts wüsste, und fragte, worum es sich denn handle. Der Kanzler sagte: „O König, wenn deine Majestät sich mir in einer Sache gefällig erweisen wollte. Nachdem nämlich der römische Papst gestorben ist, könnte ich Papst werden, was auch deiner königlichen Majestät und dem ganzen französischen Königreich sehr von Nutzen wäre." Der König antwortete: „Es ist gut; soviel ich vermag, werde ich tun. Aber es ist eine große Summe Geld erforderlich. Hast du welches?" Der Kanzler sagte: „Ich besitze gegenwärtig zwei hübsche Sümmchen an Goldmünzen." Der König sagte: „Ich werde noch eines dazugeben. Bringe mir, sobald du kannst, das Geld." Der Kanzler gehorchte dem König, da er Papst zu werden hoffte, und schickte ihm die Goldmünzen. Als der König das Geld bekommen hatte, schickte er eine andere Botschaft, durch die er ausrichten ließ, der Papst lebe noch. Und durch diese Hinterlist nahm der König seinem Kanzler das Geld ab gemäß dem Spruch: Während man Fremdes zu erreichen sucht, verliert man das Eigene.

Franz I., geb. 1494, Vater des von 1547 bis 1559 regierenden französischen Königs Henri II. (1519–1559), war von 1515 bis zu seinem Tod 1547 König von Frankreich. 1535 lud er Melanchthon zu einer Disputation über die Einheit der Kirche an die Sorbonne ein, doch wurde die Reise des Wittenbergers nach Paris vom Landesherrn Kurfürst Johann Friedrich aus politischen Erwägungen verhindert (s. auch Nr. 249). Der erwähnte Kanzler könnte Antoine Duprat (1463–1535) gewesen sein, der nach seiner Amtszeit als Kanzler und Minister (und nach dem Tod seiner Frau 1507) in der katholischen Kirche als Bischof, Erzbischof und Kardinal sowie als päpstlicher Legat reüssierte (vgl. Gordon Campbell: The Oxford Dictionary of the Renaissance, Oxford 2005, S. 233).

Nr. 4

Ein Beispiel der Milde

Maximilian hatte an seinem Hof einen Sekretär, der jede beliebige Handschrift nachahmen konnte. Er hatte nämlich eine kunstvolle Handschrift und benutzte solches Papier, *wie das Papier ist, da man die niderlendischen karten auf malet*, wie es Maximilian zu verwenden pflegte, wenn er einmal schrieb. Maximilian schätzte ihn jedenfalls sehr wegen seiner kunstvollen Handschrift. Der Sekretär nun begab sich zu Jakob Fugger, brachte ihm ein handschriftliches Schreiben und bat ihn im Namen des Kaisers um Geld. Da er dies des Öfteren wiederholte und Fugger täuschte, ahnte dieser einen Betrug, wandte sich an den Kaiser, fragte ihn, ob sich die Sache so verhielte, und zeigte ihm zugleich seine Handschrift, die der Sekretär nachgeahmt hatte. Als der Kaiser dies sah, sagte er: „Die Handschrift ist zwar die meinige, aber von dem Geld weiß ich nichts.“ Er ließ also schnell den Sekretär zu sich kommen und stellte ihn nach seiner Ankunft zur Rede. Dieser gestand sofort seine Tat, warf sich auf die Knie und flehte um Gnade. Von Barmherzigkeit bewegt, verzieh ihm der Kaiser alles, befahl ihm jedoch, sein Reich zu verlassen, denn er war kein grausamer, sondern ein milder Mensch.

Kaiser Maximilian (1459–1519) legte großen Wert auf die Darstellung und Inszenierung seiner Herrschaft in Kunst und Literatur. Er unterhielt eine große Kanzlei, so dass zahlreiche gelehrte Sekretäre zu seinem Hof gehörten. Seine prächtige Hofhaltung ließ er sich insbesondere durch Kredite des Augsburger Unternehmers Jakob Fugger (1459–1525), des damals weithin reichsten Mannes, finanzieren. Eine erweiterte Fassung der Geschichte, ebenfalls als Dictum Melanchthons, findet sich bei Karl Hartfelder: Melanchthoniana paedagogica, Leipzig 1892, S. 167 f.: Dort flieht der Sekretär nach Venedig und wird in einer Kneipe getötet. In den Tischreden werden zwei vergleichbare Erzählungen überliefert: Zum einen besitze Fugger eine so manierierte Handschrift, dass sie unleserlich sei (WA TR 4, 22), zum anderen habe ein Mann von Kaiser Maximilian ein „Kartenblatt" erhalten, um es bei Fugger für 6 000 Gulden einzulösen, und habe dieses Blatt in seinem Ärmel vor seinen Dienern versteckt (WA TR 5, 519).

Nr. 5

Als Kaiser Karl krank darnieder lag und ein Arzt ihm mit vielerlei nutzlosem Schnickschnack zu helfen versuchte und dabei über die Arznei, die man anwenden müsse, sprach, antwortete Karl: „*Gedult vnd Schreyhen ist vnser böst Remedium* [beste Arznei]."

Die Aussage, dass Geduld und Schreien die beste Medizin seien, wird Kaiser Karl V. zugeschrieben, so noch in: Neues geographisches Zeitungslexikon, Augsburg 1790, S. 802, dort auf die Schmerzen bei Podagra, also Gicht, bezogen (s. auch den Kommentar zu Nr. 287).

Nr. 6

Als der französische König Franz den Mantel des Kaisers gesehen hatte, sagte er: „Darauf stand geschrieben: *PLUS ULTRA* [Immer weiter]." Selbst hinzugefügt hat er: „*Hodie mihi, cras tibi* [Heute mir, morgen dir]."

Der französische König Franz I. war Gegenspieler von Kaiser Karl V. und wurde 1525 in der Schlacht bei Pavia besiegt und gefangen genommen. Im Madrider Gefängnis soll Franz auf die stolze Devise des habsburgischen Kaisers („Plus ultra") mit der klassischen Memento-Mori-Ermahnung reagiert haben. Meist wird die Geschichte so erzählt, dass der gefangene König die kaiserliche Devise an der Wand gelesen und seinen Kommentar daruntergeschrieben habe. Bei Mathesius wird die Erzählung fortgeführt: Der Kaiser habe unter die Inschrift des Königs in Französisch geschrieben: „Alles kann dem Menschen zustoßen" (vgl. Loesche Nr. 216, zu den weiteren Überlieferungen vgl. Alexander Bartmuß: Die Loci communes Manlii. Ein Beitrag zur Überlieferungsgeschichte und Rezeption der Exempla Melanchthons, in: Philipp Melanchthon. Lehrer Deutschlands, Reformator Europas, hrsg. von Irene Dingel und Armin Kohnle, Leipzig 2012, S. 172; vgl. auch Rehermann, S. 500 f.). Das kaiserliche Wappen umfasste neben der Devise zwei Säulen, die als die Säulen des Herakles die Grenzen der bewohnbaren Welt repräsentierten, so dass die Devise „Plus ultra" („Darüber hinaus") den Expansionswillen Karls bekundete. Man könnte annehmen, dass Melanchthon sich über diese Bedeutung nicht im Klaren war, da er vermutete, dass mit den beiden Säulen zwei Leben, das diesseitige und das jenseitige Leben, gemeint seien (Manlius 1566, p. 419). Auch in den Sonntagsvorlesungen spekuliert er darüber, und daraus wird deutlich, dass ihn nicht Unwissenheit, sondern der Wunsch leitete, den Kaiser mit seiner Deutung vor dem Vorwurf der Überheblichkeit zu schützen: „Ich halte, unser Keiser hat die leut vexiret mit dem Plus ultra, weil er ein Ironiker war und sich an Ironien erfreute. Er wollte, dass man dies als Rätsel einsehe, nämlich nicht so sehr im Sinne der Erweiterung des Reiches, sondern dass es bedeute, es bleibe das Gericht und ein anderes Leben jenseits dieses Lebens" (CR 25, 280 f.).

Nr. 7

Als die Gattin des Kaisers mit dem Tode rang, wurde ein Mönch hinzugezogen, um ihr Trost zu spenden. Der Kaiser jedoch, der seine untauglichen Trostworte hörte, befahl ihm, sich zu entfernen, und ließ den Lehrer seines Sohnes holen, damit dieser den Platz des Mönchs einnehme.

Die Ehefrau von Kaiser Karl V., Isabella von Portugal (1503–1539), starb kurz nach ihrem neugeborenen Sohn Johann am 1. Mai 1539. Die Ehe galt als sehr glücklich (vgl. Heinz Schilling: Karl V. Der Kaiser, dem die Welt zerbrach, München 2020, S. 190–193 u. S. 199 f.). Karls einziger überlebender Sohn war der 1527 geborene Philipp. Zu dessen wichtigsten Erziehern gehörten Juan Martínez de Silíceo und Juan de Zúñiga (vgl. Friedrich Edelmayer: Philipp II. Biographie eines Weltherrschers, Stuttgart 2009, S. 46).

Nr. 8

Als Kaiser Karl den französischen König gefangen genommen hatte, ging er in ein Kloster. Dort kamen die Fürsten zu ihm, die vorher von ihm abgefallen waren. Der Kaiser aber wollte sie nicht vorlassen, sondern wies sie an, gemeinsam mit ihm Gott zu danken, denn dieser Sieg sei ihm nicht aufgrund seiner Macht oder Tatkraft, sondern durch die Hilfe und Vorsehung Gottes zuteilgeworden. Er selbst hatte nämlich nicht am Kampf teilgenommen.

Der französische König Franz I. kam am 24.2.1525 in der Schlacht bei Pavia in kaiserliche Gefangenschaft. Gegen das kaiserliche Heer aus deutschen Landsknechten und spanischer Infanterie hatten auf französischer Seite noch italienische und Schweizer Truppen gekämpft. Karl hielt sich während der Schlacht in Spanien auf – 1535 vor Tunis sollte er seine Truppen erstmals persönlich anführen – und bekam die Nachricht am 10.3.1525. Seine Reaktion auf den Sieg war nicht Jubel, sondern Gebet – ganz entsprechend seiner lebenslangen tiefen Religiosität –, wie es z.B. Karl Brandi in seiner Biographie nacherzählt: „Alle Gesandten bewunderten seine Haltung, sein Verbot lauten Jubels, seine Anordnungen über kirchliche Danksagungen. Die eigene innere Spannung der letzten Monate löste sich bei ihm im Gebet. Es war doch mehr und mehr etwas Ungewöhnliches um diesen Fürsten. Seine königliche Art priesen alle“ (Karl Brandi: Kaiser Karl V. Der Kaiser und sein Weltreich, München 1973, S. 194).

Nr. 9

Vom heiligen Bernhard wird Folgendes erzählt. Als er einmal auf dem Abtritt die Psalmen betete, trat der Teufel zu ihm und schalt ihn mit den Worten: „Wieso betest du auf dem Abtritt die heiligen Psalmen?" Darauf antwortete ihm der heilige Bernhard: „Das, was meinen Mund verlässt, bringe ich Gott dar, was ich aber unten aus meinem Leib ausscheide, sollst du essen."

Zu dem Motiv „Teufel auf dem Klo" vgl. ausführlich Martha Bayless: Sin and Filth in Medieval Culture. The Devil in the Latrine, New York 2012, S. 3 (zu dieser Geschichte Melanchthons). Die „historia vel potius fabella" über den Hl. Bernhard steht auch bei Manlius (1566, p. 148 f.). Bei Luther kommt sie in den Tischreden leicht verändert vor: Der Teufel greift einen Mönch an, der auf der Latrine die Stundengebete betet; dieser erwidert, dass er damit Gott ehre, seine Exkremente aber dem Teufel darreiche (WA TR 2, 413). Trotz allen Respekts ist Bernhard für Melanchthon ein Theologe voller Irrtümer, v. a. in Sachen Heiligenverehrung (CR 25, 863).

Nr. 10

Als Kaiser Karl durch Frankreich zog, fand er in einem Ort in dem Gemach, in welchem er schlafen sollte, eine edle und schöne Jungfrau vor, die dort eingeschlossen war. Als der Kaiser sie erblickt hatte und sah, dass sie weinte, fragte er nach dem Grund für ihre Tränen und weshalb sie in diesem Raume eingesperrt sei. Darauf berichtete ihm die Jungfrau, sie sei eingeschlossen worden, damit sie dem Kaiser zu Willen sei, und sagte, dass sie aus edlem Hause sei. Als der Kaiser dies alles gehört hatte, wies er seine engsten Vertrauten an, sie unversehrt zu ihren Eltern zurückzubringen. Dies war ein ehrenvolles Beispiel der Selbstdisziplin unseres Kaisers. Und als er später Krieg mit Frankreich führte, zerstörte er jene Burg vollständig und machte sie dem Erdboden gleich, weil er erkannte, dass sie nur eine Heimstätte der Ausschweifungen und der Sittenlosigkeit war.

Melanchthon zeichnet von Kaiser Karl V. ein überraschend positives Bild, war dieser doch bis zu seinem Tod ein entschiedener Gegner der Reformation, nicht zuletzt im Schmalkaldischen Krieg, der mit der Eroberung Wittenbergs und der Niederlage Kursachsens endete. Doch er blieb für den auf staatliche Ordnung fokussierten Melanchthon gleichzeitig „noster imperator" und somit unhinterfragte Autorität. Für ihn war der Kaiser das Haupt der christlichen europäischen Welt, die höchste Autorität: „Das die Christenheit ein haupt hette, daran sie sich halten kondte, und das ein solch ansehen hette, das die andern herrn ein scheu davor hetten" (CR 24, 614). In der von Mathesius überlieferten Fassung dieser Geschichte wird Markgraf Albrecht II. von Brandenburg-Kulmbach (1522–1557), der 1552 Stadt und Festung Forchheim eroberte und die Frauen dabei nicht schonte, als Beispiel von Untugend dem Kaiser gegenübergestellt (vgl. Loesche Nr. 209). In einer Aufzählung von Beispielen selbstbeherrschter Regenten kommt diese Anekdote in Kurzform in einer Sonntagsvorlesung vor (CR 25, 339). So sah Melanchthon im Falle des Schmalkaldischen Krieges offensichtlich die Schuld nicht beim Kaiser, sondern bei den protestantischen Fürsten, wie folgende Geschichte nahelegt: „Unser Kaiser" habe, obgleich er selten lache, doch lächeln müssen, als er hörte, dass einige kleine Herren nach Krieg gierig seien. Als er vom Hügel herab das Heer „unserer Fürsten" erblickt habe („vor sechs Jahren"), habe er gefragt: „‚Sind das alles Deutsche?' ‚Ja!' ‚Keine ausländischen Nationen?' ‚Nein!' ‚Dann werden ihnen schnell Weisheit und Geld ausgehen.' Er ging weg, und so ist es gekommen" (CR 19, 125). Zu Melanchthons Haltung zu Karl V. vgl. Franz Brendle: Karl V. und Melanchthon, in: Philipp Melanchthon in der Briefkultur des 16. Jahrhunderts, hrsg. von Matthias Dall'Asta u. a., Heidelberg 2015, S. 147–161.

Nr. 11

Als Doktor Martin Luther einmal sah, wie Kurfürst Johann Friedrich Moritz an der Hand führte, lachte er. Als der Kurfürst fragte, aus welchem Grunde er lache, antwortete Luther: „*Genediger Herr, ich sehe, das euer Churfurstliche gnade einen kleinen jungen Wolff furet. Wie, wenn er euch ein mall den rechten arm mit der handt wegfreße?*"

Johann Friedrich I. (1503–1554) war seit 1532 sächsischer Kurfürst und unterstützte Zeit seines Lebens die Sache Luthers. In der deutschen Überlieferung der Tischreden wird die Geschichte verständlicher: „Doctor Martinus als er ein mal gesehen hatt, das der jetzt gefangene churfurst hertzog Moritzen bei der Hand gefueret hatt, hatt er gelachet, und wie der churfurst hat ursach wissen wollen, hat er gesagt: Gnediger Herr, ich sehe, das Euer Churfurstliche Gnaden an der rechten handt ein jungen wolf fueren; wie, wen er euch ein mall den rechten arm mit der handt wegkrisse?" (WA TR 5, 318). Moritz von Sachsen (1521–1553) wurde zeitweilig bei seinem 18 Jahre älteren Vetter Johann Friedrich I. in Torgau erzogen. Im Schmalkaldischen Krieg kämpfte er jedoch auf Seiten Kaiser Karls V. und nahm seinem Vetter nach dessen Niederlage bei Mühlberg (1547) die Kurwürde sowie einen Großteil seines Territoriums ab – und wurde so zum reißenden Wolf (und galt jahrhundertelang als „Judas von Meißen"). In WA TR 5, 318 Anm. 8 ist zu Recht notiert, dass es sich hier um keine Tischrede, sondern um eine Anekdote aus der Zeit nach 1547 handelt, die also nicht von Luther stammen kann.

Nr. 12

Das schlechte Gewissen treibt die Schuldigen zur Strafe

Ein Bäcker in Wien war sehr reich, so dass die ganze Stadt über seinen Reichtum staunte. Er hatte einen Diener, den er in seinem Bäckerladen beschäftigte. Da dieser wusste, dass sein Herr reich sei, und auch in Erfahrung gebracht hatte, wo er seine Schätze aufbewahrte, gab er einen einleuchtenden Grund vor und bat seinen Herrn mit dessen gütiger Erlaubnis um seinen Lohn. Der Herr gab sich damit zufrieden, zahlte ihm seinen Lohn aus, und der Diener schied ganz freundlich von ihm. Am anderen Tage in aller Herrgottsfrühe kehrte er zurück und betrat das Haus, ging als erstes zu seinem Mitgesellen, der leicht erkrankt war, und tötete ihn, danach die Mägde. Schließlich betrat er das Schlafzimmer, in dem sein Herr und die Herrin schliefen, und tötete sie. Zuletzt ging er zum Bett des Mädchens. Als dieses gesehen hatte, dass seine Eltern und die anderen umgebracht waren, bat es ihn laut schreiend: ‚*Ach, lieber Paule, laß mich leben, ich will dir all mein Pupen geben.*' Er aber, vom Teufel besessen, durchbohrte auch das kleine Mädchen. Darauf brachte er die Schlüssel an sich, öffnete die Kisten, nahm so viel Silber und Gold mit sich, wie er tragen konnte, und verschwand. Er ging nach Regensburg, wo er sich eine Weile aufhielt. Wegen seiner ruchlosen Verbrechen kam er nicht zur Ruhe, ohne dass er sich selbst stellte. Er wurde ergriffen und mit Spießen durchbohrt, und als er schon auf das Äußerste gefoltert wurde, gestand er und sagte: „*Ach* nichts quält mich mehr als jene Stimme des Mädchens: ‚*Ach, lieber Paule, laß mich leben, ich will dir alle meine Pupen geben.*'"

Melanchthon erzählt diese Geschichte auch in seinen 1558 gedruckten „Conciones" zum Matthäus-Evangelium, und zwar zu Mt 6,24, dass man nicht zwei Herren, also Gott und dem Mammon, zugleich dienen könne; sie habe sich vor wenigen Jahren („ante paucos annos") zugetragen (CR 14, 686 f.). In den „Conciones" wird der Diener mit dem Namen Paulus vorgestellt, so dass die verzweifelte Bitte des Mädchens nicht mit dem – unverständlichen – „Ach, lieber Parve" (so der Text bei Vendenhaimer und ihm folgend im CR), sondern mit „Ach, lieber Paule" beginnt. Vgl. auch WA TR 5, 611 – als Anekdote Melanchthons vorgestellt, s. ebd., S. 610 Anm. 12 – mit längeren Ausführungen zum Gewissen und seinen Qualen: „Das Gewissen soll mit dem Wort Gottes übereinstimmen und nichts soll getan und zugestimmt werden gegen das Gewissen. Wenn eine solche Redlichkeit des Gewissens erhalten bleibt, dann kommt der Geist zur Ruhe, hält den Glauben fest und bleibt in der Gnade." Die Geschichte vom Bäckergesellen entfaltete nach Melanchthon eine reiche Wirkungsgeschichte, vgl. Rehermann, S. 170 u. S. 471 f.

Nr. 13

Kaiser Maximilian hatte an seinem Hofe einen alten Soldaten, der schlau und witzig war und ihn, wenn er von vielem gequält wurde und durch wichtige Angelegenheiten ermüdet war, mit seinen Späßen aufheiterte. Einmal kam es vor, dass der Kaiser, um sich zu erholen, mit einigen anderen Fürsten Karten spielte, und zwar, wie es üblich ist, um eine bestimmte Geldsumme. Da sagte der Soldat zum Kaiser und zu den anderen Fürsten, die mit ihm spielten: „Wer drei Könige hat, der bekommt die ganze Summe." Als diesem Spruch alle zustimmten, umarmte der Soldat seinen Herrn und zeigte auf die beiden anderen Könige, die in den Karten abgebildet waren: „Seht her", sagte er, „ich habe drei Könige." Maximilian antwortete: „Du tust recht, dass du mich mit diesen Königen vergleichst, denn meine Untertanen meinen auch, dass ich nur das Bild eines Königs sei."

Kaiser Maximilian regierte von 1508 bis 1519. Nach seinem Tod hielt Melanchthon am 18. 2. 1519 bei den in Wittenberg durch den Kurfürsten veranstalteten Trauerfeierlichkeiten eine Rede („Oratio funebris dicta divo Maximiliano Caesari", CR 11, 26–34), die sich auf die politischen Verdienste des Verstorbenen konzentriert und angesichts ihres offiziellen Charakters – der Kurfürst war anwesend und wird am Schluss auch rühmend angesprochen – eher private Anekdoten wie diese oder die Auseinandersetzung mit dem einfältigen Mann (s. Nr. 15) oder die Begegnung mit Dürer (s. Nr. 138) weglässt. Die Aufgabe, den Kaiser aufzuheitern, hatte Kunz von der Rosen (ca. 1470–1519), der intelligente Hofnarr Maximilians, auf den die Beschreibung „alter Soldat" allerdings nicht recht passen mag; seine Taten kannten in Wittenberg nicht nur Melanchthon, sondern auch Luthers Tischrunde (vgl. WA TR 1, 379 f.; 6, 379 f.). Melanchthon erzählt diese heitere Geschichte mehrfach, die von seinem Schüler Dietrich Reiffenstein sogar versifiziert wurde (vgl. Otto Clemen: Ein Schwank Kunzens von der Rosen bei Melanchthon, in: ders.: Kleine Schriften zur Reformationsgeschichte [1897–1944]. Bd. 2, hrsg. von Ernst Koch, Leipzig 1983, S. 37–40; vgl. auch Wilhelm Hammer: Die Melanchthonforschung im Wandel der Jahrhunderte. Ein beschreibendes Verzeichnis. Bd. 3, Gütersloh 1981, Nr. *2967 mit Korrekturen und Ergänzungen).

Nr. 14

Die Venezianer wollten sich an Kaiser Maximilian rächen oder ihn auch in Unruhe versetzen. Sie schickten einen Gesandten zu ihm, der ihm mit folgenden Worten den Krieg erklären sollte:

„Kaiser Maximilian, Senat und Volk von Venedig erklären dir den Krieg zu Wasser und zu Lande." Maximilian hörte ihn an und antwortete ganz einfach, indem er sagte: „Geht und führt den Krieg ebenso töricht, wie ihr ihn erklärt habt." Und so geschah es später auch. Denn die Venezianer waren gezwungen, Frieden von Maximilian zu erbitten und ihm dafür eine große Summe Geld anzubieten.

Kaiser Maximilian und die Republik Venedig führten einen jahrelangen Krieg (1507–1516). Nach zahlreichen Siegen und Niederlagen auf beiden Seiten endete er zugunsten des Kaisers mit einer hohen Kriegsentschädigung. Von dem strategisch geschickten Sieg Maximilians über Venedig ist auch in einer Tischrede vom Januar 1538 die Rede: WA TR 3, 531 f.; dass die Venezianer Opfer ihres eigenen Hochmuts wurden, führt WA TR 5, 160 aus.

Nr. 15

Einmal kam es vor, dass neben Maximilian ein einfältiger Mann ritt. Als dieser mit der Reitgerte, mit der er sein Pferd im Zaume hielt, aus Versehen die Nase des Kaisers Maximilian berührt hatte, welche ihm recht lang geraten war, war dieser einigermaßen verärgert. Als der Dummkopf das bemerkt hatte, sagte er: „*Na Herr, es thut einem nit woll, der es nit gewöndt ist.*" Durch diese Antwort erheitert, verzieh ihm Maximilian.

Dass hier gerade die Nase des Kaisers berührt wird, ist sicherlich kein Zufall, galt seine markante Hakennase doch neben seinem blonden langen Haar als besonders auffälliges Körpermerkmal. In den Sonntagsvorlesungen wird diese Geschichte als Beleg für die Selbstbeherrschung des Kaisers herangezogen: „Ein Sekretär ritt neben Maximilian und schlug zufällig mit seiner Gerte die Nase des Kaisers, denn Maximilian hatte eine große Nase. Maximilian sprach zu ihm: ‚Du Törichter, weshalb schlägst du mich?' Da antwortete der Sekretär: ‚Gnedigster herr, es thut einem unsanfft, der eines dinges nicht gewohnet ist.' Da lachte der Kaiser und sagte: ‚Lass dichs nicht gelusten, dass du es mir wollest angewennen.‘ Maximilian hatte Humor, war leutselig und friedlich und keineswegs jähzornig“ (CR 25, 766 f.).

Nr. 16

Als auf dem Reichstag zu Worms Eck in Anwesenheit Friedrichs, des Herzogs von Sachsen, mit den Lutheranern darüber disputierte, dass den Laien das Abendmahl nicht in beiderlei Gestalt dargereicht werden dürfe, sprach der Herzog Eck an und fragte ihn, wie es käme, dass die Papisten den Empfang des Abendmahls in beiderlei Gestalt verböten, es selbst aber zu sich nähmen. Eck antwortete, nur ihnen sei es anvertraut. Darauf antwortete der Herzog, Christus habe gesagt: „Tut dies alle zu meinem Gedächtnis.“ Jener antwortete: „Alle bedeutet *alle die Priester.*“ Da sagte der Herzog scharfsinnig: „An anderer Stelle sagt Christus: ‚Nicht alle werden in das Himmelreich kommen‘, also werdet ihr Priester nicht dorthin gelangen. *So werdet ihr jmmer zu dem Teuffel faren.*“

Die Diskussion über das Abendmahl unter beiderlei Gestalt fand in der von Vendenhaimer erzählten Fassung auf dem Wormser Reichstag 1521 statt, und zwar mit Luthers katholischem Gegenspieler Johannes Eck (1486–1543) in Anwesenheit Kurfürst Friedrichs von Sachsen. In eine andere Zeit versetzt die bei Mathesius als Dictum Melanchthons überlieferte Variante diese Geschichte; denn hier verwirrt der junge Johann Friedrich II. (1529–1595) in Anwesenheit seines Vaters Johann Friedrich I. von Sachsen (1503–1554) bei einem Reichstag einen papistischen Prediger durch seine Fragen (Loesche Nr. 230, so auch WA TR 2, 610; WA TR 5, 108 nennt bei dieser Personenkonstellation den Wormser Reichstag als Ort des Geschehens, was nicht auf den Wormser Reichstag 1544/45 passt, da Eck schon 1543 starb; offensichtlich kam es zu einer Kontamination der beiden Erzähltraditionen). Über einen anderen Streitpunkt auf dem Wormser Reichstag von 1521, nämlich den Vorwurf des Schismas, und den Disput mit Eck darüber berichtet Melanchthon in den Sonntagsvorlesungen (CR 24, 60).

Nr. 17

Als am folgenden Tage ein Doktor des Rechts ernannt werden sollte, sagte Luther: „Morgen wird eine neue Schlange gegen die Theologen gezeugt; denn das Studium des Rechts ist ein ganz schmutziges Geschäft, und wenn es nicht den Geldbeutel füllen würde, würde sich niemand mit ihm abgeben. Kurz gesagt: *Gute Juristen, Böse Christen.*"

Dass Juristen als schlechte Christen – ähnlich dem heutigen Spott als Rechtsverdreher – angegriffen werden, war bereits seit dem späten Mittelalter geläufig. Luther zitiert die sprichwörtliche Wendung in den – mit der Fassung im CR fast wortgleichen – Tischreden (WA TR 3, 5: „Juristen, böse Christen"; vgl. auch WA TR 5, 307: „Es ist ein alt Sprüchwort: Ein Jurist, ein böser Christ. Das ist wahr"; zur Geschichte dieses „alten Sprichworts" vgl. Rolf Lieberwirth: Martin Luthers Kritik am Recht und an den Juristen, in: Martin Luther und seine Universität, hrsg. von Heiner Lück, Köln u. a. 1998, S. 57 f.). Mathesius legt den Satz von den Juristen als Giftschlangen gegen die Theologen dem Juristen Hieronymus Schurff (1481–1554), sächsischer kurfürstlicher Rat und langjähriger Rechtsprofessor an der Leucorea, in den Mund (Loesche Nr. 283, vgl. auch WA TR 1, 526).

Nr. 18

Als Doktor Martin Luther sein Buch über den Wucher veröffentlicht hatte, stand ein Nürnberger Bürger, ein bedeutender Großhändler, auf dem Marktplatz der Stadt bei den Buchhändlern. Da kam ein anderer geistreicher Mann hinzu und sagte: „Dieses Buch geht euch an. Ihr müsst es lesen." Er antwortete: „Der gute Vater Luther hätte besser etwas zu irgendeinem Kapitel bei Johannes schreiben und die Beschäftigung mit dem Wucher mir überlassen sollen, weil er selbst von dieser Sache nichts versteht."

Luther hat mehrere Schriften über den Wucher herausgebracht, z. B. im November 1519 den „Kleinen Sermon von dem Wucher" und Anfang

1520 den „Großen Sermon“ zum gleichen Thema, in denen er sich entsprechend der Tradition gegen Darlehenszinsen ausspricht. Ähnlich argumentiert er in seiner 1524 erschienenen Schrift „Von Kaufhandlung und Wucher“ und mit besonderer Polemik gegen Geizwänste und Wucherer 1539 in seiner „Vermahnung. An die Pfarrherrn, wider den Wucher zu predigen“, die nach ihrem Erstdruck in Wittenberg 1540 auch in Nürnberg erschien. In den Tischreden tritt in dieser Erzählung als Nürnberger Großhändler Bonaventura von Furtenbach (1498–1564) auf, ein begüterter Kaufmann, Erbauer des Renaissanceschlosses Reichenschwand nahe Nürnberg, Landbesitzer, einflussreicher Kreditgeber und Spekulant, der hohe Geldsummen u.a. an König Ferdinand verlieh; das Buch Luthers über den Wucher kommtentierte er folgendermaßen: „Wenn ich einen Kommentar zum Evangelium des Lukas schreiben würde, würde ich allen lächerlich erscheinen; so auch Luther, wenn er über den Wucher schreibt, da er sich niemals mit der Wirtschaft beschäftigt hat“ (WA TR 4, 560; zu Furtenbach vgl. Mark Häberlein: Brüder, Freunde und Betrüger. Soziale Beziehungen, Normen und Konflikte in der Augsburger Kaufmannschaft um die Mitte des 16. Jahrhunderts, Berlin 1998, S. 224–243).

Nr. 19

Der Mainzer Bischof Clemens kam zum Kaiser und beklagte sich, dass das Volk ihm vor der Hand nicht seine Zustimmung zu einem Gesuch geben wolle, mit dem er forderte, eine Hinrichtung mit dem Schwert vollziehen zu lassen. Nichts Anderes antwortete ihm der Kaiser: „Wer seine Schafe töten lassen will, ist ein schlechter Hirt.“ Mit diesem Wort kennzeichnete er die dumme Bittschrift des Mannes.

Ein Bischof Clemens von Mainz ist nicht bekannt, so dass auch der Kaiser nicht zu identifizieren ist. Die diesem zugesprochene Milde passt zu Melanchthons Bild von Kaiser Karl V. (s. Nr. 10 u. 134). Während der (katholische) Bischof lediglich „der Milde“ (= „Clemens“) heißt, verhält sich der Kaiser tatsächlich so. Bei Manlius (1566, p. 627) wird von einem Gespräch zwischen Kaiser Karl V. und dem Mainzer Bischof Albrecht (bekannt als Kardinal Albrecht von Brandenburg, 1490–1545) berichtet, doch nicht über die Frage von Hinrichtungen in der Christengemeinde. Für Melanchthon schwang bei dem Wort „Bischof" auch die Assoziation bzw. Assonanz mit: „bei den Schafen" (CR 25, 922).

Nr. 20

Als ein Mönch auf dem Reichstag zu Worms vor der Kaiserlichen Majestät predigte und mit sonderbaren Gesten jene Stelle des Evangeliums auslegte: „Über ein kleines, dann werdet ihr mich sehen, und abermals über ein kleines, dann werdet ihr mich nicht sehen"[Joh 16,16], verbarg er sich dabei, so dass man ihn nicht mehr erblickte. Da aber die Latten, aus denen man die Rednerbühne errichtet hatte, nicht gut zusammengefügt waren, sondern einen kleinen Spalt übrig ließen, fiel durch Zufall der Strick, mit dem der Mönch gegürtet war, durch diesen hindurch. Das bemerkte der dänische König Christian (er war Christ und hieß auch so), der sich damals am Hofe des Markgrafen Joachim aufhielt. Er ging hin und machte in den Strick einen Knoten. Als der Mönch sich eine Weile verborgen hatte, wollte er aufstehen, konnte dies aber wegen des Knotens nicht. Da begann er laut zu klagen: „Schaut die Niederträchtigkeit der gottlosen Lutheraner, selbst bei öffentlicher Predigt und im Angesicht des Kaisers!" Der Kaiser war darüber sehr erregt und befahl, den Urheber dieses Vorfalls ausfindig zu machen. König Christian aber ging zum Markgrafen und gab zu, dass er dies getan habe, jedoch nicht aus Mutwillen, sondern um das wunderliche Gebaren des Mannes zu unterbinden. Darauf ging der Markgraf zum Kaiser, legte ihm das dar, und der Zorn des Kaisers wurde ohne Weiteres besänftigt.

An dem Wormser Reichstag von 1521 nahm Christian (1503–1559), ab 1534 dänischer König (Christian III.), in Begleitung von Markgraf Joachim I. von Brandenburg (1484–1535) – dessen Schwester Anna war die Mutter Christians – teil und war vom Auftreten Luthers tief beeindruckt. Mathesius datiert die Erzählung auf 20 Jahre nach dem Wormser Reichstag (vgl. Loesche Nr. 242). Manlius (1566, p. 476 f.) stellt den Mönch als Franziskaner mit wunderlichen italienischen Gesten vor und gibt an, Melanchthon habe diese Geschichte direkt vom dänischen König erfahren (beide trafen sich 1538 in Braunschweig, vgl. Martin Schwarz Lausten: Die heilige Stadt Wittenberg. Die Beziehungen des dänischen Königshauses zu Wittenberg in der Reformationszeit, Leipzig 2010, S. 150 f.).

Nr. 21

Doktor Martin Luther wurde gefragt, was zu tun sei, wenn er in seiner Kirche Leute fände, die 20 Jahre lang die Sakramente nicht empfangen hätten. Luther antwortete: „*Man laß sie zu dem teuffel faren, und wan sie sterben, so leg man sie auf den schinder plan.*" Weiter wurde er gefragt, ob solche Menschen zum Sakrament gezwungen werden sollten. Luther antwortete: „Nein, denn das wäre ganz und gar papistisch."

Die Diskussion über die langjährige Abstinenz von den Sakramenten wird fast wortgleich durch Johannes Mathesius in einer Tischreden-Mitschrift vom August 1540 überliefert; hier umfasst der Gang zu den Sakramenten nicht nur das Abendmahl, sondern auch die Ohrenbeichte, durch die doch der Sünder froh werden sollte, „daß sein Gewissen getröstet und sein schwacher Glaub gestärkt werde" (WA TR 4, 693).

Nr. 22

Im Jahre 1519 kam ein Mann und reichte Luther die rechte Hand. Der Doktor ergriff sie und führte ihn zu seiner Wohnung. Da sagte jener: „*Mein lieber Herr Doctor, mich wundert, das ir einem ieden so balt die Handt reicht. Wie, wen euch einer mit einer Kugel erschuße, dieweil ich allein bey euch bin?*" Der Doktor sagte: „*So must ir doch auch sterben.*" Da antwortete der andere: „*Wan das geschehe, so macht mich der Papst zu einem Heilichen und euch zu einem Ketzer.*" Als er dies gehört hatte, rief Luther seinen Famulus Wolfgang herbei, und jener andere verließ alsbald die Stadt.

Von der Bedrohung Luthers durch Mord- und Giftanschläge gibt es zahlreiche Berichte, die u. a. im Rahmen der Tischreden überliefert sind. Auch in WA TR 2, 494 wird die Situation erzählt, in der ein potenzieller Attentäter sich über die naive Offenheit Luthers wundert und zugleich der Papst mit seiner freudigen Ehrerbietung gegenüber einem Luther-Attentäter diskreditiert wird; zum Beleg werden Mordpläne eines Mannes aus Breslau oder eines polnischen Astrologen angeführt, außerdem Luther mit seinem festen Gottvertrauen zitiert: „Ich glaub, das mein predigtstul und die lene offt vergiftet sei; noch hat mich Gott erhalten." Luthers Famulus Wolfgang S(i)eberger war für seinen Dienstherrn bis zu dessen Tod 1546 tätig. Zur Überlieferung dieser Tischrede vgl. Ingo Klitzsch: Redaktion und Memoria. Die Lutherbilder der „Tischreden", Tübingen 2020, S. 280–282.

Nr. 23

Als Philipp [Melanchthon] zusammen mit Kirchenvisitatoren nach Eisenberg unterwegs war und sie den Weg nicht wussten, ritt einer der Reiter an einen thüringischen Bauern heran und fragte ihn nach dem Weg. Es war aber Winter. Der Bauer antwortete: „O, genau weiß ich es nicht, aber wer sind die, die da im Wagen sitzen?" Der Reiter erwiderte: „Das sind Doktoren." „O je", sagte der Bauer, „es sind Doktoren, und haben nicht so viel gelernt, dass sie im Winter zu Hause bleiben? Ich bin ein Bauer und doch so erfahren, dass ich im Sommer mir so viel an Lebensunterhalt verschaffe, dass ich dadurch im Winter zu Hause bleiben kann."

Melanchthon visitierte Eisenberg vom 12. bis 14. 8. 1527 und hielt sich, soweit bekannt, dort auch auf späteren Reisen am 27. 4. 1528, 19. 2. 1529, 19. 9. 1529, 12. 10. 1529, 6. 4. 1530, 11. 8. 1535, 2. 2. 1537 und 10. 3. 1537 auf (vgl. MBW 10, Itinerar). Wann genau diese winterliche Begegnung stattfand (wohl nicht bei der Visitation im sommerlichen August 1527), ist nicht belegt. Bei Reckemann (Bartmuß Nr. 806) fährt Melanchthon nicht nach Eisenberg, sondern nach Eisenach; Reisen mit diesem Ziel fanden u. a. im Dez./Jan. 1528/29 (im Rahmen einer Visitation!), Dez. 1534, Jan. 1541 und Dez. 1557 statt (vgl. MBW 10, Itinerar).

Nr. 24

Magdalena, die Tochter Doktor Martin Luthers, hatte im Jahre 1542 einen Tag vor ihrem Tode im Traum zwei wunderschöne geschmückte Jünglinge gesehen, die sie zum Hochzeitsmahl führten. Als ich, Philipp Melanchthon, in der Frühe zu ihrer Mutter kam, fragte ich sie, wie es ihrer Tochter gehe, und diese selbst erzählte mir den Traum, den sie in der Nacht zuvor gehabt hatte. Als ich den Traum vernahm, erschrak ich und sagte nichts, aber ich ahnte eben dies, nämlich dass die Engel des Himmels sie zum himmlischen Mahl führen würden.

Magdalena, die zweitälteste Tochter Luthers, starb im Alter von 13 Jahren am 20. 9. 1542. Wer den Traum hatte, bleibt bei Vendenhaimer unklar, die Tochter oder die Mutter. In den Tischreden, in denen die Trauer Luthers über den Verlust der Tochter breiten Raum einnimmt, wird der Traum eindeutig der Mutter zugewiesen: „Als Magdalena, D. M. Luthers Tochter Anno 1542 gestorben war, da hatte Doctor Martini Luthers Frau die Nacht zuvor einen Traum gehabt, daß sie gedaucht hatte, daß zween schöne, junge, wolgeschmückte Gesellen kommen wären und hätten ihre Tochter wollen zur Hochzeit führen. Als nu Philippus Melanchthon des Morgens kömmt ins Kloster, und sie fragte: ‚Was ihre Tochter machete?' da hat sie ihm den Traum erzählet. Aber er war darüber erschrocken und zu Anderen gesaget: ‚Die junge Gesellen sind die lieben Engel, die werden kommen, und diese Jungfrau in das Himmelreich, in die rechte Hochzeit führen'" (WA TR 5, 191). Melanchthon war von der prophetischen Kraft der Träume überzeugt und deutete häufig seine wie auch die Träume anderer (s. Nr. 181).

Nr. 25

In Worms kam Helius Eobanus Hessus, damals noch ein Jüngling, zum ersten Male zu Doktor Martin Luther, dessen Gegner er damals war, und sagte: *„Höre Doctor, Ich höre, ir lernet, wen einer nit mer mit seiner frawen handlen kann, so durffe die fraw einen andern man nemen."* „So bestimmen es die Höflinge", sagte Luther, lachte und entgegnete mit wenigen Worten: *„Ich lerne, ihr solt also nicht reden."* Da sagte Eobanus im Weggehen zu Luther: *„Habt ir recht, so helff euch Got"*, und entfernte sich unverzüglich.

Das frühneuhochdeutsche „lernen" wird hier in der Bedeutung „lehren" verwendet. Der Humanist Eobanus Hessus (1488–1540) gehörte zu den frühen Anhängern Luthers; er lernte den Reformator in Erfurt auf dessen Weg nach Worms 1521 kennen und schrieb unter dem Einfluss des triumphalen Empfangs vier Elegien „Zum Lobe und zur Verteidigung des evangelischen Doktors Martin Luther". Von einer Begegnung in Worms und einer lutherfeindlichen Phase im Leben des Hessus ist nichts überliefert, auch nicht in der Hessus-Biographie des engen Melanchthonfreundes Joachim Camerarius von 1553 („Narratio de Helio Eobano Hesso", hrsg. von Georg Burkard / Wilhelm Kühlmann, Heidelberg 2003). Vendenhaimer irrt sich allerdings, denn ein Blick in die Tischredenüberlieferung zeigt, dass mit „Hessus" nicht der Humanist, sondern Landgraf Philipp von Hessen gemeint ist. Dieser war mit seinen 16 Jahren als mündiger Landgraf auf dem Wormser Reichstag und fragte dort Luther, ob eine Frau bei Impotenz ihres Mannes einen anderen nehmen dürfe (WA TR 5, 81). Zur Überlieferung dieser Geschichte sowohl in den Tischreden Luthers als auch in den Dicta Melanchthons vgl. Alexander Bartmuß: Luthers Tischreden und Melanchthons Dicta, in: Georg Rörer (1492–1557). Der Chronist der Wittenberger Reformation, hrsg. von Stefan Michel und Christian Speer, Leipzig 2012, S. 226–228.

Nr. 26

Als ein Mansfelder Graf den Choral *„Ein festen burg ist vnßer Gott"* gehört hatte, sagte er: *„Ich will die burg helffen zerbrechen oder nit leben"*, und starb am nächsten Tage ohne Beichte und Sakrament.

Im 16. Jahrhundert existierten drei Familienstämme der Mansfelder Grafen, die in drei unterschiedlichen Bereichen der ausgedehnten Mansfelder Schlossanlage lebten und entsprechend in die Linien Vorderort, Mittelort und Hinterort eingeteilt waren. Die beiden letzteren Linien wurden – gerade durch ihr enges Verhältnis zum Landeskind Luther – bereits ab

1525 evangelisch, während die Vorderorter Linie katholisch blieb. Bei Reckemann (Bartmuß Nr. 711) wird der Mansfelder Graf identifiziert: Es handelt sich um den strikten Reformationsgegner Ernst II. von Mansfeld-Vorderort (1479–1531, vgl. Jochen Vötsch in: www.isgv.de/saebi). Vgl. auch WA TR 2, 526 f. (hier stirbt der „Tyrann" drei Tage später).

Nr. 27

In Thüringen war der kleine Sohn eines Mannes aus dem Fenster einer Burg in einen Graben gefallen, der mit Wasser gefüllt war. Die Magd meldete, dass der Junge in das Wasser gestürzt sei. Darauf sprang ein Diener mutig in den Graben und zog den Jungen, der noch im Wasser schwamm, unversehrt heraus. Dieser Junge wurde wahrhaftig von den Engeln beschützt.

Melanchthon versteht in seiner „Christlichen erinnerung von den lieben Engeln" (1535) die Engel als „dienstbare Geister", die bewirken, dass „die gantze Christenheit geschützt, errettet und erhalten werde", und die auch „ein jeden inn seinem hausregiment und wesen" beschützen (vgl. Robert Stupperich: Der unbekannte Melanchthon, Stuttgart 1961, S. 152–158). Manlius (1566, p. 20) bietet eine Fassung, in der Melanchthon das Ereignis „in oppido Creutzberg" lokalisiert und als Erlebnis eines ihm persönlich bekannten Edelmannes vorstellt. Auch in den Sonntagsvorlesungen ereignet sich die Geschichte „in Thuringia zu Creutzberg" und wird zudem noch weiter konkretisiert: „Es war ein klein kindlein, nicht sechs wochen alt, der Teuffel hatte es hinunter gestossen." Dramatisch geht es weiter: Die Magd rennt runter und ruft den Diener: „schreyet ihn an, er sol eilends in graben springen, und das kind retten." Er springt in den Teich und holt das Kind, das im Wasser schwimmt, mit dem Kopf oberhalb des Wassers. „Der teuffel hats todten wollen. Aber da war ein Engel, der es geschützt hat." In der Sonntagsvorlesung wird sogar die Quelle genannt, nämlich der Vater selbst, der die Geschichte Melanchthon erzählt habe, ein Verwandter „Domini Fasoldi nostri", also von Melchior Fasolt (1556/57 Rektor der Universität Wittenberg, vgl. MBW 12, 49).

Nr. 28

Bei Torgau gab es einen Priester, der den Menschen Papierblätter zu geben pflegte, die, wie er sagte, die Augen heilten, wenn man sie um den Hals hängte. Auf den Blättern aber war Folgendes geschrieben: „*Der teuffel kratze dir die augen auß und scheis dir in die klucken.*“

„Klucken“ bedeutet hier wohl Hals. Offenkundig ging der Priester davon aus, dass die von ihm „behandelten“ Menschen nicht lesen konnten, und machte sich abergläubische Vorstellungen zunutze. Denn die Ursache von Augenkrankheiten wurde häufig im Wirken von Hexen und Zauberern gesehen, sei es durch Ansehen („böser Blick“) oder durch Anhauchen und Anpusten. Dagegen konnten heilkräftige und zauberkräftige Mittel, die um den Hals getragen wurden, helfen (vgl. Handwörterbuch des deutschen Aberglaubens [ND 1987], s. v. „Augenkrankheiten“ und „Hals“).

Nr. 29

In Italien ist es üblich, oft Kräuter zu essen, so wie es auch in einem Scherz über einen Maler erzählt wird. Da dieser im Sommer bei seinem Herrn in Italien immer wieder Kräuter zu essen bekam, wollte er, als der Winter vor der Tür stand, seinen Abschied nehmen. Als der Herr ihn fragte, warum er weggehen wolle, antwortete er, er habe keinen anderen Grund als dass er fürchte, im Winter Heu essen zu müssen, da er doch den ganzen Sommer über Kräuter bekommen habe.

Ein älteres italienisches Sprichwort zeugt von einem vergleichbar scherzhaft geäußerten Widerwillen gegenüber einem übermäßigen Verzehr von Kräutern: „Erba cruda, donna ignuda e dormire in piana terra manda l'uomo sotto terra“ („Rohe Kräuter, nackte Frauen und auf der bloßen Erde schlafen bringen den Menschen ins Grab“; vgl. Karl F. W. Wander: Deutsches Sprichwörterlexicon = woerterbuchnetz.de, s. v. Kraut Nr. 60).

Nr. 30

Als einem Mönch beim Essen ein Wind entfuhr, begann er laut mit den Füßen zu scharren. Der Abt, der neben ihm saß, hörte dies und sagte zu dem Mönch: „Mein Bruder, eine Sache sind Blähungen, eine andere Geräusche."

Bei Mathesius kommt das Füßescharren ausdrücklich als Mittel, den Furz zu übertönen, vor. Doch ein Mitbruder habe geantwortet: „Das ähnelt sich nicht" (Loesche Nr. 249).

Nr. 31

Im Papsttum war und ist es bis heute üblich, dass der Name der Jungfrau Maria mit einzigartiger Verehrung, entblößtem Haupt und gebeugten Knien ausgesprochen wird. Als nun einer, der gerade Baccalaureus geworden war, beim Frühgebet des Sonntags Septuagesimae in der Kirche das erste Kapitel der Schöpfungsgeschichte las, war er bis zum Werk des dritten Tages gekommen, wo geschrieben steht: „Die Ansammlungen der Wasser nannte er Meere." Das Wort „congregationes" [Ansammlungen] war aber so getrennt, dass die vorangehende Zeile den vorderen Teil, nämlich „congregati" enthielt, die folgende aber mit dem hinteren Teil, nämlich „ones", begann. Was hinzugefügt war, um den Zusammenhang anzuzeigen, nahm der gute Mann aber nicht wahr, und so las er laut: „Congregati oves aquarum appellavit maria". Zugleich beugte er entblößten Hauptes die Knie und gab damit zu erkennen, dass er sich an die Jungfrau wandte.

Der graduierte Student liest den biblischen Text (Gen. 1,10) an Septuagesimae, also zu Beginn der Vorfastenzeit, 70 Tage vor dem Sonntag nach Ostern. Er verballhornt nicht nur „congregationes" („Ansammlungen") zu „congregati oves" (etwa „versammelte Schafe"), sondern denkt bei „maria" („Meere", im Lateinischen auf der ersten Silbe betont) fälschlicherweise an Maria, die Mutter Gottes. Der lateinische Satz, den sich der junge Baccalaureus dabei zurechtlegt, ist im Übrigen grammatikalisch falsch und inhaltlich sinnlos und illustriert damit nur die inhaltsleere, auf äußerliche Rituale wie Knien achtende „papistische" Frömmigkeit.

Nr. 32

Ein Geistlicher erbat von dem Württemberger Herzog Eberhard ein kirchliches Amt, und als er zufällig seinen Mantel öffnete, sah der Herzog, dass er zerrissene Schuhe trug. Er fuhr ihn hart an, weil er es gewagt habe, ihm mit zerrissenen Schuhen vor die Augen zu treten. Da er aber nicht ordentlich Latein sprechen konnte, sagte er zu ihm: „Ira, ira, ira, vade, vade" [Zorn, Zorn, Zorn, geh, geh]. Damit zeigte er an, dass er erzürnt sei, und der Scholastiker musste sich sofort entfernen.

Herzog Eberhard I. von Württemberg (1445–1496) war es in seiner Jugend durch seine Vormünder verwehrt, Latein zu lernen; er besaß aber Zeit seines Lebens ein großes Interesse an Wissenschaft und Bildung und deshalb auch an lateinischer Sprache und Literatur. Seine rudimentären Lateinkenntnisse illustriert diese Geschichte, die Teil der volkstümlichen Überlieferung zu diesem sehr beliebten Herrscher wurde (vgl. Johann Christian von Pfister: Eberhard in Bart, erster Herzog zu Wirtemberg, Tübingen 1822, S. 48). Melanchthon erwähnt diese Episode auch in seiner „Oratio de vestitu" und gibt als Quelle eigenes Hören an („Audivi", CR 11, 148) – doch nicht direkt, da Herzog Eberhard ein Jahr vor Melanchthons Geburt starb, sondern auf dem Umweg über Johannes Reuchlin (1455–1522), der über viele Jahre enger Berater Eberhards war und mit dem Melanchthon über das verwandtschaftliche Verhältnis hinaus eine enge intellektuelle Beziehung verband (zum Verhältnis Reuchlins zu Herzog Eberhard vgl. die Beiträge von Dieter Stievermann, Heinz Angermeier, Klaus Graf und Dieter Mertens in dem Sammelband: Reuchlin und die politischen Kräfte seiner Zeit, hrsg. von Stefan Rhein, Sigmaringen 1998; zum Verhältnis Melanchthons zu Reuchlin vgl. Heinz Scheible: Reuchlins Einfluss auf Melanchthon, in: ders.: Melanchthon und die Reformation. Forschungsbeiträge, hrsg. von Gerhard May und Rolf Decot, Mainz 1996, S. 71–97).

Nr. 33

Ein Mann hatte einst einen Meineid geschworen. Als 28 Jahre nach seinem Tode auch sein Sohn in derselben Gruft bestattet werden sollte, fand man dort, während der ganze Körper und alle Knochen schon zerfallen waren, die rechte Hand, deren zwei vordere Finger wie bei einem Schwur emporgereckt waren, unversehrt vor. Diese Hand schickte danach der Landgraf dem Kurfürsten nach Wittenberg.

Dass die Hand des Meineidigen, wenn sie nicht abgehauen wurde, nicht verwest, gehört zum christlichen Sagenschatz, da der Meineid als Sünde gegen Gott angesehen wurde (vgl. z. B. André Holenstein: Die Huldigung der Untertanen. Rechtskultur und Herrschaftsordnung [800–1800], Stuttgart/New York 1991, S. 58 f.). In Wittenberg regierten Kurfürsten von 1356 bis zum Verlust der Kurwürde 1547, also von Rudolf II. bis Johann Friedrich I. Höchstwahrscheinlich handelt es sich bei dem „Landgravius" um einen hessischen Regenten, denn im Spätmittelalter und in der frühen Neuzeit stellten Hessen und Thüringen die bedeutendste Landgrafenschaft dar, wie auch Melanchthon in den Sonntagsvorlesungen ausführt: „Hessen und Thüringen ist ein ding gewesen. Es gab nur eine einzige Familienlinie in dieser Herrschaft, der Landgrafenschaft, und bei den Landgrafen von Hessen lag eine große Macht" (CR 25, 849).

Nr. 34

Zu Freiberg in der Mark Meißen heiratete ein Fremder eine Frau aus dieser Stadt, und als der Tag gekommen war, auf den die Vermählung festgesetzt war, begab sich der Bräutigam mit seinen Freunden zur Hochzeit. Als sie nun zur vierten Stunde, wie es dort Sitte ist, die Kirche betreten wollten, begann einer der Kameraden, die den Bräutigam begleitet hatten, im Heizraum Unsinn zu treiben und mit einer Pistole herumzuspielen. Er richtete sie im Scherz auf den Bräutigam, als ob er ihm drohen wolle, die Pistole schleuderte eine Kugel heraus und tötete den Bräutigam auf der

Stelle. Er fiel sofort um und verschied. Andere sagen, die Braut sei vom Bräutigam getötet worden, was noch viel trauriger ist.

Die Geschichte spielt im sächsischen Freiberg (Vendenhaimer und CR sind zu korrigieren: statt „Friburgae" „Fribergae"). Bei Manlius (1566, p. 285/6) ist sie auf 1550 datiert und wird als Beispiel eines fahrlässigen Totschlags im Gegensatz zum hinterhältig geplanten Mord vorgestellt.

Nr. 35

Der paduanische Professor Lazarus Pannonicus fragte einst ein Mädchen, das vom Teufel besessen war und nie irgendetwas auf Latein gelernt hatte, welches der beste Vers bei Vergil sei. Da antwortete der Teufel aus dem Mädchen: „Lernt durch die Mahnung Gerechtigkeit üben und achten die Götter."

Hinter dem „Lazarus Pannonicus" verbirgt sich Lazarus Bonamicus oder Buonamici (1477/78–1552), zunächst Rhetorik-Professor in Rom, dann an der Universität Padua. Dass Wahnsinnige besondere, unerklärbare Talente besitzen, wurde nicht selten behauptet. Melanchthon erzählt die Geschichte von dem Mädchen, das durch teuflische Eingabe diesen Vergil-Vers (Aen. 6, 620) lateinisch rezitieren kann, in seinen Sonntagsvorlesungen (CR 25, 601; vgl. auch CR 24, 499 f.). Auch bei Manlius (1566, p. 40) kommt sie vor, ergänzt um eine ähnliche teuflische Einflüsterung, dass nämlich eine Frau aus dem Herzogtum Lüneburg auf einmal perfekt lateinisch und griechisch sprechen konnte (beide Beispiele auch in den Sonntagsvorlesungen: CR 25, 601; vgl. auch CR 24, 448, s. oben S. 62). Bei Bonamicus in Padua studierten z. B. Ulrich Schilling und Julius Pflug, mit denen Melanchthon in Kontakt stand (z. B. Melanchthons Brief vom 15.7.1528 [MBW 696], in dem er Camerarius bittet, Pflug zu grüßen, mit dem er sich bald über Italien austauschen wolle; Ulrich Schilling, ein Mitschüler Pflugs bei Bonamicus, halte sich in Wittenberg auf; vgl. auch MBW 1241; Biogramm von Lazarus Bonamicus in MBW 11, 174 f.).

Nr. 36

Als es eine Zeit lang eine leichte Teuerung gegeben hatte, die schließlich zu Ende ging, verließ ein Bauer mit seinem Wagen Halle an der Saale; er hatte Getreide in die Stadt zum Verkauf gebracht. Weil er es aber nun wegen des Preisnachlasses hatte billiger verkaufen müssen, war er betrübt, denn er hatte viel Getreide zu Hause gehabt und gehofft, dass die Teuerung anhalten und er viel Gewinn machen würde. Er saß also traurig auf dem Wagen, sein Diener oder Kutscher aber, der die Pferde lenkte, sang. Der Bauer fuhr ihn an, weshalb er singe. Der Diener antwortete: „Warum sollte ich nicht singen? Ich freue mich, dass die Teuerung nachgelassen hat, denn die Preise sind heute niedriger als vorher." Der Bauer sagte: „Freust du dich über meinen Schaden? Siehst du nicht, dass ich großen Verlust mache?" Der Diener sang trotzdem weiter. Unterdessen brachte sich der Bauer um, indem er sich auf dem Wagen mit einem Strick erdrosselte; der Diener aber bemerkte nichts und fuhr weiter. Wenig später kamen andere Leute angelaufen, die den toten Bauern sahen, der hinten mit einem Strick festgebunden war und vom Wagen mitgeschleift wurde. Sie riefen den Diener, der immer noch sang, an, was er denn tue: Er solle sich doch umsehen. So aufgefordert, blickte er sich um und sah, dass sein Herr tot mitgeschleift wurde. Der Diener wurde in großen Schrecken versetzt, und als er vor Gericht geladen wurde, bat er die Leute, sie möchten bezeugen, dass er selbst singend auf dem Pferd gesessen und das Geschehene nicht bemerkt habe. Er habe sich wirklich niemals nach seinem Herrn umgesehen. Er erzählte ihnen, was alles geschehen war, und wurde danach vom Gericht freigesprochen. Dass dies wahrhaftig Teufelswerk ist, kann jeder Vernünftige erkennen.

Inflation und Teuerung gehörten auch im 16. Jahrhundert zum wirtschaftlichen Alltag. Die Preise stiegen z. B. durch Dürren oder auch durch Getreidespekulationen. In Halle an der Saale (lat. „Salinae Saxonicae"), wo der Bauer sein Getreide verkaufte, wurde seit Jahrhunderten (bis 1964) Salz gewonnen. Dass der Selbstmord des Bauern als diabolisches Werk gilt, passt zum Bild des Teufels als Urheber des Bösen (zum Teufel, der die Hände der Menschen zum Morden lenkt, vgl. CR 25, 600). Unter den Teufelserzählungen des 16. Jahrhunderts ist eine Geschichte überliefert, die der hier erzählten vergleichbar ist: Ein Bauer hat einen Speicher voll Korn, das er zu einem sehr hohen Preis verkaufen will. Auf einmal sieht er durch Einwirkung des Teufels das Korn nicht mehr (seine Diener sehen es aber weiterhin) und erhängt sich (vgl. Alsheimer, S. 506 Nr. 726).

Nr. 37

Einst wurden auch in Deutschland die Adligen nur auf Feldern bestattet, und je mächtiger die Menschen waren, umso größere Grabhügel wurden errichtet. Vernehmt hier die Geschichte eines Menschen, den man für einen der Landsberger Grafen hielt. Nicht weit von hier gab es einen gewaltigen Hügel in der Nähe von Landsberg. Dort holten die Bauern gewöhnlich Töpfererde und fanden beim Graben schließlich einen quadratischen Stein. Als das dem Landvogt berichtet wurde, befahl er den Bauern, mit dem Graben aufzuhören, und weil man glaubte, dass dort ein Schatz verborgen sei, zog er Leute zusammen, die ihn ausgraben sollten. Sie fanden aber zuerst viele Kieselsteine, später Kohle, danach den großen quadratischen Stein und schließlich den Leichnam eines großen erwachsenen Menschen. Neben dem Kopf lag eine Urne, in der sich eine bierähnliche Flüssigkeit und ein Schreibgriffel, d. h. eine Feder aus Kupfer oder Erz befanden: *Ein schreibfeder auß ertz gemacht.* Da es nämlich zu jener Zeit in dieser Gegend äußerst selten und erstaunlich war, lesen und schreiben zu können, war jenem Menschen ein Griffel beigelegt worden, damit, wenn einst nach vielen Jahren sein Leichnam ausgegraben würde, die Menschen wüssten, dass er die Kunst des Lesens und Schreibens beherrschte. Man glaubte, dass er einer der Landsberger Grafen gewesen sei.

Die Markgrafschaft von Landsberg gehörte zum Herrschaftsgebiet der Wettiner. In der Nähe der Stadt Landsberg, die zwischen Halle und Leipzig liegt, gibt es bis heute einen bronzezeitlichen Grabhügel, den sogen. Spitzberg. Diese Erzählung besitzt in den Darstellungen zur Geschichte der mitteldeutschen Bodendenkmalpflege einen Ehrenplatz für das frühe antiquarische Interesse an Bodenfunden im Humanismus, da Melanchthon hier den Aufbau des Hügels, der von Bauern beim Tonstechen angeschnitten wurde, die ungefähre Anordnung der Funde und die Funde selbst recht präzise schilderte und sie nicht als geheimen Schatz, wie der Landvogt, sondern als materielle Geschichtsquellen auffasste (vgl. Berthold Schmidt: 100 Jahre Bodendenkmalpflege im Arbeitsbereich des Landesmuseums für Vorgeschichte Halle [Saale], in: Jahresschrift für Mitteldeutsche Vorgeschichte 69 [1986], S. 17; in einen größeren Zusammenhang wird Melanchthons Beschreibung eingeordnet von Louis D. Nebelsick: „es sey hievor etwo ein sepulcrum gewesen". Martin Luther und die Anfänge archäologischer Forschung in Mitteleuropa und Skandinavien im 16. Jahrhundert, in: Martin Luther. Aufbruch in eine neue Welt, hrsg. vom Landesamt für Denkmalpflege und Archäologie Sachsen-Anhalt u. a., Dresden 2016, S. 290–301).

Nr. 38

König Ptolemaios, der „Wohltäter" genannt wurde, hatte einmal bei der Mahlzeit einen Stoiker bei sich, der während des Essens darüber disputierte, dass ein Weiser nicht irren könne. Tags darauf lud er diesen Philosophen wiederum ein und befahl dem Koch, ihm so kunstvoll wie möglich ein Stück Mist in Gestalt einer Drossel zuzubereiten und unter den übrigen Speisen vorzusetzen. Der Koch bereitete den Mist zu, würzte ihn möglichst schmackhaft und trug ihn dem Philosophen auf. Der Stoiker verzehrte ihn nach besten Kräften, danach fragte ihn der König abermals, ob ein Weiser irren könne. Dieser begann in einem langen Vortrag wiederum darzulegen, dass ein Weiser nicht irren könne. Darauf ließ der König den Koch holen und fragte ihn, was er dem Gast zum Essen aufgetragen habe. Der Koch, dem vorher angewiesen worden war, was er antworten solle, sagte: „König, ich habe ihm überhaupt nur gut zubereiteten Mist aufgetragen." Der König gleichsam fassungslos: „Was", fragte er, „hast du ihm vorgesetzt?"

„Ich gestehe, es war keine Drossel.“ Dann holte der Koch den restlichen Mist herbei und sagte, dass er ihm daraus den Krammetsvogel zubereitet habe. Da sagte der König zu dem Stoiker: „Also hat der Weise geirrt.“ Daraufhin wurde der Stoiker später von allen verspottet. Da passt der Deckel auf den Topf. *Ein solche solutio* [Lösung] *gehort auf eine solche Disputation.*

Dass der stoische Weise niemals irrt und niemals seine Meinung ändert, wird z. B. von Cicero ausgeführt (Mur. 61). Bei Ptolemaios Euergetes (unter den Ptolemäern gab es mehrere Herrscher mit diesem Beinamen) könnte es sich um den von 246 bis 222/221 v. Chr. herrschenden Pharao handeln, der in Alexandrien die dortigen griechischen Gelehrten förderte. Das sprichwörtliche „Dignum patella operculum“, im Deutschen „Wie der Deckel, so der Topf“ – hier: der Spott passt zur Überheblichkeit des Philosophen –, wird z. B. in den Adagien des Erasmus (1, 10, 72, Nr. 972) expliziert. In einer Sonntagsvorlesung legt Melanchthon dar, dass er in seiner Jugend an die Übereinstimmung von Christentum und stoischer Philosophie geglaubt habe, bis er später erkannt habe, dass die stoische Position, die Idee der Tugend sei für die Menschen das erstrebenswerte Ziel, angesichts der Verderbtheit der menschlichen Natur unmöglich zu verwirklichen sei. So würden die Stoiker keine Sünde und keine Reue kennen und träumten vielmehr davon, dass der Mensch perfekt werde (CR 25, 178).

Nr. 39

Als Kambyses seine Schwester heiraten wollte, befragte er die Priester, da er für sich fürchtete. Die Priester gaben ihm Folgendes zur Antwort: „Wir haben zwei Gesetze. Das eine besagt, dass niemand seine Schwester heiraten darf, das andere aber, dass der König tun darf, was immer ihm beliebt.“

Der persische Großkönig Kambyses II. (gest. 522 v. Chr.) heiratete seine Halbschwestern Atossa und Roxane. So schildert es der griechische Geschichtsschreiber Herodot im 3. Buch seiner „Historien“ als Beleg für dessen frevlerischen Wahnsinn. Die königlichen Richter „gaben nun eine richtige und vorsichtige Antwort, indem sie sagten, sie könnten kein Gesetz finden, das gutheiße, dass der Bruder mit der Schwester in einer Ehe zusammenlebe, sie hätten allerdings ein anderes Gesetz gefunden, dem zufolge es dem Perserkönig freistehe zu tun, was immer er wolle“ (Hist. 3, 31, 3).

Nr. 40

Als der Hl. Augustinus die Verwirrung und die Spaltung innerhalb der Kirche sah, dass nämlich Geistliche verstoßen und andere eingesetzt wurden, verlangte er schließlich ein sofortiges Dekret des Kaisers. Man hielt ihm entgegen, die Kirchenspaltung könne keineswegs durch kaiserliche Maßnahmen beseitigt werden. Darauf antwortete Augustinus: „Ich habe kein Dekret gegen die Spaltung, sondern gegen die Banditen gefordert.“

Der von den Wittenberger Reformatoren besonders geschätzte Kirchenlehrer Augustinus (354–430) forderte in der Auseinandersetzung mit den Donatisten, die diejenigen Christen, die während der Christenverfolgungen zeitweilig abgefallen waren, dauerhaft aus der Kirche ausschließen wollten, die staatliche Obrigkeit auf, mit Zwangsmaßnahmen gegen die Abweichler vorzugehen. Wie mit Abspaltung etwa im Fall der Wiedertäufer umzugehen sei, wurde an Luthers Tisch auch am Beispiel der Donatisten diskutiert, z. B. ob eine Bestrafung sie zu Märtyrern erheben würde. Zu dieser Frage wurde Augustin als der profilierteste Gegner der Donatisten herangezogen, z. B. mit seinem Dictum, dass nicht die Strafe, sondern die Tat jemanden zum Märtyrer mache (WA TR 5, 19).

Nr. 41

Als Doktor Martin Luther bei den Fürsten von Mecklenburg und Henneberg war, sagte der Fürst von Henneberg: „Herr Doktor, *Wie gehet es zw, das wir alzeit das begeren, das vns am schedlichsten ist, vnd das das volk so böß ist.*“ Luther antwortete: *„Ir fursten sollt* *darzu thun.*“ Fürst Heinrich entgegnete: „*Wo wir hern nit hetten darzv than, es wer lengst abgangen.*“ Nämlich die Bosheit.

Herzog Heinrich V. von Mecklenburg (1479–1552) stand schon seit 1524 in Briefwechsel mit Luther. Anhänger der Reformation aus dem Hennebergischen Grafenhaus waren Wilhelm von Henneberg-Schleusingen (1478–1559) und sein Sohn Georg Ernst von Henneberg-Schleusingen (1511–1583). In den Tischreden Luthers erscheint die Geschichte als Wortwechsel zwischen Herzog Philipp von Mecklenburg, Herzog Franz von Lüneburg und Herzog Ernst von Lüneburg mit der Pointe, dass die Maßlosigkeit der Herrschenden die Maßlosigkeit des Volkes bedinge, da das Vorbild der Regenten sich im Volk ausbreite (WA TR 4, 591 f.). Mathesius überliefert die Geschichte als Gespräch in Torgau zwischen Heinrich V. von Mecklenburg, Herzog Ernst von Lüneburg und Luther über das „uberschwenglich fressenn unndt sauffen“ (Loesche Nr. 239).

Nr. 42

Unter Karl, dem Fürsten der Burgunder, soll es einen Adligen gegeben haben, der einen Feind in seine Gewalt gebracht hatte. Dessen Gattin begab sich sofort zu dem Adligen, flehte ihn an, dass ihr der Gatte zurückgegeben werde, und versprach hoch und heilig, ihm die geforderte Geldsumme zu zahlen. Der wahrhaft gottlose Mensch versprach daraufhin schließlich, ihr den Gatten zurückzugeben, wenn sie mit ihm schlafe. Obwohl sie eine ganz und gar ehrenhafte Frau war, ging es ihr vor allem darum, ihren Gatten freizukaufen. Sie ging daher zu ihm und erzählte ihm von dieser tyrannischen Forderung des Adligen. Wenn dem Gefangenen auch klar war, dass eine schändliche Tat geschehen würde, stimmte er dennoch zu, da er die Freiheit zu erlangen hoffte. Nachdem jedoch der verfluchte Unmensch den Ehebruch vollzogen hatte, ließ er den Gefangenen niedermetzeln und gab den Leichnam der Ehebrecherin zurück. Diese aber begab sich sofort zu Karl und erzählte ihm das ganze Geschehnis der Reihe nach. Der weise Fürst befahl auf der Stelle, den Ehebrecher zu sich zu rufen, und erlegte ihm danach auf, die Witwe zu heiraten und auf diese Weise die frühere Ehre der armen Frau wiederherzustellen. Nachdem die Hochzeit aber vollzogen war, befahl er streng, den Adligen mit dem Tode zu bestrafen, und setzte die Frau in dessen Besitzungen ein.

Karl der Kühne (1433–1477) herrschte von 1467 bis 1477 als Herzog von Burgund. Er galt als prunkliebend und kriegerisch („bellicosissimus", CR 24, 846). Als „Dux Burgundus Carolus" kommt er in einem astrologischen Gedicht Melanchthons vor (CR 10, 633 f., vgl. MBW 7877), außerdem bei Manlius (1566, p. 584 f.), wo er in die „Reihe herausragender und vorzüglicher Könige und Fürsten" aufgenommen wird. Vergewaltigt zu werden bedeutete für die Frauen, durch den außerehelichen Geschlechtsverkehr eine Sünde begangen zu haben. Die Heirat mit dem Vergewaltiger hob die Sünde auf und stellte die Ehre der Frau wieder her.

Nr. 43

Der Papst sagte einst zu Bembo; „O Bembo, weißt du nicht, wie sehr uns diese Geschichte über Christus von Nutzen gewesen ist?"

Pietro Bembo (1470–1547) war ein hervorragender Stilist und Dichter in lateinischer und italienischer Sprache, von dem Melanchthon übrigens einen Vers über den Hl. Stephan, den ersten Märtyrer, in seinen Sonntagsvorlesungen zitierte (CR 25, 925; vgl. Manlius [1566, p. 677]). Melanchthon kannte auch Bembos breit angelegte Geschichte Venedigs (erschienen 1551) und schätzte sie und ihren Autor: Das Werk würde alle bisherigen nach Livius in Inhalt und sprachlicher Gestaltung übertreffen und stamme von einem Autor, der politischen Verstand und Interpretationskraft verbinde (MBW 6238). Bembo wurde von Papst Leo X. und später von Papst Paul III. gefördert und von letzterem 1539 zum Kardinal ernannt (am 19. 3. 1539 wurde er zum Kardinal proklamiert und im Dezember des gleichen Jahres zum Priester geweiht). Die päpstliche Frage könnte damit zusammenhängen, dass Bembo sich trotz seiner kirchlichen Ämter kaum für Theologie interessierte und in der Fixierung auf die Nachahmung der antiken Vorbilder Christus außer Acht ließ (zu Bembo vgl. MBW 11, 138).

Nr. 44

Als der sächsische Herzog Friedrich einst vor dem Schloss mit einem Doktor der Theologie disputierte, sah er zufällig zwei Ordensbrüder, die Minoriten genannt werden, im Mönchsgewand vorübergehen. Als er sah, dass diese hölzerne Sandalen trugen, fragte er den Doktor: „Aus welchem Holz sind diese Sandalen gefertigt?“ Als dieser schwieg, da ihm keine Antwort einfiel, brach der Herzog schließlich in die Worte aus: „Du bist Magister in Israel [d. h. Theologe] und weißt das nicht?“ Und er fügte hinzu: „Diese Sandalen sind aus dem Feigenbaum angefertigt, den Jesus mit den Worten verfluchte: ‚Nun esse von dir niemand mehr eine Frucht ewiglich.‘ Der weise Fürst wollte mit dieser Antwort auf die Heuchelei und den Untergang der Heuchler hinweisen.

Die Minoriten gehörten zum Franziskaner-Orden, dessen Wittenberger Kloster ab 1524 allmählich abgewickelt wurde. Bereits am 24.1.1522 hatte der Stadtrat die Ausweisung der Bettelmönche beschlossen, doch wurde die Verfügung nicht konsequent umgesetzt – wegen des Einspruchs Luthers und des Widerstands Kurfürst Friedrichs des Weisen. Dieser wird in dieser Erzählung für die reformatorische Sache „eingespannt“, obgleich er bis zu seinem Tod die Mönchsorden und ihre Religionsausübung förderte. Auch die Vorstellung, der Kurfürst würde vor dem Schloss ein Gespräch en passant führen, gehört in den Bereich der Legende. Die zitierte Verfluchung des Feigenbaums durch Jesus findet sich bei Mt 21,19 und Mk 11,14 (zu Holzsandalen als Teil der franziskanischen Kleidung vgl. CR 24, 738). Die antimonastischen Polemiken, die an Luthers Tisch regelmäßig geäußert wurden, zielten auch auf die Minoriten, die als „abergläubisch und ungelehrt, soltten und woltten nicht gelerdt sein“, charakterisiert werden (WA TR 5, 452). Zum Wittenberger Franziskanerkloster zur Zeit Kurfürst Friedrichs vgl. Johannes Schlageter: Bedeutung des Wittenberger Franziskanerklosters für die beginnende Reformation, in: Archäologie in Wittenberg III. Die ehemalige Klosterkirche der Franziskaner in Wittenberg, hrsg. von Harald Meller, Halle (Saale) 2019, S. 299–308.

Nr. 45

Am 15. April 1558 ist der Bischof von Arlon und Herzog von Frankreich von einer Kugel durchbohrt worden und gestorben, und mit ihm starben zugleich sechs andere Männer. Diese Tat geschah gerade zur zehnten Stunde auf der Taschenuhr. Er hatte nämlich mit seinen Ratsherren einige Stunden in der Kanzlei bei der Untersuchung bestimmter Themen und beim Austausch von Ansichten verbracht. Nachdem er den Rückweg angetreten hatte, da es schon Zeit für das Mittagessen war, wurden sie auf dem Wege dorthin am Fuße des Berges ahnungslos und unbewaffnet von vierzehn Reitern angegriffen. Diese hatten sich mit Pistolen bestens versehen, trugen lange Mäntel und drangen sofort mit gezückten Waffen auf den Bischof und seine Begleiter ein. Niemand entkam außer einem adligen Jüngling, dem die Flucht gelungen sein soll. Die Reiter aber entfernten sich nach dieser Tat unbehelligt.

Am 15. April 1558, 10 Uhr, ereignete sich ein Mord, der Melanchthon sehr bewegte, was zahlreiche Erwähnungen in seinen Briefen illustrieren (vgl. MBW 8596, 8601). Doch dieses Ereignis fand in Würzburg statt und traf Fürstbischof Melchior Zobel von Giebelstadt (um 1500–1558), der zuvor seine Regierungsgeschäfte in der Kanzlei nahe dem Dom erledigt hatte und auf dem Ritt zur Festung erschossen wurde. Auch hier konnten die Täter, v. a. Christoph Kretzer, der vermutlich den tötlichen Schuss abgegeben hatte, zunächst entkommen. Die Ermordung Zobels auf Veranlassung Wilhelms von Grumbach an der Mainbrücke wird geschildert von Christoph Bauer: Melchior Zobel von Giebelstadt, Fürstbischof von Würzburg (1544–1558). Diözese und Hochstift Würzburg in der Krise, Münster 1998, S. 567 f. Die Geschichte von Würzburg nach Frankreich zu transferieren, mag gewagt erscheinen; da Arlon (heute in Belgien) kein Bischofssitz war, erscheint die Lokalisierung der Geschichte ziemlich undurchsichtig.

Nr. 46

Spartanische Edelleute waren durch Leuktra gezogen und von Skedasos gastlich aufgenommen worden. Später kehrten sie zurück, und da der Wirt nicht anwesend war, wurden sie daher freundlich von seinen Töchtern bewirtet. Die Edelleute aber schändeten sie, zerstückelten sie danach und warfen sie in einen Brunnen. Als der Wirt zurückkehrte, fand er seine Töchter nicht. Schließlich wies ihm der Hund den Weg; er fand sie im Brunnen, begrub sie und ging nach Sparta. Er forderte, dass die Missetäter bestraft würden, wurde aber nur verlacht, denn sie waren viel mächtiger als er. Und so gab es eine erbitterte Schlacht am Grabe jener Jungfrauen.

Nach Plutarch (Moralia 773B–774D) lebte Skedasos arm, aber gastfreundlich in Leuktra, einer kleinen böotischen Stadt, und hatte zwei Töchter, Hippo und Miletia. Zwei spartanische junge Männer vergewaltigen die Mädchen während der Abwesenheit des Vaters und töten sie. Nachdem Skedasos kein Gehör bei den spartanischen Behörden findet, verzweifelt er und begeht, so Plutarch, Selbstmord. Melanchthon behandelte Plutarch in Vorlesungen und gab Teilübersetzungen heraus – auf der Textgrundlage der 1509 erschienenen Editio princeps der „Opuscula" (vgl. Stefan Rhein: Melanchthons Bücherschrank, in: Buch und Reformation. Beiträge zur Buch- und Bibliotheksgeschichte Mitteldeutschlands im 16. Jahrhundert, hrsg. von Enno Bünz u. a., Leipzig 2014, S. 236). In der am Ende erwähnten Schlacht bei Leuktra wurde das bis dahin als unbesiegbar geltende spartanische Heer 371 v. Chr. von den Thebanern besiegt, was als späte Genugtuung für Skedasos und seine Töchter aufgefasst werden konnte.

Nr. 47

In Regensburg wurde berichtet, dass etliche Deutsche sich derart der Schwelgerei hingeben und so trinken würden, dass manche gefährlich erkrankten. Als einige forderten, Kaiser Karl solle durch Verordnungen sicherstellen, dass sie mäßiger lebten, antwortete er: „Was soll ich machen? Meinen Deutschen das Trinken zu verbieten wäre dasselbe wie meinen Spaniern das Stehlen."

Auf die Forderung, das deutsche Laster der Trunksucht zu verbieten, antwortete Kaiser Karl V. offenbar auf dem Reichstag zu Regensburg 1532 (so Manlius 1566, p. 767). Mathesius zitiert den Kaiser zudem mit der Klage, dass die Spanier von den Deutschen das Saufen und die Deutschen von den Spaniern das Stehlen lernen (vgl. Loesche Nr. 212 und Manlius ebd). In den Tischreden ist eine ähnliche kaiserliche Aussage überliefert: „Die Deutschen lernen von Hispaniern Stehlen, so lernen die Spanier von Deutschen Fressen und Saufen“ (WA TR 5, 511). Über die Trunksucht der Deutschen hat sich Melanchthon immer wieder ausgelassen, etwa in den Sonntagsvorlesungen: „Wir Deudschen fressen und sauffen uns kranck, arm und in die Hell hinein“ (CR 24, 20; vgl. auch CR 24, 888).

Nr. 48

In Rom hielt der Papst eine Versammlung ab. Nachdem er über die Reform der Kirche und über die Abschaffung unnötiger Zeremonien gesprochen hatte, stand einer der Kardinäle auf und sagte: „Die Stimme ist Jakobs Stimme, aber die Hände sind Esaus Hände.“ Bald darauf ist er gestorben; vielleicht ist er durch Gift umgebracht worden.

Die Aussage des unbekannten Kardinals stammt aus der Bibel (1. Mose 27,22) und greift den Betrug Jakobs auf, der sich als der ältere Bruder Esau ausgibt und so den Segen des blinden Vaters Isaak für den Erstgeborenen erhält. Offensichtlich wurde der Kardinal wegen seiner Kritik an den vom Papst geäußerten Reformbemühungen, die er als Betrug wertete, zum Schweigen gebracht.

Nr. 49

Philipp führte einmal ein Verhör von Wiedertäufern durch, und einer von ihnen sagte, dass er, wenn alle Bibeln auf der ganzen Welt auf einen Haufen zusammengetragen würden, sie nicht für eine einzige geringe Münze kaufen wolle. Darauf Philipp: „Wenn alle Papisten zu einem Haufen zusammengebracht würden, würde ich sie alle nicht einmal einer tauben Nuss wert erachten."

Melanchthon bekämpfte die Wiedertäufer v. a. wegen ihrer Ablehnung der Kindertaufe und ihres Einsatzes für die Gütergemeinschaft in zahlreichen Schriften, etwa in seinem „Unterricht wider die Lehre der Wiedertäufer" (1528), in seiner Polemik „De deliriis et furoribus anabaptistarum" (1535) oder in seiner Schrift „Dass weltliche Obrigkeit den Widertäufern mit leiblicher Strafe zu wehren schuldig sei" (1536). Im Dezember 1535 und Januar 1536 verhörte er selbst gefangene Täufer in Jena und auf der Leuchtenburg; dort kam es auch zu Debatten um die Auffassung, ob es neben dem Schriftprinzip noch eine spirituelle Bibelerklärung gebe. Auf seine intensiven Bemühungen, durch Beweise aus der Hl. Schrift die Ansichten der fachtheologisch eher ungebildeten Gefangenen zu widerlegen, erklärte einer der Täufer, dass „was aus dem Geist geschrieben sei, daß sei Gottes Wort" und dass Melanchthon „mit seiner toden schrifft mehr leutten dann alle hencker" töte (vgl. Melanchthons Protokoll der Verhöre: MBW 1671. 1687. 1689; ausführlich Eike Wolgast: Melanchthon und die Täufer / Spiritualisten, in: Philipp Melanchthon. Der Reformator zwischen Glauben und Wissen, hrsg. von Günter Frank, Berlin / Boston 2017, S. 193–203, Zitate: S. 199). Die Auseinandersetzung mit den Wiedertäufern und ihren Lehren ist auch Thema in den Sonntagsvorlesungen, z. B. CR 24, 410 f.

Nr. 50

Demosthenes sagt, dass die Lokrer ein Gesetz gehabt hätten, dass weder alte Gesetze aufgehoben noch neue eingebracht werden dürften. Wenn aber jemand irgendein Gesetz aufheben oder ein neues einbringen wolle, solle er seine Meinung öffentlich darlegen, stehend und mit einem Strick um den Hals. Wenn das Gesetz dem Volk gefallen habe, solle er freigelassen, wenn aber nicht, solle der Strick zusammengezogen und er sogleich erdrosselt werden.

In seiner „Rede gegen Timokrates" führte Demosthenes (384–322 v. Chr.) aus, dass man nach dem Vorbild der Lokrer verbieten sollte, neue

Gesetze, die oft nur zum eigenen Vorteil eingebracht würden, zu erlassen. Die Lokrer hätten sich in zweihundert Jahren nur ein einziges neues Gesetz gegeben, wonach derjenige, der einem Einäugigen das Auge ausschlage, nicht nur mit dem Verlust eines Auges, sondern beider Augen bestraft werden müsse, damit Opfer und Täter das gleiche Schicksal treffe. Melanchthon beschäftigte sich in Vorlesungen, Editionen und Übersetzungen intensiv mit dem bedeutendsten der griechischen Redner und dabei auch mit dem Gesetzesverfahren der Timokrates-Rede (vgl. CR 17, 877–880; zu Melanchthons Demosthenes-Rezeption vgl. Stefan Rhein: Philipp Melanchthon als Gräzist, in: Werk und Rezeption Philipp Melanchthons in Universität und Schule bis ins 18. Jahrhundert, hrsg. von Günther Wartenberg, Leipzig 1999, S. 57–59).

Nr. 51

Baldus, der außerordentlich begabt war, soll einmal auf einer Reise zu einem ziemlich schwierigen Thema befragt worden sein. Da habe er erwidert, er könne jetzt nicht antworten, weil er sich drei Tage nicht mit den Wissenschaften beschäftigt habe.

Der enzyklopädisch gebildete Melanchthon setzte sich vielfältig mit Themen der Rechts- und Staatslehre, etwa mit dem Naturrecht, auseinander. Dabei lernte er auch den italienischen Rechtsgelehrten Baldus de Ubaldis (1327–1400) und dessen Kommentare zum römischen und kanonischen Recht kennen. Über den Lehrer des Baldus, den berühmten Juristen Bartolus de Saxoferrato (ca. 1313–1357), verfasste Melanchthon 1537 eine Rede (vgl. Melanchthon deutsch. Bd. 4, Leipzig 2012, S. 291–302).

Nr. 52

Es gab ein Gesetz bei den Griechen, dass derjenige, der seinen Schild, nicht jedoch der, der sein Schwert im Kampf verloren hatte, mit Schimpf bestraft werden solle, denn man muss mehr auf seine Verteidigung als auf die Verletzung des Gegners bedacht sein.

In der Überlieferung durch Mathesius unter den Dicta Luthers wird dieses Gesetz in einer theologischen Parallele expliziert: Man sollte mehr Energie und Mühe auf die Verteidigung der einmal angenommenen Glaubenssätze verwenden als auf die Verhinderung oder Ausrottung fremder Spitzfindigkeiten und Irrtümer (vgl. Loesche Nr. 623).

Nr. 53

Grabinschrift: „Wer Gold braucht, wird es hier finden." Als nun Babylon von Dareios belagert und erobert worden war und dieser das Grabmal sah und die erwähnte Aufschrift las, ließ er das Grab, gierig nach dem Gold, öffnen. Semiramis aber, die Königin von Babylon, hatte [auch] folgende Worte, die auf dem Grabmal geschrieben waren, nach ihrem Tode darauf setzen lassen: „Dies ist nur eine Grabinschrift."

Die Geschichte basiert auf den „Apophthegmata" des Ps.-Plutarch s. v. Semiramis und wird in ähnlicher Form auch von dem griechischen Historiker Herodot erzählt: Königin Semiramis von Assyrien ließ auf ihr Grab schreiben: „Welcher Fürst Geld braucht, der öffne dieses Grab und nehme." Der geldgierige Perserkönig Dareios (Dareios I., 550–486 v. Chr.) fand statt des Geldes allerdings nur eine Tafel mit einer Inschrift: „Wärst du kein Bösewicht und unersättlicher Geizhals, so ließest du die Asche der Toten ruhen" (Hist. 1, 187). Zur Rezeption dieser Geschichte vgl. die Belege in Rehermann, S. 511 f., 516, 525.

Nr. 54

Als Monika, die Mutter des Augustinus, nach Rom kam und sah, dass ihr Sohn dort andere religiöse Bräuche pflegte als in Mailand, fragte sie ihn, weshalb er andere Riten übe als sonst. Augustinus antwortete: „In Rom muss ich nach der Sitte der Römer leben, in Mailand nach der der Mailänder." Daraus sind später diese Verse entstanden:

„Bist du in Rom, dann leb nach der Sitte der Römer;
Wenn woanders du bist, lebe so, wie man dort lebt.“

Der Kirchenvater Augustinus (354–430) hat in ep. 54, 2, 3 diese Aussage des Ambrosius, damals Bischof von Mailand, zitiert. Bis heute ist sie sprichwörtlich verdichtet und internationalisiert: „When in Rome, do as the Romans do.“

Nr. 55

Ein Greis, der Ratgeber eines Fürsten war, sagte zu Philippus: „Andere Ratgeber drohen mir, mich von meinem Amt abzusetzen, aber sie werden mir damit einen Gefallen tun. Sie könnten mir auch keinen größeren Gefallen tun, denn so kann ich in meinem Alter die Ruhe genießen.“

In dieser Geschichte spiegeln sich Melanchthons eigene Nöte und Sehnsüchte. Am 1. Januar 1551 schrieb er einem Freund: „Du kennst ja meine Geschäftigkeit und Plackerei. Und was ist der Dank? Ich weiß, das ist der Lauf der Dinge, den man weise zu ertragen hat. Würde Gott mir jedoch ein ruhigeres Alter gewähren, so hielte ich dies für eine große Wohltat“ (MBW 5970). In den Tischreden ist auch eine Klage Melanchthons über das Hofleben überliefert; so soll er zu Luther gesagt haben: „Das Hofleben ist den Büchern der Tragödien ähnlich, die draußen mit Gold und Papier geschmückt sind, drinnen aber voll mit Elend sind“ (WA TR 6, 363). Kritik am Hofleben äußert Melanchthon auch in den Sonntagsvorlesungen, wenn er etwa den Spruch zitiert: „Exeat aula, qui vult esse pius“ („Wer fromm sein will, soll den Hof verlassen“) und ihn ergänzt: „Wer zu Hof viel fragen und reformieren wil, der leufft scheuslich an“ (CR 24, 40).

Nr. 56

Als Theodosius erkannte, dass er sterben müsse, soll er gesagt haben, ihm mache nichts mehr Sorgen als der Zustand der Kirche.

Theodosius I., genannt der Große, war von 379 bis 394 oströmischer Kaiser und in den Monaten vor seinem Tod der letzte Alleinherrscher des gesamten Römischen Reichs. Durch zahlreiche Verordnungen installierte er das Christentum als alleinige Staatsreligion; das Wiederaufleben heidnischer Kulte hatte ihn zu diesem Schritt bewogen. In der Totenrede würdigte der Kirchenvater Ambrosius (339–397) den Verstorbenen, der „schon dem Ende nahe, mehr um die Lage der Kirche als um die eigene Gesundheit besorgt war“ (De obitu Theodosii, 35). Im „Chronicon Carionis“ zitiert Melanchthon diesen Ausspruch und seine Quelle: „Extat laudatio Theodosii apud Ambrosium“ (CR 12, 1001).

Nr. 57

Als Brutus schon im Sterben lag, rief er: „O Jupiter, möge jeder bestraft werden, der Urheber dieses Unheils ist!“ Und wenige Tage darauf starb Antonius.

Marcus Iunius Brutus, der Caesarmörder, starb kurz nach der gegen Antonius und Octavian verlorenen zweiten Schlacht bei Philippi vom 23. Oktober 43 v. Chr. Im „Chronicon Carionis“ berichtet Melanchthon (in Anlehnung an Plutarch, Vita Bruti, 52), dass er sich von seinem Studienfreund Strato töten ließ. Auch hier (CR 12, 897) wird Brutus' Ausruf zitiert und zwar im griechischen Original („Zeus, nicht möge vor Dir verborgen bleiben der Schuldige an diesem Übel“, Plutarch, Vita Bruti, 51; es handelt sich bei dem Ausruf um Vers 332 von Euripides' Tragödie „Medea“). Der Tod des Antonius, ein Selbstmord zusammen mit Kleopatra, ereignete sich jedoch entgegen Melanchthons Darstellung erst im Jahr 30 v. Chr.

Nr. 58

In der Nähe gab es einen Adligen aus der vornehmen Familie der von der Schulenburg. Dieser wollte kürzlich nach Holstein reisen und hatte dabei an die dreitausend Goldmünzen bei sich. Auf dem

Wege aber bog er im Herzogtum Lüneburg in eine kleine Herberge ab, in die zufällig ein ihm bekannter Ritter aus dem Herzogtum Mecklenburg kam. Nun ist in jenen Breiten das Trinken gewissermaßen eine gesellschaftliche Verpflichtung. Weil sich das Gelage aber bis tief in die Nacht hingezogen hatte, wollte Jakob von der Schulenburg schlafen gehen, da seine Geschäfte dies wohl erforderten. Da hielt ihn der andere Ritter zurück und drängte ihn, weiter zu trinken, so wie die Unsrigen bei solchen Anlässen unvernünftig zu handeln pflegen. Schulenburg wollte sich jedoch nicht zurückhalten lassen, worauf der andere dies als Verachtung auffasste und ihn beim Weggehen mit dem Humpen angriff. Schulenburg, sei er nun getroffen worden oder nicht, war empört über die Unwürdigkeit der Handlung, riss dem ihm folgenden Knappen das Schwert aus der Scheide und durchbohrte den Ritter. Im Haus entstand ein Tumult: Diener und Nachbarn liefen zusammen und töteten die beiden Diener Schulenburgs; er selbst aber entkam mit knapper Not unter Zurücklassung aller seiner Habe.

Jakob von der Schulenburg (1515–1576) war 1547 bis 1552 u.a. Rittmeister im Heer von Herzog Moritz von Sachsen und dabei an allen kriegerischen Auseinandersetzungen führend beteiligt (Schlacht bei Mühlberg 1547, Belagerung Magdeburgs 1550 etc.). Durch seine Kriegsdienste bei unterschiedlichen Herrschern erwarb er ein großes Vermögen. In der Predigt, die Joachim Ulrich am 27.4.1576 in der Kirche zu Angern auf den Verstorbenen hielt (gedruckt Magdeburg 1576), findet diese Episode – nachvollziehbarerweise – keine Erwähnung. Vgl. Johann Friedrich Danneil: Das Geschlecht der von der Schulenburg, Salzwedel 1847, Bd. 2, S. 533–536.

Nr. 59

Vom heiligen Johannes wird Folgendes erzählt: Einmal kamen einige Leute zu ihm und fragten ihn, ob der weise Philosoph Thales richtig gehandelt habe, als er seinen Besitz ins Meer warf. Johannes antwortete, dies sei eher eine Torheit als Weisheit, denn Reichtümer seien eine Schöpfung Gottes, die er geschaffen habe, damit sie zu guten Zwecken verwendet würden.

Der griechische Philosoph Thales von Milet (um 624–546 v. Chr.) hatte durch Sternenbeobachtung eine üppige Olivenernte vorhergesehen und beizeiten alle Ölpressen aufgekauft und so große Gewinne machen können. Doch, so berichtet Aristoteles in seiner „Politik" weiter, Reichtum sei für Thales nicht das Ziel des Philosophen gewesen (vgl. Georg Wöhrle: Thales, Berlin 2009, S. 49). Welcher „Hl. Johannes" hier gemeint ist, bleibt unklar; vielleicht am ehesten Johannes der Täufer. Ein Dictum des Thales über Freundschaft wird in CR 24, 503 zitiert.

Nr. 60

Konstantin und Licinius

Zwischen den beiden römischen Kaisern Konstantin und Licinius bestand eine verbindliche Übereinkunft darüber, dass keiner den anderen angreifen würde, *sondern das einer dem andern Ehren erzeigen solt vnd bey einander halten.* Trotzdem griff Konstantin Licinius an, und er tat Recht daran, denn Licinius ging mit großer Wut gegen die Christen vor, und diese baten Konstantin um Schutz. Daher ersuchte Konstantin Licinius oft, nicht so grausam gegen die Christen zu verfahren, aber Licinius wütete nur umso mehr unter ihnen. Gereizt griff Konstantin selbst Licinius an, vertrieb ihn aus seinem Reich und schenkte ihm gerade noch das Leben, da seine Schwester für ihn bat. Dem Diokletian aber, der mit Licinius verbündet war, jagte er einen so großen Schrecken ein, dass dieser sich selbst umbrachte.

Im späten 3. Jahrhundert etablierte sich im Römischen Reich das Mehrkaisertum, in das auch die beiden Kaiser Licinius, der von 308 bis 324 regierte, und Konstantin, dessen Regierungszeit von 306 bis 337 dauerte, gehören. Trotz der gemeinsamen Mailänder Vereinbarung (dem sogen.

Toleranzedikt), durch die auch die Christen Religionsfreiheit erhielten, soll Licinius Christen verfolgt haben (so zumindest die pro-konstantinische Geschichtsschreibung); er wurde von seinem Widersacher Konstantin besiegt, interniert und schließlich hingerichtet, obgleich Constantia, die Halbschwester Konstantins und Ehefrau des Licinius, ihrem Bruder das Versprechen abnahm, gegenüber ihrem Mann Milde walten zu lassen (vgl. CR 24, 198 mit der Ergänzung, dass Licinius in Thessaloniki hingerichtet wurde, und der ausführlichen Verteidigung des rechtmäßigen Vorgehens Konstantins). Kaiser Diokletian (236/245-ca. 312) starb rund 12 Jahre vor Licinius und keineswegs durch Selbstmord. Wegen seiner anti-christlichen Politik ist sein Bild in der Kirchengeschichtsschreibung negativ geprägt (ebenfalls bei Melanchthon, vgl. MBW 2599; zu Licinius vgl. MBW 264, 1818, 6209; auch im „Chronicon Carionis" wird die Auseinandersetzung zwischen Konstantin und Licinius behandelt: CR 12, 969 f., sowie der Selbstmord Diokletians: CR 12, 966; Diokletian sei auch der erste Herrscher gewesen, so Melanchthon in den Sonntagsvorlseungen, dem die Beamten die Füße küssen mussten, was dann die Päpste übernommen hätten, CR 24, 115). Im Kenntnisstand des 16. Jahrhunderts war allerdings das Todesdatum Diokletians unbestimmt; Selbstmord – meist durch Gift – wurde dabei als Todesart angegeben (vgl. Wolfgang Kuhoff: Kaiser Diokletian und seine Herrschaft in der Einschätzung deutschsprachiger Historiker vom 15. bis 18. Jahrhundert, in: Archaeologica Adriatica 11 [2008], S. 671–678).

Nr. 61

Der Tyrann von Vicenza ließ zu einem angesehenen Bürger der Stadt senden und forderte, dieser solle ihm seine Tochter schicken. Der Vater verweigerte dies, denn er wollte seine Tochter nicht prostituieren. Der Tyrann schickte Helfershelfer mit dem Auftrag, sie zu rauben. Nachdem dies geschehen war und der Tyrann die Tochter des Nachts missbraucht hatte, sandte er sie am Morgen zerstückelt dem Vater nach Hause zurück. Als der Vater dies sah, packte ihn das blanke Entsetzen und er konnte es kaum ertragen. Er ließ die so entstellte Tochter in den Senat bringen und legte diesem das ganze Geschehen dar. Über diesen Vorgang empört, kamen der Senat und alle anderen Bürger zu einem einhelligen Entschluss und vertrieben den Tyrannen. In der Tat haben sie richtig gehandelt und waren keine Aufrührer, weil sie einen gerechten und sittlich guten Grund hatten.

Als besonders grausamer Tyrann im norditalienischen Territorium, darunter auch in Vicenza, gilt Ezzelino da Romano (1194–1259). Bei Manlius (1566, p. 328) wird die Geschichte allerdings in einen späteren historischen Kontext gestellt, da hier der Vater den Leichnam der Tochter nach Venedig schickt und dem dortigen Senat die Übergabe der Stadt verspricht, so dass auf diese Weise Vicenza unter die Herrschaft Venedigs gerät. Dies geschah 1404 (vgl. James S. Grubb: Firstborn of Venice. Vicenza in the Early Renaissance State, Baltimore 2019). Die Geschichte ordnet sich ein in die Überlegungen der Reformatoren zum Widerstandsrecht. Insbesondere im Vorfeld und während des Schmalkaldischen Krieges gegen den katholischen Kaiser (1546/47) wurde auch von Melanchthon das politische Recht auf Notwehr betont. Dass der Tyrann sich über das Gesetz stellt, beschreibt Melanchthon in seinen Sonntagsvorlesungen auch mit Blick auf das Verhalten, den wahren Gottesdienst zu verhindern und Töchter zu rauben (CR 25, 787).

Nr. 62

Ein Mensch rettete einen anderen, der in einen Fluss gefallen war, durch einen hineingeworfenen Stock und stach ihm dabei ein Auge aus. Dieser nun klagte den Retter an, handelte aber ungerecht, denn er hätte seinem Retter einen solchen körperlichen Schaden nicht vorhalten dürfen.

Melanchthon, der auch als „Ethiker der Reformation“ gerühmt wird, führte dieses Fallbeispiel in seinen Vorlesungen offenbar häufiger an; in seiner „Philosophiae moralis epitome“ von 1546 findet es sich ebenfalls. Vgl. Melanchthons Werke in Auswahl, Bd. 3: Humanistische Schriften, hrsg. von Richard Nürnberger, Gütersloh 1961, S. 222.

Nr. 63

Als der Mann von Philipp Melanchthons Tante gestorben war, saß diese nur wenige Tage später schwermütig und noch immer betrübt am Herd. Da hörte sie, wie ihr Mann mit einem hochgewachsenen Mönch die Treppe heraufstieg. Ihr Mann grüßte sie und redete sie mit ihrem Namen an. Sie konnte in ihrem Schrecken nichts antworten. Ihr Mann sagte: „Hab keine Angst, meine Gattin; ich bin nämlich dein Mann, du bist in keiner Gefahr und sollst nur dableiben." Darauf gebot er dem Mönch, derweil in den Heizraum zu gehen. Er selbst aber redete mit seiner Frau viel von den Kindern, und als er etwa eine halbe Stunde mit seiner Frau gesprochen hatte, rief er seinen Gefährten wieder herbei und gebot seiner Gattin, ihm die rechte Hand zu reichen. Voller Furcht streckte sie widerwillig ihre Hand aus; ihr Mann aber ergriff diese und versengte sie vollständig. Danach verschwand er. Die Hand der Frau jedoch war ringsum versengt, solange sie lebte.

Als Tante Melanchthons ist Elisabeth, die Schwester Reuchlins, bekannt, deren Mann mit Melanchthons Großeltern Reuter verwandt war und 1496 verstarb, als Elisabeth wohl noch recht jung war (vgl. Heinz Scheible: Melanchthons Pforzheimer Schulzeit, in: ders.: Melanchthon und die Reformation. Forschungsbeiträge, hrsg. von Gerhard May und Rolf Decot, Mainz 1996, S. 46 f.). Scheible vermutet, dass diese seltsame Begebenheit Elisabeth Reuchlin widerfahren sein soll. In den Sonntagsvorlesungen werden die Begleitumstände präziser ausgeführt: Der zweite Mann ist ein Franziskanermönch, und die Begegnung findet im Winter statt. Der Ehemann plaudert hier nicht entspannt über die Kinder, sondern klagt, er leide im Fegefeuer, und fordert seine Frau auf, Opfer zu bringen und Messen zu feiern, um ihn zu retten. Beim Abschied gibt sie ihm erst nach Aufforderung ängstlich die Hand, die dann schwarz wie Kohle wird; sie kann sie weiterhin bewegen, aber ihre alte Farbe hat sie für immer verloren (CR 24, 498). In einer anderen Sonntagsvorlesung unterstreicht Melanchthon, dass er die schwarze Hand selbst gesehen habe (CR 25, 594). Zur weiteren Rezeption der Geschichte vgl. Alsheimer, S. 443 Nr. 119, S. 450 Nr. 213, S. 501 Nr. 689.

Nr. 64

Als einige Leute aus den Niederlanden Kaiser Karl Teppiche darboten, in die man die ganze Geschichte der Schlacht von Pavia äußerst kunstvoll eingewebt hatte, die aber ganz abwegig beschriftet waren, wollte Karl sie nicht annehmen. Er tat dies erst, als später die Namen getilgt waren.

In der Schlacht von Pavia (24.2.1525) besiegten die Truppen von Kaiser Karl V. den französischen König Franz I. (s. Nr. 6 u. 8). Unter den erhaltenen Schlachtbildern befinden sich sieben Wandteppiche mit sehr detaillierten Darstellungen, 1531 von Bernaert van Orley (um 1490–1542) im Auftrag der niederländischen Stände entworfen und in Brüsseler Tapisseriewerkstätten hergestellt (heute aufbewahrt im Museo di Capodimonte, Neapel). In den Tischreden wird die Geschichte unter der Überschrift „Die große Tugend Kaiser Karls V., da er nicht hochmütig wird wegen des Sieges über den französischen König" ebenfalls erzählt: „Im Niderland wolt man im ein tapet schencken, 14 tausent ducaten werd; da aber die Namen des Königs und der Adligen eingewebt waren, wollte er es nicht annehmen. So waren sie gezwungen, die Namen zu tilgen, dann akzeptierte er es" (WA TR 2, 193). Eine Variante lautet: „Von Kaiser Karls Demuth. Die von Antdorf [= Antwerpen] haben Kaiser Karln lassen ein schön Tapet machen, darauf die Schlacht von Pavia, wie der König von Frankreich gefangen, gewirkt war. Aber der Kaiser hats nicht annehmen wollen, auf daß man nicht meinete, er freuete sich an anderer Leute Unglück und Elends" (WA TR 6, 292). Die Gefangennahme von König Franz I. ist bis heute auf einem der Teppiche zu bewundern.

Nr. 65

Als jemand nach Neuigkeiten gefragt wurde, antwortete dieser, er habe gesehen, wie ein Schwein flog. Darauf der andere: „Was wagst du so offensichtlich zu lügen? Fliegen Schweine etwa so ohne weiteres?" Jemand von den Dabeistehenden sagte zu ihm: „Erscheint dir dies etwa sonderbar? Vermutlich wurde das Schwein von einem Adler oder einem Geier geraubt." Wie die Frage, so die Antwort.

Das Schwein war Sinnbild der Faulheit, der Gefäßigkeit, der Unreinlichkeit und der Geilheit. Ein solches unreines Tier und die Fähigkeit zum Fliegen stellten den denkbar weitesten Gegensatz dar. Das Dictum „Qualis interrogatio, talis responsio" („Wie die Frage, so die Antwort") gehört zu den grundlegenden Regeln der Grammatiker; sie findet sich z. B. in Boethius' „De interpretatione". Das gewählte Beispiel beschäftigt auch noch Kognitionswissenschaftler des 21. Jahrhunderts; vgl. Michael Pleyer: Wie fliegende Schweine in den Kopf kommen und die Grenzen des Möglichen überschreiten. Die kognitiven Grundlagen von Bedeutung in Sprache, Denken und Interaktion, in: Grenzüberschreitungen und Wendepunkte, hrsg. von Ladislaus Ludescher und Marco Wagner, Frankfurt / Main u. a. 2017, S. 313–344.

Nr. 66

Als Pyrrhichium, eine Stadt in Epirus, erobert worden war und sich alles in der Gewalt der Soldaten befand, ergriffen einige von ihnen eine Jungfrau, die überaus reich, von außerordentlicher Schönheit und unbescholten war und aus sehr angesehenem Hause stammte. Als die Soldaten sie vergewaltigen wollten, bat die Unglückliche, sie nicht zu entehren; sie würde ihnen für diese Gnade etwas weitaus Größeres erweisen. Darauf fragten die Soldaten, was dies denn sei. Sie versprach, sie wolle durch ihre Kunst alle diese Soldaten unverwundbar machen, so dass sie im Krieg vor jeder Gefahr sicher seien. Der Vorschlag gefiel den Soldaten; sie forderten sie auf, dies zu tun und gaben ihr Ehrenwort, sie unangetastet zu lassen. Die Jungfrau ließ sich sogleich irgendwelche Kräuter geben, zerrieb sie und strich jenen damit den Hals ein. Die Soldaten, die der Jungfrau vertrauten und nichts Böses ahnten, durchbohrten sich daraufhin freudig gegenseitig die Hälse und brachten sich alle selbst um. So entkam die Jungfrau unversehrt.

Die Erzählung vermischt die Vergewaltigungsthematik mit Hexenmotiven. Die Region Epirus im Nordwesten Griechenlands grenzt an Thessalien, das in der Antike als Land der Hexen galt (vgl. den Beginn von Apuleius' „Metamorphosen"). Der durch Epirus fließende Acheron war im griechischen Mythos ein Unterweltsfluss; an seiner Mündung gab es ein Totenorakel. Eine Stadt Pyrrhichium ist dort allerdings nicht bekannt; vielleicht soll der Name an den epirotischen König Pyrrhos (ca. 319/18–272 v. Chr.) erinnern.

Nr. 67

Als sich Friedrich die Aussicht auf eine Besetzung weiterer Gebiete bot, soll er gesagt haben: „*Wir haben lands genuch, wen wir das kunden erhalten.*"

Kurfürst Friedrich der Weise war bekannt für seine Friedensliebe und seine Ablehnung von Kriegen (vgl. z. B. CR 19, 125: „Friedrich sagte: ‚Krieg ist ein bodenlos ding'"). Diese Tugend wird auch in Melanchthons Lobrede auf den Kurfürsten von 1551 gewürdigt. Vgl. Melanchthon deutsch. Bd. 1, Leipzig [2]2011, S. 220–241, z. B. S. 226: „Er [...] reizte, weil er die Gerechtigkeit, Mäßigung und öffentliche Ruhe in Deutschland über alles liebte, niemanden, sondern ertrug sogar großes Unrecht." Das Bild des Kurfürsten als eines weisen, milden, friedlichen, selbstbeherrschten und gerechten Monarchen wird auch für die späteren Jahrhunderte maßgeblich durch diese Rede Melanchthons geprägt bis hin zur Entstehung des Beinamens „der Weise", auch wenn sich der Landesherr und sein Universitätsprofessor wohl nie persönlich begegnet sind, vgl. Hans-Peter Hasse: Melanchthon und Kurfürst Friedrich der Weise. Konstruktion der Fürstenmemoria, in: Kurfürst Friedrich der Weise von Sachsen. Politik, Kultur und Reformation, hrsg. von Armin Kohnle und Uwe Schirmer, Leipzig 2015, S. 343–358. Die Einsicht, dass es sehr viel leichter sei, Länder zu erobern als zu behalten, scheint Kurfürst Friedrich von Kaiser Maximilian übernommen zu haben; Melanchthon berichtet in seinem Theognis-Kommentar: „Kurfürst Friedrich erzählte oft, dass Maximilian gesagt habe: ‚Es ist leicht, ein fremdes Reich zu erobern, aber es zu behalten, ist schwierig.' Maximilian hat oft Italien erobert, aber er hat es niemals behalten" (CR 19, 154). In den Tischreden werden unter der Überschrift „Der gute Kriegsmann" („Bonus bellator") Beispiele für Rücksichtnahmen auf die Bevölkerung bei Kriegshandlungen aufgezählt, darunter auch Kurfürst Friedrich, der nach Aufforderung, er solle Erfurt belagern, was keine fünf Mann kosten würde, geantwortet habe: „Es wäre an einem zu viel!" (WA TR 5, 32).

Nr. 68

Als die Slawenschlacht geschlagen worden war, waren viele außerordentlich tapfere Männer dort gefallen und viele von den Türken gefangen genommen und in die Sklaverei geführt worden. Dabei war unter anderem auch ein Adliger von Steinborg in Gefangenschaft geraten. Als dieser an einen bedeutenden Großhändler verkauft worden war, welcher Kinder hatte, malte er den Söhnen griechische und lateinische Buchstaben auf. Er war nämlich ein gebildeter Mensch und verfügte über eine recht gute Kenntnis der griechischen und lateinischen Sprache. Der Kaufmann sah dies, trat an ihn heran und fragte: „Willst du nicht meine Söhne unterrichten?" Der Adlige stimmte zu und sagte: „Ich werde sie die griechische Sprache lehren und die römische anschließen." Er fragte aber seinen Herrn: „Wie lange?" Dieser antwortete: „Sieben Jahre. Wenn du dann hier bei mir bleiben willst, statte ich dich mit Vermögen aus; wenn nicht, gebe ich dir Reisegeld, damit du sicher nach Venedig und gesund zu den Deinen kommst." Der Adlige schrieb später an seine Verwandten und an seine eigenen Söhne, legte ihnen das Geschehene und sein Schicksal dar und ermahnte seine Söhne, sich mit den besten Fertigkeiten und Wissenschaften auszurüsten, um gegen alle Schicksalsfälle geschützt zu sein.

Die erwähnte Slawenschlacht („pugna Slavonica") ist Teil der langen kriegerischen Auseinandersetzungen zwischen Christen und Türken seit der Schlacht auf dem Amselfeld 1389. Steinborg ist eine Landschaft in Schleswig-Holstein, doch gibt es von einem „nobilis de Steinborg" in türkischer Gefangenschaft keine historisch verbürgte Nachricht. Die Darstellung von Türken als bildungsaffinen Menschen ist ungewöhnlich, da sie für Melanchthon fast durchweg als gefährliche Feinde der Christenheit galten und ihre kolportierten Gräueltaten in den kriegerischen Auseinandersetzungen v. a. seit der Schlacht bei Mohács (1526) sein besonderes Interesse fanden. Zu den wenigen Äußerungen kultureller Wertschätzung vgl. Michael Plathow: Melanchthon und die Türken, in: Philipp Melanchthon. Der Reformator zwischen Glauben und Wissen, hrsg. von Günter Frank, Berlin/Boston 2017, S. 207 f.

Nr. 69

Ein numidischer Schwätzer, der den Kaiser 1545 bei der Belagerung Wittenbergs begleitete, soll ein außerordentlich kluger Kopf gewesen sein. Obwohl er ein Scheusal war, soll er gesagt haben, der Verlust seines Reiches würde ihm nicht so großen Schmerz bereiten wie der Verlust seiner Bibliothek.

Die Belagerung Wittenbergs im Schmalkaldischen Krieg durch die kaiserlichen Truppen dauerte vom 5. Mai (Überquerung der Elbe bei Klein-Wittenberg) bis zum 23. Mai 1547 (Übergabe von Stadt und Festung). Am 25. Mai 1547 ritt Kaiser Karl V. ein und besichtigte die Stadt. Am 6. Juni zog die kaiserliche Besatzung ab und übergab Wittenberg Herzog Moritz von Sachsen, dem neuen Herrscher über die zuvor ernestinische Residenzstadt. Ob im Heer des Kaisers tatsächlich ein Begleiter aus Nordafrika war, ist nicht bekannt. Die Angabe dürfte auf einem Irrtum beruhen, wie ja auch die Datierung der Belagerung auf 1545 fehlerhaft ist. Vielleicht handelt es sich um einen Reflex von Karls Expedition nach Tunis (1535) oder die Verwechslung mit einem Anführer der griechisch-albanischen Stratioten, die im 16. Jahrhundert auch von den spanischen Habsburgern eingesetzt wurden. Als Rom 1527 erobert wurde („Sacco di Roma"), dachte auch Melanchthon sogleich an die Gefahr von Bibliotheksverlusten: „Wir wissen wenig Neues, nur Gerüchte von der Einnahme Roms, von denen ich wünschte, sie wären nichtig: einmal wegen vieler anderer Gründe, besonders aber, weil ich um die Bibliotheken fürchte, die an keinem Ort der Welt vollständiger sind als dort" (MBW 556). Auch in dieser Geschichte, immerhin der Eroberung Wittenbergs, artikuliert Melanchthon keine Kritik an Kaiser Karl V.; vielmehr scheint er verständnisvoll Karls Kampf gegen den Schmalkaldischen Bund und die Belagerung Wittenbergs als Kriegs- und zugleich als Friedensaktion zu legitimieren (vgl. CR 24, 6; s. auch Nr. 136).

Nr. 70

Ein Nürnberger, der in der Kunst der Herstellung von Geschützen erfahren und ein außerordentlich begabter Mensch war, jedoch seine Mutter schlecht behandelte, hatte ein neues Geschütz hergestellt und wollte es erproben. Er füllte Schießpulver hinein und verschoss es. Sogleich füllte er wiederum Schießpulver hinein. Da das Geschütz noch heiß war, entzündete sich das Pulver von selbst, schleuderte den Meister in die Höhe und tötete ihn so. Dies war die Strafe für den Sohn, der undankbar gegen seine Mutter war.

Nürnberg gehörte im Mittelalter und in der Frühen Neuzeit zu den berühmtesten Orten des Waffenhandwerks – mit zahlreichen Berufen für die Herstellung von Feuerwaffen, Munition, Rüstungen etc. (vgl. Arno Schütze: Waffen für Freund und Feind. Der Rüstungshandel Nürnbergs im Dreißigjährigen Krieg, in: Jahrbuch für Wirtschaftsgeschichte 45 [2004], S. 207–224). In den Sonntagsvorlesungen wird diese Geschichte nach Frankfurt verlegt (CR 25, 927; so auch in CR 19, 143: „Es gab vor wenigen Jahren in Frankfurt einen Geschützgießer, dessen Fleiß außerordentlich war. Er war ein Büchsenmeister und ein guter Schütz").

Nr. 71

Als Karl, der schon zum Kaiser erklärt worden war, zum ersten Mal nach Antwerpen kam, hatten die Antwerpener dort nach ihrer Sitte Schauspiele veranstaltet und an bestimmten Orten nahezu nackte junge Frauen aufgestellt, die nur mit einem Seidentuch bekleidet waren. Albrecht Dürer hat mir gesagt: „Ich ging aufmerksam, um als Maler diese Körper zu betrachten, und beobachtete, ob der Kaiser die Augen niederschlagen würde; er hat sie aber niemals niedergeschlagen."

Albrecht Dürer (1471–1528) hielt sich von August 1520 mit Unterbrechungen bis Anfang Juli 1521 in Antwerpen auf, wo er als Künstler große Erfolge feierte. Karl V., der am 28. 6. 1519 zum römisch-deutschen König gewählt worden war, zog am 23. 9. 1520 in Antwerpen ein und blieb nur kurze Zeit, bis er nach Aachen zur Kaiserkrönung (23. 10. 1520) aufbrach. Von Manlius wird die Geschichte, die Melanchthon direkt von Dürer erfahren hatte, ebenfalls erzählt, allerdings mit einer anderen Pointe: Dürer sei zusammen mit dem Kaiser in die Stadt eingezogen; dieser habe die öffentlichen Darbietungen und schönen jungen Frauen nicht beachtet, doch er als Maler habe genau hingeschaut (vgl. Gerd Unverfehrt: Da sah ich viel köstliche Dinge. Albrecht Dürers Reise in die Niederlande, Göttingen 2007, S. 93). Zur Überlieferung dieser Geschichte bei Manlius und in einer Cicero-Vorlesung Melanchthons (gehalten 21.5.1555 bis Juli 1557) vgl. Otto Clemen: Melanchthon und Dürer, in: ders.: Kleine Schriften zur Reformationsgeschichte (1897–1944). Bd. 4, hrsg. von Ernst Koch, Leipzig 1984, S. 471 f. Für weitere Anekdoten Melanchthons über Dürer, die von seinem großen Respekt gegenüber dem Künstler zeugen, vgl. ebd., S. 467–476.

Nr. 72

Als der sächsische Herzog Friedrich einmal fühlte, dass er sehr aufgebracht war, ist er in sein Gemach gegangen und nicht herausgekommen, bevor diese Gemütsregung sich gelegt hatte. Unterdessen hat er niemanden zu sich gelassen.

Über die Selbstbeherrschung von Kurfürst Friedrich dem Weisen berichtet Melanchthon auch in den Sonntagsvorlesungen (in einer Reihe mit Achilles und Kaiser Maximilian: CR 25, 338) und in seiner Rede „De Friderico Duce Saxoniae Electore“ von 1551; vgl. Melanchthon deutsch. Bd. 1, Leipzig ²2011, S. 233: „Seinen Zorn unterdrückte er soweit wie möglich, und wenn er doch einmal die Flammen der Empörung in sich aufsteigen fühlte, so zog er sich in die Einsamkeit zurück und fällte keine Entscheidung, bis sich die Zorneswallungen wieder gelegt hatten. In diesem Zusammenhang zitierte er häufig das Sprichwort: ‚Der Zorn eines Mannes ist der Gerechtigkeit Gottes im Wege.‘“ Nicht anders sah es Luther in einer Tischrede: „Herzog Friedrich war ein solcher furst […], der konnte viel verdauen und ihm selbs steuren, ob er gleich von Natur zornig war, aber er hielt an sich“ (WA TR 5, 225).

Nr. 73

Kaiser Maximilian, der bei allem, was er tat, sehr besonnen war, war von Natur ziemlich aufbrausend, aber gewissenhaft bei der Unterdrückung des Zorns. Nachdem ihm gemeldet worden war, dass sein Sohn erkrankt sei, kam einmal diese, einmal jene Nachricht. Eine besagte, dass er sich erhole, eine andere, dass es ihm schlechter ginge, schließlich kam eine, die seinen Tod vermeldete. Ein Salzburger, der sein bevorzugter Ratgeber war, hat mir, Philipp, selbst erzählt: „Wir überlegten, wie ihm die Nachricht überbracht werden solle. Schließlich beschlossen wir, ihm in aller Kürze, ja sogar nur mit einem einzigen Wort, den Tod des Sohnes mitzuteilen. Als wir eingetreten waren, schloss er selbst aus unseren Augen, dass sein Sohn tot sei, und sagte: „*Er ist Tod.*" Der Salzburger antwortete: „*Ja, genediger herr keyser, der Almechtig got sey seiner seelen genedig.*" Danach blieb der Kaiser ganze drei Tage in seinem Gemach, aß nicht, trank nicht und betete unablässig. Zu diesem Gemach kam *Kuntz von der Rosen,* ein Possenreißer, der mit ihm im Kerker gewesen war, und drängte ihn, indem er sagte: „Herr Kaiser, so öffnet doch." Der Kaiser antwortete: „*Gehe hinweg Kuntz, es ist itzund kein Zeit.*" Später sagte er zu seinen Ratgebern: „Lasst sein, versucht nichts." Am dritten Tage kam er heraus, ließ sich üppige Speise zubereiten und alle möglichen Musikinstrumente zusammenbringen. Er ließ einige der Fürsten und Ratgeber holen, an deren Gesellschaft er sich erfreute, und sprach mit ihnen über wichtige Dinge, zeigte aber keinerlei Anzeichen von Trauer.

Von seiner portugiesischen Mutter Eleonore erbte Maximilian (1459–1519) offensichtlich ein bisweilen hitziges Temperament (vgl. Sabine Weiss: Maximilian I. Habsburgs faszinierender Kaiser, Innsbruck 2018, S. 145). Sein älterer Sohn Philipp der Schöne (geb. 1478) starb 1506 mit 28 Jahren, sein jüngerer Sohn Franz 1481 nur wenige Monate nach der Geburt. Kunz von der Rosen (ca. 1450/60–1519) war seit 1478 in Diensten Maximilians, v. a. als enger Berater und kluger „Hofnarr". Im Kerker war er, als er 1488 als Franziskanermönch verkleidet versuchte, dem damals in Brügge eingesperrten Maximilian die Flucht zu ermöglichen – was dieser allerdings in der Hoffnung auf militärische Befreiung ablehnte (zur Biographie des in Kaufbeuren geborenen Konrad Rössler, des späteren Kunz von der Rosen, vgl. Helmut Lausser: Pfarrer, Bürgermeister, Künstler. Quellen zur Lebensgeschichte ausgewählter Kaufbeurer Persönlichkeiten des späten Mittelalters. Bd. 10/2, Thalhofen 2018,

S. 495–497). Der salzburgische Ratgeber Maximilians und Gewährsmann Melanchthons war höchstwahrscheinlich Matthäus Lang (1468–1540), der ab 1494 Sekretär und Gesandter Maximilians war und trotz kirchlicher Ämter im Dienst des Kaisers blieb; zum engen Verhältnis Maximilians zu Lang vgl. Sabine Weiss [wie oben], S. 160–162. Melanchthon traf den Salzburger Erzbischof im Juni 1530 in Augsburg (vgl. MBW 937, s. Nr. 251). In den Sonntagsvorlesungen wird die Frage nach dem Sohn Maximilians eindeutig geklärt, da hier der besorgte Vater ausdrücklich mit unterschiedlichen Nachrichten zum Gesundheitszustand seines Sohnes Philipp konfrontiert wird (Philipp starb 1506 an einem Fieber); Kunz von der Rosen wird dabei mit der Ansprache „Guntzle" des Raumes verwiesen (CR 25, 338).

Nr. 74

Über den Pfalzgrafen Friedrich I. den Siegreichen, der der Großvater des Fürsten Lucius war, wird folgendes berichtet: Als er die Fürsten von Baden und Württemberg sowie den Fürstbischof von Metz besiegt und sie alle drei in seine Burg zu Heidelberg gebracht hatte, behandelte er sie zwar höflich, gab ihnen aber am ersten Tage kein Brot. Als sie fragten, weshalb ihnen kein Brot gegeben werde, ließ er ihnen antworten, sie hätten gegen den Brauch guter Fürsten gehandelt, welche die Saaten schützten; sie aber hätten fruchtbares Land und Weinberge verwüstet. Später kam der Bischof von Speyer, der sich einen Strick um den Hals gelegt hatte, wandte sich demütig bittend an den Fürsten und sagte, sie seien schuldig und bäten für ihr Vergehen um Verzeihung.

Im Badisch-Pfälzischen Krieg 1462 siegte Pfalzgraf und Kurfürst Friedrich I. (1425–1476) in der Schlacht bei Seckenheim und nahm Bischof Georg von Metz, Markgraf Karl I. von Baden und Graf Ulrich V. von Württemberg gefangen. Das durch eine Ballade von Gustav Schwab populär gewordene „Mahl zu Heidelberg" ohne Brot für die Feinde, da sie das Getreide auf den Feldern vernichtet hätten, war bereits im 16. Jahrhundert auch außerhalb der Pfalz bekannt geworden, etwa in einem Gedicht von Hans Sachs („Warhafte geschicht pfalzgraf Friedrichs") oder in

Buch 5 des „Chronicon Carionis" von 1566 (vgl. Klaus Graf: Die mediale Resonanz der Schlacht bei Seckenheim 1462, unter: archivalia.hypotheses.org). Das Schuldeingeständnis des Bischofs von Speyer kommt allerdings in beiden Überlieferungen nicht vor. Von 1459 bis 1464 amtierte als Speyerer Bischof Johannes II. Nix von Hoheneck (gest. 1467), der sich erst spät dem antipfälzischen Bündnis anschloss und sich nach der Niederlage bei Seckenheim dem siegreichen Friedrich unterwerfen und zahlreiche Burgen und Dörfer abtreten musste (vgl. ausführlich Franz Xaver Remling: Geschichte der Bischöfe zu Speyer. Bd. 2, Mainz 1854, S. 110–138). Das Mahl zu Heidelberg wurde übrigens auch auf einem Einblattdruck von 1560 popularisiert, vgl. Fliegende Blätter, hrsg. von Bernd Schäfer u.a., Gotha 2016, Nr. 532. Bei Pfalzgraf Friedrichs angeblichem Enkel „Lucius" müsste es sich um einen Sohn Ludwigs I. von Löwenstein handeln, der 1494 von König Maximilian I. in den Reichsgrafenstand erhoben worden war; ein Nachkomme dieses Namens ist allerdings nicht nachweisbar.

Nr. 75

Als Heinrich von Braunschweig Krieg in Italien führte, verwüstete er auch Äcker, Dörfer und Saaten. An ihn schrieb N., er möge, wenn er die Saaten schon aus keinem anderen Grunde schonen wolle, dies um seines eigenen Nutzens willen tun, damit er nämlich später Proviant haben könne. Wenig später gingen die meisten seiner Soldaten an Hunger zugrunde, und das ganze Heer wurde zerstreut.

Der Welfe Heinrich der Löwe (ca. 1130–1195) unterstützte Kaiser Friedrich Barbarossa auf dessen erstem Italienzug (1154/55) und bei der späteren Belagerung Mailands (1160/61) mit Truppen. Bei Manlius (1566, p. 263 f.) kommt die Aufforderung – allerdings an einen ungenannten Heerführer – zur Schonung der Äcker von den Venezianern.

Nr. 76

Ein Höfling in Rom war so geizig, dass er verhindern wollte, dass sein westfälischer Diener, der ihm Wein aus dem Keller brachte, von diesem etwas trank. Daher befahl er ihm, beim Weggehen immer Wasser in den Mund zu nehmen und es bei der Rückkehr auszuspeien. Der Diener aber war viel schlauer und klüger: Er hatte Wasser im Keller, und nachdem er ausgiebig [Wein] getrunken hatte, nahm er etwas von dem Wasser in den Mund und spie es bei der Rückkehr vor seinem Herrn wieder aus. So wird List durch List unwirksam gemacht.

In den von Mathesius überlieferten Dicta Melanchthons wird die Geschichte mit der Einsicht eingeführt, dass man in früheren Zeiten wusste, wie viel jeder zum Lebensunterhalt benötigte und dass auch die Diener ihre auskömmlichen Rationen bekamen (vgl. Loesche Nr. 164). Bei Manlius (1566, p. 364) steht sie im Kapitel „Sordes“ (= niedere Gesinnung, schmutziger Geiz) und wird mit folgenden Worten zusammengefasst: „So hat er jenen gemeinen Mann mit Witz getäuscht.“ Eine Variante dieser Erzählung (ohne westfälischen Diener) bietet Vendenhaimer unter Nr. 282.

Nr. 77

König Alfons von Neapel pflegte, wenn jemand von ihm abgefallen war, zu sagen: „Wir alle ertragen es kaum, wenn wir sehen, dass jemand undankbar ist. Mir passiert das auch, und dann zürne ich diesen Menschen. Ich aber bin weitaus undankbarer gegen meinen Gott, von dem ich viel größere Wohltaten empfangen habe.“

Der u. a. in Neapel wirkende Humanist Antonio Beccadelli (1394–1471) sammelte 220 Anekdoten zu König Alfons von Aragon und Neapel (1396–1458). Die Erzählungen sind ein großer Lobpreis auf die Milde und den Gerechtigkeitssinn dieses Königs und malen das Bild des idealen Herrschers: „Fürwahr, nie gab es einen, der schneller Unrecht vergaß und länger an Wohltaten dachte" (vgl. Alfons I. und Ferrante I. von Neapel. Schriften von Antonio Beccadelli [...], hrsg. von Hermann Hefele, Jena 1912, S. 77). Der Text Melanchthons expliziert die Tugenden des Königs hier offenbar mit eigenen Worten. In den Sonntagsvorlesungen führt Melanchthon König Alfons als leuchtendes Gegenbeispiel gegen die überall grassierende Undankbarkeit an; zum Beleg berichtet er von dem Dictum über die Undankbarkeit und von seiner Milde gegenüber den Einwohnern von Gaeta (s. Nr. 146), um so das Urteil zu begründen: „Er ist ein trefflicher Mann gewesen" (CR 25, 431; zu Beccadellis Anekdotensammlung s. Nr. 140; s. auch Nr. 211).

Nr. 78

Als ein Jude in den Abtritt gefallen war, kamen andere Juden zu einem Beamten und baten ihn, dass er die Scharfrichter und Totengräber beauftragen solle, jenen aus dem Abtritt herauszuholen. Auf die Frage des Beamten, weshalb sie ihn nicht selbst herausholten, antworteten sie: „Weil heute der Tag des Sabbats ist." Und so blieb er zwei Tage lang im Abtritt. Schließlich sagte der Beamte: „Entweder holt ihr ihn heraus, oder ich werde es tun."

Am Sabbat, also am Samstag, herrschte (und herrscht) bei den Juden Sabbatruhe, d. h. jegliche Arbeit war verboten. Für Melanchthon war die strenge Einhaltung der Sabbatruhe ein abergläubisches Relikt und Zeichen einer überkommenen Werkgerechtigkeit (zur strikten Gesetzesreligion der Juden vgl. z. B. CR 11, 553 f.). Bei Manlius (1566, p. 196 f.) wird diese Geschichte präzisiert: Sie fand demnach in Magdeburg statt, angeblich zur Zeit von Erzbischof Ernst (wohl Ernst II., von 1476 bis 1513 Erzbischof, der jüngere Bruder des Kurfürsten Friedrich d. Weisen, der die Juden aus Magdeburg vertrieb, vgl. Jörg Rogge: Ernst von Sachsen. Erzbischof von Magdeburg und Administrator von Halberstadt [1476–1513], in: Mitteldeutsche Lebensbilder. Menschen im späten Mittelalter, hrsg. von Werner Freitag, Köln u. a. 2002, S. 27–68). Andere Fassungen dieser Magdeburger Legende datieren die Geschichte bereits ins 13. Jahrhundert (1268 unter Konrad II. von Sternberg, 1266–1277 Erzbischof von Magdeburg); teilweise spielt dabei der Erzbischof selbst die Rolle des „Beamten". Danach habe der Jude sich erst wegen des Sabbats gar nicht herausziehen lassen wollen und wurde dann am folgenden Sonntag, weil dieser den Christen heilig war, ebenfalls nicht herausgezogen, so dass er zwei Tage (bis Montag) in der Kloake ausharren musste (vgl. Joseph Eiselein: Die Sprichwörter und Sinnreden des deutschen Volkes in alter und neuer Zeit, Freiburg i. Br. 1840, S. 350). Ganz ähnlich ist die Variante, nach der die anderen Juden ihren Glaubensbruder wegen des Sabbats nicht herausziehen wollten, was dem Erzbischof zu Ohren kam, so dass dieser zornig befahl, dann auch seine Befreiung am Sonntag zu unterbinden. Beide Fassungen zeigen deutlich, dass der oben eingeschobene Satz „Und so blieb er zwei Tage lang im Abtritt“, der bei Vendenhaimer wegen des fehlenden Zusammenhangs nicht recht einsichtig wird, die ursprüngliche Pointe der Geschichte war.

Nr. 79

Der vortreffliche König Ludwig XI. war ein Freund des Kaisers Maximilian. Einmal stand er mit vielen großen Herren zusammen, die abfällig über Maximilian sprachen und ihn einen Bürgermeister nannten, der in seinem Reich nur wenige Gemeinden habe. Da sagte er: „Verachtet mir diesen Herrn nicht. Wenn er die Pauke schlägt, kommt ganz Frankreich zusammen.“

Der französische König Ludwig XI. (1423–1483) erscheint mit dieser Szene auch in der 1544 erstmals gedruckten Schrift „Über die Wahl und die Krönung Kaiser Karls V.“ (CR 20, 501 f., hier als Augenzeugenbericht Melanchthons). Ihre Verfasserschaft ist in der Forschung umstritten: Georg Sabinus oder Philipp Melanchthon (vgl. Wilhelm Hammer: Die Melanchthonforschung im Wandel der Jahrhunderte. Bd. 2, Gütersloh 1968, Nr. 2915; vgl. auch Helmut Claus: Melanchthon-Bibliographie 1510–1560, Gütersloh 2014, Nr. 1544.57). Hier wird Maximilian nicht einfach nur als Bürgermeister, sondern als „consul Augustanus“, also als Bürgermeister von Augsburg, verspottet. Die Textähnlichkeit dieser Geschichte in den „Historiae“ Melanchthons mit der Fassung in der Publikation über die kaiserliche Krönung könnte Melanchthon als Verfasser auch der letzteren nahelegen. Kaiser Maximilian hielt sich zu verschiedenen Gelegenheiten insgesamt fast drei Jahre in Augsburg auf, so dass ihn der französische König Franz I. spöttisch den ‚Bürgermeister von

Augsburg' nannte (vgl. Christoph Böhm: Die Reichsstadt Augsburg und Kaiser Maximilian I., Stuttgart 1998).

Nr. 80

Obwohl Ludwig sehr klug war, war er dennoch so sehr in den Bann des Aberglaubens gezogen, dass er, da er den Tod sehr fürchtete, nach Rom und durch ganz Frankreich schicken ließ, um sich Reliquien von Toten bringen zu lassen, die ihm das Leben bewahren sollten. So kann eben nichts die Menschen wirksamer betrügen als eine abergläubische Einbildung.

Höchstwahrscheinlich ist auch hier der französische König Ludwig XI. gemeint (s. Nr. 79), der als großer Reliquiensammler und -verehrer galt (vgl. Holger Kruse: Ludwig XI. [1461–1483], in: Die französischen Könige des Mittelalters, hrsg. von Joachim Ehlers u. a., München 2006, S. 330).

Nr. 81

Eck kehrte in Erfurt, berauscht vom Wein, von einer Disputation zurück und hatte einige ehrbare Damen zum Mahl eingeladen. Als diese ihm zu Ehren erschienen waren, begann er Zoten zu erzählen und sie unsittlich zu berühren. Eine solche Handlungsweise hätte sich für einen ‚Sittenrichter' nicht geziemt.

Johannes Eck (1486–1543) wurde als katholischer Gegenspieler besonders gern und häufig von den Reformatoren angegriffen. Beliebt waren insbesondere die Attacken gegen sein angeblich sexuell unzüchtiges Verhalten. Auch bei Manlius (1566, p. 327) kommt das Gespräch in Erfurt mit dem übergriffigen Verhalten Ecks vor, doch wehrt sich hier eine Frau und wirft ihm vor, dass er wohl nicht in einer ehrenwerten Familie, sondern in einem Bordell aufgewachsen sei. Auch am Tisch Luthers war Eck ein häufiges „Opfer"; seine Schamlosigkeit („impudentissimus homo") wird hier auf seine Aufenthalte in Rom und das dortige „epikureische" Milieu zurückgeführt (WA TR 4, 187).

Nr. 82

Als eben dieser Eck in Regensburg an Fieber erkrankt war, ließ er sich Kannen voller Wasser bringen, die er bekam und austrank. Als ihn die Ärzte zurechtwiesen, antwortete er: „Ich bin ein robuster Schwabe." Wenig später starb er an eben dieser Krankheit.

Eck wurde am 13. 11. 1486 in Egg an der Günz geboren, einem kleinen Ort in Schwaben (heute Bayerisch-Schwaben). Während der Verhandlungen auf dem Regensburger Religionsgespräch (5. 4.–22. 5. 1541) erkrankte er, mischte sich gleichwohl trotzdem ein, indem er heftig gegen die Ausgleichsbemühungen polemisierte. Krank verließ er Regensburg und starb in Ingolstadt am 10. 2. 1543 (vgl. auch MBW 3181: Melanchthon berichtet, Eck sei zuletzt verwirrt gewesen, da er sich mit dem „Brotkult" befasst habe, was ihn schon in Regensburg krank gemacht habe). Sein Tod war den Reformatoren Anlass für zahlreiche Schmähungen, vgl. Tres orationes funebres in exequiis Ioannis Eckii habitae [...], hrsg. von Johannes Metzler, Münster 1930, S. XXIV–XXXIX (zu Ecks Fieber in Regensburg und seinem Tod bis hin zu den Polemiken u. a. Luthers und Melanchthons). Der Tod Ecks war auch Thema an Luthers Tisch, nachdem man von ihm durch einen Brief Veit Dietrichs erfahren hatte: „Ich hett gemeint, der mensch solt sich bekeret haben und Reue gethan haben, aber ich sehe nicht. Ei, es ist ein grosser zorn Gottes, wenn ein mensch dohin stirbet und nicht einmal saget: Gott, bis mir gnedig! [...] Wenn einer so jeling [= jählings] stirbet, ohne jedes Bekenntnis, das ist schrecklich!" (WA TR 5, 231)

Nr. 83

Vor einigen Jahren brachte eine unglückliche Frau zwei Kinder gleich nach der Geburt mit einem Schwert oder Messer um. Als sie später ergriffen und zur Hinrichtung geführt wurde, sagte sie, sie wisse nicht, wie das alles geschehen sei. Eine teuflische Wut sei in sie gefahren, so dass sie ein so schweres Verbrechen begangen habe. Sie empfinde aber so großen Schmerz darüber, dass sie lieber sterben als leben wolle, damit sie vom Bewusstsein eines solchen Unglücks befreit würde.

Geschichten, in denen der Teufel Mütter oder Väter zur Ermordung ihrer eigenen Kinder anstiftet, sind fester Bestandteil der Teufelsliteratur, vgl. z. B. Alsheimer, S. 437 Nr. 56 (eine Frau tötet 1551 ihre vier Kinder) und S. 493 Nr. 80 (ein Vater bringt im Elsaß drei seiner Kinder um). In den Sonntagsvorlesungen schildert Melanchthon, dass der Teufel die Menschen befällt: „Wir können nicht genau erklären, von welcher Art die Verwirrungen sind, die die Teufel in den Menschen erzeugen; aber sie erzeugen sie, so wie wenn die Medea ihre Kinder ermordet. Oft befällt der Teufel die Menschen, so dass sie ins Unglück stürzen. Vieles dieser Art geschieht direkt durch den Teufel; aber wie, das können wir nicht klar sagen. Doch jener Geist besitzt eine große Macht" (CR 25, 601; vgl. auch CR 24, 390: „Der Teufel verstrickt die Menschen mit erstaunlichen und unendlich vielen Tricks, so dass sie in den ewigen Tod stürzen", oder CR 24, 660; s. oben S. 62). Der Teufel als „autor mortis" erscheint z. B. auch in WA TR 2, 78 f. oder 487 („Deshalb ist der Satan der Stifter des Todes, verlogen und mörderisch; das ist sein handwerck").

Nr. 84

Herzog Eberhard von Württemberg, der zur gepriesenen Zeit Maximilians auf dem Reichstag zu Worms der weiseste Fürst war, hörte lange aufmerksam zu, als die übrigen Fürsten nacheinander ihre Herrschaftsgebiete lobten. Die sächsischen Fürsten hoben ihre Erzadern hervor, und schließlich wurde Herzog Eberhard vom sächsischen Herzog Friedrich aufgefordert, auch sein Gebiet zu rühmen. Da sagte Eberhard: „Es gibt nichts, was ich rühmen oder preisen könnte, da ich doch der Geringste bin unter euch. Aber eines weiß ich, nämlich dass ich in jedermanns Schoß sicher schlafen kann, wann auch immer es mir gefällt." Damit sagte er gleichsam: „Ich herrsche so, dass meine Untertanen mich lieben; ihr tut dies nicht in gleichem Maße."

Zu den bis heute populärsten Geschichten aus dem Leben des wüttembergischen Herzogs Eberhard I. (1445–1496) gehört die Anekdote vom Wormser Reichstag 1495, als im Wettstreit der Fürsten um das reichste Land der Württemberger die Zuneigung seiner Untertanen als größten Schatz nannte: „Ich mein Haupt kann kühnlich legen jedem Untertan in Schoß", so Justinus Kerner in seiner Ballade „Der reichste Fürst". Reuchlin war als Begleiter Eberhards auf dem Wormser Reichstag und höchstwahrscheinlich die Quelle Melanchthons, der diese Anekdote auch in seiner Rede auf Herzog Eberhard von 1552 erzählt (CR 11, 1028 = Melanchthon deutsch. Bd. 1, Leipzig [2]2011, S. 217). In den Tischreden kommt diese Erzählung ebenfalls aus dem Mund Melanchthons vor: Nachdem der Sachse die Silberbergwerke und der Pfälzer den guten Wein am Rheinstrom lobten, sagte der Württemberger: „Ich bin wol ein armer Fürst und Euer Liebden beiden nicht zu vergleichen, jedoch so habe ich auch ein groß Kleinod in meinem Fürstenthum, daß, wenn ich mich verritten hätte und aufm Felde gar allein wäre, so kann ich doch in eines jeden meiner Unterthanen Schoß sicher schlafen" (WA TR 6, 286 f.).

Nr. 85

Als die Herzogin von Würzburg ihre Magd entließ, sagte sie: „Fürchte Gott und lebe ehrenhaft. *Het ich das gethan, so wer ich in solch Elendt nit geraden.*"

Die in den Jahren um 800 entstandene „Passio minor sancti Kiliani" berichtet, dass der irische Missionar Kilian in Würzburg unter dem mainfränkischen Herzog Gosbert und seiner Gemahlin Geilana wirkte. Dass Kilian ca. 689 mit seinen Begleitern ermordet wurde, fand danach auf Geilanas Betreiben hin statt, die zuvor mit Gosberts verstorbenem Bruder verheiratet gewesen sein soll und damit kirchenrechtlich in Blutschande lebte. Der Legende nach fand die gesamte Herzogsfamilie ein schlimmes Ende; die Herzogin soll wahnsinnig geworden sein (vgl. Geschichte Frankens bis zum Ausgang des 18. Jahrhunderts, neu hrsg. von Andreas Kraus, München [3]1997, S. 83 f.; zu den Herzögen, die im 7. und frühen 8. Jahrhundert in Würzburg regierten, vgl. ebd., S. 83–88).

Nr. 86

In einem Stadtteil Erfurts lebte ein bedauernswerter Mann, der sehr arm war und sich große Sorgen darüber machte, wovon er leben und wie er sein Leben weiterführen könne. In dieser Not rief er den Teufel an, der sofort zu ihm kam und sagte: „Wenn du dich mir verschreiben willst, verrate ich dir eine List, mit der du in Erfahrung bringen kannst, wo Diebesgut zu finden ist.“ Als der Ärmste die Bedingung angenommen hatte, versprach der Teufel, ihm Orte zu zeigen, an denen er diese Fähigkeit demonstrieren könne. Als der Mann dies also getan hatte, drängten sich die Menschen um ihn, und viele fragten ihn um Rat. Schließlich ließ der Teufel ihn im Stich. Weil er aber viele ehrliche Männer zu Unrecht beschuldigt hatte, wurde er von der Obrigkeit festgenommen und gestand sofort, dass er einen Pakt mit dem Teufel geschlossen hatte. Den Seelsorgern, die ihm Trost spenden wollten, bereitete er viele Schwierigkeiten, da er darauf beharrte, sich nicht bekehren zu können. Dennoch wurde er dann zur Reue bewegt und nahm, so gut es ging, den Trost an. Die Geistlichen sagten nämlich, er habe zwar gottlos gehandelt, aber es sei im Auftrag Gottes geschehen, dass er zur Einsicht gekommen sei. Und obwohl er sich jenem verschrieben habe, sei der Pakt ungültig, weil niemand einem anderen etwas ausliefern könne, was sich nicht in seinem Besitz befinde.

Luther und Melanchthon erzählen mehrfach Teufelspakt-Geschichten, die nicht selten in Erfurt spielen. Auch Faust soll nach der Darstellung Melanchthons den Pakt mit dem Teufel in Erfurt geschlossen haben. Während es eine Überlieferung gibt, in der sich ein Student durch das Gebet Luthers von dem Pakt lösen konnte, ermöglichen in dieser Geschichte die Trostgebete der Pfarrer die Rettung für den armen Mann, der durch den Pakt nicht Gold gewinnen, sondern die existenzielle Grundlage sichern wollte. So reiht sich diese Anekdote ein in die zahlreichen Teufelspakt-Geschichten der beiden Reformatoren (dazu ausführlich Frank Baron: Der Mythos des faustischen Teufelspakts. Geschichte, Legende, Literatur, Berlin / Boston 2019, S. 67–87).

Nr. 87

Der Pfalzgraf sagte über Karl V.: „*Ach, lieber Herr,* hütet euch für den Adler. *Er ist mir einmal in meine burg geflogen; das hab ich noch nit vberwunden.*“

Pfalzgraf war im Mittelalter ein herausragendes Leitungsamt am Königs- oder Kaiserhof. Im 16. Jahrhundert wurde diese Bezeichnung v. a. auf den Pfalzgrafen bei Rhein angewendet, den in Heidelberg residierenden Kurfürsten von der Pfalz. Zur Zeit Kaiser Karls V. regierte Ludwig V. der „Friedfertige“ (1478–1544) in der Pfalz als Pfalzgraf und Kurfürst. Manlius (1566, p. 613) lokalisiert den Ausspruch in Frankfurt („in conventu Francofordiensi“). Beim Frankfurter Konvent 1539 trafen sich u. a. Melanchthon und Calvin und debattierten über theologische Themen wie Abendmahl, Zeremonien etc. Zentrales Anliegen des auf Einladung Kaiser Karls V. anberaumten Konvents war allerdings, den drohenden katholisch-protestantischen Krieg zu verhindern. Neben Kurfürst Joachim II. von Brandenburg war Pfalzgraf Ludwig V. als Vermittler eingesetzt (vgl. Maarten Stolk: Calvin und der Frankfurter Konvent [1539], in: Zwingliana 32 [2005], S. 23–38). Melanchthon könnte also Ohrenzeuge des pfalzgräflichen Urteils gewesen sein. Bei Manlius richtet sich der Pfalzgraf an „illustres domini“ (also „edle Herren“) und warnt sie vor dem (kaiserlichen) Adler, der ihm einmal in die Küche geflogen sei; bis heute habe er den Schaden nicht ersetzen können.

Nr. 88

Ein Ritter vom güldenen Sporn hatte seinen Müller bei einem Diebstahl ertappt und wollte ihn aufhängen. Als der Müller schon den Galgen bestieg, beschwor ihn der Ritter und verpflichtete ihn durch Ehrenwort, ihm einen Müller zu nennen, der zuverlässig und rechtschaffen sei. Der Müller versicherte unter Eid, dass er keinen nennen könne und dass alle Müller in gleicher Weise Diebe seien. „Wenn das so ist“, sagte der Ritter vom güldenen Sporn, „dann steig herab, ich will nämlich lieber dich ertragen als einen anderen Dieb, der vielleicht noch gieriger ist.“

Der Ritter, ein „eques auratus“, also ein Ritter vom güldenen (oder goldenen) Sporn, ist durch das Recht, goldene Sporen tragen zu dürfen, besonders ausgezeichnet. Dieser Ehrentitel wurde vom Kaiser oder König für besondere Leistungen an Angehörige des niederen Adels und des Bürgertums verliehen. Die Geschichte von der Lügenhaftigkeit aller Müller ist in den zeit- und kirchenkritischen Fazetien Heinrich Bebels, die erstmals 1508 gedruckt wurden, überliefert (vgl. Heinrich Bebels Fazetien. Drei Bücher, hrsg. von Gustav Bebermeyer, Leipzig 1931, Buch 1, Nr. 4). Autor und Werk lernte Melanchthon in seiner Tübinger Studienzeit kennen.

Nr. 89 (a)

Herr Gabriel, welcher Pastor an der Kirche in Torgau war, kam zu einer ehrbaren Dame, die schon mit dem Tode rang, und begann ihr über die Süßigkeit des Todes zu predigen. Da sagte sie, der Predigt überdrüssig, zu ihm: „Herr, ihr habt ihn noch nicht kennengelernt, der Tod ist nicht so süß.“ Jener sah ein, dass er zu Recht ermahnt worden war, und hielt sich zurück. Er hätte nämlich über den Trost sprechen müssen.

Einen Pastor in Torgau mit dem Vornamen Gabriel kannte Melanchthon in Gabriel Zwilling od. Didymus (ca. 1487–1558), der dort von 1523 bis 1548 als Prediger, Stadtpfarrer und Superintendent amtierte. Das Verhältnis war nicht unbelastet, z. B. 1521 aus Anlass der sogen. „Wittenberger Unruhen“, als Zwilling radikale Reformen gegen Melanchthons Willen durchsetzen wollte, oder auch 1548, als Zwilling mit den Wittenbergern über das Augsburger Interim stritt. Vor diesem Hintergrund wird der kritische Unterton der Anekdote verständlich, die zugleich die große Redebegabung Zwillings illustriert (Luther: „Er hat eine besondere Gabe zu predigen“, WA Br 2, 521).

Nr. 89 (b)

Ich kannte einen guten und ehrenhaften Mann, der in Bologna vom Fieber gepackt und durch die Kunst der Ärzte wieder gesund gemacht wurde. Als seine Freunde nicht sorgfältig auf ihn achtgaben, sah er auf dem Tisch einen Becher Wein stehen, den er ergriff und austrank. Sofort wurde er wieder krank und ist später gestorben.

Wer hier gemeint ist, bleibt unklar. Auch bei Manlius (1566, p. 739) wird der Verstorbene nicht identifiziert. Vielleicht denkt Melanchthon an Hans Cranach, der um 1513 als ältester Sohn des Malers Lucas Cranach d. Ä. in Wittenberg geboren wurde und am 9. 10. 1537 in Bologna starb. Die näheren Todesumstände sind allerdings nicht bekannt.

Nr. 90

Als ein Priester ziemlich berauscht im Bett lag, begann er sein Stundengebet, wie man es nennt, zu sprechen. Dabei erbrach er sich und furzte dazu. Da sagte der Teufel spöttisch lachend: „Wie das Gebet, so der Weihrauch."

Der Kommentar des Teufels spielt mit der Redewendung „Qualis vir, talis oratio", also der Überzeugung, dass die Individualität eines Menschen sich in seinem Sprechen ausdrückt (bzw. in diesem Fall, dass die Qualität des Gebets sich im „Weihrauch" aus dem Hintern zeigt). Das Stundengebet wurde von den Reformatoren als wesentliches Element monastischer Frömmigkeit heftig kritisiert (s. auch Nr. 258). Die Erzählung steht auch bei Manlius (1566, p. 101; vgl. Rudolf Schenda: Hieronymus Rauscher und die protestantisch-katholische Legendenpolemik, in: Volkserzählung und Reformation, hrsg. von Wolfgang Brückner, Berlin 1974, S. 205, und Alsheimer Nr. 216).

Nr. 91

Im Herzogtum Württemberg nahm ein Adliger mit Namen Göler von Ravensburg einen Edelmann gefangen, der mit seiner Frau Ehebruch begangen hatte, und warf ihn in den Kerker. Täglich setzte er ihm Knochen und andere Speisen vor, ließ sie ihn aber nicht essen, so dass er sich nur durch ihren Geruch stärken sollte. Da der Gefangene gefesselt war und die Speise nicht erreichen konnte, zerfleischte er schließlich die eigenen Oberarme. So ist er am elften Tage an Hunger gestorben.

Im Herzogtum Württemberg gab (und gibt) es das Geschlecht der Göler von Ravensburg (im Kraichgau, ca. 20 km von Bretten entfernt), der Schwäbischen Reichsritterschaft zugehörig, so dass der Text im CR statt „Golez Pavensburg" in „Goler Ravensburg" zu verbessern ist (Vendenhaimer hat den Namen in seinen Aufzeichnungen durchgestrichen und korrigiert). Die Anekdote über den unbekannten Ehebrecher wurde von Melanchthon (auch) am 17. 10. 1543 in einer Vorlesung zu Aristoteles' „Nikomachischer Ethik" erzählt (vgl. Johannes Haußleiter: Ein Stück der Genesisvorlesung Luthers in einer Greifswalder Handschrift, in: Archiv für Reformationsgeschichte 17 [1920], S. 83) sowie in einer Sonntagsvorlesung (vgl. CR 24, 616 f., hier als „vera historia" vorgestellt); die Geschichte erscheint – ebenfalls aus dem Mund Melanchthons, datiert auf seine Jugendzeit („me iuvene") – auch in WA TR 5, 549 (zu den verschiedenen Überlieferungen vgl. Alexander Bartmuß: Martin Luthers Tischreden und die Wittenberger Gruppenidentität. Philipp Melanchthons Exempla, in: Martin Luthers Tischreden. Neuansätze der Forschung, hrsg. von Katharina Bärenfänger u. a., Tübingen 2013, S. 86–88).

Nr. 92

Als ich, Philipp Melanchthon, in Tübingen war, sah ich, wie jemand hingerichtet wurde. Zu diesem war ein Wanderer gekommen und hatte ihn gebeten, ihm den Weg durch den Wald zu zeigen, auf dem man sich leicht verirren konnte. Als er ihm den Weg wies, verfiel er auf den Gedanken, dass der Wanderer Geld bei sich habe. Vom Teufel getrieben, tötete er ihn, fand bei ihm acht Münzen und ging traurig in seine Herberge. Als der Mord am nächsten Tage ruchbar wurde, ergriff man ihn sogleich. Er gestand das Verbrechen und wurde hingerichtet.

Melanchthon liebte ganz offensichtlich Geschichten, in denen der Teufel Menschen zum Mord anstiftete, um so das zerstörerische Wirken des Bösen exemplarisch zu illustrieren (s. z. B. auch Nr. 83). Bei Manlius (1566,

p. 284 f.) erzählt Melanchthon diesen Fall, der sich im Wald bei Tübingen zutrug, weitaus ausführlicher und berichtet als Augenzeuge sogar von der Hinrichtung: Der Mann habe angesichts der eindeutigen Indizien sofort gestanden, so dass es keiner Folter bedurfte, und habe sterbend auf dem Rad sein Schicksal beklagt, dass er vom Teufel bezwungen worden sei (so auch die Fassung in CR 24, 492, vgl. CR 25, 988).

Nr. 93

Ich erinnere mich, dass in Leipzig vor einigen Jahren ein frevelhafter Mensch in einem benachbarten Dorf einen Familienvater, die Mutter und die Kinder getötet hatte, das Geld raubte und entflohen war. Nachdem er ergriffen worden war, gab er an, er habe sich ganze drei Tage unter der Treppe verborgen und überlegt, ob er diesen Mord begehen solle. Schließlich habe er gehört, wie eine Stimme flüsterte: *„Ferr fort, Schlag tödt.*" Durch die Eingebung dieser Stimme sei er verleitet worden, es zu tun. So habe er den Mord auf Veranlassung des Teufels vollbracht, der ihm ohne Zweifel diese Stimme in den Kopf gesetzt hatte.

WA TR 5, 613 (als Anekdote Melanchthons vorgestellt) bietet eine Datierung des Ereignisses, nämlich „15 Jahre vor 1551", und in einer Überlieferung auch eine präzisere Lokalisierung: nicht nur in Leipzig, sondern im „Kolgarten", also in einer Gegend östlich von Leipzig, benannt nach den Kohlgärten, die Leipzig mit Gemüse versorgten (bei Vendenhaimer unbestimmt: „in proximo pago"). Überliefert ist diese Teufelsgeschichte auch in den Sonntagsvorlesungen, dort auf „ante annos 12", also vor 12 Jahren, datiert (CR 25, 577; vgl. auch CR 24, 492).

Nr. 94

Herzog Friedrich pflegte, wenn ein Streit an ihn herangetragen wurde, zu sagen: *„Die Sachen weren woll zuuertragen, wen die leut zuuertragen weren.*"

Den Text Vendenhaimers liest CR falsch: statt „cerevisia" („Bier") muss es „controversia" („Streit") heißen, was den Kommentar Friedrichs erst verständlich macht. Der Satz, der hier Kurfürst Friedrich dem Weisen in den Mund gelegt wird, war abgewandelt offensichtlich sprichwörtlich: „Die Hendel weren wol zu vertragen [sc. vergleichen], wenn man die Leut vertragen könd" (Karl F. W. Wander: Deutsches Sprichwörterlexicon = woerterbuchnetz.de, s. v. Händel Nr. 10). Vgl. auch Wilhelm Körte: Die Sprichwörter und sprichwörtlichen Redensarten der Deutschen, Leipzig 1837, Nr. 2591: „Händel wären wol meist zu vergleichen, wenn sich die Leute nur ließen vergleichen." Eben diese Einsicht wird in der Tischredenüberlieferung sowohl Kurfürst Johann Friedrich als auch Kurfürst Friedrich in den Mund gelegt (WA TR 5, 405 mit Anm. 2).

Nr. 95

Jemand rühmte sich, er habe fast ganz Europa bereist, ein Drittel des Erdkreises und fast den ganzen bewohnbaren Teil, vor allem aber Italien. Man fragte ihn nach der Stadt Venedig und ihren prächtigen Gebäuden. Darauf sagte er: „Ich kann nicht mehr über Venedig sagen, denn ich habe diese Stadt nur einmal frühmorgens in der Dämmerung zu Pferde durchquert." Als die anderen meinten, dies sei unmöglich, sagte er, es müsse also damals, als er durchgeritten sei, Winter gewesen sein.

Melanchthon waren im Gegensatz zu diesem Aufschneider die baulichen Gegebenheiten in Venedig nicht ganz unbekannt, allein schon durch die Gäste aus der Lagunenstadt, die wie z. B. Michele Braccetto Melanchthon in Wittenberg besuchten (vgl. MBW 2135). Für Melanchthon besaß Venedig als Stadtrepublik mit einer Mischverfassung aus monarchischen und aristokratischen Elementen ein vorbildliches Staatswesen (CR 24, 225 f.); auch war er mit der Geschichte von Stadt und Republik Venedigs bekannt, z. B. durch Pietro Bembos „Historiae Venetae libri XII" (s. Nr. 43).

Nr. 96

Als Albrecht, der Herzog von Sachsen, einmal mit anderen zu Tisch saß, brüsteten sich viele mit ihren Gaben und ihren Taten. Er selbst rühmte keine von seinen Heldentaten, denn mit den eigenen soll man nicht prahlen, aber er sagte, dass er ein Land habe, in dem es drei große Wunder gebe. Dort seien nämlich drei Klöster, als erstes das der Dominikaner, welches viel Getreide, aber keine Felder habe. Das zweite sei das der Franziskanermönche, welche Geld im Überfluss, aber keine Einkünfte hätten. Das dritte seien *die Tomaser monchen; die hetten vil künder vnd doch keine weiber.*

Die „Wunderstadt", die der sächsische Herzog Albrecht der Beherzte (1443–1500) im Blick hat, ist offensichtlich Leipzig, wo es neben den Dominikanern und Franziskanern die „Mönche" zu St. Thomas gab. Das Kloster gehörte den Augustiner-Chorherren und wurde 1541 säkularisiert. In den Sonntagsvorlesungen wird Leipzig ausdrücklich genannt und die drei Klöster werden mit „Barfüsser", „die prediger münchen" und „die Carmeliter münchen" vorgestellt (CR 24, 89). Der herzogliche Ausspruch erscheint auch bei Manlius (1566, p. 447) und wurde noch später zitiert, z. B. von Julius W. Zincgref: Der Teutschen scharpfsinnige kluge Sprüche, Apophthegmata genannt. T. 1, Straßburg 1628, S. 148. In der 1556 durch Anton Speiser angelegten Dicta-Sammlung kommt dieser Ausspruch Herzog Albrechts ebenfalls vor, ergänzt um eine frühe Erfahrung Melanchthons mit monastischer Scheinheiligkeit: Er sei, als sein Vater verstorben war, in ein Kloster geschickt worden, um ein Requiem singen zu lassen. Da der Mönch es aber nicht gewagt habe, das Geld anzufassen, habe dieser ihn aufgefordert, es in den Beutel zu werfen (vgl. Otto Waltz: Dicta Melanthonis, in: Zeitschrift für Kirchengeschichte 4 [1881], S. 331 f.).

Nr. 97

Ein Mann, der zu Wittenberg gehängt wurde, sagte: *„Seyt ir so Euangelisch, das ir die dieb hencket?"*

Die Geschichte wird bei Manlius ausführlicher erzählt und in dieser Fassung rezipiert: Auf die Frage des Diebes, ob es evangelisch sei, jemanden zu hängen, habe Magister Fröschel geantwortet: „Ist das auch christlich, dass man stiehlt und den Leuten das Ihrige nimmt?“ (so Caspar Titius: Loci Theologiae Historici, Wittenberg 1633, S. 247 mit „Manlius in collect.“ als Quellenangabe). Sebastian Fröschel (1497–1570) war ab 1523 in Wittenberg, ab 1528 als Diakon und ab 1542 als Archidiakon an der Stadtkirche.

Nr. 98

Nach Wittenberg kam ein böhmischer Mönch, der aus seinem Kloster vieles gestohlen hatte, viel Seidenstoff *vnd schone meßgewender*, ebenso Kelche und anderes. Danach kamen die Böhmen hierher, die ihn hier aufspürten und forderten, dass er gehängt werde. Herr Melanchthon bat jedoch darum, dass man ihm die Strafe erlasse. So geschah es. Der Mönch aber entfloh schließlich. Danach verübte er nicht weit von Amberg weitere Diebstähle und wurde schließlich dort gehängt.

Die Beziehungen Melanchthons zu Böhmen waren vielfältig geknüpft: durch Schüler wie z. B. Matthäus Collinus oder Heinrich Dvorský-Curius an der Leucorea, durch Drucke seiner Werke in Böhmen oder durch Übersetzungen seiner Schriften ins Tschechische. Der Wittenberger Humanist und Reformator schätzte die Tschechen sehr und wollte lieber ihre Sprache als das Französische erlernen, vgl. Rudolf Říčan: Melanchthon und die böhmischen Länder, in: Philipp Melanchthon. Humanist, Reformator, Praeceptor Germaniae, Berlin 1963, S. 237–260.

Nr. 99

Vor wenigen Jahren kam ein Mann nach Wittenberg, welcher von sich sagte, dass er Prediger im Vogtland gewesen sei, was auch seine Mundart verriet. Er war sehr redegewandt und in jeder Hinsicht arbeitsam, so dass wir ihm 10 Gulden gaben, damit er auch die

Knaben beaufsichtige. Er begab sich in die Schenke und brachte das ganze Geld durch, spielte, und als er danach wegging, prellte er die Zeche.

Die als Vogtland („Voitlandia") bezeichnete Landschaft umfasst Teile von Bayern, Sachsen, Thüringen und Böhmen mit Städten wie Plauen, Oelsnitz, Schleiz, Reichenbach, Auerbach und Eger. In seinem historisch-länderkundlich orientierten „Commentarius" zur Germania des Tacitus erwähnt Melanchthon „Voitlandia" z.B. in CR 17, 627, 630 und 632, ohne jedoch speziell auf die vogtländischen Dialekte einzugehen. Dass Melanchthon auf Dialekte achtete, zeigt übrigens eine Sonntagsvorlesung, in der er die schwäbische Aussprache des Lateins imitierte (also „ei" statt „i"): „Queid est deiffeicile? Consueita reilenquere. Erat Suevus. Pronuntiatio erat absurda" (CR 24, 329).

Nr. 100

Wilhelm, der Herzog von Bayern, sagte zu seinen Höflingen: „*Sauffet, fresset, hüret. Aber werdt mir nur nit lutherisch*", weil auch der Herzog selbst *ein Seuffer* war.

Melanchthon ist Herzog Wilhelm IV. von Bayern (1493–1550) zwei Mal begegnet: auf dem Reichstag zu Augsburg 1530 und auf dem Religionsgespräch in Regensburg 1541. In einem Brief vom 2. 12. 1521 an Spalatin (MBW 184) musste Melanchthon eingestehen, dass die bayerischen Herzöge Wilhelm und Ludwig (X., 1495–1545) doch nicht lutherfreundlich seien. Auf dem Augsburger Reichstag lernte er die beiden Bayern dann als unverschämt kennen (Brief vom 19. 6. 1530 an Luther, MBW 934) und reihte sie in die Schar der extremen Gegner ein (Brief vom 30. 6. 1530 an Luther, MBW 948; eine Anekdote zu Herzog Wilhelm auf dem Augsburger Reichstag erzählt Melanchthon in CR 24, 725). Auch später fürchtete er ihre besondere Feindschaft (Brief vom 29. 3. 1536 an Camerarius, MBW 1714), berichtete von den Bemühungen Herzog Wilhelms, das Regensburger Religionsgespräch zu verhindern (Brief vom 11. 4. 1541 an Luther, MBW 2661), erfuhr dort ihre Verhandlungstaktik als besonders unnachgiebig (Brief vom 2. 7. 1541 an Veit Dietrich, MBW

2745) und erlebte Herzog Wilhelms heftige Ablehnung gegenüber dem Kompromissversuch des Regensburger Buches (vgl. z. B. Melanchthons Bericht vom 22.7.1541, MBW 2767). Wilhelms grausames Vorgehen gegen Protestanten zeigte sich in einem Todesurteil wegen eines Vergehens gegen das Fastengebot (Brief vom 24.7.1545, MBW 3965). In den Tischreden Luthers wird der Ausspruch Herzog Wilhelms als Mitteilung Melanchthons erwähnt, die dann von Luther mit polemischen Ausführungen zu den beiden Bayernherzögen fortgeführt wird (WA TR 4, 599). Zu Bayern als Bollwerk gegen die Reformation seit Herzog Wilhelm vgl. Ludwig Zehetner: Bayern und Preußen, in: Deutsche und Tschechen. Geschichte – Kultur – Politik, hrsg. von Walter Koschmal u. a., München [2]2003, S. 319 f.

Nr. 101

Am 10. Februar 1552 waren in Dresden beim Karnevalsfest Kurfürst Moritz, Herzog August und Markgraf Albrecht von Kulmbach zusammen. Als sie nach dem Mahle die Tanzreigen anführten, entstand von ungefähr im Gespräch unter ihnen ein Wettstreit, wer im vergangenen Kriege die schönste Konkubine gehabt habe. Jeder pries die seine, der Eifer des Streites wuchs und vom vielen Wein entbrannten Zunge und Herz. Schließlich sagte Moritz: „Die meine ist so schön, dass ich heute noch Hand an mich legen würde, wenn ich wüsste, dass solche Engel oben im Himmel wohnen." Der Markgraf erwiderte: *„Herr Ohem, wen ich es auch wüst, so wolt ich euch semmer botz trunden geselschaft leisten.*" Wenig später erblickte man eine Jungfrau an der Seite des Markgrafen. Herzog August sah diese und fragte einen Edelmann, wer sie mitgebracht habe. Als dieser auf seine Frage erklärte, er sehe keine Jungfrau, fürchtete er so sehr für sich, dass sich die Farbe seines Gesichts veränderte. Und als er bemerkt hatte, dass sein Bruder Moritz sich mit eben dieser jungen Frau ganz vertraut unterhielt und mit ihr scherzte, stand er vom Tisch auf und wollte weggehen. „Warum gehst du?", fragte der Kurfürst. Er sagte: „Siehst du nicht, welch fürchterliches Ungeheuer du umarmst?" Darauf antwortete jener: *„O ir müst gewonen, Herr Bruder, es ist mir und meinem vater* *nit neuhe.*" Darauf begann die Jungfrau allmählich ihre Gestalt zu verändern und war schließlich ganz verschwunden. Diese Geschichte hat mir, Philipp, und vielen anderen, die anwesend waren und mit am Tisch saßen, Doktor Joachim Camerarius im Hause unseres Pastors Doktor Pomeranus erzählt.

Joachim Camerarius (1500–1574), der engste Freund Melanchthons, hielt sich auch nach seinen Studien- und Dozentenjahren an der Leucorea (1521–1526) häufig in Wittenberg auf. Da Johannes Bugenhagen, der aus Pommern stammende Wittenberger Stadtpfarrer 1558 starb, muss das Gespräch über die schöne Jungfrauenerscheinung zwischen 1552 und 1558 stattgefunden haben. Nach der Tradition hatten Kurfürst Moritz von Sachsen (1521–1553), sein Bruder August (1526–1586) und Markgraf Albrecht von Brandenburg-Kulmbach (1522–1557) in Torgau (nicht in Dresden) Fastnacht gefeiert; meist wird die Geschichte so erzählt, dass sich eine Jungfrau zwischen Moritz und Albrecht setzte, bis sie verschwand – offensichtlich ein Geist (vgl. Johann Georg Theodor Grässe: Der Sagenschatz des Königreichs Sachsen. Bd. 1, ND Leipzig 1978, S. 551 f.). Die Diskussion der Herrscher, wer im vergangenen Krieg – vielleicht im Schmalkaldischen Krieg 1546/47 oder beim sogen. „Fürstenaufstand" 1552 (der allerdings am 10. 2. noch nicht vorbei war) – die schönste Konkubine hatte, scheint eine Zutat Melanchthons bzw. des Camerarius zu sein. Die Gespenstergeschichte ist auch unter den Tischreden überliefert und dort auf 1551 datiert; Camerarius habe sie bei der Verlobung einer Bugenhagen-Tochter erzählt, vgl. WA TR 5, 503 mit Anm. 2: Camerarius als Gewährsmann, Anekdote von Melanchthon.

Nr. 102

Der Markgraf von Kulmbach hat gesagt: „Wenn ich Kaiser wäre, würde ich die besten Theologen beider Richtungen oder Lehren auswählen und in einem gut gesicherten Haus einschließen lassen. Ich würde sie mit ausreichendem Lebensunterhalt versorgen, bis sie sich alle auf irgendeine gemeinsame Meinung geeinigt hätten. Darauf würde ich sie befragen, ob sie auch fest an ihre Lehren glaubten und, wenn es sein müsste, ihr Leben für sie hingeben wollten. Wenn sie dies beteuerten, würde ich sogleich das Haus in Brand stecken und alle im Feuer umkommen lassen. Danach würde ich ihren Lehren glauben."

Markgraf Albrecht II. Alcibiades von Brandenburg-Kulmbach (1522–1557) war Protestant, kämpfte aber gleichzeitig als Söldnerführer im Schmalkaldischen Krieg auf der Seite Kaiser Karls V. Er war in zahlreiche Fehden verstrickt, konfessionell eher indifferent und vorrangig machtpolitisch motiviert (vgl. Bernhard Sicken, in: Fränkische Lebensbilder. Bd. 6, Würzburg 1975, S. 132).

Nr. 103

In Neumarck trug sich Folgendes zu: Eine Frau badete ihr kleines Kind in einer Wanne und hörte, dass der andere Knabe sich mit einem Messer verletzt hatte und schon sterbend nach seiner Mutter rief. Sie lief zu dem verletzten Jungen und achtete nicht auf ihr Kind in der Wanne, das nach ihrem Weggang ertrank. Der Gatte, welcher zufällig dazukam, meinte, das Kind sei durch die bloße Nachlässigkeit der Mutter umgekommen, und als er seine Frau erblickte, erstach er sie mit seinem Dolch. Als er dann später die ganze Geschichte hörte, erhängte er sich.

Melanchthon kannte den Ort Neumar(c)k, der in der Nähe Weimars gelegen ist, nicht zuletzt durch die Visitation 1528/29 (vgl. MBW 740, dort lebte sein Briefpartner Johann Riedesel). Die Geschichte wird auch unter Luthers Tischreden überliefert, in der Weimarana aber als Anekdote Melanchthons identifiziert. Dort endet sie mit der Bemerkung: „Das ist eine greuliche historien!" (WA TR 5, 610 f.)

Nr. 104

Am Rhein gab es einen Bischof, der alle Armen, die zu ihm kamen und um Almosen baten, in ein Haus eingeschlossen hatte. Dieses zündete er an, und als dann jene armen Menschen mit hoher Stimme schrien, sagte er: „Hört das Pfeifen der Mäuse." Dieser Bischof wurde danach selbst von Mäusen angefressen, und da er die über ihn herfallende Menge nicht von sich fernhalten konnte, ließ er sich ein Haus mitten im Rhein bauen, in dem er wohnen wollte. Das geschah auch, dennoch kamen die Mäuse und schwammen über den Rhein.

Melanchthon erzählt hier die Sage vom Binger Mäuseturm: Der Mainzer Erzbischof Hatto II. verweigerte Ende des 10. Jahrhunderts bei einer Hungersnot den Armen Hilfen aus seiner Kornkammer und sperrte sie, als sie weiter bettelten, in eine Scheune ein, die er anzünden ließ. Mäuse schlugen die Diener und den Bischof in die Flucht. Hatto, der mit dem Schiff auf eine Rheininsel flüchtete, wurde dort in dem von ihm als Schutz erbauten Turm von den Mäusen bei lebendigem Leib aufgefressen. Textlich sehr nah der Aufzeichnung Vendenhaimers kommt die Fassung in den Tischreden: WA TR 5, 695. Zu den Überlieferungen, z. B. auch durch den mit Reuchlin bekannten Johannes Trithemius (1462–1516), vgl. Enzyklopädie des Märchens. Bd. 9, Berlin / New York 1999, Sp. 445–450; zum Fortleben nach Manlius vgl. Rehermann, S. 154.

Nr. 105

Markgraf Albrecht sagte in Augsburg zum dortigen Bischof: „*Ir pfaffen habts besser dan wür weltliche hern; wen ir sterbet, so wüßet ir vorhin woll, wo ir hin faret, dan ir habt ein gewiße herberich vnd wüßet wol, das ir zum teüffel faret, das wüßen wir nicht.*"

Markgraf Albrecht II. Alcibiades (s. Nr. 102) zog während des Fürstenaufstands (1552) mit den anderen Fürsten in Augsburg ein. Der damalige Augsburger Bischof war Kardinal Otto Truchseß von Waldburg (1514–1573), ein kompromissloser Gegner der Reformation, der sich ab Mai 1552 nach Rom zurückzog. Der protestantische Markgraf greift hier ironisch-polemisch die (katholischen) Pfarrer an, dass sie ihre ewige Herberge in der Hölle hätten.

Nr. 106

Der Herzog von Mecklenburg, der von den Magdeburgern gefangen gehalten wurde, ließ kurz vor seiner Gefangenschaft bei einem Gelage allen Adligen durch einen Chirurgen einzeln die Ader aufschneiden, *vnnd hat das blüt in becher gießen laßen, vnd habens also warm an einander zugesoffen, wie man sünst wein oder bier möchte an einander zusauffen, welches vnther den deutschen gantz gebreüchlich ist, so haben sie das blüt an einander zugetruncken.* Bei diesem Vorgang war Georg Lechner anwesend, der auf der Laute gespielt hat.

Herzog Georg von Mecklenburg (1528–1552) gehörte bei der Belagerung Magdeburgs 1550/1551 zum Heer des sächsischen Kurfürsten Moritz. Bald nach Beginn der Belagerung wurde er bei einem Ausfall der Magdeburger gefangen genommen und erst nach der Kapitulation der Stadt wieder freigelassen. Offensichtlich diente das Gelage der Bestärkung der Kampfgemeinschaft im Angesicht des bevorstehenden Krieges durch Blutsbrüderschaft. Von dem Lautenspieler Georg Lechner sind leider keine biographischen Daten bekannt.

Nr. 107

In der Stadt Freiberg trug ein Vater seinem Sohn auf, an einen bestimmten Ort zu gehen, er habe dort etwas, was er holen solle. Der Sohn ließ sich Zeit und zögerte den Aufbruch ziemlich lange hinaus. Der Vater, verärgert wegen der Verzögerung, begann sich aufzuregen und sagte zu seinem Sohn: „Du sollst für immer, dein ganzes Leben lang, stehen bleiben." Und so stand der Sohn dort einige Jahre an derselben Stelle. Man schob ihn beiseite, doch war er so entkräftet, dass diejenigen, die ihn fortgeschoben hatten, gezwungen waren, ihn wieder hinzustellen. Sie schoben ihm einen Stuhl unter, und so schwand er auf beklagenswerte Weise dahin, und nach noch einmal zwei Tagen nahm er einen Bissen Brot zu sich.

Im sächsischen Freiberg soll der Leinenweber Lorenz Richter im Jahr 1545 seinen 14-jährigen Sohn um einen Hilfsdienst gebeten haben; doch der Junge blieb in der Stube hocken, was den Vater so sehr verärgerte, dass er ihn verfluchte: „So steh, so steh! Immer steh, du fauler Lümmel! Mögen deine Füße an den Boden wachsen!" Sein Sohn blieb fest gebannt stehen, konnte erst nach Jahren wieder sitzen und liegen und hinterließ tiefe Abdrücke in den Dielen, die der Rat verbot auszubessern – zur Erinnerung an einen unglückseligen Fluch (vgl. Frank Löser: Freiberger Sagenbuch, Bad Langensalza 2007, S. 35–37). In den Sonntagsvorlesungen erzählt Melanchthon diese Geschichte, eine „verissima historia", noch etwas ausführlicher als bei Vendenhaimer – man baute dem Jungen ein Brettergerüst, in dem er schlafen konnte – und zieht aus ihr die Aufforderung an alle Eltern, nicht leichtfertig die eigenen Kinder zu verfluchen (CR 25, 983), und an alle Eltern und Kinder, ihre jeweiligen Pflichten dem anderen gegenüber zu beachten (CR 24, 466 f.).

Nr. 108

Kaiser Karl brach einst vor 28 Jahren zum Reichstag in Regensburg auf, der der erste Reichstag war, den er selbst abhielt. Als er auf der Reise in einem angesehenen Hause in der Nähe von Heidelberg aufgenommen worden war, ging er auf die Jagd und verfolgte dabei einen Hirsch. Da kam ihm mitten auf dem Weg ein Wolf entgegen, der zweifellos eine Erscheinung war. Der Kaiser ließ den Hirsch laufen und verfolgte den Wolf. Als er sich nun jenem Wolf näherte, brach er sich das Bein. Ärzte kamen hinzu, zweifelten an seiner Genesung und wollten ihm das Bein amputieren. Ferdinand widersetzte sich ihnen und sagte, er wolle alle Chirurgen aufhängen lassen und die, welche bei dieser Operation dabei gewesen wären. Als darauf alle Chirurgen von Karl abließen, wurde sein Bein geheilt.

An dem eingangs erwähnten Regensburger Reichstag von 1532 nahm neben Kaiser Karl V. auch sein Bruder, König Ferdinand I. (1503–1564), teil. In Anton Lauterbachs Tagebuch wird unter dem 23. 10. 1538 eine Unterhaltung über die Kriegsvorbereitungen Karls V. gegen die Türken dokumentiert, bei der die Frage aufgeworfen wird, ob der Kaiser vielleicht auch gegen Deutschland (gemeint ist: gegen die deutschen Protestanten) rüste. Daraufhin weist Melanchthon (bei Aurifaber: Luther) auf das Glück Karls hin, der vor zehn Jahren zuerst einen Hirsch und dann einen Wolf verfolgt habe, dabei vom Pferd gestürzt sei und an einer entzündeten Beinverletzung fast gestorben wäre: „‚Was, wenn er den Hirsch, den Türken, zurücklassen und den Wolf, also Deutschland, angreife mit seiner Gefahr.' Luther antwortet: ‚Der Herr möge Frieden geben und sich dem blutigen Satan widersetzen'" (WA TR 4, 119). Auch in den Sonntagsvorlesungen erzählt Melanchthon diese Geschichte – hier findet die ärztliche „Behandlung" in Regensburg statt – und versteht sie als Omen für den Krieg des Kaisers gegen die Deutschen (CR 25, 236 f.). Wenn die Zeitangabe „vor 28 Jahren" stimmt, müsste die vorliegende Fassung der Geschichte aus Melanchthons letztem Lebensjahr (1559/60) stammen.

Nr. 109

In Bamberg wurden zwei junge Frauen, die von den Wiedertäufern verführt worden waren, zur Hinrichtung gebracht. Sie hatten aber gleichwohl gelernt, den Sohn Gottes als Heiland zu erkennen, vertrauten auf ihn und beteten zu ihm. Als sie zur Hinrichtung geführt wurden, setzte man ihnen Kronen aus Stroh auf, und als die Feuer entzündet wurden, sprachen sie miteinander über diese Kronen und sagten: „Früher haben wir Kronen aus Gold und Silber getragen, nun tragen wir solche aus Stroh. Aber diese werden mehr wert sein als die goldenen, wenn wir zu unserem Herrn JESUS CHRISTUS eingehen."

In Bamberg wurden am 30. 1. 1528 Elise Koch, zwei weitere Frauen und zwei Männer als Wiedertäufer verbrannt (vgl. Mennonitisches Lexikon. Bd. 2, Frankfurt/Main 1937, S. 516; zu weiteren Verfolgungen 1527–1529 vgl. Dieter J. Weiss: Das exemte Bistum Bamberg, Berlin / New York 2000, S. 115–117). Welche Frauen Melanchthon meint, ist unklar, da er die täuferischen Bewegungen Zeit seines Lebens kompromisslos bekämpfte. Bei Manlius (1566, p. 490) werden die Worte der beiden Frauen im Angesicht des Todes in sinnvollerer Abfolge erzählt: Hier tragen sie zur Hinrichtung Kronen aus Stroh und freuen sich darauf, von Gott im Himmel weitaus prächtigere als goldene Kronen zu erhalten, während sie bei Vendenhaimer früher Kronen aus Gold und Silber getragen haben. Bei Manlius endet die Geschichte, die von großer Sympathie für die beiden glaubenstapferen „schwärmerischen" Frauen geprägt ist, mit einer Warnung an die Leser bzw. Zuhörer, nicht eingebildet zu meinen, ohne Fehler zu sein.

Nr. 110

In der Stadt Burg stieß ein Bürger auf seinem Wege auf drei Reiter. Da sie allein waren, griffen diese den Bürger, der zu Fuß war, mit Spießen und Pistolenkugeln an, verfehlten ihn aber. Er handelte jedoch entschlossen, schoss seinerseits sofort eine Kugel auf einen von ihnen ab und tötete ihn. Da aber die Räuber ihre Pistolen nicht weiter verwenden konnten, drangen sie mit gezückten Schwertern auf ihn ein. Er jedoch kam ihnen zuvor, zog eine zweite Pistole und tötete auch den zweiten mit einer Kugel; dem dritten, der allein übrig geblieben war, entriss er das Schwert. Dieser Mann war von herausragender und außergewöhnlicher Tapferkeit, und offensichtlich handelte er nicht ohne die Hilfe Gottes. Später kam er vor Gericht, weil er die Räuber getötet hatte, und wurde freigesprochen. Dabei war auch ein Theologe, der die Handlungsweise dieses Mannes mit den Worten guthieß: *„Inen ist recht geschehen."* Ein anderer anwesender Ritter sagte: *„Ist das Euangelisch oder Theologisch geredt?* Hättest du nicht sagen müssen: 'Wenn dich jemand auf eine Backe schlagen wird, dem biete auch die andere dar?'" In diesem Falle aber gilt dieser Spruch nicht, weil durch das Recht eingeräumt wird: „Es ist erlaubt, sich mit Gewalt gegen Gewalt zu verteidigen."

Die Stadt Burg liegt in der Nähe von Magdeburg. Mit dem letzten Satz („vim vi depellere licet" – „Es ist erlaubt, Gewalt mit Gewalt zurückzuschlagen") wird in klassischer Weise das Prinzip des Notwehrrechts formuliert, und zwar mit einem römischen Rechtsgrundsatz aus den Digesten (43, 16, 1). Melanchthon setzte sich mit diesem Grundsatz v. a. mit Blick auf das Recht auf Gegenwehr gegen unrechte Gewalt der Obrigkeit auseinander (vgl. Diethelm Böttcher: Ungehorsam oder Widerstand? Zum Fortleben des mittelalterlichen Widerstandsrechtes in der Reformationszeit, Berlin 1991, S. 93–97).

Nr. 111

Johannes Eck saß bei einer Tischgesellschaft neben einer vornehmen und ehrbaren Dame. Als dieser Esel (der er nun einmal war) ein wenig zu viel getrunken hatte, wollte er mit ihr Unsinn treiben und sie streicheln. Die Dame war darüber empört, *schlegt den vnflat mit der Kandell fur den Kopf* und sagte: „*Pfaff lern mores!*“, weil er seinen Trieb hätte beherrschen müssen.

Dem Lieblingsgegner der Reformatoren, Johannes Eck (s. auch Nr. 81), schlägt die Frau mit einer Kanne (Kandell, bzw. Kändel oder Känel) über den Schädel und fordert ihn mit einer Formulierung aus der humanistischen Schulsprache auf, Anstand zu lernen (vgl. Grimmsches Wörterbuch, s. v. ‚Kandel‘ und ‚mores‘).

Nr. 112

Ein bayerischer Herzog hatte eine Gemahlin, die zwei Briefe schrieb und abschickte, und zwar den einen an ihren Gatten, der fernab in der Fremde weilte, den anderen an ihren Liebhaber. Sie irrte sich aber in der Anschrift, und so gelangte der Brief an den Liebhaber zu ihrem Gatten, und der Brief an den Herzog wurde dem Liebhaber ausgehändigt. Der Herzog sah und las diesen Brief an den Liebhaber, brach sofort zum Palast zu seiner Gattin auf und tötete sie, sobald er sie erblickt hatte. Danach reiste er nach Rom; der Papst erteilte ihm Absolution, und als Buße wurde ihm auferlegt, ein Kloster zu gründen.

Herzog Ludwig II. von Bayern (1229–1294) ließ seine junge Gemahlin Maria von Brabant nach zweijähriger Ehe am 18. 1. 1256 in Donauwörth enthaupten, da er einen Brief von ihr an den pfälzischen Ritter Raugraf Heinrich I. fälschlicherweise als Beleg ehelicher Untreue verstand. Ludwig, auch „der Strenge" genannt, gründete daraufhin als Buße, die ihm Papst Alexander IV. auferlegt hatte, das Zisterzienserkloster Fürstenfeld (Gründungsurkunde 3. 12. 1263) und wurde nach seinem Tod als Stifter in diesem Kloster begraben. Die tragische Geschichte wird bis heute durch Historienspiele wachgehalten. Zu Ludwig II. vgl. Neue Deutsche Biographie. Bd. 15, Sp. 357–360 (Wilhelm Störmer). Auch in den Sonntagsvorlesungen ist die Geschichte in Kurzform überliefert (CR 25, 247). Ein ähnliches Eifersuchtsdrama hat als Predigtexempel fortgelebt, vgl. Rehermann, S. 427 f.

Nr. 113

Im Mailänder Krieg nahm ein Franzose Unterkunft bei einem angesehenen Mann, der eine schöne Frau hatte. Der Franzose begann mit dieser recht leidenschaftlich zu sprechen und sie anzumachen und verlangte schließlich ungestüm, sie solle eine Nacht mit ihm verbringen. Die tugendhafte Gattin berichtete die ganze Angelegenheit jedoch ihrem Gatten und fragte ihn, was sie tun solle; wenn der Gast nicht seinen Willen bekomme, sei Gefahr für sie und ihren Gatten zu befürchten. Der Gatte sagte, dass er keinerlei Rat wüsste, und bat seine Frau, dass sie, wenn sie irgendeinen guten Plan hätte, ihm den mitteilen solle. Sie antwortete: „Wenn du dich als tatkräftiger Mann erweisen und Herr in deinem Hause bleiben willst, so habe ich, wie mir scheint, einen recht guten Plan. Wir werden ein prächtiges Gastmahl feiern und diesen Franzosen mit Wein betrunken machen. Ich gebe ihm ein Schlafmittel, so dass du, sobald dir die Gelegenheit günstig erscheint, ihn töten kannst." Also wurde ein ziemlich ausgedehntes Gastmahl ausgerichtet; der Gast war fröhlich, ahnte nichts Böses und hoffte, dass für ihn alles nach seinem Willen ausgehen werde. Die Frau saß bei ihm und verabreichte ihm, während sie ihn mit angenehmen Worten hinhielt, das Schlafmittel. Er trank es aus, schlief sogleich gegen seinen Willen ein, und als sich später die Gelegenheit bot, tötete ihn der Ehemann. In diesem Fall geht es nicht um Rechtmäßigkeit; jeder Ehemann muss der Wächter seines Hauses und seiner Familie sein.

In den Mailänder Kriegen kämpften die Habsburger (Kaiser Karl V.) und die Franzosen (König Franz I.) um die Vorherrschaft in Italien (1521–1544); Melanchthon erzählt auch andere Ereignisse aus diesen Italienkriegen, die 1494 ihren Anfang nahmen und bis 1559 andauerten (s. Nr. 8 zur Reaktion Karls auf seinen Sieg bei Pavia 1525). Weniger ausführlich wird von dem übergriffigen Gast auch bei Manlius (1566, p. 332 f.) berichtet, doch mit der gleichen Quintessenz: Die Ehefrau und der Ehemann haben richtig gehandelt.

Nr. 114

In Ulm lebte ein rechtschaffener Mann, der eine Frau mit einem schlechten Charakter hatte. Er beklagte sich bei seinen Verwandten, die sich durch seine Beschwerde aber nur belästigt fühlten. Als er sah, dass man auf ihn keine Rücksicht nahm und seine Frau sich nicht besserte, gab er vor, dass er zum Markt nach Frankfurt reisen wolle. Heimlich kehrte er nach Hause zurück und versteckte sich am Abend, denn er wusste, was geschehen würde. Ein Mönch kam zu seiner Frau, und während sie gemeinsam speisten, hielt sich der Gatte unter der Treppe auf. Als sie schließlich ins Bett gegangen waren, legte er seine Waffen an und stieg zum Schlafzimmer hinauf. Die Frau hörte den Lärm, sprang aus dem Bett und öffnete die vorher verschlossene Tür. Der Gatte drang ein und tötete den Mönch und seine Frau. Am nächsten Tage ging er zum Senat und meldete diesem den ganzen Vorgang. Darauf entschied der Senat, dass er rechtmäßig gehandelt habe.

Melanchthon hat diese Geschichte mehrfach erzählt (vgl. Loesche Nr. 234b), auch in seinen Sonntagsvorlesungen: Dort dient sie neben anderen Exempeln als Beleg für die schrecklichen Folgen unzüchtigen

Verhaltens. Die anfängliche Hilflosigkeit des Mannes gegenüber der Boshaftigkeit seiner Frau wird damit erklärt, dass er von geringerem Stand als seine Gattin gewesen sei (CR 24, 280, vgl. auch CR 25, 948: Ehemann tötet nur die Frau). In den Tischreden ist eine Kurzform dieser Erzählung überliefert: WA TR 4, 584.

Nr. 115

Ein Student aus Frankfurt, der sich nach Italien aufmachen wollte und mit Geld hinreichend gut versehen war, hatte 400 Gulden bei sich. Er war zu wenig vorsichtig (wie junge Leute gewöhnlich sind), und als er nach Heilbronn im Herzogtum Württemberg gekommen war, traf er in der Herberge auf einen Ritter, den ich, Philipp, gut gekannt habe, und schloss sich ihm an, nichts Böses von ihm befürchtend. Der Ritter erblickte in dem Jüngling einen passenden Gefährten, trank mit ihm und wurde ihm so vertraut, dass dieser ihm auch sein Geld zeigte. Als er am nächsten Tage abreisen wollte, bat er den Ritter, ihm den Weg zu zeigen; dieser aber trachtete gierig nach dem Geld und tötete ihn. Nach drei Wochen wurde im Gegenzug der Ritter ergriffen und an demselben Orte, an dem er den anderen getötet hatte, enthauptet.

400 Gulden waren eine stattliche Summe, die seit 1541 das Jahresgehalt Melanchthons bildete, der damit neben Luther der Spitzenverdiener der Leucorea war. Der Ritter in dieser Geschichte ist nicht identifizierbar. Wenn der Student hoffte, von ihm den Weg gezeigt zu bekommen, stammt er wohl aus der näheren Umgebung und könnte der Kraichgauer Ritterschaft angehören, deren Kanton seinen Sitz in Heilbronn hatte; in ihm waren z. B. die Herren von Mentzingen, von Gemmingen, von Venningen und Göler von Ravensburg organisiert, Familien, mit denen Melanchthon Kontakt hatte (vgl. MBW 3770, 3574, 3598, Nr. 91). Auch bei Manlius (1566, p. 291 f.) wird nur von einem (auch hier namentlich unbekannten) Studenten aus Frankfurt auf der Reise nach Italien mit tödlichem Halt in Heilbronn gesprochen.

Nr. 116

Vor einigen Jahren gab es in England unter Heinrich VIII., dem vorigen König von England, einen Schulmeister. Dieser hatte in einem Schreiben einen Prediger lediglich wegen gewisser grober Fehler in seiner religiösen Denkweise kritisiert, jedoch nichts öffentlich dargelegt. Dieser rechtschaffene Mensch wurde verraten und auf frevelhafte Weise beim König verklagt, danach in den Kerker geworfen und zum Tode durch das Feuer verurteilt. Einmal brachte ihm ein Freund abends ein Stück Braten in den Kerker. Als er es berührt und die Finger vor der Hitze zurückgezogen hatte, lachte er und sagte: „Warum kann ich diesen Schmerz nicht ertragen? Was wird, wenn ich morgen selbst gebraten werde?" Als er am nächsten Tage zur Hinrichtung geführt wurde und der König ihm die Strafe erlassen wollte, damit er seinen Irrtum widerrufe, antwortete er ihm: „Erlauchtester Herr König, nach Gott achte ich keines Menschen Autorität mehr als die deinige, aber ich kann wahrlich nicht vom Herrn abfallen." So wurde das Urteil über ihn gesprochen, dass er verbrannt werde, und als ihm nach alter Sitte ein Bündel Ruten vorgehalten wurde, umfasste er es mit beiden Händen und sagte: „O du für mich süßes Bündel, das mich mit Gott verbindet!" Und so ist er fromm mit aufrechtem Bekenntnis gestorben.

Melanchthon empörte sich über die Grausamkeit des englischen Königs Heinrich VIII. (1491–1547), die etwa bei seinen Scheidungen, aber auch durch die Hinrichtung Thomas Cromwells und Richard Barnes' offenkundig wurde, und nahm sein in der Vorrede der „Loci communes" von 1535 geäußertes Lob später wieder zurück (vgl. MBW 2474 und 2484). Rund 70 000 Menschen sollen Opfer der Grausamkeit des englischen Königs geworden sein. Dabei wurden Ketzer verbrannt, während Papisten gehenkt wurden. Thomas Morus, der katholische Märtyrer, soll bei seiner Hinrichtung durch Enthauptung gesagt haben, dass er dem König gedient habe, zuerst aber Gott (vgl. Sabine Appel: Heinrich VIII. Der König und sein Gewissen, München 2012, S. 260 f.). Auf die Hinrichtung von Morus reagierten die Reformatoren übrigens höchst unterschiedlich: Luther nannte Morus einen großen Tyrannen, der bei der Verfolgung der

Kirchen viel unschuldiges Blut vergossen habe (WA TR 3, 688), während Melanchthon sich betroffen zeigte (MBW 1678). In den Sonntagsvorlesungen beklagt Melanchthon die schreckliche Grausamkeit in England gegen fromme Menschen (CR 25, 230) und dass unter dem Anschein von Gerechtigkeit weiterhin gemordet werde (CR 25, 762; vgl. auch CR 24, 821 f.). Auch hier wird diese Geschichte erzählt – als erinnerungswürdiges Vorbild festen Glaubens. Denn der gute Mann, ein Schulmeister aus London, habe nur einen ihm befreundeten Prediger schriftlich und nicht öffentlich warnen wollen, und dieser habe ihn dann verraten (CR 25, 295). In den Tischreden wird die Geschichte als "exemplum constantiae", als Beispiel für Beständigkeit, erzählt, mit der Variante, dass der glaubensstarke Schulmeister an dem Rutenbündel zuvor riecht, sich aber nicht an dem Braten die Finger verbrennt und sich darüber auch nicht amüsiert (WA TR 5, 405). Zu Melanchthons und Luthers Sicht auf Heinrich VIII. vgl. Charlotte Methuen: The English Reformation in Wittenberg. Luther and Melanchton's Engagement with Religious Change in England 1521–1560, in: Reformation & Renaissance Review 20 (2018), S. 209–234. Auch nach dem Tod Heinrichs VIII. 1547 gab es in England Hinrichtungen, diesmal im Rahmen der Rekatholisierung des Landes, veranlasst durch Kardinal Reginald Pole, wie Melanchthon in seinen Sonntagsvorlesungen beklagt (CR 24, 648).

Nr. 117

Der Bischof von Worms, Doktor des Rechts und kurfürstliche Kanzler Johann von Dalberg heiratete eine ältliche, überaus reiche Straßburgerin. Diese nahm, um ihrem Herrn zu gefallen, sehr kostbare Salben mit ins Bett. Als dieser das bemerkt hatte, schob er ihr ein Gefäß voller Tinte unter. Die Alte entstellte am Abend in der Dunkelheit ihr Gesicht mit der Tinte, da sie die Salbe zu nehmen glaubte. Am Morgen rief er ihre Verwandten herbei und zeigte ihnen die entstellte Gattin. Von solcher Art ist geheuchelte Liebe, wenn ein junger Mann eine ältliche Frau nimmt wegen ihres Geldes und wegen großer Schätze und Reichtümer. Wenn er andererseits ein junges Mädchen freit, wird er viel mehr aufgeheitert, als wenn er eine ältere Frau mit großem Reichtum heiratet.

Die Geschichte von der Konkubine des Klerikers, die die Parfumflasche mit dem Tintenfass verwechselt, wird bereits von dem Nürnberger Büchsenmeister und Dichter Hans Rosenplüt (um 1400–1460) ausführlich erzählt (vgl. Novellistik des Mittelalters, hrsg. von Klaus Grubmüller, Frankfurt/Main 1996, S. 936–943: „Die Tinte"). Melanchthon bezieht sie auf Bischof Johann von Dalberg (1455–1503), der in Heidelberg den Frühhumanismus förderte und zu dessen engerem Bekanntenkreis Reuchlin gehörte. Deshalb schätzte ihn Melanchthon als „homo ingeniosissimus" und „vir doctus latine, grece, hebraice", kolportierte allerdings gleichzeitig, dass er durch einen tödlichen Sturz in einem Bordell verstorben sei (vgl. Philipp Melanchthon in Südwestdeutschland. Bildungsstationen eines Reformators, hrsg. von Stefan Rhein u.a., Karlsruhe 1997, S. 176). Eine Heirat des Wormser Bischofs ist nirgends belegt. Nach Mathesius geht die Geschichte weiter: Die bloßgestellte Frau zürnt ihrem Mann und enterbt ihn. Er verliebt sich in die Frau eines Schusters und wird von diesem getötet. Der Mann ist hier ein unbekannter „comes quidam" (Loesche Nr. 297).

Nr. 118

Doktor Martin Luther erzählte einmal von einem ungarischen Bischof, der seine Soldaten, als sie gegen die Türken kämpften, mit folgenden Worten ermutigte: „*Ihr lieben Knecht, sthet heut fest vnd werdet zu christlichen Rittern; so vil als eüer sterben, denen versprich ich, das sie werden heüt mit gott das Abentmal im himmel halten.*" *Da aber die schlacht angieng, da machet er sich daruon; darnach fragten die Landesknecht, ob er hinwert wer und ob er auch nicht im himel wolt eßen; sprach einer: „Ey nein, er würdt heut gefast haben; darum kann er der Malzeit nit erwarden.*"

Kriege zwischen Ungarn und den Türken gab es seit 1453, dem Untergang von Byzanz, bis 1526 in der Schlacht bei Mohács die ungarischen Truppen vernichtend geschlagen wurden. Mag die Reformation in einzelnen Regionen und Städten Ungarns auch schon in den frühen 1520er Jahren Fuß gefasst haben, so war ein katholischer Bischof mit einer werkgerechten Ansprache gewiss keine Seltenheit. In der bei Mathesius den

Dicta Luthers zugeschriebenen Fassung antwortet der Bischof auf die Frage der Soldaten, ob er nicht mit ihnen den Tod und die himmlische Mahlzeit erwarten wolle, kurz und bündig: ‚Nein, ich will heute fasten' (Loesche Nr. 379, vgl. auch WA TR 5, 380 und 3, 473).

Nr. 119

Wirtschaftsregel Philipp Melanchthons

Als Knabe habe ich oft von meiner Mutter gehört: „*Es muß ein Ackerman die frücht, die im jherlich wachsen, in 3 theil theilen: den erste theil müß er haben den Acker widerum anzubauen, den Andern theil müß er der Öberkeit vnd armen leuten geben, der 3. theil kompt aller erst im zu nütz.*"

Melanchthons Mutter hieß Barbara Schwartzerdt, geb. Reuter, und lebte Zeit ihres Lebens, von 1476/77 bis 1529, in Bretten. Philipp war ihr ältester Sohn. Die lateinische Variante dieser Wirtschaftsregel – ⅓ der Ernte für die neue Aussaat, ⅓ für die Familie, ⅓ Abgaben (und was übrig bleibt als Rücklage) – steht in Manlius (1566, p. 209). Philipp lernte noch eine weitere ökonomische Regel von seiner Mutter: „Wer will mehr verzehren, denn sein Pflug kann ernehren, der muss zuletzt verderben und vielleicht am Galgen sterben" (z. B. CR 25, 464). Zu Melanchthons Mutter vgl. Andrea König: Melanchthon und die Frauen. „Dass wir sie unterstützen, nicht dass wir sie verachten", in: Der Humanist als Reformator. Über Leben, Werk und Wirkung Philipp Melanchthons, hrsg. von Michael Fricke und Matthias Heesch, Leipzig 2011, S. 126–129.

Nr. 120

In Wittenberg schöpfte vor einigen Jahren ein Wirt, welcher Wein in der Universität verkaufte, während der Vorlesung des Herrn Philippus Wasser und brachte es in den Weinkeller, um es dem Wein beizumischen. Dies sah zufällig jemand, der zu dieser Zeit dort als Privatlehrer der Mathematik tätig war. Er wollte den Betrug des Wirts aufdecken, rannte auf den Hof der Universität und rief: „*Es brindt!*" Da liefen alle Studenten aus dem Hörsaal und fragten, wo der Brand sei. Er führte sie in den Weinkeller, wo sie den Wirt ertappten, der gerade den Wein verdarb.

Wein durch Zusatz von Wasser heimlich zu verdünnen, gehörte zu den Ärgernissen, über die sich Luther in Wittenberg mehrfach beschwerte. Die „Wassersucht" sei von den Fuhrleuten verursacht, die die Weinfässer anbohrten und Wein durch Wasser ersetzten (WA TR 3, 135). Für Melanchthon war der Wein „ein gutes Nahrungsmittel zur Stärkung der Kräfte" (CR 25, 411), nur vor dem neuen Wein warnte er (z. B. CR 25, 517).

Nr. 121

Im Jahre 1554 gab es in Wittenberg einen Studenten, der nicht ganz bei Troste war. Dieser hatte die Aufgabe erhalten, die neuen Studenten aufzunehmen. Einmal lief er mitten in der Nacht durch die Gassen und rief laut: „*Es brendt, Es brendt!*" Ihm liefen junge Leute entgegen, die entsetzt fragten, wo es denn brenne. Darauf sagte er: „*Es brindt, es brindt das jünge hertz in meinem leib.*" Die jungen Leute antworteten ihm: „*Nun wolan, so müßen wür warlich leschen!*" *vnd nehmen in vnnd werffen in in den bach. Also werden die fewer balde gelescht.*

1554 wurden in den beiden Semestern insges. 635 Studenten an der Leucorea immatrikuliert. Da die Verweildauer an den Universitäten nicht dokumentiert wurde, ist die Studentenzahl kaum zu bestimmen. Für 1554 berichtet ein Student von 3. 000 Studenten in Wittenberg, doch erscheint diese Zahl zu hoch und war wohl eher ein Argument in eigener Sache: für eine Erhöhung seiner finanziellen Förderung angesichts der Inflation durch die hohe Studentenzahl (vgl. Andreas Gößner: Studenten an der Universität Wittenberg. Studien zur Kulturgeschichte des studentischen Alltags […], Leipzig 2003, S. 25 u. 177). Welcher unter ihnen der „studiosus […] non satis compos mentis" (also der Student, der nicht bei Verstand ist) gewesen sein könnte, ist nicht mehr zu eruieren. Offensichtlich hatte er die Aufgabe, die neuen Studenten („beanos" = Grünschnäbel) aufzunehmen („deponere"). Der akademische Brauch der Depositio kommt von der „depositio cornuum", also dem Abstoßen der Hörner: Der Beanus wurde als gehörntes Tier verkleidet, dem die Hörner vom Depositor abgeschnitten wurden, was das den Menschen bildende und humanisierende Studium versinnbildlichen sollte. Die Deposition war als Initiationsritual der Immatrikulation vorgeschaltet. Melanchthon ergänzte diesen symbolischen Akt der Verfeinerung noch durch Fragen, Absolution und Weintaufe, vgl. Ulrike Denk: Alltag zwischen Studieren und Betteln. Die Kodrei Goldberg [...], Göttingen 2013, S. 129. Vgl. auch Melanchthons „Iudicium de depositione in Academiis usitata" (CR 10, 97–99) oder seine Herleitung des Brauchs nach dem Zeugnis des Gregor von Nazianz aus den athenischen Sophistenschulen (z. B. CR 24, 356 od. WA TR 3, 418: Melanchthons Quelle war Gregors „Vita Basilii").

Nr. 122

Einmal war ich mit anderen in einer Tischgesellschaft Doktor Martin Luthers, bei der wir in eine Diskussion über die mathematischen Wissenschaften gerieten. Bei mir saß ein Doktor, der diese Wissenschaften verachtete. Ich sagte zu ihm: „Herr Doktor, es ist aber doch notwendig, Tage und Jahre unterscheiden zu können und Kalender zu haben." Er antwortete: *„O meine Pauern wißen woll, wen es somer oder winder ist."* Ich sagte nichts weiter als dies: *„Es ist ein vndoctorliche rede; ich het wol mögen sagen, es ist eines groben Esels rede."* Und Doktor Martin Luther blickte mich sogleich an, weil er befürchtete, dass ich etwas noch Gröberes zu ihm sage. Wie groß ist doch diese Unvernunft, den Gebrauch von Kalendern zu verachten. Es ist eine große Gnade Gottes, dass jedermann einen *Almanach* an der Wand haben kann.

Melanchthons Interesse für Astronomie rührt vor allem daher, dass mit ihrer Hilfe Wettervorhersagen möglich sind, Naturereignisse erklärt und Kalender aufgestellt werden können. Ein Almanach war im 16. Jahrhundert eine kalenderartige Auflistung der Positionen von Sonne, Mond und Planeten, gab also z. B. Vollmonde und Neumonde an und beinhaltete auch medizinische Ratschläge, vgl. Wolf-Dieter Müller-Jahncke: Medizin und Pharmazie in Almanachen und Kalendern der frühen Neuzeit, in: Pharmazie und der gemeine Mann, hrsg. von Joachim Telle, Wolfenbüttel 1982, S. 35–42. Melanchthon hat z. B. 1553 den neu erschienenen Almanach von Pietro Pitati, der für die Jahre 1552–1562 galt, empfohlen (MBW 7040). Bei Unverständnis für seine wissenschaftlichen Leidenschaften konnte Melanchthon offensichtlich ziemlich grob werden, was zu seiner eigenen Selbsteinschätzung passt, ein Choleriker zu sein. In dieser – auch in den Sonntagsvorlesungen überlieferten (CR 25, 534) – Situation hielt sich Luther zurück, doch verschwieg er sonst sein Unverständnis gegenüber der Astrologie nicht, wie die Tischreden belegen, in denen er den Spott des Gastes – dann wohl in Abwesenheit Melanchthons – nur wenig variiert: „Das aber haben sie [sc. die Astrologen] gewiß gelehret in ihrem Almanach, daß man im Sommer nicht Schnee setzet, noch Donner im Winter, im Lenz pflügen und säen, gegen dem Herbst einernten etc. Das können die Bauern auch wol" (WA TR 1, 420). Das Bild vom Ireniker Melanchthon verstellt häufig den Blick auf die offensichtlich bisweilen auch anstrengende Schärfe seines Umgangs; so beklagte sich Luther, ihm gefalle nicht Melanchthons „scharfer Verstand, das er die armen gesellen so bald uberrumpelt", man müsse vielmehr die jungen Leute Schritt für Schritt gehen lassen (WA TR 4, 104).

Nr. 123

Ein Bauer hatte einen Sohn, der nicht viel unter Leute gekommen war. Einmal geschah es, dass er sich mit seinem Vater in die Stadt aufmachte. Als er dort war, sah er ein schönes Mädchen und sagte zu seinem Vater: „Oh Vater, was ist das?" Der Vater sagte: „Es ist eine Gans." Darauf antwortete er dem Vater: „*Ach*, Vater, wenn wir doch solche Gänse hätten." *Das sindt στοργαί* [Liebesregungen] *geweßen* in diesem Jüngling.

Diese heitere Erzählung von der Anziehungskraft der Geschlechter kommt bereits in der mittelhochdeutschen Märendichtung vor, und zwar unter dem Titel „Das Gänslein" eines anonymen Autors aus der 2. Hälfte des 13. Jahrhunderts (vgl. Novellistik des Mittelalters, hrsg. von Klaus Grubmüller, Frankfurt / Main 1996, S. 648–664). Der junge Mann ist hier ein Mönch, der in Begleitung seines Abtes erstmals die Welt erkundet; er wird von einem Mädchen verführt und schläft mit ihr. Als Essen zu Weihnachten wünscht er sich wieder eine „Gans". In den Sonntagsvorlesungen handelt diese „fabella" von einem Eremiten, der seinen Sohn (!) in die Stadt führt (CR 24, 283).

Nr. 124

Es gibt unterschiedliche Arten einfältiger Menschen: *Eins theils sind frum vnd still, eins theils sindt böse Narren.* So war am Hofe von Heidelberg *gar ein fromer Narr,* welcher Glocken außerordentlich liebte. Als man ihm sagte, dass die Glocke von Speyer zerbrochen sei, weinte er sehr, und als nach Heidelberg eine neue Glocke kam, umarmte er sie und sagte: „*Willkom, mein liebe glock, bistu hie vnnd ich bin auch hie.*"

Der glockenliebende Narr vom Heidelberger Hof erscheint auch bei Manlius (1566, p. 449), ist aber nicht zu identifizieren, sondern gehört wohl zum populären Schwankwissen des Pfälzers Melanchthon. Sein Vater Georg Schwartzerdt d. Ä. arbeitete als Rüstmeister, also als Vorsteher der fürstlichen Waffenkammer, am Heidelberger Hof des pfälzischen Kurfürsten Philipp (geboren 1448, Kurfürst 1476–1508), nach dem Philipp Melanchthon übrigens seinen Vornamen erhielt.

Nr. 125

Als Rudolf von jemand gefragt wurde, weshalb sein Bart schneller weiß werde als die übrigen Kopfhaare, antwortete er: „*Er hett großere sorg fur das maul, was er eßen sollt, den fur den kopf, wie er in bedecken sollt.*"

Wer sich hinter „Rudolf" verbirgt, ist unklar: Melanchthon kannte unter den Herrschern zahlreiche Rudolfs, wie allein schon seine Geschichte der Stadt Wittenberg von 1558 belegt: Kaiser Rudolf, dessen Sohn Rudolf I., Rudolf II., Kurfürst Rudolf III. (MBW 8686). Vielleicht ist aber auch der von Melanchthon häufig erwähnte Rudolf Agricola (ca. 1443/44–1485) gemeint, für ihn ein wichtiger Vertreter der ersten Humanistengeneration in Deutschland (z. B. CR 11, 445) und durch die posthume Schrift „De inventione dialectica“ Gewährsmann für die eigene Loci-Methode. Agricola hielt sich 1484/85 bis zu seinem Tod (27. 10. 1485) in Heidelberg auf und stand mit Reuchlin in direktem und brieflichem Kontakt, so dass Melanchthon diesen Ausspruch vielleicht von Reuchlin erfahren hat (seine Kurzbiographie Agricolas basiert ausdrücklich auf den Erzählungen Reuchlins und Pallas Spengels, vgl. MBW 2169). Melanchthon verfasste 1539 eine ausführliche Rede auf Agricola („Vita Rodolphi Agricolae“), in der folgende Stelle auf den Ausspruch Bezug nehmen könnte: „Nachdem er von dort nach Belgien zurückgekehrt war, war Rudolf oft wie ein Greis, obwohl er jünger war, doch in der lateinischen und griechischen Literatur sehr gelehrt und brennend in seinem Eifer für die christliche Lehre“ (CR 11, 444 = Melanchthon deutsch. Bd. 4, Leipzig 2012, S. 76).

Nr. 126

Eine junge Frau schlief im Traum mit ihrem Liebhaber und beichtete dies einem Mönch. Dieser schalt sie heftig und sagte, dass es eine große Sünde sei und dass er sie nicht davon lossprechen könne. Sie versprach, dass sie ihm eine Goldmünze geben würde, damit er sie von der Sünde lospräche. Da er das Geld nicht in die Hand nehmen wollte, wies er sie an, ihm die Goldmünze in seine Kutte zu legen. Die junge Frau warf ein Steinchen hinein. Als sie sich entfernte, fand der Mönch, der eine Goldmünze zu bekommen glaubte, das Steinchen. Da schrie er: *„Fü, du hur, du hast mich betrogen!“* Sie antwortete: *„Wie die Absolution ist, also ist auch das beichtgelt.* Du glaubtest, dass ich dir eine Goldmünze gegeben hätte, das ist aber nicht so. Ebenso glaubte ich, dass ich mit meinem Liebhaber geschlafen hätte, das stimmt aber auch nicht. *Wie mir däucht, so däucht dir auch.*“ Eine Täuschung zieht eine andere nach sich, ein Betrug den anderen.

Für das Abnehmen der Beichte zahlten die Gemeindemitglieder dem Pfarrer das sogen. Beichtgeld, das zunächst freiwillig war, aber ab dem

11. Jahrhundert immer mehr zu einer verpflichtenden Abgabe wurde. Es blieb übrigens auch zur Zeit der Reformation erhalten, um den oft mittellosen Pfarrern Einnahmen zu verschaffen – allerdings nur als freiwillige Gabe. Nach evangelischer Ansicht war die Absolution davon nicht abhängig – das Beichtgeld war also für die Reformatoren keine Bezahlung für die Absolution, wie in dieser polemischen Geschichte über das Beichtverständnis des Mönches –, sondern die göttliche Vergebung basierte auf der wahrhaften Reue des Sünders. Zur Beibehaltung des Beichtpfennigs vgl. Kurt Aland: Die Privatbeichte im Luthertum von ihren Anfängen bis zu ihrer Auflösung, in: ders.: Kirchengeschichtliche Entwürfe, Gütersloh 1960, S. 480: „Die pflichtmäßige oder freiwillige Zahlung einer Gebühr, des ‚Beichtgroschens' oder ‚Beichtpfennigs', ist die Regel, gelegentlich nur wird davon abgesehen oder der Pfarrer ermahnt, er solle von der Höhe der Zahlung nicht Dauer und Art der Beichte abhängig machen. Der Beichtpfennig (der sich durchaus nicht in dieser Münzgattung hielt) wird als Teil des Pfarreinkommens angesehen."

Nr. 127

Einmal trug es sich zu, dass ein Pfarrer in einem Dorf eine Predigt halten wollte. Da er aber schlecht vorbereitet war und bemerkte, dass andere gelehrte Leute anwesend waren, was sonst nicht zu geschehen pflegte, ergriff er gleich nach der Lesung des Evangeliums das Wort und sagte zu den Hörern: „*O ihr lieben leüt, mich dünckt, ich rüch feuer!*" Das sagte und tat er deshalb, damit er, wenn sie einzeln nach Hause liefen, selbst die Gelegenheit hätte, sich zu entfernen, um nicht sofort predigen zu müssen.

In den ersten Jahren der Reformation hatten auch die protestantischen Pfarrer nur in geringer Zahl ein Universitätsstudium absolviert. Die Visitationsprotokolle berichten vor allem von intellektuellen Defiziten: z. B. keine Lateinkompetenz, geringe Bibelkenntnisse, kein Buchbesitz, bisweilen sogar nicht einmal eine Bibel im Pfarrhaus (vgl. Heiko Jadatz: Wittenberger Reformation im Leipziger Land. Dorfgemeinden im Spiegel der evangelischen Kirchenvisitationen des 16. Jahrhunderts, Leipzig 2007, S. 204–207).

Nr. 128

Einst wurden zwei Diebe schon zur Hinrichtung geführt. Als der eine von ihnen erkannte, dass er zum Tode verurteilt sei, sagte er heimlich zum Richter, er habe in seinem Ärmel 60 Goldmünzen. Die wolle er an die Armen verteilen, da er ja doch sterben müsse. Als der Richter dies vernommen hatte, sagte er sogleich vor den Zuschauern: „*Ey bistu dieses mans son, so füret in wider hinein, den er ist mir woll bekannt.*" Also wurde er wieder in den Kerker zurückgebracht und später freigelassen, nachdem er dem Richter das Geld gegeben hatte.

Grundsätzlich empfand Melanchthon eine hohe Wertschätzung gegenüber dem Richteramt und seinen Vertretern: „Es ist ersichtlich, welche Verantwortung auf den Rechtsgelehrten ruht" (CR 11, 917, vgl. Guido Kisch: Melanchthons Rechts- und Soziallehre, Berlin 1967, S. 128 f.). Gleichzeitig war die Klage über die Ungerechtigkeit der Richter populär, wie etwa ein polemischer Holzschnitt aus Augsburg um 1535 zeigt: Auf dem Einblattdruck „Spinnennetz der Rechtsprechung" werden die Gesetze mit Spinnennetzen verglichen; die kleinen Insekten verfangen sich im Netz, während die große Wespe das Netz zerreißen kann (vgl. Fliegende Blätter, hrsg. von Bernd Schäfer u. a., Gotha 2016, Nr. 532).

Nr. 129

Eine andere lächerliche Geschichte ereignete sich in Torgau. Als dort ein Dieb zur Hinrichtung geführt wurde, sagte er zum Henker, er habe eine große Summe Geld in seinen Stiefeln versteckt. Er solle die Hand hineinstecken und sich das Geld nehmen, da er selbst ja doch bald sterben werde. Der Henker war sogleich sehr erfreut und meinte, außerordentliches Glück zu haben. Er steckte die Hand ein Stück hinein, stieß aber auf kein Geld. Da sagte er zu dem Dieb: „*Du betreügst mich.*" Der Dieb antwortete: „*Du müst besser hinein greiffen.*" Als der Henker dies tat, besudelte er sich die ganze Hand mit Kot, weil jener sich in die Stiefel entleert hatte.

Dass sich Darm und Blase eines Verurteilten vor oder während seiner Hinrichtung unkontrolliert entleeren, ist ein bekanntes Phänomen. Wenn eine solche körperliche Angstreaktion in dieser Geschichte beiläufig zu einem letzten „Schelmenstück" Anlass gibt, so dokumentiert dies auch die Allgegenwart physischer Gewalt und ihrer Folgen im 16. Jahrhundert. Dabei gerade den Henker zum Gegenstand des Spottes werden zu lassen, spiegelt den mit Furcht gemischten Abscheu gegenüber den am Rande der Ständegesellschaft lebenden Scharfrichtern; vgl. Günter Voß: Henker – Tabugestalt und Sündenbock, in: Randgruppen der spätmittelalterlichen Gesellschaft, hrsg. von Bernd-Ulrich Hergemöller, Warendorf 1990, S. 86–114.

Nr. 130

Ein ungebildeter Mann hatte in der Grammatik folgenden Vers in Marias Lobgesang gelesen: „Dispersit superbos mente cordis [Er zerstreuet, die hoffärtig sind in ihres Herzens Sinn.]" Nun war aber das Wort superbos so getrennt, dass die eine Zeile den ersten Teil des Wortes super enthielt und die folgende mit der letzten Silbe bos begann, und es waren keine Zeichen hinzugefügt, die die Zusammengehörigkeit deutlich machten. So kam der gute Mann zu dem Schluss, dass die Konstruktion nicht stimmig sei: Die Präposition super [über] regiere nämlich den Akkusativ, und damit die Konstruktion grammatisch richtig sei, müsse es heißen super bovem und nicht super bos. Ebenso wurde er aufgefordert, folgenden Vers zu erläutern: „Esurientes implevit bovis et divites dimisit in aves" und tat dies so: „*Er hat die Hungerichen erfült mit ochsen vnd die reichen schickt er in die vögel, darümb wür armen leüt müßen immer khue fleisch essen vnd die Reichen müßen eßen gute büßlein und güte vogelein.*"

Die Verse stammen aus dem Lobgesang der Maria („Magnifikat") in Lk 1,46–55 und illustrieren am Negativbeispiel die für Melanchthon unabdingbare Grundvoraussetzung jeglichen Verstehens, erst einmal intensiv die grammatikalischen Grundlagen der Sprache zu erlernen. So entsteht das Missverständnis, statt „superbos" („die Hoffärtigen, Stolzen") „super bovem" („über den Ochsen") zu lesen (in Lk 1,51); der Vers Lk 1,53 wird völlig verballhornt, da bei „Esurientes implevit bonis et divites dimisit inanes" („Die Hungrigen füllte er mit Gütern und die Reichen schickte er leer weg") „bonis" („Güter") mit „bovis" („Ochsen") und „inanes" („leer") mit „aves" („Vögel") verwechselt wird. Zu einer vergleichbaren Verballhornung s. Nr. 31.

Nr. 131

Ich, Philipp, erhielt vor drei Tagen einen Brief aus Livland von einem gewissen Hermann, einem äußerst vertrauenswürdigen Mann, der nach meinem Wissen nichts Unwahres berichtet. Er schrieb mir, dass kürzlich jemand hingerichtet worden sei, der gefangen genommen und verhaftet worden war und der offensichtlich den Tod eines anderen verursacht hatte. Er hatte nämlich später gestanden, durch Zaubereien bei diesem eine Krankheit hervorgerufen zu haben. Danach aber, als er ihn wieder mit seinen Zauberkräften von ihr befreien wollte, habe er dies nicht gekonnt. Dann gestand er im Kerker auch, dass er in jedem Jahr zwölf Tage lang zu einem Wolf geworden sei. Er habe nach dem Tage der Geburt des Herrn die kleine Gestalt eines Knaben gesehen, der zu ihm sagte, dass er sich in einen Wolf verwandeln solle. Als er dies danach nicht getan habe, sei eine furchtbare Gestalt mit einer Geißel gekommen, und so sei er in einen Wolf verwandelt worden. Später seien viele andere Wölfe zusammengekommen, seien durch die Wälder gelaufen und hätten das Vieh gerissen. Den Menschen hätten sie aber nicht schaden können. Da die Erscheinung mit der Geißel voranging, hätten diese sich aber verängstigt in einem Fluss aufgehalten. Dies sei in jedem Jahr zwölf Tage lang geschehen, danach habe er wieder menschliche Gestalt angenommen. So erzählte er im Kerker. Ihr seht daran, dass der Teufel durch den Willen Gottes gleichsam eine beschränkte Macht hat, so dass er nicht in dem Maße schaden kann, wie er will. Ohne Zweifel würde er den Menschen schaden, wenn er könnte; aber Gott erlaubt ihm das nicht. Würde dieser ihm das gestatten, würde er das ganze Menschengeschlecht in einer Stunde vernichten.

„Livonia", „Livland", umfasste im heutigen Estland den Raum um Dorpat und den größten Teil Lettlands. Die Geschichte von dem hingerichteten Mann, der jemandem eine Krankheit anzauberte, die er nicht mehr heilen konnte, und der als Werwolf sein Unwesen trieb, erfuhr Melanchthon höchstwahrscheinlich von Hermann Wilcken (1522–1603). Dieser hatte in Wittenberg studiert und war 1552 von Melanchthon nach Riga als Lehrer empfohlen worden, vgl. MBW 9365; dort wird die Nachricht Wilckens auf 1552–1560 datiert, doch scheint Vendenhaimer die Geschichte persönlich gehört zu haben, so dass sich eine Datierung auf 1557 nahelegt. Genau in diesem Jahr 1557 verbreitete sich auch die Nachricht vom Erscheinen eines Werwolfs in Riga, vgl. Wolfgang Schild: Missetäter und Wolf, in: Wirkungen europäischer Rechtskultur. Festschrift für Karl Kroeschell, hrsg. von Gerhard Köbler und Hermann Nehlsen, München 1997, S. 1008–1011. Die Rigaer Werwolfgeschichte erscheint später auch in zahlreichen Teufels- und Zaubereibüchern, vgl. Alsheimer, S. 452 Nr. 238 u.a.

Nr. 132

Es wird auch Folgendes von einem englischen König erzählt: Als dieser krank danieder lag und dem Tode nahe war, sei ein Mann zu ihm gekommen und habe gesagt: „Herr König, ihr habt bis jetzt in diesem Königreich gelebt, aber bald werdet ihr in ein anderes Königreich kommen, welches ewig ist." *Das ist gewislich gewesen Sanctus Angelus* [ein heiliger Engel], *der in also hat getröstet.*

Ob hier der 1547 verstorbene englische König Heinrich VIII. gemeint ist, muss offen bleiben. Nach anfänglichen Sympathien stand Melanchthon dem nicht nur die eigenen Ehefrauen, sondern auch gebildete Humanisten wie Thomas Morus mordenden Herrscher allerdings ziemlich kritisch gegenüber (s. den Kommentar zu Nr. 116). Doch nach dessen Tod am 28. 1. 1547 äußerte er sich auch lobend, etwa dass der König vor seinem Tod angeordnet habe, die reine Lehre nicht zu behindern (MBW 4659), oder dass er in seiner Ablehnung von Waffengewalt in Religionsfragen vorbildlich gewesen sei (MBW 5027).

Nr. 133

Einmal disputierte ich mit Doktor Henningus, einem klugen Mann, über die Definition der Seele durch Aristoteles und trug ihm diese Definition vor: „Die Seele ist die erste Verwirklichung eines natürlichen organischen Körpers, der potenziell Leben hat." Darauf sagte er: „*Waß ist das, wasch mir den Peltz vnd mach mir nie nit naß.* Dies sind nichtssagende Worte, und Aristoteles verspottet wahrhaftig auf äußerst kluge Weise die Ansichten gewisser Philosophen mit dieser Definition, die er sich ausgedacht hat und über die ich dennoch jetzt nicht disputieren will."

„Doctor Henningus" ist der Jurist Henning Goede (1450–1521), der Propst am Wittenberger Allerheiligenstift war, an der Leucorea Kirchenrecht lehrte, Kurfürst Friedrich dem Weisen diplomatische Dienste leistete und Zeit seines Lebens der katholischen Kirche treu blieb (vgl. Reformation. Historisch-kulturwissenschaftliches Handbuch, Stuttgart 2017, S. 74–76 mit einem in den Tischreden überlieferten letzten Gespräch zwischen Luther und Goede). Seine herausragende Stellung lässt sich bis heute an seinem Grabmal in der Schlosskirche Wittenberg ablesen: ein Messingepitaph des Nürnberger Bildhauers und Erzgießers Peter Vischer mit dem (gut katholischen) Motiv der Marienkrönung und einer Inschrift, die ihn als „unbestritten den Führer der Rechtsgelehrten seiner Zeit" preist (vgl. Die Inschriften der Stadt Wittenberg, bearb. von Franz Jäger und Jens Pickenhan, Wiesbaden 2019, S. 256–258). Das Sprichwort („Wasch mir den Pelz, aber mach mich/ihn nicht nass") hat nach Johannes Mathesius Herzog Georg von Sachsen über Erasmus geäußert, als dieser eine unklare, „verdrehte" Antwort gab (vgl. Johannes Mathesius: Predigten über die Historien Doktor Martin Luthers, Berlin 1817, S. 33). Goede sah in der von seinem fast 50 Jahre jüngeren Gesprächspartner Melanchthon zitierten Definition der Seele durch Aristoteles (de anima 2, 1) offenkundig eine solche verschwurbelte Aussage (zu Melanchthons Auseinandersetzung mit der aristotelischen Seelenlehre vgl. Sascha Salatowsky: De Anima. Die Rezeption der aristotelischen Psychologie im 16. und 17. Jahrhundert, Amsterdam/Philadelphia 2006, S. 69–131).

Nr. 134

Als unser Kaiser Karl V. ein junger Mann war und die gleichaltrigen Adligen untereinander im Laufen wetteiferten, stand er selbst dabei und schaute zu. Als er jemanden sah, der hochmütig war, weil er vorher Sieger im Lauf geworden war, stellte er ihm danach im folgenden Lauf ein Bein, so dass er hinfiel und ein anderer Sieger wurde. Hieran kann man sehen, wie er von Natur war, dass er nämlich den Hochmütigen feindlich gesinnt war.

In den von Vendenhaimer aufgezeichneten Historiae (s. Nr. 5, 6, 7, 8, 10, 47, 64, 71, 87, 108, 233) wird durchgängig ein positives Bild Kaiser Karls V. gezeichnet. Sie beantworten auch eindeutig die Frage, ob der Respekt Melanchthons nur dem Amt oder auch der Person des Kaisers galt (vgl. Franz Brendle: Karl V. und Melanchthon, in: Philipp Melanchthon in der Briefkultur des 16. Jahrhunderts, hrsg. von Matthias Dall'Asta u. a., Heidelberg 2015, S. 160 f.). Sie sind nämlich durchweg geprägt von großer Hochachtung für die menschlichen Qualitäten Karls V. wie Milde, Selbstbeherrschung und Klugheit.

Nr. 135

In Marienberg sagte ein Böhme: „*Mein weib wer güt in ein groß thümb gewest; dan wen ich sie zu morgen frw an ein Ohr schlag, so brümbt sie den gantzen tag.*"

Dieser misogyne Satz über eine redselige Ehefrau ist im erzgebirgischen Marienberg gefallen: „Mein Weib wäre gut in einem großen Dom gewesen, denn wenn ich sie morgens früh an ein Ohr schlage, so brummt sie den ganzen Tag!" Witzeleien auf Kosten von Frauen sind Melanchthons Sache ansonsten nicht; er kann sich vielmehr über den antiken Ausspruch, Frauen seien jähzorniger als Männer, heftig echauffieren, so geschehen in einer Sonntagsvorlesung: „Das ist nicht wahr. Auch wenn es mildere und auch strengere Frauen gibt, so findet man doch viele Männer, die jähzorniger als ihre Ehefrauen sind. Viele Männer sind wilder als Bestien, wegen ihrer Herrschsucht und Grausamkeit, die sie in ihren Häusern ausüben" (CR 24, 286). Zu Melanchthons Einstellung zu Frauen, seinem Zorn über ihre Verachtung und seiner Überlegung, die Geschichten von Frauen, die ihr schlimmes Schicksal fromm und kraftvoll ertragen, aufzuschreiben, vgl. Andrea König: Melanchthon und die Frauen. „Dass wir sie unterstützen, nicht dass wir sie verachten", in: Der Humanist als Reformator. Über Leben, Werk und Wirkung Philipp Melanchthons, hrsg. von Michael Fricke und Matthias Heesch, Leipzig 2011, S. 156–160.

Nr. 136

Herzog Johann Friedrich pflegte zu sagen: „Es ist besser, eine Hure zu belohnen, als eine ehrbare Dame oder Jungfrau zu schänden."

Melanchthons Verhältnis zu Herzog Johann Friedrich I. von Sachsen (1503–1554, 1532–1547 Kurfürst), der Großmütige genannt, war von Konflikten belastet, da der Wittenberger Professor seinem Landesherrn eine expansive Machtpolitik vorwarf und sich auch über das Verbot seiner geplanten Reise nach Paris auf Einladung von König Franz I. sehr ärgerte (s. Nr. 249). Wegen seiner Gefangennahme nach der Niederlage bei Mühlberg (1547) bedachte Melanchthon Johann Friedrich mit Mitleid und lobte ihn als großen Förderer der Kirche (MBW 4732; den Jahrestag der Gefangennahme des „guten und wohlverdienten" Fürsten erwähnt Melanchthon in einer Sonntagsvorlesung, CR 24, 787). Bei Manlius (1566, p. 592) kommt er in der Rubrik „Integritas" vor – wohl nicht zuletzt deshalb, da er auch in der kaiserlichen Gefangenschaft am Augsburger Bekenntnis festhielt und so als Märtyrer des wahren Glaubens und als unerschütterlicher Glaubensheld in Bild und Text gefeiert wurde. An diesen Lobesreden beteiligte sich auch Melanchthon. So verfasste er auf den gefangenen Fürsten ein Gedicht, in dem er die standfeste und geduldige Frömmigkeit seines ehemaligen Landesherrn preist und ihn zu Gott beten lässt: „Ich bitte dich, dass du mir in unsicheren Zeiten Trost gewährst" (CR 10, 609). Nach dessen Tod am 3.3.1554 verabschiedete sich Melanchthon wiederum poetisch, indem er ihn als Beispiel eines guten Fürsten, der mit aufrichtiger Frömmigkeit den wahren Glauben in Sachsen förderte, würdigte (CR 10, 622).

Nr. 137

Friedrich Myconius, der manchmal ziemlich aufbrausend war, so wie es bei guten Charakteren üblich ist, hatte recht viel Streitigkeiten im Rat. Da habe ich, Philipp, ihn ermahnt: „Herr Friedrich", sagte ich, „es gebührt sich für uns, den Zorn im Zaum zu halten und um des allgemeinen Friedens und eures eigenen Gewissens willen nicht so viel Streit zu verursachen." Ich habe ihm geraten, wenigstens eine Zeit lang unnötige Streitereien zu unterlassen, und ihm gesagt, dass es viel Gutes zur Folge haben würde, wenn er sich daran hielte. Er versprach mir, auf mich zu hören. Nach zwei Jahren kam ich wieder zu ihm, und als er gerade vieles mit seinem Bürgermeister freundschaftlich besprochen und dabei manche Zugeständnisse gemacht hatte, sagte er zu mir: „O Herr Philipp, wie viel Nutzen hat mir dieser euer Rat gebracht; er hat mir wirklich sehr geholfen." Es ist wahr, dass kurzzeitiges kluges Verhalten Eintracht von langer Dauer schafft; aber die Nachgiebigkeit für diese kurze Zeit bringt so viel Schmerz wie ein böser langer Krieg. *Vnd es ist also,* die Charaktere sind so beschaffen, wie es Achilles sagt: Zornig zu sein ist wie Honig recht süß.

Der lutherische Theologe Friedrich Myconius (1490–1546) war seit 1524 als Prediger in Gotha bestellt, wo ihn Melanchthon mehrfach besuchte. Es gab auch einen intensiven Briefaustausch zwischen dem seit 1529 als Superintendenten amtierenden Myconius und Melanchthon, zumal Myconius in vielfältige kirchen- und schulorganisatorische Beratungen eingebunden war (vgl. die Belegstellen in MBW 13, S. 475–478). Bei Homer vergleicht Achilles seinen Zorn mit der Süße des Honigs (Ilias 18, 109). Die Anekdote ist auch in den Sonntagsvorlesungen überliefert und wird auch dort als Gespräch zwischen Myconius und Melanchthon erzählt; gerade bei heftigen Gemütern sei Geduld sehr schwierig: „Zorn halten […]: Ist ein gros schwer ding" (CR 25, 783). Melanchthon selbst kannte den Jähzorn, wie sein bester Freund und Biograph Joachim Camerarius berichtet: „Obwohl er manchmal zu Zornesausbrüchen neigte, ließ er sich dennoch nie zu etwas hinreißen, was besonders schimpflich gewesen wäre oder überhaupt hätte getadelt werden müssen" (Joachim Camerarius: Das Leben Philipp Melanchthons, übers. von Volker Werner,

Leipzig 2010, S. 42). So gab er häufiger den Rat, sich aus Streitigkeiten herauszuhalten (auch als Ermahnung gegenüber Myconius, MBW 748), auch wenn er in dieser Geschichte Geduld und Nachgiebigkeit als sehr schwierig und schmerzhaft einschätzt und dabei sicherlich an die vielen (innerprotestantischen) Angriffe gegen sich denkt.

Nr. 138

Albrecht Dürer erzählte mir von Maximilian, *das des* Maximilians *dick an den Armen sey so groß gewesen alß sein* Oberschenkel. Dabei war Albrecht von ziemlich großer Statur. Als Maximilian als schon älterer Mann auf dem Reichstag in Augsburg war, wetteiferte er dort mit den Adligen. Sie stellten Latten auf und kämpften darum, wer beim Werfen die meisten mit dem Spieß durchbohren könne. Damals durchbohrte Maximilian zwei Latten mit einem Wurf, was keiner der Adligen übertreffen konnte; und zu dieser Zeit war Maximilian 59 Jahre alt. Heutzutage sind die Körper der Menschen nicht mehr so stark; sie werden schwächer.

Maximilian I. (1459–1519) war von 1508 bis zu seinem Tod am 12. 1. 1519 deutscher Kaiser. 1518 hielt er sich in Augsburg auf dem Reichstag auf, an dem auch Dürer als Vertreter Nürnbergs teilnahm. Dieser porträtierte den Kaiser am 28. 6. 1518 in einer Kohlezeichnung, die sich in der Graphischen Sammlung der Wiener Albertina erhalten hat und Vorlage für einen Holzschnitt und zwei Ölgemälde wurde. Maximilian galt als gut trainierter Turnierkämpfer (vgl. Sabine Weiss: Maximilian I. Habsburgs faszinierender Kaiser, Innsbruck-Wien 2018, S. 149 f.). Ediert ist diese Anekdote auch in: Albrecht Dürer: Schriftlicher Nachlaß, hrsg. von Hans Rupprich, Berlin 1956, S. 325. Melanchthon und Dürer trafen sich bei der Vorbereitung und der Eröffnung der Oberen Schule in Nürnberg, d. h. im November 1525 und im Mai 1526. Das bekannteste Ergebnis ihrer Begegnung ist das erste Porträt Melanchthons, erhalten als Federzeichnung und als Kupferstich.

Nr. 139

Ein Arzt wurde zu einem angesehenen Manne, welcher erkrankt war, gerufen und von ihm nach der Ursache des Leidens gefragt. Er antwortete, dass der Fluss, der von der rechten Hand in den Kopf fließe, diese Ursache sei. Als jener einigermaßen verwundert fragte, wie das geschehen könne, ergriff der Arzt einen Humpen, der in der Nähe auf dem Tisch stand, führte ihn zum Mund und zeigte damit, dass dies der Fluss sei, der die Ursache der Krankheit war.

Melanchthons Interesse an medizinischen Fragen schlägt sich in eigener Beschäftigung mit der Heilkraft der Kräuter und in 22 überlieferten Deklamationen nieder, die von einem allgemeinen Lob der Medizin und ihrer Wohltaten bis hin zu speziellen Problemen reichen (z. B. „Über die Lunge und den Unterschied zwischen der Luft- und der Speiseröhre"). In einer Rede über den 42. Aphorismus des Hippokrates erläutert Melanchthon den Fluss der Körpersäfte in das Gehirn. Er nennt auch die Ursachen solcher Flüsse, darunter Schlemmerei und Schwelgerei (vgl. Ralf-Dieter Hofheinz: Philipp Melanchthon und die Medizin im Spiegel seiner akademischen Reden, Herbolzheim 2001, S. 286). Ob Melanchthon mit dem vom Arzt ergriffenen Humpen nur die Richtung der Körpersäfte von unten nach oben illustrieren oder zugleich auf die Krankheitsursache in Gestalt eines übermäßigen Alkoholgenusses hinweisen wollte, muss offen bleiben.

Nr. 140

König Alfons kam zufällig zu einem Gespräch zweier Ratgeber hinzu, von denen der eine beim König von Frankreich gewesen war. Als er fragte, worum es in ihrem Gespräch ginge, antwortete der eine, der dem französischen König gedient hatte, dass Könige nicht die Wissenschaften studieren müssten; es sei genug, wenn sie sich gelehrte Leute hielten. Da sagte König Alfons: „Das ist die Rede eines Ochsen, nicht die eines Menschen."

Alfons X., der Weise, König von Kastilien und León (1221–1284) gehörte für Melanchthon zu den wegen ihrer Förderung der Wissenschaften vorbildlichen Herrschern – nicht zuletzt wegen seines Einsatzes für die Erneuerung der Astronomie/Astrologie. Doch auch ein anderer König Alfons, nämlich der von Aragon und Neapel, der Großmütige (1396–1458), wurde von Melanchthon geschätzt. Über ihn gab es eine Sammlung von 220 biographischen Anekdoten des Antonio Beccadelli aus dem Jahr 1455, die auch in Deutschland populär wurden, sei es durch die „Apophthegmata" des Erasmus von 1531 oder durch die Edition von Jakob Spiegel (Basel 1538). Diese Geschichte ist von Beccadelli überliefert; der Ausruf ist fast wortwörtlich übernommen, nur wird die Geschichte in Melanchthons Fassung auf einen französischen, nicht wie bei Beccadelli auf einen spanischen König bezogen (vgl. Alfonso I. und Ferrante I. von Neapel. Schriften von Antonio Beccadelli […], hrsg. von Hermann Hefele, Jena 1912, S. 22); in enger Nachfolge Beccadellis steht Erasmus mit seinen „Apophthegmata" (Erasmus von Rotterdam: Apophthegmata. Spruchweisheiten, hrsg. von Heribert Philips, Würzburg 2001, S. 664).

Nr. 141

Johannes Reuchlin erzählte mir eine Geschichte über den Grafen Eberhard von Württemberg und einen Kardinal, der ihn in Rom in die Kirche begleitet hatte, so wie solche Fürsten ehrenvoll behandelt werden. Als beide schon die Kirche betreten hatten, kam zur gleichen Zeit jemand herein, der mit einem zerrissenen Gewand bekleidet war. Er trug Grünpflanzen mit sich, mit denen er die Kirche schmücken sollte, und als ihm die Menschen Platz machten, ging er bis zu dem Ort, an dem Graf Eberhard und der ihn begleitende Kardinal standen. Dort verstreute er die Pflanzen, und zugleich mit ihnen zog er einen Dolch hervor und tötete den Kardinal; dann wurde er von einem anderen überwältigt. Graf Eberhard entfernte sich sofort und wollte danach in keine Kirche mehr gehen, solange er in Rom war. Solche Meuchelmörder sind die Spanier.

Graf Eberhard reiste 1482 nach Rom, u. a. begleitet von dem 27-jährigen Reuchlin als Dolmetscher. Die damaligen Zustände in Rom illustriert

Reuchlin als Augenzeuge mit dem Mord an einem der beiden Kardinäle, die das Ehrengeleit für den Gast aus Württemberg bildeten, der damals übrigens von Papst Sixtus IV. das Ehrengeschenk der Goldenen Rose erhielt. In Melanchthons Rede auf den 1495 zum Herzog erhobenen Eberhard wird diese Episode nur kurz erwähnt (CR 11, 1027 = Melanchthon deutsch. Bd. 1, Leipzig ^{2}2011, S. 215). Zu dem Nationalstereotyp des mordlustigen Spaniers, das im Schlusssatz anklingt und im 16. Jahrhundert sehr verbreitet war, vgl. Annette Helmchen: Die Entstehung der Nationen im Europa der Frühen Neuzeit. Ein integraler Ansatz aus humanistischer Sicht, Bern u. a. 2005, besonders S. 341.

Nr. 142

Als ein Jüngling viele lasterhafte Begierden verspürte und nicht wusste, wie er sie aus seinem Gemüt vertreiben könne, fragte er einen Eremiten, was er tun solle. Dieser antwortete, er könne nicht verhindern, dass die Vögel über seinem Haupte flögen, aber er könne verhindern, dass sie auf seinem Kopf nisteten. Damit wollte er deutlich machen, dass man nicht verhindern könne, dass sich lasterhafte Begierden einstellten. Man müsse aber dafür sorgen, dass sie keine Wurzeln in uns schlagen und in Taten übergehen.

Hier wird ein Ratschlag abgewandelt, den Luther am 19. 6. 1530 in seinem Brief an den depressiven Hieronymus Weller formulierte: „Dass die Vögel der Sorge und des Kummers über deinem Haupt fliegen, kannst du nicht ändern. Aber dass sie Nester in deinem Haar bauen, das kannst du verhindern“ (WA Br 5, 374, Z. 37–39). In Melanchthons Geschichte werden aus den Sorgenvögeln Vögel der sexuellen Begierde; der reformatorisch-consolatorische Kontext wird in einen katholisch-sexualitätsfeindlichen transponiert.

Nr. 143

Auf dem Konzil von Basel begaben sich einige gelehrte Leute, da sie nun einmal dort waren, zu einem Spaziergang in ein nahegelegenes Wäldchen. Dort hörten sie ein Vöglein, das auf die lieblichste Weise sang und ungewohnte Töne von sich gab. Und sie wunderten sich, was das für ein Vogel sei. Da wandte sich einer unter ihnen, der etwas beherzter war und ahnte, dass dies kein wirklicher Vogel war, an diesen und sprach ihn an: „Ich beschwöre dich", sagte er, „beim Sohne Gottes, unserem Herrn Jesus Christus, dass du mir sagst, wer du bist." Der Vogel antwortete: „Ich bin eine verdammte Seele, und dieser Ort ist mir bestimmt bis zum Jüngsten Tage." Darauf flog er fort und rief: *„Ewig, Ewig, Ewig, wie lang ist das!"* In großen Schrecken versetzt, gingen die Herren davon und wurden vor Entsetzen krank, und einige sind auch gestorben. Diese Geschichte erzählte Herr Philipp, nachdem er auf die Stelle im Brief des Judas zu sprechen kam, wo geschrieben steht, dass die Engel, die ihre himmlische Herkunft nicht bewahrt haben, sondern hochmütig eine eigene Heimstatt suchen, in ewigen Banden gehalten werden bis zum Jüngsten Gericht. Und er fügte hinzu, dass es nach diesem Leben einen genau bestimmten und furchtbaren Ort für die verdammten Seelen geben werde, und vielleicht gebe es diesen bestimmten Ort, an dem sie gehalten würden bis zum Gericht, auch jetzt schon. Diese Geschichte aber ist wahr und von vielen vertrauenswürdigen Männern berichtet worden.

Anlass der Erzählung ist die Erläuterung von V. 6 des neutestamentlichen Judas-Briefes, einer Mahnung gegen Irrlehren. Eine eigenständige Vorlesung Melanchthons zu diesem kurzen Brief ist nicht bekannt. Das Konzil zu Basel fand 1431–1449 statt. Manlius (1566, p. 33) lässt den Anlass, die Erläuterung des Judas-Briefs, weg und verkürzt die Ausführungen, die Melanchthon nach dem deutschen Ausruf des Vogels macht: „Ich glaube, es war der Teufel, der an jenem Ort wohnte. Alle aber, die bei dieser Beschwörung dabei waren, begannen sehr krank zu werden und waren bald darauf tot." So passt die Geschichte in die Reihe der vielfältigen Truggestalten des Teufels, der als Engel oder als Mönch oder als Rabe oder eben als Nachtigall die Sinne des Menschen verwirrt (vgl. Alsheimer, S. 425 f.).

Nr. 144

Ich habe Doktor Martin Luther in seinen Vorlesungen häufig davon sprechen hören, dass er in dem Ort Dabrun gewesen sei. Er ist nämlich oft dahin gefahren, um zu predigen, weil dort die Adligen von Staupitz lebten, die bis jetzt in unserer Nachbarschaft sind. Dort trug der Ordensbruder, der die Messe las, das Evangelium Lukas 19 vor, in dem es heißt: „Sie brachte mir zehn Minen ein." Weil aber der biblische Originaltext *μνᾶς* schreibt und der Mönch das nicht lesen konnte und er außerdem vorher diese Bezeichnung nicht gehört hatte, las er „zehn misericordias [misericordia = Barmherzigkeit]." Später, als er meinte, dass „zehn misericordias" nicht passend sei, las er: „Und er gab ihm zehn minimas [minima = kleinste, geringste]." Er wandte ein, dass auch dies nicht passen könne, und so las er: „Er gab ihm zehn Meras [mera = rein, echt, bloß]." Ich sage dies nur als Beispiel für törichte Menschen, die alle Wissenschaften verachten. Wenn es schön ist, nichts zu wissen, mag es meinetwegen so sein, aber Wissenschaften und Sprachen sind die Binden Christi. Die Lehre Christi ist eingewickelt in Bündel, d.h. in Wissenschaften und Sprachen, *man muß dannoch* Sprachen *kunnen.*

In Luthers Übersetzung lautet Lk 19,16: „Herr, dein Pfund hat zehn Pfund eingebracht." Der des Griechischen unkundige Prediger versteht die griechische Gewichtseinheit (die Vulgata schreibt „mna" bzw. im Akkusativ Plural „mnas") als lateinische Abkürzung und variiert den vermuteten Wortsinn von „zehn Barmherzigkeiten" über „zehn Geringste" bis zu „zehn Reine". Die Familie von Staupitz besaß einen Gutshof in Dabrun (heute Stadtteil von Kemberg, noch immer sind in der Kirche Epitaphien der Familie zu besichtigen) und nicht in Düben – so aber der Text im CR, doch hat die handschriftliche Aufzeichnung Vendenhaimers den richtigen Ortsnamen. Denn während (Bad) Düben eine Tagreise von Wittenberg entfernt war, ist Dabrun nicht einmal 2 Stunden Fußweg vom Schwarzen Kloster entfernt, so dass ein häufigeres Predigen Luthers dort gut vorstellbar ist. Den Schlussgedanken über die enge Verknüpfung von Sprachenkenntnis und Christusverständnis entfaltete Melanchthon in seiner Deklamation „De nativitate Christi" (1552), in der er mit ähnlichen Worten ausführt: „Amemus igitur et colamus haec studia linguarum, in quibus Deus sua oracula nobis tradidit, et perpetuo conservat: imo quae sunt fasciolae, quibus Christus involutus est" – „Lasst uns also diese Studien der Sprachen lieben und pflegen, in denen Gott uns seine Weissagungen übergeben hat und sie auf ewig erhält. Ja, sie sind wie die Binden, in denen Christus eingewickelt ist" (CR 11, 1034).

Nr. 145

Ein württembergischer Graf (zu Herzögen ernannt wurden diese Herrscher erst vor 100 Jahren) verhielt sich auf dem Reichstag zu Regensburg anmaßender als die übrigen Teilnehmer. Kaiser Friedrich wollte seine Dreistigkeit daher tadeln und sagte zu ihm: „*Wen das end güt ist, so ist es alles güt.*" Damit deutete er an, dass der Übermut des Grafen ihm einst selbst schaden werde. Friedrich war nämlich äußerst besonnen, so dass er wegen seiner Selbstbeherrschung feige genannt wurde. Als der Graf dies gehört hatte, ließ er sich einen Mantel aus dicker Wolle machen, *liß im einen zwilgen kütel machen,* und rundherum einen goldenen Saum mit einem großen Aufwand an wertvollem Blattgold. Als er dann in die Versammlung kam und gefragt wurde, was es mit dieser Kleidung auf sich habe, antwortete er: „*Wen das End güt ist, so ist es alles güt.*" So verlachte er den Kaiser, aber es war ein sardonisches Lachen, weil er nicht lange danach im Krieg getötet wurde. So hat ihn Gott wegen seines anmaßenden Verhaltens gestraft, denn bei Gott gilt die Regel: „Wer sich erhöht, der wird erniedrigt werden."

Unter Kaiser Friedrich III. (1415–1493) fand 1471 ein viel besuchter Reichstag in Regensburg statt. Friedrich galt eher als träge, z. B. wegen seines fehlenden Engagements bei der Türkenabwehr, und wurde von den zeitgenössischen Chronisten als passiv und unentschlossen dargestellt. In der „Historia Austrialis" des Enea Silvio Piccolomini wird indessen auch seine Großmut („magnanimitas") und seine Selbstbeherrschung („animi moderatio") gerühmt (vgl. Claudia Märtl: Anmerkungen zum Werk des Eneas Silvius Piccolomini, in: König und Kanzlist, Kaiser und Papst. Friedrich III. und Enea Silvio Piccolomini in Wiener Neustadt, hrsg. von Franz Fuchs u. a., Wien u. a. 2013, S. 18 f.). Der erste Herzog von Württemberg war seit 1495 Eberhard; zuvor gehörten die Herrscher Württembergs dem Grafenstand an. Zur Zeit des Regensburger Reichstags herrschte Ulrich V., der 1462 eine Kriegsniederlage samt Gefangenschaft (bis 1463) hatte erdulden müssen und 1480 bei einer Hirschjagd starb. In den Sonntagsvorlesungen ist der Württemberger (fälschlicherweise) schon ein „dux" (also Herzog), der sich „ein Frenckisch kleid oder kittel" aus wertvollen Stoffen und Goldfransen herstellen lässt und später im Krieg gefangen genommen wird. Auch hier gilt das Schicksal des Württembergers als Exempel für die biblische Weisheit, dass wer sich selbst erhöht, erniedrigt wird, und wer sich selbst erniedrigt, erhöht wird (Mt 23,12; CR 25, 343 f.).

Nr. 146

König Alfons von Neapel lebte zur Zeit unserer Väter, da Friedrich bei ihm in Neapel war und von ihm mit hohen Ehren ausgezeichnet wurde. Als er die Stadt Gaeta belagerte und die Menschenmenge in der Stadt nicht ernährt werden konnte, schickten die Einwohner Gaetas eine große Zahl Greise, Kinder und Frauen aus der Stadt. Als das geschah, rieten etliche dem König, er solle einige von ihnen töten, damit die Feinde aus Furcht und aus Mitleid mit den Ihren die Stadt übergäben. Und der Erzähler selbst sagt: „Gott möge mir vergeben, weil auch ich dieser Meinung war und denselben Rat gegeben habe." Der König stand eine Weile in tiefem Nachdenken, ging mit sich zu Rate und sagte schließlich: „Mir ist gewiss das ganze neapolitanische Königreich nicht so viel wert, dass ich das tue." Darauf ordnete er an, die Menschen in die benachbarten Städte zu bringen. Er befahl auch den Behörden, sie gastfreundlich aufzunehmen, sie nicht zu demütigen und die Mädchen und Frauen nicht anzutasten. Als die Einwohner von Gaeta dies von den Stadtmauern sahen und hörten, waren sie von Bewunderung für diese tugendhafte Großmut überwältigt und übergaben die Stadt sogleich freiwillig. Hier hatte der weise König richtig bedacht, dass die Menschen viel eher durch Weisheit und Gerechtigkeit bezwungen werden als durch Grausamkeit. Denn diese macht sie oft unnachgiebiger. Solche Beispiele muss man bedenken.

Der genannte Erzähler ist der aus Palermo stammende und vor allem in Neapel wirkende Humanist Antonio Beccadelli Panormita (1394–1471), der 220 Anekdoten zu König Alfons von Aragon und Neapel (1396–1458) zusammenstellte. Durch die „Apophthegmata" des Erasmus (1531) und die Ausgabe von Jakob Spiegel (1538) sind die Geschichten auch in Deutschland bekannt geworden. Der Text Melanchthons, der auch in den Sonntagsvorlesungen überliefert ist (CR 25, 431), ergänzt die Vorlage durch die historische Verknüpfung mit deutscher Geschichte, d. h. mit Kaiser Friedrich III. dem Friedfertigen (1415–1493) – die Begegnung, von der Beccadelli in einer anderen Geschichte berichtet (vgl. Alfonso I. und Ferrante I. von Neapel. Schriften von Antonio Beccadelli [...], hrsg. von Hermann Hefele, Jena 1912, S. 59 u. 87–89), fand 1452 statt –, und durch die glückliche Wendung der freiwilligen Übergabe der Stadt, offensichtlich mit dem Ziel, die allesbezwingende Tugend der gerechten Weisheit noch leuchtender erscheinen zu lassen (vgl. ebd., S. 24 f. und S. 27, wo die kampflose Übergabe der Stadt durch göttliche Gnade erklärt wird). In den Tischreden (und zwar in der Nachschrift des Johannes Mathesius vom September 1540) wird die Geschichte ebenfalls von Melanchthon erzählt, der sie mit einem heimatlichen Beispiel, der Belagerung Brettens 1504 durch Herzog Ulrich von Württemberg, einführt (WA TR 5, 30 f.). Welche Vorlage Melanchthon für seine Erzählungen über König Alfons verwendete, ist nicht leicht zu entscheiden; denn zusätzlich zu den damaligen Ausgaben des Erasmus, in dessen „Apophthegmata" allerdings keine vollständigen Geschichten, sondern nur kurze Aussprüche mitgeteilt werden, und Jakob Spiegels, in dessen Ausgabe Basel 1538 („De dictis et factis Alphonsi Regis Aragonum libri quatuor") diese Geschichte ausführlich auf p. 4 f. erzählt wird, kannte Melanchthon noch die deutsche Übersetzung eines jungen Rheinländers mit Vornamen Eberhard („[...] Die hohen reden und thaten Alfonsi weyland konigs zu Aragonien", Frankfurt/Main 1545), die er dem dänischen König Christian III. als diesem dedizierte Neuerscheinung zusandte (MBW 4034).

Nr. 147

Faber, der Bischof von Wien, gab ein Buch über den Zölibat und gegen die Priesterehe heraus. Als dies Erasmus gebracht wurde, schrieb dieser die folgenden beiden kleinen Verse hinein:

> Schamlos, wenn es um eine ernsthafte Sache geht,
> wiederum schamlos, wenn er so freundlich scherzt, ist Faber.

Dieser Faber war ein frivoler und unanständiger Mensch. *Er hat zw Wien dem Schüster das weib abgespant.*

Johann Fabri (1478–1541) war seit 1530 Bischof von Wien und ein erbitterter Gegner der Reformation. In seiner Jugend gehörte er zum Kreis des Erasmus. Als Konstanzer Generalvikar verfasste Fabri 1522 ein „Opus adversus nova dogmata Martini Lutheri“, in dem er sich besonders ausführlich mit Luthers Einstellung zur Priesterehe auseinandersetzte. Erasmus hingegen gehörte zu den Kritikern des priesterlichen Pflichtzölibats und war der Überzeugung, dass sich jeder ohne gesetzliche Verpflichtung in Freiheit für oder gegen den Zölibat entscheiden solle (vgl. August Franzen: Zölibat und Priesterehe in der Reformationszeit und der katholischen Reform des 16. Jahrhunderts, Münster 1969, S. 42–46). Im Unterschied zu Vendenhaimer, der inkonzinn Faber in der dritten Person („ludit“) und direkt („amice Faber“) anspricht, lauten bei Manlius (1566, p. 317) die Verse des Erasmus: „Mente cares, si res agitur tibi seria, rursus / Fronte cares, si sic ludis, amice Faber.“ In der Übersetzung von Martin Mulsow: „Dir fehlt es an Geist, wenn Du die Sache ernst nimmst; andererseits lässt Du den Anstand vermissen, wenn Du so Deine Spielchen mit mir treibst, mein lieber Faber“ (in: Radikale Frühaufklärung in Deutschland 1680–1720. Bd. 1, Göttingen 2018, S. 445). Erasmus wehrte sich mit ähnlichen Worten gegen die Kritik des Faber Stapulensis an seinem Kommentar zum Johannesbrief. Melanchthon transferiert das Erasmus-Zitat also in einen völlig anderen Kontext. Mulsow hält die Verse, die er Lessings „Rettung des Inepti Religiosi“ entnimmt, der wiederum bei seinen Studien in der Wittenberger Universitätsbibliothek darauf gestoßen war (vgl. Michael Multhammer: Lessings ‚Rettungen‘. Geschichte und Genese eines Denkstils, Berlin/Boston 2013, S. 203 mit Anm. 275), für ein „halbwegs aus dem Gedächtnis zitiertes Wort von Erasmus“ aus der prosaischen „Apologia ad Fabrum Stapulensem“ (1517), doch scheint es eine poetische Zwischenstufe gegeben zu haben – vielleicht Melanchthon als Vermittler zwischen Erasmus und Lessing?

Nr. 148

Die letzte Schrift Ecks war eine Verteidigung des Zölibats gegen die Priesterehe, ein wahrhaft schamloses Buch und voller Gottlosigkeit. Es war dies nämlich kein Schwanengesang, sondern es erging ihm wie in dem folgenden Sprichwort: Auf der Flucht kackt die Katze am schlimmsten.

Johannes Eck (1486–1543), seit 1510 Theologieprofessor in Ingolstadt, war der breit gebildete und rhetorisch brillante intellektuelle Gegenspieler Luthers auf katholischer Seite. Luther überzog ihn mit grober Polemik („Doktor Sau“, „das Schwein zu Ingolstadt“ etc.). Zu Ecks Schriften vgl. das Werkverzeichnis in: Tres orationes funebres in exequiis Joannis Eckii habitae […], hrsg. von Johannes Metzler, Münster 1930, S. LXXII–CXXXII. Seine letzte Schrift ist die „Replica“ gegen Bucers Haltung auf dem Regensburger Religionsgespräch. Die Reformatoren argumentierten gegen den Zölibat sowohl aus lebenspraktischen Erwägungen – Ehe ist notwendig, um die ‚Hurerei‘ zu verhindern – als auch aus der theologischen Überzeugung, dass Ehelosigleit kein göttliches Gebot sei. Eck hat mehrfach die Missstände im Klerus attackiert und sich zugleich für das Priesterzölibat ausgesprochen, etwa in seinem 1525 erschienenen „Enchiridion locorum communium“, in dem er das Keuschheitsgelübde als Gnade Gottes und als zentral für die kultische Heiligkeit des Priesters aufzeigt; auch auf dem Augsburger Reichstag (1530), auf dem Laienkelch und Priesterehe die zentralen Streitpunkte zwischen den sich allmählich ausdifferenzierenden Konfessionen darstellten, argumentierte Eck entschieden gegen die Wittenberger Häresien (vgl. August Franzen: Zölibat und Priesterehe in der Auseinandersetzung der Reformationszeit und der katholischen Reform des 16. Jahrhunderts, Münster 1969, S. 33, 36, 42–46). Bei Manlius (1566, p. 317) besitzt die Pointe noch eine zusätzliche Schärfe, da Melanchthon davon spricht, dass er Ecks Buch auf keinem anderen Ort als auf einem Klo hätte lesen können.

Nr. 149

In Stuttgart gab es einen ehrwürdigen und klugen Ratgeber des Herzogs von Württemberg. Als dieser am Hofe nicht wenige Unannehmlichkeiten hatte, sich ihrer aber nicht entledigen konnte, sagte er, dass er einen Hund habe, der viel klüger sei als er selbst. Dieser war nämlich einmal am Hofe von anderen größeren Hunden übel zugerichtet worden, als er seinem Herrn folgte, der zum Rat in den Saal hinaufging. Danach betrat er den Palast nicht mehr, sondern folgte seinem Herrn immer bis dorthin und kehrte dann nach Hause zurück, weil er fürchtete, wiederum auf die Hunde zu treffen. Ich jedoch halte mich nicht vom Hofe fern, obwohl ich dort so oft so große Unannehmlichkeiten und Schwierigkeiten hatte.

Es handelt sich hier wohl um den Hof Herzog Eberhards I., über den Melanchthon durch Reuchlin gute Kenntnisse besaß (s. auch Nr. 32 u. 141). Diese schlagen sich in seiner Rede „De Eberhardo Duce Wirtebergensi“ (1552) nieder, in der diese Geschichte allerdings nicht vorkommt. Melanchthons Verhältnis zum Hof seiner Landesherren (Friedrich d. Weise, Johann d. Beständige, Johann Friedrich I., Moritz und August) war komplex: Zum einen war er als Professor an der kursächsischen Universität Wittenberg dem Hof u. a. als Berater und Gutachter verbunden (vgl. Heinz Scheible: Melanchthon. Vermittler der Reformation, München 2016, S. 121–167: „In der hohen Politik“), zum anderen war das Verhältnis keineswegs konfliktfrei, ablesbar etwa an kritischen Äußerungen von Kurfürst Johann Friedrich an der „Wankelmütigkeit“ Melanchthons (vgl. Beate Kobler: Die Entstehung des negativen Melanchthonbildes. Protestantische Melanchthonkritik bis 1560, Tübingen 2014, S. 545 f.). Zu Melanchthons Kritik am Hofleben s. auch Nr. 55.

Nr. 150

Als der Militärtribun Phokas seinen Herrn, den Kaiser Maurikios, besiegt und gefangen genommen hatte, befahl er, die Frau, die Söhne und die Töchter des besiegten Kaisers zu sich zu bringen, um sie vor dessen Augen töten zu lassen. Zuerst ließ er die Töchter und danach den jungen Sohn umbringen, während ihr Vater Maurikios und ihre Mutter, seine hochgeachtete Gattin, zusehen mussten. Bis dahin fehlte aber das jüngste Söhnchen, das bei seiner Amme war. Als nun Phokas befohlen hatte, es herbeizubringen, brachte der Ehemann der Amme, von Mitleid bewegt, nicht dieses Kind, sondern seinen eigenen Sohn, so groß war die Treue dieses Menschen. Als aber Maurikios den Jungen erblickt hatte, unterbrach er den Phokas und wies ihn darauf hin, dass dies ein fremdes Kind sei, und er wolle sein Unglück nicht auf andere abwälzen. Also wurde der Sohn des Maurikios herbeigebracht und getötet. Später wurde die unglückselige Mutter hingemordet, und bei diesem ganzen so großen Unglück hörte man kein einziges gottloses Wort von Maurikios, sondern er stand da als Augenzeuge solch entsetzlichen Elends und Schmerzes. Als aber die Reihe an seine Gattin kam, da schließlich hob der Kaiser die Augen auf und brach in die Worte aus: „Herr, du bist gerecht, und gerecht ist dein Urteil!" Damit wollte er bekennen, dass er schuldig sei und zu Recht diese Strafen ertrage. Endlich aber bot auch er selbst freudigen Mutes den Nacken dem Tyrannen dar.

Phokas (547–610) war Offizier, stürzte 602 Kaiser Maurikios (539–602) und wurde danach selbst Kaiser. Die Überlieferung zeichnet ihn als grausamen Tyrannen. Die Ermordung des Maurikios und seiner Familie wird – wohl nach Theophylakt – von Melanchthon auch im „Chronicon Carionis" ausführlich berichtet, und zwar bis hin zu Details wie dem Ausruf bei der Ermordung der Gattin. Im „Chronicon" verknüpft Melanchthon diese grausame Geschichte mit Ausführungen zum Zorn Gottes und zum Gebet (CR 12, 1067–1072). Das Ende des Maurikios, der für Melanchthon ein besonders kluger Herrscher und zugleich Inbegriff von Bußfertigkeit und Geduld war, wird auch in den Sonntagsvorlesungen ausführlich behandelt („Est miserabilis Tragoedia") und mit der Ermordung des Phokas („Das ist ein iemmerlicher tod") kontrastiert (CR 25, 500 f., vgl. auch CR 24, 158). Zum Fortwirken dieser Geschichte vgl. Rehermann, S. 164, 337 f., 519, 531 f.

Nr. 151

Maximilian, der älteste Sohn Ferdinands, der während der Abwesenheit des Kaisers und dessen Sohnes Italien und Spanien allein regierte, verfolgte zufällig auf der Jagd einen Hirsch. Er hatte sich ziemlich weit von seiner Begleitung entfernt, verirrte sich und streifte im Wald umher. Endlich kam er am Abend zu einem Dorf, in dem er von einem Bauern gastlich aufgenommen wurde. Als dieser seine reiche Kleidung gesehen hatte, begann er ihm nach dem Leben zu trachten, ohne zu erkennen, dass es der König war. Die Tochter des Bauern jedoch warnte den König vor der Gefahr für sein Leben. Am Abend aber führte der Bauer ihn in eine enge Kammer. Da er von dem Mädchen gewarnt worden war, schob der König eine Truhe, die sich zufällig dort befand, vor die Tür. In der Nacht kam der Bauer mit zwei Söhnen und wollte durch die Tür eindringen, aber da er merkte, dass die Truhe davorgeschoben war, forderte er den König auf, die Tür zu öffnen. Dieser antwortete, dass er nicht öffnen wolle, da er keinen einleuchtenden Grund dafür habe. Darauf riss der Bauer die Wand ein und griff den unbekleideten König an, wurde aber von diesem mit einem Pistolenschuss sogleich getötet und fiel zu Boden. Der König zog das Schwert und durchbohrte den nächsten. Als darauf ein Tumult entstand und die Leute zusammenliefen, wurde der König in den Kerker geworfen. Am Morgen kamen Reiter, die nach ihm suchten, und als sie sein Pferd zufällig erblickt hatten, erkundigten sie sich, wo er sei. Nachdem sie so von dem Vorfall erfahren hatten, wurde der König von seinen Fesseln befreit. Er verließ das Dorf mit seinem Gefolge, nahm das Mädchen, von dem er gewarnt worden war, mit sich und beschenkte es reich. Das Dorf aber wurde auf Befehl des Kaisers in Brand gesteckt.

Maximilian II., ab 1564 Kaiser des Heiligen Römischen Reichs, wurde 1527 als ältester Sohn Ferdinands I. (1503–1564, ab 1558 Kaiser) geboren. Zur Zeit der erzählten Ereignisse war Ferdinands Bruder Karl V. noch Kaiser (von 1519 bis 1558); dessen Sohn hieß Philipp (1527–1598). Als Statthalter regierte Maximilian in Spanien 1548–1551 (vgl. Manfred

Rudersdorf: Maximilian II. 1564–1576, in: Die Kaiser der Neuzeit 1519–1918, hrsg. von Anton Schindling und Walter Ziegler, München 1990, S. 81 f.).

Nr. 152

Ein Niedersachse reiste nach Italien, wo man üblicherweise sehr maßvoll lebt. Beim Essen stellte man ihm denn auch ein kleines Glas Wein hin. Er trank den Wein aus und noch ein zweites Glas und ein drittes, und dann warf er das Glas an die Wand und sagte: *„Dat die gott wunden schkent! Wat schal ick mit dem blackhorn macken? Gef my en half stiwecken her!"*

Der Niedersachse ärgert sich über das kleine Glas, das er mit einem Tintenfass (= „blackhorn") vergleicht; „schkent" ist wohl eine Variante oder Verschreibung von „schenkt". Meint „half stiwecken" einen halben Stiefel? Dann würde der plattdeutsche Trinker ausrufen: „Soll Gott dir Wunden schenken! Was soll ich mit dem Tintenfass machen? Gib mir einen halben Stiefel her!" Manlius (1566, p. 451 f.) verlegt die Geschichte an den Rhein und lässt den durstigen Gast ohne Herkunftsangabe auftreten.

Nr. 153

Im ersten Kirchenexamen wurde ein Pfarrer, der Mönch war, von Philipp gefragt, ob er auch den Dekalog lehre. Darauf antwortete er: *„Ich hab das büch noch nicht"*, und er hatte ganz richtig geantwortet, weil er es weder im Kopf noch in seiner Bibliothek hatte.

Bei Manlius (1566, p. 166) wird die Situation näher geschildert: Bei der ersten Visitation, an der neben Melanchthon u. a. der von 1502 bis 1547 an der Leucorea vor allem als Jurist lehrende Hieronymus Schurff (1481–1554) teilnahm, kam es zur Prüfung eines Pfarrers, der früher Mönch und deshalb ziemlich ungebildet war, d. h. ohne Kenntnis der biblischen Bücher. Die erste reformatorische Visitation in Mitteldeutschland fand Juli bis September 1527 statt, bei der Melanchthon auf viele Beispiele von gravierender Unwissenheit stieß, wie er in Briefen aus dieser Zeit und im offiziellen Visitationsbericht ausführte (zu dieser Visitation und den Erfahrungen der Visitatoren mit altgläubig geprägten Pfarrern vgl. Heiko Jadatz: Wittenberger Reformation im Leipziger Land. Dorfgemeinden im Spiegel der evangelischen Kirchenvisitationen des 16. Jahrhunderts, Leipzig 2007, S. 53: „Die Visitatoren berichten, daß eine Anzahl von Geistlichen nicht in der Lage ist, das Evangelium zu verkündigen. In manchen Kirchen wird in einer Weise von der Rechtfertigung gepredigt, daß vielerorts die Menschen in Verantwortungslosigkeit verfallen"). Für Melanchthon besaß die Predigt des Dekalogs zeitlebens einen hohen Stellenwert, auch wenn er dadurch in Auseinandersetzungen im eigenen Lager geriet; so warf ihm z. B. Johannes Agricola (1494–1566) vor, der Gesetzespredigt zu große Bedeutung beizumessen, da der vom Gesetz befreite evangelische Christ ihrer nicht mehr bedürfe (vgl. Beate Kobler: Die Entstehung des negativen Melanchthonbildes. Protestantische Melanchthonkritik bis 1560, Tübingen 2014, S. 66). Melanchthon hingegen bestimmte in seinen Sonntagsvorlesungen die christliche Freiheit nicht als die Freiheit von Gesetzen, Regelungen, Beachtung von Festtagen etc. und lehnte eine solche Haltung („Ego sum Christianus, sum liber a lege, ideo licet mihi ista negligere" – „Ich bin Christ, ich bin frei vom Gesetz, deshalb ist es mir erlaubt, solches zu vernachlässigen") als barabarisch ab (CR 24, 261 f.). Zu seiner Wertschätzung des Dekalogs vgl. auch CR 24, 888 f.

Nr. 154

Der Knabe Jesus

Alle Weisheit der Welt kommt zu Recht nicht dem Denken und Sinnen Jesu Christi gleich. Was nämlich ist wunderbarer als zu erkennen, dass dieser Sohn Gottes, den wir bewundern und fürchten müssen, sich für uns opfert und um des Menschengeschlechts willen sich so sehr erniedrigt, dass er sich durch sein Verhalten wie ein Mensch zeigt! *Zu Nazareth würdt er seinem vater haben helffen heüser bauen*, weil er ein Zimmermann war. *Was werden die von Nazareth sagen*, wenn sie Christus zur Rechten der himmlischen Majestät sitzen sehen? *„Hastu nit mein hauß helffen bauen?*

Wie kompstu zu solchen großen Ehren?" Das ist die hochste weisheit, das wir wüßen, das sich Christus so tief vmb vnßeret willen hernider gelaßen hatt und seine maiestaten vns zu gut so lang verborgen. Zuerst schrie er in der Wiege und nährte sich von Milch, später war er fern der Heimat, nach der Rückkehr half er dem Vater; *vnd würdt der muter oft broth vnd drincken geholt haben, sie würdt auch oft gesagt haben: „Jhesulein, wo bistu gewesen? Kanstu nicht daheim pleiben?" Ach das ist ein hoche weisheit.* Vieles ist erdacht worden über die Kindheit Jesu, aber das sind apokryphe Schriften. Viele nehmen daran Anstoß, dass wir sagen, Christus sei ein Handwerker gewesen, und doch ist es eine größere Schande, dass Christus gekreuzigt worden ist. Ein Bischof aus Salona betete zu Gott, er möge ihm offenbaren, was Christus von seiner Kindheit an gewesen sei. Darauf sah er im Traum einen Zimmermann und einen Knaben, der Holz zusammensuchte, außerdem ein Mädchen, das hinzukam und beide zum Essen rief. Dann meinte der Bischof, sie beim Essen zu sehen und dass der Knabe ihn gefragt habe, weshalb er nicht auch esse. Erschreckt durch diese Worte, stieß er mit dem Kopf an das Bettgestell und wachte dadurch auf. Deshalb glaube ich, dass Christus alles getan hat, was ein Junge tut, und dennoch ohne Sünde. Ich meine, dass Christus des öfteren, wenn die Eltern Mangel litten, durch seine göttliche Macht das Notwendige ohne Geld herbeigeschafft hat. Deshalb nämlich vertraute seine Mutter auf diese Beispiele, die sie kennengelernt hatte. Als sie bei der Hochzeit bemerkte, dass Wein fehlte, sagte sie ihm, dass der Wein zur Neige gehe. Und so vollbrachte Christus sein erstes Wunder. Deshalb glaube ich, dass seine Mutter nicht so sehr aufgrund der Empfängnis als vielmehr aus diesen Zeichen erkannt hat, dass ihr Sohn der Sohn Gottes sei. *Wer das künt faßen, der mocht sagen* über die höchste Weisheit. Denn obwohl Christus verachtet war, wünschten dennoch die Engel, ihn zu schauen, *vnd sagen:* „Dieser Knabe ist Gott, und dennoch macht er sich den sündhaften Menschen um ihretwillen gleich. *Das muß ein guter frumer Deus sein.*" Wenn der Kaiser irgendeinem Bettler die Füße waschen würde, guter Gott, wie würde man diese Tat preisen! Aber niemand wundert sich, dass der Sohn Gottes dies tut, und dennoch betet Gabriel ihn als Gott an. Deshalb ist es die größte Weisheit zu wissen, dass Christus als Mensch der Sohn Gottes ist, und über seine vollkommene Niedrigkeit nachzusinnen. *Man kann dem teuffel nit weher thun, den wen man von dem Jhesulein vnd seiner menschwerdung redet; darum gefelt es mir sehr woll, das man laut singet in der kürchen:* „Das Wort ist Fleisch geworden." Das kann der Teufel nicht hören, *vnd muß etlich meil weichen.* Wenn wir diese Stelle [Joh 1,14] so lieben, *so stundt es wol vmb vns.* Wie aber alles einfach und demütig ist in diesem Jesulein, so ist auch das Evangelium eine ganz einfache und uns angemessene Schrift. Die Propheten lehren nämlich auf einfache Weise, aber das ist nichts im Vergleich mit unserem Evangelium; *da könt man kein großer einfalt gedencken,* und dennoch enthält es diese Schätze, die auch die Engel zu schauen wünschen.

In den Tischreden aus dem Sommer 1540 ist dieser Abschnitt überschrieben mit: „Fromme Gedanken Luthers über die Kindheit Jesu" (WA TR 5, 89–92). Gegenstand sind Schriften, die nicht Teil der Bibel geworden sind, sondern wie das „Kindheitsevangelium" nach Thomas (aus dem 2. Jh. n. Chr.) zu den apokryphen Schriften zählen. Mit „Episcopus quidam Solinus" ist vermutlich ein Bischof der dalmatischen Stadt Salona (Solin) gemeint; im 5. Jh. wurde der Saloniter Bischof Metropolit von Dalmatien.

Nr. 155

Wie groß die Macht des Gebets ist

Niemand würde glauben, dass das Gebet eine so große Macht und Wirksamkeit hat, wenn er dies nicht durch Erfahrung kennenlernen würde. *Es ist aber ein groß ding,* wenn jemand zwingende Gründe hat und das dringende Bedürfnis verspürt *vnd kann dan das gebet ergreiffen. Das weiß ich: So oft ich gebet hab mit ernst, so bin ich gewislich erhört worden, vnd hab mer erlangt dan ich gebetten hab; vnser her gott hat woll zu zeiten verzochen, aber letzlich dan-*

noch erhört, Psalm 55.: „Würf dein anligen auf den Hern, so würdt er dich versorgen." Ach wer das werffen wol lernen künt, der würdt erfaren, das es gewislich also sey! Wer nit lernt solches werffen, der muß bleiben ein verworffen, zuworffen, vntherworffen, außgeworffen, abgeworffen vnd vmbgeworffen mensch.

Von keinem Reformator sind so viele Gebete überliefert wie von Melanchthon. Die Quelle seines lebenslangen Betens ist die Erfahrung der Wirksamkeit des eigenen Gebets. Camerarius zitiert seinen Freund: „Durch die Sorgen werde ich zum Gebet angestoßen, und mit den Gebeten stoße ich die Sorgen weg" (zu diesem Zitat, dem Vorlesungsdictum und dem großen Beter Melanchthon vgl. Martin H. Jung: Frömmigkeit und Theologie bei Philipp Melanchthon. Das Gebet im Leben und in der Lehre des Reformators, Tübingen 1998, S. 169 u. 200). Doch ist der Text offensichtlich Eigentum Luthers, denn der erste Teil ist unter den Tischreden der ersten Hälfte der 1530er Jahre überliefert (WA TR 1, 443), während der zweite Teil – ab „Ach wer das werffen wol lernen künt" (im Anschluss an Ps 55, 23) – in einer Nachschrift von Johannes Mathesius vom September 1540 erhalten ist (WA TR 5, 27). Eine Handschrift der Tischreden aus Leipzig hat die beiden Textpartien ebenfalls kombiniert, so dass es sich hier vielleicht um eine Vorlage für Vendenhaimer handelt (oder besitzen sie die gleiche Quelle? Zu dieser Leipziger Handschrift, die mit Mathesius in Verbindung steht, vgl. WA TR 4, S. XLI).

Nr. 156

Der Zölibat

Der heilige Augustinus, der unverheiratet war, klagte über nächtlichen Samenerguss. Hieronymus *schlug sein hertz mit steinen; er könt aber die Junckfrauen nicht auß dem hertzen schlagen.* Benedikt *legt sich vnther die dorner;* Bernhard schwächte seinen Körper durch Selbstzüchtigung so sehr, *das es von im stanck. Das ist nit* Keuschheit. Ich glaube gewiss, dass die jungen Frauen eine Verlockung darstellen; wenn aber Ausfluss und Samenerguss auftreten, dann sind dies nicht mehr Gaben der Keuschheit. Da gibt es ein

Heilmittel, das uns von Gott gegeben wurde und das wir annehmen müssen. *Es sein solche leüt darin gewesen als wür sein.* Petrus hatte eine Schwiegermutter, also auch eine Frau, und sein Bruder Johannes und alle Apostel außer Johannes hatten Frauen. Paulus nennt sich einen Witwer; offensichtlich war er in seiner Jugend nach der Sitte der Juden verheiratet. Bischof Spiridion von Zypern war verheiratet, ebenso auch Hilarius und Cyprianus. Dieser schrieb nämlich aus dem Exil in einem Brief an seine kleine Tochter, sie solle gewissenhaft und folgsam sein und beten lernen. *Es hab im ein Reicher man zugesagt, wan sein döchterlein wird from sein, so will er im ein gulden Rocklein keuffen.* So kindlich schrieb er an seine kleine Tochter. Ich wundere mich, dass diese heiligen Väter sich in ihrer Jugend mit jenen Versuchungen herumgeschlagen haben und in so hohen Ämtern keine großen Versuchungen verspürt haben.

Dass der beste Schutz vor Unkeuschheit die Ehe sei, ist die feste Auffassung der Reformatoren. Dafür stehen in dieser Argumentation gegen den Zölibat Bischof Spiridion Thaumaturgos (ca. 270–348, vgl. CR 25, 899: „Fuit paterfamilias, habuit filiam"), der Kirchenlehrer Hilarius von Poitiers (315–367) und der Kirchenlehrer Cyprianus von Karthago (ca. 200–257), die Heilige sind und zugleich als verheiratete Männer bezeichnet werden (bei Cyprian ist keine Ehe bekannt, sondern nur das Geständnis einer wenig keuschen Jugendzeit). Wichtige Gewährsmänner für die Ehe sind Petrus, der nach Mk 1,30 eine Schwiegermutter besaß, und Paulus, den einige Bibelstellen (z. B. Phil 4,3) und die Tradition als verheirateten Mann erscheinen lassen (auch wenn er sich nirgendwo selbst Witwer nennt). Die selbstkasteiende Unterdrückung des sexuellen Begehrens, das eingangs an den Beispielen Augustinus (354–430), Hieronymus (347–420), Benedikt von Nursia (480–547, s. Nr. 170) und Bernhard von Clairvaux (ca. 1090–1153) illustriert wird, erscheint den Reformatoren nicht als wahrhaftige Keuschheit. In den Tischreden sind in Inhalt und Wortlaut sehr ähnliche Ausführungen Luthers überliefert, die im Deutschen den Titel tragen: „Daß auch die heiligen Väter in den Kirchen haben fleischliche Lust gehabt, drüm man den Cölibatum meiden und einsam Leben fliehen solle" (WA TR 3, 606–608).

Nr. 157

Der Tag der Wiederherstellung aller Dinge

Als Doktor Martin Luther gefragt wurde, ob in jenem letzten Reich auch Hunde und andere vernunftlose Tiere sein würden, antwortete er: „Natürlich werden sie dort sein, denn die Erde wird dann nicht öde und leer sein." Petrus nennt diesen letzten Tag den Tag der Wiederherstellung aller Dinge, wenn sich nämlich Himmel und Erde verwandeln werden. So wie auch an anderer Stelle noch deutlicher gesagt wird: Er wird Himmel und Erde schaffen, er wird auch buntgefleckte Delphine schaffen, deren Haut golden und deren Haar aus Perlen sein wird. Dann wird auch Gott in jeder Hinsicht in allen sein, *da würdt keiner den andern freßen.* So werden die Uhus, die Schlangen und die Tierarten, die aufgrund der Ursünde giftig und schädlich sind, dann nicht nur unschädlich, sondern uns auch willkommen und angenehm sein, und wir werden mit ihnen spielen. *Aber wie kompts, das wür es nit glauben konnen, so doch alle ding, was die schrifft sagt, geschehen sein* bis zu dem Zeitpunkt, da die Toten auferstehen? Ursache dafür ist die Ursünde. Obgleich die Ursünde befürchten lässt, dass viele Tiere dem Menschen schaden, so wie es Wölfe und Bären tun, ist Gott dennoch barmherzig. Er gleicht diese Schuld der Natur aus, indem es mehr Tiere gibt, die nützlich und hilfreich sind, als solche, die Schaden bringen. So gibt es mehr Schafe als Wölfe, mehr Krebse als Skorpione, mehr Fische als Schlangen, mehr Getreide und Saaten als Lolch und Brennnesseln, mehr Rinder als Löwen, mehr Kühe als Bärinnen, mehr Hasen als Füchse, mehr Hühner als Raben. Und wenn jemand genau vergleicht, wird er noch viel mehr gute und nützliche Tiere finden als schädliche, mehr und größeren Nutzen in allen Kreaturen als Nachteil und Schaden. Niemand kann mit seinen Gedanken erfassen, wie viele Wohltaten uns die bekannten vier Elemente erweisen.

Luther war der Überzeugung, dass es im Himmelreich Hunde und andere Tiere geben wird. In einer Tischrede (WA TR 1, 567 f.) spricht er davon, dass es dort neue Hunde mit goldener Haut sowie wunderschöne Blumen und Blätter geben werde und dazu Tiere, die die anderen nicht mehr auffressen und nicht mehr giftig sind und so – obwohl einstmals gefährlich – Spielkameraden der Menschen werden. In der Tischrede zitiert auch Luther Petrus mit der Definition des Jüngsten Gerichts (aus Apg 3,21) als „diem restitutionis omnium", als „einen Tag der Restitution aller Ding". Dass aus Luthers Hunden mit goldener Haut in Melanchthons Dictum „Delphine" mit goldener Haut und Haaren (!) aus Perlen geworden sind, scheint auf einem Missverständnis zu beruhen: Luther nennt „neue Pelverlin und Hündlin [...], welcher Haut wird gülden sein, und die Haare oder Lodden von Edelsteinen". Offenbar wurde Luthers „Pelverlin" (etwa „Kläfferchen", von „pelvern" oder „belfern" = unschön bellen, kläffen), eine vielleicht ad hoc gebildete Wortschöpfung, die zusammen mit dem folgenden „Hündlin" eine Art Hendiadyoin zu bilden scheint, nicht mehr verstanden und zu „Delphinen" verballhornt. In der Handschrift scheint Vendenhaimer tatsächlich bei dem Wort „delphinos" selbst unsicher gewesen zu sein, da er das „d" korrigierte, eventuell aus einem „p", so dass hier vielleicht anfänglich „pelph[er]inos" stand, aus dem dann, weil Vendenhaimer mit Luthers „Pelverlin" nichts anfangen konnte, „delphinos" wurde (diesen ingeniösen Verständnishinweis verdanke ich Matthias Dall'Asta).

Nr. 158

Die Herrlichkeit des zukünftigen Lebens

Die Herrlichkeit des zukünftigen Lebens wird um vieles größer sein als die des Lebens, das Adam vor dem Sündenfall im Paradies führte. Wenn Adam ohne Schuld geblieben wäre und das Gesetz Gottes nicht verletzt hätte, hätte er gewiss Kinder gezeugt, aber er wäre in diesem Zustand nicht auf ewig im Paradies geblieben. Er wäre vielmehr in jene Herrlichkeit aufgenommen worden, nicht durch den Tod – denn er wäre unsterblich geblieben –, sondern er wäre dorthin versetzt worden.

Unter den Tischreden ist diese Reflexion ebenfalls überliefert (WA TR 1, 571); in der deutschen Fassung lautet hier der letzte Satz: „Er [sc. Adam] wäre aber in solchem Stande und Wesen nicht ewig also geblieben im Paradies, sondern wäre in die ewige Herrlichkeit und in Himmel genommen worden nicht durch den Tod, sondern durch Verwandlung und Versetzung in ein ander Leben."

Nr. 159

Das Buch der Natur

Adam dürft [= bedurfte] *kein büch nit*, denn er hatte das Buch der Natur, und alle Propheten, Christus und die Apostel sprechen aus diesem Buch, wie zum Beispiel über den Schmerz der Gebärenden und über die Zusammengehörigkeit der Glieder des menschlichen Körpers. Hinsichtlich des Gesetzes der Natur erscheint mir das Gleichnis bei Paulus am ansprechendsten: Unterschiedlich sind auch die Glieder des Körpers, aber keins kann das andere entbehren. *Einer dienet dem andern. Wen* [= Wenn] *die augen nicht sehen, wie sollte man die füße zerstoßen! Wen die hendt nit grieffen, wie solt man eßen? Wen die füß nit giengen, wie wollten die hendt hemen? Aber der Magen, der faule wanst, leit mitten im leib und lest sich mesten wie ein Saw! Wen im nun die hendt nichts geben wollten, so würden sie auch nit baldt greiffen konnen.* Diese Beispiele lehren uns die gegenseitige Barmherzigkeit unter den Menschen, wie in jenem Bild der Griechen über den Blinden und den Lahmen, die sich mit gegenseitigen Dienstleistungen nützen. Dies aber ist schöner, weil auch die Vergebung der Sünden in diesem Bild abgebildet ist: *Es trit ein fuß den andern, es beißen oft die zen die zungen, man stüst offt mit einem finger in die augen; da muß* eine besondere Vernunft *sein, sönst kündt man nit eins bleiben.*

In einer kürzeren Fassung wird dieser Gedankengang von Mathesius auch als Aussage Luthers überliefert (vgl. Loesche Nr. 112). Das paulinische Bild von der Vielfalt der Glieder, die aufeinander angewiesen sind, steht in 1Kor 12,12–27. Über die gegenseitige Hilfe des Blinden und des Lahmen spricht eine antike Quelle, nämlich das Epigramm des Leonidas von Alexandria aus der Anthologia Graeca: „War da ein blinder Bettler, der trug einen Lahmen und schenkte / für des anderen Aug diesem den nötigen Dienst. / Beide waren nur Halbe, ergänzten sich aber zum Ganzen, / da sie, was jedem gebrach, wechselnd einander sich liehen" (Anthologia Graeca, hrsg. von Hermann Beckby. Buch IX–XI, München [2][1965], S. 18 f.: Anth. Graec. 9, 12). Das Epigramm ist später Teil des Emblems „Mutuum auxilium" geworden (vgl. Emblemata. Handbuch zur Sinnbildkunst des 16. und 17. Jahrhunderts, hrsg. von Artur Henkel und Albrecht Schöne, Stuttgart 1967, Sp. 990 f.).

Nr. 160

Die Regel Doktor Martin Luthers

Bei den Abschnitten über die Dreieinigkeit, über die Menschwerdung und über die Sakramente haben wir nichts zu beurteilen, denn die Urteile Gottes und die der Menschen sind völlig unterschiedlich. Wir haben über sein Leiden nachzudenken, da es uns seine Macht und Güte vor Augen stellt und erklärt: *Dem sollen wür es befelhen, der würdt es wol machen vnd nicht verderben.* Christus ist persönlich in seiner menschlichen Natur, körperlich in den Sakramenten anwesend; *wie aber solches zugehet,* das sollen wir nicht untersuchen. Niemand kann darüber Rechenschaft ablegen, warum Gott die Einwohner Ninives geschont hat, die Einwohner Sodoms aber nicht.

Die Bewohner Ninives wurden wegen ihrer Bekehrung infolge der Predigt des Propheten Jona vom Untergang verschont (vgl. Jona 3,10); Sodom hingegen wurde zusammen mit Gomorrha nach Gen. 19,24–25 durch das Strafgericht Gottes vernichtet. Die Regel Luthers wendet sich gegen das Spekulieren in Glaubensfragen und ist in den Tischreden aus den 1530er Jahren überliefert (WA TR 4, 493). Für Luther ist die Theologie keine spekulative, sondern eine praktische Wissenschaft. In den Sonntagsvorlesungen erklärt Melanchthon den auf Reue gnädig reagierenden Gott am Beispiel Ninives, da Gott die Einwohner zunächst schonte, sie dann aber 60 Jahre später, als sie wieder in ihre alten Sünden zurückfielen, in den Untergang schickte (CR 25, 304; vgl. auch CR 24, 24).

Nr. 161

Die Vorherbestimmung

Bei der Erörterung der Vorherbestimmung *ist nutzlich vnden anfahen* von Christus, *da findt man vnd hört den vatter; dan alle, die oben angefangen haben, die haben den halß zerstürtzt.* So habe ich von Karlstadt in der Erörterung über die Vorherbestimmung gehört: *„Wen das solt sein", sagt er, „so wer so mehr in die heel gerendt als getrabet", vnd* Agricola *sagt: „Ich hab sorg, es werdt dreck regnen"*, und Müntzer, als wir ihm die Worte des Paulus Röm. 9 vorgelegt hatten: „welche er gerecht gemacht hat" [vgl. Röm. 8,30] usw., *sagt er: „Ich weiß ia mer sprüch woll." Darum stießen sie sich hart* in der Erörterung, *dan es wolt keiner an Christo anfangen, vnd an dem lernen, vnd got sagt:* „Diesen hört" [Mt 17,5; Lk 9, 35]. Und Christus sagt: „Niemand kommt zum Vater denn durch den Sohn" [Joh 14,6]. *Aber sie wollen Christum vnd sein wort nit, wie auch Müntzer sagt (das es im got verzeihe): „Wen Christus nit mit mir reden wollte, so wol ich auch." Darum gieng er auch zu boden; vnd der Muntzer richtet die erst sect an mit dem geiste vnd verachtet das* „Wort". *Carlstat hielt nichts vom Sacrament. Da kamen die* Sakramentarier *auß; vnd widerteuffer riechten auch secten an. Es sein drey harte secten; es werden auch nach vnserm tod vil secten auferstehen, got helf vns.*

Die Debatte um die Vorhersehung ist fast wortgleich in Luthers Tischreden überliefert und zwar in der Nachschrift von Johannes Mathesius vom Oktober 1540 (WA TR 5, 49 f.). Aus dem Vergleich wird deutlich, dass Gott es nicht „neg" regnen lässt – wie bei Vendenhaimer und ihm folgend im CR-Text dieses Dictums, was offensichtlich ein Schreibfehler ist –, sondern „Dreck" (so auch der Text der Tischrede). Den Theologen Andreas Karlstadt (1482–1541), Johannes Agricola aus Eisleben (1494–1566) und Thomas Müntzer (1489–1525) wird vorgeworfen, ihre Theologie nicht von Christus her entwickelt zu haben. So seien Sekten außerhalb des wahren Evangeliumsverständnisses entstanden, nämlich die Müntzeranhänger, die Sakramentarier und die Wiedertäufer.

Nr. 162

Ein anderes Wort Doktor Martin Luthers über die Vorherbestimmung

Ich bin jetzt heimgesucht worden von Gedanken über die Vorherbestimmung, was nämlich Gott mit mir tun werde. Ich habe sie aber alle zurückgewiesen und mich auf den Willen Gottes besonnen, den er uns offenbart hat. *Wür kunen es nit hocher bringen,* der verborgene Wille kann nicht durch den Menschen erforscht werden, und Gott hält ihn durch den heiligen Geist vor dem Teufel verborgen, um diesen zu täuschen. Denn die Offenbarung seines Willens, so sagt [Luther], hält Gott vor euch bei sich verborgen. *Wür haben genuch an der* Lehre *Christi zu lernen,* in der der Vater sich offenbart, und wir sind töricht, dass wir den Willen des Vaters in Christus nicht achten und Geheimnisse zu erforschen suchen, die verborgen sind. *Darum sturtzen ir auch viel die helß.*

Auch diese Ausführungen Luthers über die Vorhersehung stimmen fast wortwörtlich mit dem Text aus den Tischreden überein, den Mathesius im Juni 1540 notierte (WA TR 4, 641 f.); sie thematisieren die Verborgenheit Gottes und die Unergründbarkeit des Geheimnisses des göttlichen Willens.

Nr. 163

Gott verhärtet, wen er will

Soll man das Wort „verhärten" im eigentlichen oder übertragenen Sinne auffassen? Doktor Luther antwortet, im eigentlichen Sinne könne man sich das vorstellen, allerdings nicht aktiv, denn Gott sinnt nicht auf Schlechtes, setzt aber durch seine Allmacht alles in Bewegung. Wie er also den Menschen vorfindet, so handelt er. Pharao ist von Natur aus schlecht; er wird verhärtet, weil Gott durch seinen Geist und seine Gnade diese frevelhaften Handlungen nicht verhindert. Weshalb er sie aber nicht verhindert, das sollen wir nicht erforschen. Weshalb ich irgendetwas tue, weißt du nicht; bedenke aber das Wort: „Ich glaube, Christus" [Joh 9,38] und „*Ich wil es wol machen*" [Gen 32,10]. Wenn Gott beim Jüngsten Gericht gefragt würde, weshalb er den Sündenfall Adams zugelassen habe, würde er antworten: „Damit man meine Güte gegenüber dem Menschengeschlecht erkennen könne, indem sie den Sohn für das Heil der Menschen hingibt."

Auch in den Tischreden folgt dieser Text in der Nachschrift des Mathesius vom Juni 1540 dem vorigen und bildet mit ihm eine inhaltliche Einheit zum Thema der Unergründbarkeit des göttlichen Willens (WA TR 4, 642 f.). Dass Gott sich erbarmt, wessen er will, und verstockt (also verhärtet), wen er will, steht in Röm 9,18.

Nr. 164

Ein Fall von Scheidung durch bösliche Verlassung

Zw wißen NN. Es sein zween ghen Wittenberg kumen vnd vns 2 schriften fürgelegt, darin der wurdige her und *Pfarher vnd Superintendents zu N. nach der lenge angezeigt, das er zeugnuß verhöret, das gedachte S. Eheweib N. von irem Eheman N. weggeloffen sey on seine schült vnd endlich bey im nit sein wölle, wie solches ir vater zum zeügnuß meldet vnd saget, er hab nun ein Jharlang nicht mögen erfaren, wo sein dochter sey vnd ob sie bey leben oder tödt sey, wie gemeldets schreiben wieder meldet. Auf diese schrift hat Vc. sein noth angezeigt, das er auß dem Ehestandt mit gutem gewißen nit sein kone, vnd hat gebeten im zu rathen, dieweil in sein Eheweib mutwilich verlaßen vnd nicht widerum zu im wöle, damit er ledich gesprochen wurde vnnd ein andere christlich freyhen mochte. Nun haben wür diese zeügnuß fleysich verlesen, vnd so diese sach so ist, wie des Mans vnd ihres vaters aidt anzeigt, wie wür glauben, so ist diesem N. auf sein bitt von der N. durch die seelsorger an dem orth, da er sein wonung hat, ledich zu sprechen vnd im zu erlauben, das er sich Christlich widerum in den Ehestandt begebe mit einem andern frommen weib, wie der Her Christus klar sagt, das der Ehebrüch die Ehe scheidet vnd die vnschuldigen Person frey mache; vnd Paulus spricht dergleichen von mutwilliger verlaßung, vnd ist also in der Christlichen kürchen gehalten worden, das der vnschuldigs Person sich widerum in den Ehestandt zu begeben erlaubt werde, wie dieses auss der schrift* des Justinus Martyr *zw beweisen ist, welche angezochen ist in dem Eusebio* Buch 4 *vnd auss der Historia Fabiolä bey* Hieronymus; *damit aber sölches ledig sprechen ordenlich geschehe, ist ein citation* [Aufruf] *durch die hern seelsorgern offentlich an die kurchen anzuschlagen geordnet, darin das verloffen weib citiert werde, sie erscheine oder nicht, so geschehe doch, was recht ist.* 7. Februar 1544.

Am 7.2.1544 verfassten Luther, Bugenhagen, Cruciger und Melanchthon ein Ehegutachten; darin stimmten sie der Scheidung des Wolf Jan gen. Meurer aus Geyersdorf (bei Annaberg) zu, der von seiner Ehefrau Dorothea Poltzin verlassen worden war, und eröffneten ihm so die Möglichkeit der Wiederverheiratung (MBW 3449). Das deutschsprachige Gutachten deckt sich mit der Textfassung bei Vendenhaimer, der allerdings die Namen der betroffenen Personen und die Unterschriften der Verfasser weglässt. Als Scheidungsgrund wird der Tatbestand der „böslichen Verlassung“, so der damals geläufige juristische Ausdruck als Übersetzung von „desertio“, benannt und zwar mit Paulus als Gewährsmann. Damit ist die als „Paulinisches Privileg“ bezeichnete Sonderregelung gemeint, dass nämlich die eigentlich unauflösbare Ehe nach 1Kor 7,15 geschieden werden kann. Bei Paulus ist die Scheidung nur zwischen einem christlichen und einem nichtchristlichen Ehepartner möglich, doch erweitert Luther schon 1520 das „privilegium Paulinum“ auf die „bösliche Verlassung“, da der Verlassende kein wahrer Christ sei (vgl. Hartwig Dieterich: Das protestantische Eherecht in Deutschland bis zur Mitte des 17. Jahrhunderts, München 1970, S. 71). Das Gutachten führt als Autoritäten Paulus (1Kor 7,11–15), Justinus Martyr (in: Eusebios, Historia ecclesiastica 4, 17) und Hieronymus (Epistola 77 ad Oceanum, cap. 3 f.) an.

Nr. 165

Ein Anderes

Wen eine ein Jar von irem man lauffet, so soll er sie nit mer zu sich nemen; ein fraw muß bey irem man bleiben, sol nit der hurerey nachlauffen vnd dem armen man die kinder auf dem halß sitzen laßen, deßgleichen auch ein man. Hie war einer, ein böser mensch, der nam eine vnd macht sie schwanger vnd lieff daruon; vnd da sie auß den wochen kam, kam der bub wider, vnd schwangert sie wider; das thet er ein mal oder vier, lief hin, das niemandt wüst, wen er wider kem, so solt man im den kopf für den anschlagen, da kam er nit mer wider. Die kirchlichen Bestimmungen lösen erst nach sieben Jahren eine Ehe auf, *der teuffel wardt so lang.* Ich kann mich nicht genug wundern, dass die Vertreter des Kirchenrechts dem Papst so sehr schmeicheln, *sie sein des Papst arschlumpffen, des Papst Esel. Ich muß noch die jungen* Theologen *wider die Canonisten* [Kirchenrechtler] *vnd Juristen anrichten vnd instigiren* [aufwiegeln], *wie die Juden ire kinder wider die Christen, so ziehen sie auf die* Doktoren, *so haben sie vns gelert. Ich hab auch viel gelernet, das doch nicht recht ist.*

Die Auflösung einer Ehe gehört nicht nur im 16. Jahrhundert zu den umstrittenen Themen zwischen den Konfessionen. Die ausgeführte derbkraftvolle Polemik passt zu Luther, der zeitlebens eine Abneigung gegen die Juristen pflegte; dazu gibt es auch aussagekräftige Beispiele in den Tischreden, gerade auch hinsichtlich der unterschiedlichen Eheauffassungen zwischen den Juristen als „Papstdienern" und Luther z. B. in der Frage der heimlichen Verlöbnisse (vgl. WA TR 6, 329–337). Strittig war etwa, wie lange die Partner getrennt leben mussten, bis die Ehe als geschieden galt. Melanchthon widmet dieser Frage in seinen „Loci communes" einen eigenen Abschnitt („De tempore, post quod alia coniugia concedi possunt"), diskutiert die verschiedenen Regelungen – 2, 3, 7, 10 Jahre oder nach päpstlichem Gesetz niemals – und kommt am Ende zu dem Vorschlag einer Einzelfallbeurteilung durch einen „weisen Richter" (CR 21, 1067 f.); einen solchen hat also Melanchthon im Blick, während Luther, zumindest im mehr oder weniger privaten Gesprächsrahmen wie bei diesem Dictum, überaus unsachlich gegen Juristen, v. a. die Kanonisten, wettern konnte und sie, wie hier, als Esel und Papst-Arschlumpen beschimpfte.

Nr. 166

Sündhafte Gedanken, die der Teufel hervorruft

Alle Traurigkeit ist vom Teufel, denn er selbst ist der Herr des Todes, und die Traurigkeit Gott gegenüber ist daher ganz sicher das Werk des Teufels. Wenn dich ein sündhafter Gedanke über Gott anwandelt, gleichsam als wolle er sich deiner nicht erbarmen oder wolle dich verderben oder töten, oder wenn dir Gedanken kommen von der Art, dass du schon sterben müssest, dann folgere sogleich, dass dieser Gedanke vom Teufel ist, weil er nicht von Gott kommt. Gott betrübt nicht, erschreckt nicht, tötet nicht, sondern er ist ein Gott der Lebenden, und darum hat er seinen eingeborenen Sohn gesandt, nicht um zu erschrecken, sondern um zu retten und zu trösten. Darum auch ist Christus gestorben, dass er der Herr über den Tod sei und rechtfertige und den Tod zunichte mache. Deshalb spricht auch die Schrift allenthalben auf diese Art: „Freut euch; seid zuversichtlich; ich habe die Welt und den Tod überwunden [Joh 16,33]; der Stachel des Todes ist durch mich zerbrochen und stumpf [vgl. 1Kor 15,55 f.]." Deshalb bedenke bei solchen Anfechtungen, dass du nicht mehr der Sohn eines Menschen bist, sondern der Sohn Gottes durch den Glauben an Christus, auf dessen Namen du getauft bist. Der Tod kann dir keinen Schaden zufügen. Satan aber lässt nicht zu, dass uns solche Gedanken über Gott erfüllen. Bei seinen Versuchungen werden solche Gedanken über Gott zurückgedrängt und kommen uns nicht mehr. Das menschliche Herz ist dann ergriffen von Gesetz, Tod und Sünde, so dass es die Worte der Rechtfertigung und des Glaubens nicht zulässt: „Ich glaube an Jesus Christus." Dagegen sind alle Freude und aller Friede von Gott, und Gott selbst, der heilige Geist nämlich, ist unermesslich. *Er ist der mut vnd trost* in

Versuchungen und Gefahren des Todes. *Er spricht mutig herauß: „Weg, sunde, todt, teuffel vnd heel, last mich zufriden; du hast hie an mir kein theil; wiltu mich nit lebendig laßen, so sterb ich, es würdt dir aber nit geben; schlegstu mir den kopf ab, es schad mir nichts, ich hab einen, der mir in woll wider kan auf setzen.*“

Der Text stammt von Luther aus den Tischreden und wird auf die 1. Hälfte der 1530er Jahre datiert (WA TR 1, 404 f., Text fast identisch mit der Vendenhaimer-Variante, auch in der Verteilung von Latein und Deutsch). Bei Vendenhaimer und im CR steht: „Hinc etiam mortuus est Christus, ut esset Deus mortis et iustificaret, et mortem destrueret.“ („Darum auch ist Christus gestorben, dass er der Gott des Todes sei und rechtfertige und den Tod zunichte mache“). Doch Gott ist ja ein Gott des Lebens, so dass hier statt „Deus mortis“ wohl „Dominus mortis“ („Herr über den Tod“) zu verstehen ist – so auch die Formulierung in der Tischrede.

Nr. 167

Trost in der Anfechtung

Anfechtung ist besser als Sicherheit. Es gibt aber eine doppelte Anfechtung, die des Körpers und die der Seele. Satan quält das Gewissen durch Lüge und Verleumdungen, er versetzt es in großen Schrecken durch die Sünde, durch das Gesetz und schließlich durch mancherlei Eigenart des Körpers. Keiner wählt sich seine Versuchungen freiwillig; wenn ihn aber eine überkommt, so soll er sie ertragen und wissen, dass sie ihm nützt. So müssen wir nämlich aus Erfahrung sprechen, weil der Satan ganz offensichtlich Urheber von Lüge und Mord ist. Sei mutig im Herrn! *Es würdt böser werden, würdt man vns Christum auß dem himel stoßen, so wollen wir vns an den nechsten baum hencken, den wir finden, es würdt aber wol bleiben.* Wenn aus der Versuchung Duldung entsteht, *so hebt sich des teuffels freüdt an.* So ist selbst Hiob anfangs äußerst duldsam gewesen; später stieß er gebrochen diese Worte aus: „Gott zürnt mir und hat mich seiner ganzen Barmherzigkeit beraubt“, während er doch gar nicht unbarmherzig sein kann. So wie er nämlich sein Wesen nicht ändert, so kann er auch seine Barmherzigkeit nicht ändern. Deshalb glaube ich, dass Gott seiner Versuchung ein Ende machen wird; der Geist tötet auch. Es mag solche Versuchungen geben oder auch nicht, und du bist nicht der Einzige, der Versuchungen ausgesetzt ist, sondern du wirst unterschiedliche Leute finden, die unterschiedliche Versuchungen erfahren haben, so wie David sagt: „Er sprach in meiner Trübsal“ etc. Psalm 33. Überhaupt ist niemand so stark, dass er dem Teufel widerstehen könnte. Ich habe den folgenden Vers aus eigener Erfahrung als wahr erkannt: „Ich werde meine Hände nächtelang erheben und mein Lager mit Tränen benetzen.“ Aber Satan hat dennoch nicht die Oberhand gewonnen, denn *er hat sich an Christo verbrandt.* Allein Gerson hat über die Anfechtungen des Geistes geschrieben; alle anderen haben nur äußerliche und körperliche Anfechtungen verspürt. Daher vermag auch Hiob die Gewissen zu trösten, weil er aus seiner Erfahrung gelernt hat. Es ist nicht nur dahin gekommen, dass sein Beispiel die Gewissen in Christus aufrichten und trösten konnte, sondern es hat infolge der Relativierung des Gesetzes das drängende Übel maßgeblich gemildert, *als es muß der teuffel vnd todt hardt sein.* Aber Paulus *stöst dem vaß den böden auß.* Er sagt, dass man nicht dem Gesetz trauen soll, sondern Christus. *„Bistu“, sagt er, „nicht from, so ist er fromer.“* Und das ist die Kunst, von unserer Sünde zu Jesus Christus zu gelangen, *dz wir gewiß wißen,* dass Gott unsere Gerechtigkeit ist.

Diesen Trost soll nach der Überlieferung der Tischreden Luther gegenüber Hieronymus Weller formuliert haben (WA TR 1, 494) – nicht das erste und letzte Mal, da der Reformator den an Anfechtungen, Traurigkeit und Depression leidenden Schüler vielfach zu trösten suchte (vgl. Ute Mennecke-Haustein: Luthers Trostbriefe, Gütersloh 1989, S. 182–195). Dazu verwendete er biblische Zitate: vor allem Hiobs Ausruf (Hiob 19,11) und den Vers, mit dem Luther eigene Erfahrungen nächtlicher Verzweiflung verbindet: Ps 6,7. Bei Vendenhaimer liegt zu diesem Psalm-Vers ein Missverständnis vor: Sein Text: „Lavabo per singulas noctes pedes meos“ (also: „Ich werde nächtelang meine Füße waschen“) macht wenig Sinn; vielmehr muss es wie in der Tischrede heißen: „Levabo per singulas noctes manus meas“ (also: „Ich werde meine Hände nächtelang erheben“). Denn Luther empfiehlt dem Angefochtenen aus eigener Erfahrung das Beten. Im Vulgata-Text von Ps 6,7 steht „in gemitu meo lavabo per singulas noctes lectum meum“ („In meinem Seufzen schwemme ich mein Bett die ganze Nacht“), so dass Vendenhaimer den Text vielleicht kontaminierte. Auch seine verkürzte und allenfalls sinngemäße Wiedergabe von Ps 34 (33),5 (die Vulgata bietet: „exquisivi Dominum et exaudivit me et ex omnibus tribulationibus meis eripuit me“ – „Ich suchte den Herrn, und er erhörte mich und rettete mich aus all meiner Trübsal“) mit „Dixit in excessu meo“ wirkt wie eine Vermischung mit dem Wortlaut von Ps 116 (115),11, der allerdings in der 1. Person formuliert ist: „Ego dixi in excessu meo“ („Ich sprach in meinem Zagen“); Luther versteht „excessus“ als Erleiden von Verfolgung (vgl. Reinhard Flogaus: Theosis bei Palamas und Luther. Ein Beitrag zum ökumenischen Gespräch, Göttingen 1997, S. 356). Vendenhaimers Text erscheint auch noch an anderen Stellen problematisch; insbesondere die Aussage „nemo tam fortis est, ut non possit resistere Diabolo“ („niemand ist so stark, dass er dem Teufel nicht widerstehen könnte“) lässt sich ohne eine Konjektur kaum nachvollziehen; die Übersetzung folgt der Textüberlieferung in den Tischreden und lässt „non“ weg. In den Tischreden ist der erste Teil des Textes in WA TR 1, 494 Nr. 977 ediert und ab „Allein Gerson“ („Solus Gerson“) in WA TR 1, 496 Nr. 979; vgl. auch WA TR 2, 61 Nr. 1347 und 466 Nr. 2453. Luther sah in dem französischen Theologen Jean Gerson (1363–1429) und dessen Frömmigkeitstheologie einen Vorläufer seiner eigenen existenziellen Theologie (vgl. Sven Grosse: Heilsungewißheit und Scrupulositas im späten Mittelalter, Tübingen 1994, S. 1–3).

Nr. 168

Ein anderer Trost in der Anfechtung

Unser Herr Gott ist ein Gott der Schwachen und Betrübten, der seine Macht in eben solchen Menschen bewirkt. Wenn wir alle stark wären, würden wir überheblich sein. Gott kann seine Macht nicht besser offenbaren als in unserer Schwäche. Er löscht die brennende Lampe nicht aus, der Teufel aber will, dass sie ganz und gar gelöscht wird. Gott liebt und hasst Versuchungen. Er liebt sie, weil sie uns zum Beten und Klagen veranlassen, und er hasst sie, weil wir ihretwegen verzweifeln. *Ist euch woll*, dann lobpreist, betet und hofft, weil der Herr ein Wohlgefallen hat an denen, die auf seine Barmherzigkeit hoffen. Ob es die Zeit des Krieges, des Friedens, der Torheit, der Weisheit oder der Betrübnis ist, *wen dir ein* Versuchung *kombt, frag den teuffel: „In welchem gebot stet das geschrieben?“ So er nit anzeigt, so sag tröstlich:* „Du Schuft, *laß mich mit deinen lamen Zotten zufriden.*“ *Will die* Versuchung *noch nit aufhoren, so examiniere in* im Namen Jesu Christi; *diese müntz ist vns verboten zu nemen, es sein nit Vngarische oder Bohemische pfennig, sondern sein von dem teuffel geschlagen.* Die Größe der Gnade ist so umfassend, dass sie ohne Versuchung und Not nicht begriffen wird. Wenn ich von den Tyrannen und den überaus stolzen Brüdern nicht versucht würde, so würde ich der Stolzeste sein bei dem, was mir gegeben ist, *ich füre mit meiner leidigen kunst zum teuffel.* Niemals würde ich alles Gott zuschreiben, sondern meinen Fähigkeiten, und so schlägt mich Gott, damit ich nicht überheblich werde, und peinigt mich mit so vielen und so mächtigen Gegnern. Sei also guten Mutes, Gott wird dich wiederum trösten. Nachdem mein ganzer Körper durch die Versuchungen erschöpft war, hat mir Gott in so reichem Maße geholfen und mich aufgerichtet, *das ich ander blut vnd fleisch hab vberkomen.* Er hat mir außerdem ein Weib und Kinder gegeben, *das ich auch die selbig zeit nicht het durffen mich vnthersten allein zu gedencken.*

Die tröstenden Worte sind Worte Luthers, die in den Tischreden überliefert sind, und zwar verteilt auf drei Nummern: (1) WA TR 1, 483 Nr. 956 = Abschnitt „Unser Herr Gott [...] und der Betrübnis ist“ („Dominus Deus noster [...] et tristitiae“) und 484 = Abschnitt „*wen dir ein* [...] *von dem teuffel geschlagen*“; (2) WA TR 1, 498 Nr. 982 = Abschnitt „Die Größe der Gnade [...] und so gewichtigen Gegnern“ („Tanta est gratiae magnitudo [...] vexat adversariis“); (3) WA TR 1, 498 Nr. 983 = „Sei also guten Mutes [...] *gedencken*“ („Esto ergo bono animo [...] *gedencken*“). Der Quellenapparat der Weimarana legt nahe, dass die Fassung Vendenhaimers auf der Leipziger Handschrift der Sammlung des Mathesius fußt, da hier die gleichen Textauslassungen wie in WA TR 1 Nr. 956 festzustellen und die Nrr. 982 und 983 ebenfalls in einen Text zusammengezogen sind.

Nr. 169

Von der Zauberey

Gott gibt dem teufel vnd Zauberinen auf zweyerley weiß gewalt vber die menschen: erst vber die gotlosen, wen er sie straffen will von wegen irer sunde, zum andern vber die fromen, wen er sie versuchen will, ob sie bestendig in dem glauben bleiben wöllen. Den on gottes vnd vnser verwilligung kann vns der teuffel nichts schaden, den also spricht er: „Wer euch anrhürt, der rhürt mich an, ja mein auchapfel", vnd Christus sagt: „An den willen des vaters" etc.

Die Überlieferung in den Tischreden (WA TR 5, 485 u. 613 f.) gibt das letzte Christus-Wort ausführlicher und damit verständlicher wider: „Ohne den Willen meines himmlischen Vaters kann euch nicht ein Härlein vom Haupt fallen" (Lk 21,18). Das Bild vom Augapfel stammt vom alttestamentlichen Propheten Sacharja (Sach 2,12). Für Luther hatte der Teufel zahlreiche Helfer, etwa Türken, Juden, Hexen und Zauberer. Doch Angst vor Zauber(innen) und Hexen hatte Luther selbst nicht, sondern war sich des göttlichen Schutzes für sich und seine Familie gewiss (vgl. Jörg Haustein: Luthers Stellung zum Zauber- und Hexenwesen, Stuttgart 1990, S. 148 f.).

Nr. 170

Der Teufel kennt die bösen Gedanken der Menschen

Veit Dietrich soll gepredigt haben, dass der Teufel unsere Gedanken nicht kenne. *Aber ich halt nicht, das er also geprediget hab.* Denn die Schrift sagt klar aus, dass der Teufel böse Gedanken in das Herz des Menschen schickt und die Sinne gefangen hält. Er kennt Judas Ischariot, und die Gedanken Kains kennt er in gleicher Weise, und so hat er ihm eingeflüstert, dass er seinen Bruder töten solle. Die Gedanken der Frommen jedoch, *die weiß er nit alle,* bis sie offenbart werden, *dan Christus ist im zu starck;* und wie er im Herzen Christi nichts erkennt, so auch da, wo Christus in den Frommen wohnt, *da kann er nit hinein sehen. Aber ein gewaltiger geist ist er, wie in Christus nennet* den Fürst der Welt, *vnd scheist schendliche gedancken in das hertz,* Gotteslästerung und Verzweiflung, *das sein* glühende Stacheln. Jene Papisten kannten keine andere Versuchung als die der Begierde und glauben, dass Paulus sich zum Zorn hat hinreißen lassen, denn auch die Heiligen schreiben über keine andere Versuchung. Als Benedikt einst von der Vorstellung der sinnlichen Lust in Versuchung geführt wurde, warf er sich nackt in die Dornen *vnd zerkratz im den Arsch nur woll.* Aber der Teufel sieht dies alles *vnd gedenckt: „O wen sie nit den treck zu keihen haben, so dencken sie kein* Wort. *Darmit lernen sie nimmer, waß* Wort *heist. Der* Versuchung *ist noch woll zu rathen, dieweil noch Junckfrauen vnd weiber vorhanden sein." Aber* in der Versuchung durch Gotteslästerung hinsichtlich des Urteils Gottes erkennen wir keine Sünde, und dagegen kennen wir auch kein Heilmittel. Wenn ich mich nicht irre, wird von der Nonne Bachida berichtet, dass diese, als sie von Vorstellungen sinnlicher Lust in Versuchung geführt wurde, wünschte, dass Gott ihr eine andere beliebig schwere Versuchung sende. Sie wurde erhört und von der Gotteslästerung versucht, dass Gott sie verdammen würde. Das konnte sie nicht ertragen, sondern bat darum, dass die erste Versuchung zurückkehre.

Auch in der Nachschrift des Johannes Mathesius zu Luthers Tischreden (vom Juni 1540) beginnt die Geschichte mit dem Missverstehen einer Predigt von Veit Dietrich (1506–1549), der ab Dezember 1535 die Predigerstelle in seiner Heimatstadt Nürnberg an St. Sebald inne hatte (WA TR 4, 660–662). Das Heilmittel Benedikts gegen das sexuelle Begehren, sich „nackt in Nesseln und Dornen zu werfen und sich darin zu wälzen" (s. schon Nr. 156), bis der „brennende äußere Schmerz" den „Brand der Lust löscht", wird von Papst Gregor dem Großen in seinen „Dialogen über das Leben und die Wunder der italischen Väter" dargestellt (Dial. 2, 2, 1–3). Bei Vendenhaimer (und CR) steht als Resümee: „Darmit lernen sie immer, waß Wort heist"; entsprechend dem Tischreden-Text muss aus dem „immer" ein „nimmer" werden, denn sexuelle Askese fördert die Erkenntnis des Wortes Gottes überhaupt nicht. Die Fixierung der katholischen Kirche auf Sexualität wird hier von Melanchthon (wie auch in der Tischrede von Luther) kritisch-ironisch verurteilt, da doch die Beziehung zu Gott einen weitaus wichtigeren Platz im christlichen Leben einnehmen sollte. Die von Vendenhaimer erwähnte Nonne Bachida ist nicht identifizierbar und muss vielleicht durch die Nonne „Masrhilda" der Tischreden-Edition ersetzt werden; diese ist auch mit dem Namen „Mechthild" überliefert und vielleicht als Mechthild von Magdeburg (1207/10–1282/84), Mystikerin und Nonne u. a. im Kloster Helfta bei Eisleben, zu identifizieren. Loesche Nr. 49 vermutet Mathilda, die Schwester des Bischofs von Worms, oder Bachilda, eine Klausnerin bei St. Gallen.

Nr. 171

Die Frage der Ehescheidung

Kann eine Frau der Religion wegen ihren Gatten verlassen? Herr Philipp Melanchthon antwortet: Nein, weil staatliche Bande nicht wegen der Religion gelöst werden. Folgender Fall: Jemand hatte einen Diebstahl begangen, floh deshalb und ließ seine Frau zurück. Diese aber wurde in den Kerker geworfen, als ob sie des Diebstahls schuldig sei, obwohl sie bestritt, an diesem Verbrechen beteiligt gewesen zu sein. Auf Bitten redlicher Bürger wurde sie freigelassen. Bald darauf ging sie in eine andere Region und heiratete dort einen anderen Mann. Nun stellt sich die Frage, ob diese Eheschließung rechtmäßig gewesen sei und wie dem Mann, der sie zur Frau nahm, geholfen werden müsse, wenn er deswegen ein schlechtes Gewissen habe. Doktor Pomeranus antwortet: Wenn die Frau ihrem Mann hätte folgen können, obwohl er ein Dieb war, dann hätte sie dies tun müssen. Weil aber ihr Gatte nicht zu ihr zurückkehrte, war sie entschuldigt, dass sie einen anderen geheiratet hatte, und der, der sie zur Frau genommen hatte, kann ein gutes und ruhiges Gewissen haben.

Religionsverschiedenheit ist nach reformatorischer Ansicht kein trennendes Hindernis, da die Ehe „ein äußerlich leiblich ding" ist (so Luther, vgl. Hartwig Dieterich: Das protestantische Eherecht in Deutschland bis zur Mitte des 17. Jahrhunderts, München 1970, S. 68). Wie in Nr. 172 wird hier Bugenhagen erwähnt, da dieser mit seiner Schrift „Vom Ehebruch und heimlichen weglauffen" (1539) und mit der Regelung ehepraktischer Fragen in seinen Kirchenordnungen offenkundig als Fachmann auch bei Ehescheidungsfragen galt. In der Erzählung wird nicht die Eingangsfrage, also das Problem der Religionsverschiedenheit, behandelt, sondern das der Trennung der Partner. Luther sah im Ehebruch („adulterium") und in der böslichen Verlassung („desertio") biblisch legitimierte Scheidungsgründe und war der Überzeugung, dass der schuldlose Ehepartner nicht gezwungen war, unverheiratet zu bleiben (vgl. Konstanze Röhrmann: Das Ehescheidungsrecht des ALR und die Reformvorschläge im 19. Jahrhundert, Baden-Baden 2017, S. 11–15). Diese Auffassung wird auch in einem gemeinsamen Gutachten von Luther, Caspar Cruciger und Melanchthon an Kurfürst Johann Friedrich von Sachsen vom 28.10.1542 ausformuliert: „Wir haben aber deutlich und klar von andern fellen geschrieben: als nemlich von der scheidung von wegen des ehebruchs, item von wegen der verlassung, und das in solchen fellen der unschuldigen person nach verhor etc. widerumb christlich zu freien erleubt werde" (MBW 3079). Melanchthon hat auch allein Gutachten zu Scheidungsfragen aufgesetzt, z.B. MBW 5045, und für seine „Loci communes" ein ausführliches Kapitel „De divortio" verfasst (CR 21, 1064–1070; s. auch Nr. 165).

Nr. 172

Eine ähnliche Frage

Wenn eine Frau ihren impotenten Mann verlässt und einen anderen heiratet, wird sie dann entschuldigt? Doktor Pomeranus antwortet: Wenn festgestellt würde, dass der Mann von Natur aus impotent ist, so dass er seine eheliche Pflicht nicht erfüllen kann, ist es rechtmäßig. Wenn er aber durch einen Vorfall für eine bestimmte Zeit impotent geworden ist, später aber wieder potent wird, kann die Scheidung nicht rechtmäßig erfolgen.

Luther hielt Ehescheidungen bei körperlicher Unfähigkeit, also Impotenz, bei Ehebruch und bei genereller Verweigerung von Sexualität für erlaubt (zu Scheidung bei Impotenz vgl. Hartwig Dieterich: Das protestantische Eherecht in Deutschland bis zur Mitte des 17. Jahrhunderts, München 1970, S. 64). Die Ehe ist für die Reformatoren nämlich der Ort gelebter menschlicher Sexualität, die als Naturnotwendigkeit wesentlich zum Menschsein gehört – so auch für Johannes Bugenhagen (1485–1558), den Wittenberger Stadtpfarrer, der 1539 eine Schrift „Vom Ehebruch und heimlichen weglauffen“ verfasste.

Nr. 173

Der dreifache Zorn Gottes

Der ökonomische Zorn *ist nur vnsers Hergots buchsenspiel, das gibt nur ein rutten streich oder schlag.* Aber der politische Zorn *nimbt weib vnd kindt hinweg* durch Mord, Kriege und andere öffentliche Übel. Danach der kirchliche Zorn, *da gilt es die seele in der helle.* Neid *vnd* Hochmut *sein zwey* Laster, *die schmucken sich gleich wie der teuffel sich in die götheit vergleichet.* Der Neid *will* Gerechtigkeit, *vnd* Hochmut *will* Wahrheit *sein. Mönchs Pantoffel ist das holtz von dem feigen baum, dazu Christus gesagt hat: verdampt seistu, das du nimer kein frücht mer tragest.*

Der Zorn Gottes trifft entsprechend der lutherischen Dreiständelehre die drei Lebensbereiche des Menschen, nämlich das Haus („oeconomia“), den Staat („politia“) und die Kirche („ecclesia“). Die Auswirkungen des göttlichen Zorns sind unterschiedlich und werden vom Haus („Rutenschläge“) über den Staat („Krieg“) bis hin zur Kirche („Hölle“) immer stärker. Der letzte Satz ist als Ausspruch Luthers („Der Mönche Pantoffelholz ist aus dem Feigenbaum gemacht, zu welchem Christus gesagt hat: ‚Von nun an sollst du nimmer Früchte tragen‘“) später sprichwörtlich geworden (vgl. z. B. Joseph Eiselein: Die Sprichwörter und Sinnreden des deutschen Volkes in alter und neuer Zeit, Freiburg i. Br. 1840, S. 471). Der gesamte Text scheint von Luther zu stammen und kompiliert zu sein, da er in zwei Teile fällt: Zum Zorn Gottes tritt noch die Reflexion über die zwei Laster Neid und Hochmut. Gerade die Superbia, der Hochmut, ist als „teufflische Hoffart" Auflehnung gegen Gott und deshalb nach Luther das schlimmste Laster der Menschen (vgl. Susanne Zeunert: Bilder in Martin Luthers Tischreden. Argumente und Beispiele gegen die Laster Hochmut, Abgötterei und Betrug, Diss. Trier, Hemsbach 2016, S. 70–78: „Luthers theologische Auseinandersetzung mit der Superbia und ihre Differenzierung"). Das Christus-Wort findet sich bei Mt 21,19 und Mk 11,14.

Nr. 174

Der Pfau

Der Pfau kann einen Rivalen nicht ertragen oder einen, der ihm selbst ähnlich ist. Wenn er nämlich im Wasser sein Bild sieht, *so erseüft er sich darüber, er hat ein englisch gewandt, ein diebischen gang, vnd ein teüflisch gesang.*

Die deutsche Sentenz (ab „hat ein englisch gewandt …") ist auch als Tischrede Luthers in der Nachschrift des Mathesius überliefert (WA TR 4, 572). Loesche Nr. 203 weist auf die Tradition dieses negativen Pfauenbildes hin. Denn der Pfau ist nicht nur Sinnbild der Auferstehung und des ewigen Lebens – so v. a. in der frühchristlichen Literatur –, sondern erhält zunehmend negative Etiketten wie Hochmut, Heuchelei und Eitelkeit. Hans Sachs vergleicht in einem Meisterlied den Pfau mit einem Buhler, der engelsgleich herausgeputzt ist, mit seiner Teufelsstimme die Schöne verführt und sich mit dem leisen Gang eines Diebes an seine Beute heranpirscht, und bietet damit in Versform die gleichen Beschreibungsformeln des Pfaus (vgl. Julia Zimmermann: Die Pfauensymbolik in der ‚Fürstlichen Chronik' Jakob Mennels und ihre Bedeutung für die historisch-genealogischen Konstruktionen Maximilians I., in: Erzählen und Episteme. Literatur im 16. Jahrhundert, hrsg. von Beate Keller u. a., Berlin 2011, S. 368 f.). "Der Pfau schleicht wie ein Dieb durchs Land, hat Teufels Stimm und Engels G'wand", so hat der mittelalterliche Dichter Freidank in seinem Werk „Bescheidenheit“ (1215/30), das durch Sebastian Brants Edition von 1508 (u. ö.) auch im 16. Jahrhundert populär war, dieses negative Pfauenbild schon früh formuliert.

Nr. 175

Die Raupe

Hier hat der schädlichste Wurm die schönsten Farben, wie auch der Papst, der schöner ist als der Kaiser und schädlicher als der Teufel.

In den Tischreden Luthers (WA TR 4, 572) wird noch erwähnt, dass Luthers Sohn die Raupe im Garten findet; dann wird das väterliche Räsonieren darüber zitiert, bei dem Luther im Wurm den päpstlichen Antichristen erkennt. Der Titel, den Vendenheimer bietet: „aeruca“, erscheint rätselhaft, will man nicht „aerugo“ bzw. „aeruca“ („Grünspan“) wie Horaz (Ars poet. 330; sat. 1, 4, 101) metaphorisch für Neid, Habsucht und Geiz verstehen: zerstörerisch wie der Rost. Die Auflösung bietet die Lesart in den Tischreden, wo diese Erzählung mit „De eruca“, also „Über die Raupe“, tituliert ist.

Nr. 176

Die Schlange

Sie ist das Abbild der Lüge. Denn die Lüge windet sich stets wie die Schlange. Die Schlange nämlich ist gewunden, ob sie nun an einem Ort verharrt oder ob sie kriecht. Erst wenn sie tot ist, ist sie gerade.

Das gleiche Bild schreibt mit fast identischen Worten Johannes Mathesius (1504–1565) im Mai 1540 als Tischgenosse Luthers auf: „Lügen ist allzeit gedrehet, und krümmet sich wie die Schlange, die ist nimmer gerade, sie gehe oder stehe, sondern allein wenn sie todt ist, da ist sie gerade und aufrichtig“ (WA TR 4, 571). In der Tischrede geht es um die Fabel vom Krebs und der Schlange, die Mathesius später in seinen Luther-Predigten ausführt und die Luther für seinen Sohn Hans aufgeschrieben haben soll (vgl. Adalbert Elschenbroich: Die deutsche und lateinische Fabel in der Frühen Neuzeit. Bd. 2, Tübingen 1990, S. 72).

Nr. 177

Die Obrigkeit

Die Obrigkeit *ist eben wie ein hammen,* Gott aber kann genannt werden *der sturdel, damit man sich die fisch in die hammen iagt; den wo ein dieb reif ist, so iagt in gott der* Obrigkeit *in den hammen, dz er in sehe vnd im nach seinem verdienst löne.* Darum ist geschrieben: Der Herr ist Richter auf Erden, daher sollst du in keiner Weise sündigen oder du sollst leiden.

In den Tischreden ist dieser Text überschrieben mit „Gott straft durch die Obrigkeit, die ist seine Dienerin“ (WA TR 1, 93). Dabei ist Gott der Störer (oder bei Vendenhaimer „sturdel“, wohl „Strudel“ gemeint), der die Fische (= Dieb, Räuber, Ehebrecher, Mörder, so die Aufzählung in der Tischrede) ins Netz treibt und damit der gerechten Strafe zuführt („hame“ bzw. „hamen“ bedeutet „Netz“, ein kleines Netz ähnlich einem Käscher). Der Bibelspruch zum richtenden Gott ist Ps 58,12.

Nr. 178

Das Gebet

Das Gebet der Gebete ist das Vaterunser, die Unterweisung der Unterweisungen sind die Zehn Gebote, die Tugend der Tugenden ist das Glaubensbekenntnis. Denn wie das Vaterunser alles am reichlichsten, besten und schönsten sagt und behandelt, so vervollkommnen und befreien diese drei Texte den Menschen beim Denken, Sprechen, Handeln und bilden den Verstand und die Sprache zur Vollkommenheit aus.

Das Lob der drei zentralen christlichen Texte „Vaterunser", „Zehn Gebote" und „Glaubensbekenntnis" erscheint auch in den Tischreden, wo die Schlussfrage keine Antwort braucht: „Was willst du mehr?" (WA TR 1, 360). So nimmt es nicht wunder, dass Luther in seinem Kleinen Katechismus gerade diese drei Texte als „Hauptstücke" des Glaubens an den Anfang stellt.

Nr. 179

Das Alte Testament ist gegründet	auf das Gesetz auf Werke	erstens ist es bedingungsweise angenommen zweitens ist es das Buch der Unfreien drittens wird gesagt: wenn du getan hast viertens ist es eine Pflicht fünftens ist es das Werk des Menschen
Das Neue Testament ist gegründet auf die Verheißung der Gnade		erstens ist es unbedingt zweitens ist es das Buch der Freien drittens sagt es: ich will tun viertens ist es ein Geschenk fünftens ist es das Werk Gottes

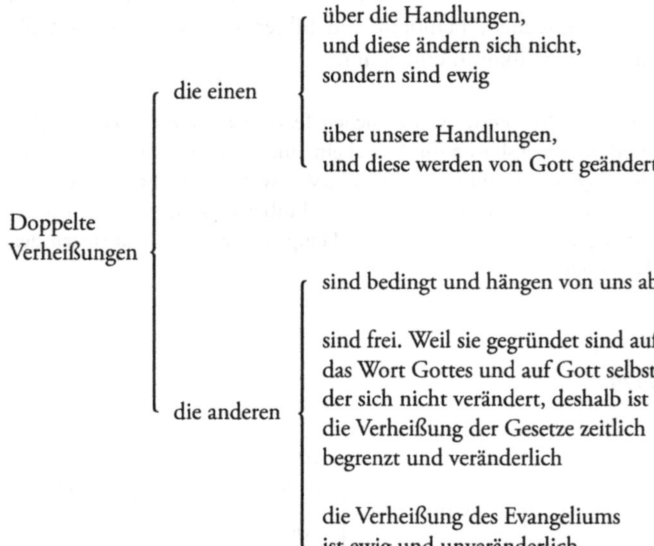

Die Unterscheidung von Altem und Neuem Testament sowie die Unterscheidung der doppelten Verheißungen sind in den Tischreden auf zwei Nummern verteilt: WA TR 1, 354 Nr. 735 und WA TR 1, 359 Nr. 753, die beide aus der ersten Hälfte der 1530er Jahre stammen. Solche schematischen Darstellungen widerspiegeln das intellektuelle Charakteristikum Luthers, in Antithesen zu denken und durch Unterscheidungen (wie z. B. Buchstabe vs. Geist, Gesetz vs. Gnade, Glaube vs. Werke etc.) begriffliche und theologische Klarheit zu erreichen; dabei bedeutet Unterscheidung nicht Trennung, sondern ermöglicht die Zuordnung gegensätzlicher Begriffe (ohne sie zu „vermengen", so Luther), wie ja auch Altes und Neues Testament spannungsreich zusammengehören und die Einheit der Schrift bilden. Für Luther ist das Evangelium kein Buch der Gesetze und Gebote, sondern der Verheißungen Gottes an uns Menschen. Die Unterscheidung der Verheißungen – des Gesetzes und der Gnade – expliziert Luther in seiner Genesis-Vorlesung (zu cap. 32, 1–5; WA 44, 71; zum Verständnis von ‚Verheißung' vgl. Reinhold Rieger: Martin Luthers theologische Grundbegriffe, Tübingen 2017, S. 306 f.).

Nr. 180

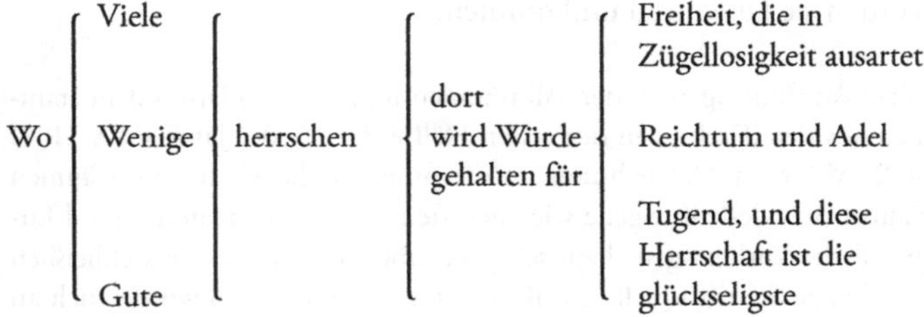

Diese Einteilung der Staatsformen in Demokratie, Oligarchie und Aristokratie ist auch in den Tischreden überliefert (WA TR 1, 360). Luther hat sich nicht mit Staatslehre und auch nicht mit der Entwicklung und den Unterschieden von Verfassungs- und Staatsformen beschäftigt, sondern hat Institutionen, Systeme und Normen stets vor dem Hintergrund ihrer Wirkungen auf den Glauben des Einzelnen betrachtet (vgl. Martin Heckel: Martin Luthers Reformation und das Recht, Tübingen 2016, S. 561). Mit solchen politischen Fragestellungen hat sich hingegen Melanchthon intensiv auseinandergesetzt, insbesondere in seinem Kommentar zur „Politik" des Aristoteles von 1530; dabei erscheint ihm die Aristokratie als beste Staatsform, da sie die Mitte zwischen Monarchie und Demokratie einnimmt und zum einen gegen die Tyrannis und zum anderen gegen die Ochlokratie, die zügellose Herrschaft der einfachen, ungebildeten Leute, geschützt ist (vgl. Heinz Scheible, Melanchthon. Vermittler der Reformation, München 2016, S. 113 f.).

Nr. 181

Die Träume

Der Satan hört niemals auf, die Menschen zu ängstigen und zu quälen. Er quält sie daher auch nachts und im Traum durch unruhige Traumbilder und Beklemmungen, und das so sehr, dass der ganze Körper schweißgebadet ist vor so viel Angst. Außerdem führt er die Schlafenden aus dem Schlafgemach an steil abfallende und gefährliche Orte, und wenn die Engel sie nicht beschützten, würden sie fallen und umkommen.

Diese Ausführungen zu den Albträumen und zum Schlafwandeln stammen aus den Tischreden der ersten Hälfte der 1530er Jahre (WA TR 1, 382). Während Melanchthon an die prophetische Kraft von Träumen glaubte und deshalb eigene wie auch fremde Träume deutete, stand Luther ihren Vorhersagen skeptisch gegenüber; für ihn war ausschließlich die Heilige Schrift Quelle göttlicher Offenbarung. Doch wurde auch an seinem Tisch über Träume gesprochen (z. B. WA TR 1, 232 f.; 3, 157, 369; 4, 315: „Philipp hat freilich das Geschenk der Träume, ich aber gebe ihnen kein Wert. Ich will keine Träume und Erscheinungen haben"; 5, 467). Träume kommen nach seiner Ansicht, wenn sie beängstigend sind, vom Teufel; Traumtheorien oder gar Traumdeutungen waren aber seine Sache nicht. Melanchthon hingegen schätzte die Träume als eine Sprache Gottes und galt bei seinen reformatorischen Zeitgenossen als „Experte für Träume in Theorie und Praxis" (so Siegfried Bräuer: „… einige aber sind Natürliche, andere Göttliche, wieder andere Teuflische …". Melanchthon und die Träume, in: ders.: Spottgedichte, Träume und Polemik in den frühen Jahren der Reformation, Leipzig 2000, S. 223–254).

Nr. 182

Das höchste Recht

Ein Müller hatte einen Esel, und sein Nachbar, der ein Fischer war, hatte einen Kahn. Beide hatten ihren Besitz nicht festgebunden. Durch Zufall geschah es, dass der Esel in den Kahn sprang, der durch diesen Stoß weggetrieben wurde, und der Esel ging zusammen mit dem Kahn unter. Nun wurde gerichtlich untersucht, wer von beiden den anderen zu Recht beschuldigen könne, *ob der Esel den khan oder der khan den Esel hab hinweg gefürt.* Einige der Beisitzer sagten, dass der Vorfall zufällig so geschehen sei, und auf beiden Seiten sei durch Unachtsamkeit gesündigt worden. Daher sagt Herr Melanchthon: Das höchste Recht kann nicht gewährt werden, sondern vielmehr Gleichheit vor dem Gesetz. So müssen auch die Theologen die Leute lehren, *das die leüt nicht zu heilich noch zu böß werden.* Daher muss entsprechend der Gleichheit vor dem Gesetz alles entschieden werden.

	Jurist		höchstes Recht
Ein junger	Theologe	*will haben*	höchste Heiligkeit
	Beamter		höchsten Gehorsam

Der Text verknüpft offensichtlich zwei unterschiedliche Quellen: Die Aussage zu den Perfektionsansprüchen von Berufsneulingen steht auch in den Tischreden (WA TR 1, 409 Nr. 986), während der Rechtsfall von Melanchthon erstmals 1525 in seiner „Oratio de legibus" erzählt wird (CR 11, 83), und zwar im Zusammenhang mit seiner Kritik an den formaljuristisch ausgelegten Kommentaren, die zu Verzögerungen bis hin zur Entscheidungsunfähigkeit der Gerichte führen. Der Fall, der diese carabulistische Rechtsentwicklung ad absurdum führen soll, wird von Camerarius in eine Fabelsammlung aufgenommen und gelangte auch in die Tischreden-Überlieferung (WA TR 1, 498 f. Nr. 985), so dass möglicherweise Vendenhaimer die Geschichte daraus übernommen hat. Zur Frage der Autorschaft der Fabel (höchstwahrscheinlich Melanchthon) und ihrer Textgeschichte vgl. Adalbert Elschenbroich: Die deutsche und lateinische Fabel in der Frühen Neuzeit. Bd. 2, Tübingen 1990, S. 94–98. Dass das höchste, absolute Recht („summum ius") in Unrecht umschlagen kann, war Melanchthon bewusst, so dass nach seinem Dafürhalten mit Blick auf die Umstände eines Falls die notwendige „aequitas" (bzw. „ἐπιείκεια"), d. h. Billigkeit und ausgleichende Gerechtigkeit, zur Milderung des Urteils führen kann und muss (zu Melanchthons Auffassung von „aequitas" als „mitigatio" des Gesetzes vgl. die Belege bei Christoph Strohm: Zugänge zum Naturrecht bei Melanchthon, in: Der Theologe Melanchthon, hrsg. von Günter Frank, Stuttgart 2000, S. 351 Anm. 76).

Nr. 183

Klugheit bei der Werbung um die Ehefrau

Es ist außerordentlich schlimm, eine untreue Lebensgefährtin zu haben, ohne es zu wissen, jedoch am unerträglichsten, dies wissentlich und in aller Öffentlichkeit hinzunehmen. So zeigt es sich beim Pfau, von dem man sagt, dass er einen Rivalen oder einen, der ihm gleich ist, nicht zu ertragen vermag. Wenn er also im Wasser sein Ebenbild erblickt und es nicht beseitigen kann, ertränkt er sich selbst. Ich ermahne daher diejenigen, die um eine Ehefrau werben und um ihre Gunst anhalten, dass sie nicht unüberlegt handeln und nicht nur ihren Leidenschaften gehorchen, sondern Gott bitten, *das ist sehr von nöthen.* Eine gewisse Herbheit der Ehefrau muss man ertragen.

In den Tischreden ist diese Erzählung fast textgleich überliefert (WA TR 1, 503) sowie in einer stark erweiterten deutschen Fassung durch Aurifaber vom März 1532 (WA TR 2, 514); hier ist der konkrete Fall einer unglücklichen Ehe – unglücklich, weil die Frau „dem Mann ungehorsam, thut ihm nichts zu Gefallen, gehet und streicht hin und her, wohin es sie gelüstet, und machts nur, wie sie selbs will", für Luther „Zeichen des Ehebruchs" – der Anlass für den Ratschlag an potenzielle Freier. Der letzte Satz bei Vendenhaimer, eine Mahnung, sich nicht allzu schnell scheiden zu lassen, erschließt sich durch die ausführliche Fassung bei Aurifaber: „Und da gleich ein Weib etwas bitter ist, doch soll man mit ihr Geduld haben: Denn sie gehört ins Haus, und das Gesinde [be]darfs bisweilen auch sehr wol, daß man ihnen hart sey, und weidlich zusprechen." Zum Pfau als Inbegriff von Hochmut und Eitelkeit s. auch Nr. 174.

Nr. 184

Den Teufel kann man erkennen, wenn man die Zehn Gebote betrachtet

So wie Gott der Ursprung der Zehn Gebote ist, so ist der Teufel ihr Gegensatz. Wenn du also sein wahres Wesen erkennen willst, so prüfe die Zehn Gebote sorgfältig. Das Haupt des Teufels ist das Gegenstück zur ersten Tafel, nämlich Gott nicht zu vertrauen, ihn nicht zu fürchten, nicht zu lieben und ihm nicht wahre Ehre zu erweisen. Dem zweiten Teufelsgebot lässt sich entnehmen, Gott zu lästern, gegen ihn zu murren und seinen Namen auf die schlimmste Art zu missbrauchen. Das dritte Teufelsgebot enthält die Verachtung des Wortes: Gott nicht sprechen hören zu wollen, sondern zu verspotten, ihn zu verachten, die Diener des Wortes zu verfolgen und zu missachten, so sehr, dass sie durch Hunger umkommen, und sich im Übrigen keinen Deut um die Religionsausübung zu kümmern. Die zweite Tafel enthält den Körper des Teufels. Denn das vierte Gebot, nämlich die Eltern zu verachten, ihnen nicht gehorchen zu wollen, ihnen Unrecht zu tun, Aufruhr gegen die Behörden anzustiften, ist die zügellose Brust des Teufels. Das fünfte Gebot, zu töten, zu hassen, zu zürnen, allen Menschen übel zu wollen, Verrat zu üben, zu missgönnen, das ist sein Herz. Das sechste, die Ehe zu brechen, unzüchtig, blutschänderisch, wollüstig, homosexuell, lüstern, schamlos in Sprache und Verhalten zu sein, ist der Bauch des Teufels. Das siebente, niemandem zu helfen, allen Menschen durch Betrug zu schaden oder ihnen durch Gewalt Schaden zuzufügen, sie zu schinden, zu Unrecht erworbenes Gut zu behalten, unechte Waren zu verkaufen, das sind seine Hände und Klauen. Das achte, alles herabzusetzen, in üblen Ruf zu bringen, zu verspotten und zu verleumden, das ist sein Wille, *das ist das freundtlich bildt des teuffels.* Nun stelle dir vor, den verdorbensten und nichtswürdigsten Menschen zu sehen, *da sihestu den teuffel leibhaftig.* Christus hat ihn mit ganz wenigen Worten beschrieben, indem er ihn einen Lügner der ersten Tafel gegenüber nannte und einen Mörder der zweiten gegenüber. Erstens nämlich führt er falsche Reden, ängstigt fromme Menschen durch betrügerischen Kult Tag und Nacht, und je unschuldiger die Menschen sind, umso wilder quält er sie und verlockt sie mit prachtvollen Ritualen, mit denen er sie von Gott und der wahren Verehrung Gottes losreißt. Der Kult des Moloch war von allen der prachtvollste und gleichwohl die größte Lüge, weil er die Menschen zur Opferung ihrer überaus geliebten Söhne und hin zu schrecklichen Götzenbildern zwang, *das ein mensch sein eigen kindt würgen soll.* Das ist vergleichbar dem Papsttum. Je mehr Menschen einer in das Kloster gedrängt hatte, für umso verehrungswürdiger wurde er gehalten. Zweitens bestätigt die Erfahrung zur Genüge, dass der Teufel die Mörder täglich anreizt. Daher soll sich ein jeder vor ihm hüten, so gut er kann. Die Lüge gehört zum Papst, der Mord zum Türken, Kreuz und Verfolgung *lehret nur die gülden künst.*

In den Tischreden ist diese ausführliche Erklärung die Antwort Luthers auf die Frage des Böhmen Ignatz Perknowsky vom August/September 1532 nach Wesen und Bild des Teufels (WA TR 1, 506–508; 2, 219 f.; 2, 563). Der erwähnte Kult des Moloch bedeutet im Alten Testament die Opferung von Kindern. Am Schluss erweitert Vendenhaimer den Text, indem er noch eine Polemik gegen den Papst (= Lüge) und die Türken (= Mord) beigibt. Die Schlussformulierung zu Kreuz und Verfolgung ist ebenfalls in den Tischreden, aber an anderer Stelle, überliefert (WA TR 1, 511; 2, 152; 3, 219).

Nr. 185

Die Lüge ist vierfach

Erstens ist [die Lüge] scherzhaft, *ein guter lecherlicher boß* [Posse], an dem die Menschen Gefallen finden oder über den sie sich irgendwie freuen. Zweitens ist sie gefällig, weil sie dem Mitmenschen von Nutzen ist, *ein gute nützliche liegen* [Lüge], und aus der Nächstenliebe entsteht, damit der Nächste durch sie geschützt wird. Von dieser Art war die Lüge Abrahams, als er sagte, dass Sara seine Schwester sei, und diejenige Elisas in 2. Könige Kap. 6: „Dies ist nicht der Weg und nicht die Stadt." Drittens ist sie schädlich, *nach weltlichem lauf liegen vnd triegen vnd schaden*. Viertens ist sie frevelhaft, wenn Gott durch sie gelästert wird. Die beiden ersteren mag man loben, weil sie keinen Schaden anrichten. Die letzteren kann man nicht hinnehmen, denn sie verletzen sowohl Gott als auch die Menschen. Es gibt aber eine andere notwendige Art der Lüge, obgleich sie sich nicht viel von der zweiten unterscheidet, und diese kann ohne Sünde geschehen, falls sie nicht mit einem Eid (*warlich, trawen, oder bey Got*) verbunden wird.

Luther entfaltet hier – überliefert auch in den Tischreden (WA TR 1, 527) – eine kleine Theorie der Lüge und unterscheidet vier Typen, bei denen er insbesondere der zweiten Variante, der Notlüge, besondere Aufmerksamkeit angedeihen lässt. Hier bietet er zur Erläuterung Beispiele aus der Bibel: Abraham (1. Mose 20,12) und Elisa (2Kön 6,19). Luthers Ausführungen fußen auf Augustins Einteilung der Lügen in „mendacium iocosum" („die Lüge, die erfreut"), „mendacium officiosum" („die Lüge, die nützt") und „mendacium perniciosum" („die Lüge, die schadet"), zu denen Luther noch das „mendacium impium" („die Lüge, die Gott lästert") hinzufügt. Vgl. Walther Köhler: Luther und die Lüge, Leipzig 1912, v. a. S. 154–205 (zur Notlüge, z. B. S. 165 zur Diskussion Luthers und Melanchthons darüber).

Nr. 186

Thesen

I. Der Glaube hört niemals auf; wenn er in Petrus schwindet, regiert er im Schächer.

II. Die Erinnerung an die begangenen Sünden ist der Trost und die Nahrung des Glaubens.

III. Ich habe niemals gehört, dass der Begründer einer Irrlehre bekehrt worden sei.

IIII. Jeder Götzendiener ist gierig, und zwar umso gieriger, je religiöser er ist.

V. Wahre Gerechtigkeit hat Mitgefühl, falsche [Gerechtigkeit] Geringschätzung.
VI. Jeder Schiedsrichter ist streng und unfreundlich.
VII. *Durch die werck geben wür zuchgut, aber durch den glauben empfangen wür das erbgut.*

Diese Thesen fassen verschiedene Stücke der Tischreden zusammen: These 1 = WA TR 1, 545 Nr. 1076; These 2 = ebd., Nr. 1077; These 3 = ebd., Nr. 1075; These 4 = WA TR 1, 546 Nr. 1080; These 5 = ebd., Nr. 1081; These 6 = ebd., Nr. 1082; These 7 = WA TR 1, 547 Nr. 1085 (der Tischredentext bietet statt „zuchgut" das verständlichere „zinsgut").

Nr. 187

Wovon sich das Wort *Dorf* herleitet

Osiander leitet den Namen von *durfen* ab, und zwar deshalb, weil es der Städte bedürfe; Brenz vermutet einen Ausspruch wie etwa *thor auf*, weil es keine Tore habe; Luther aber [denkt an] so etwas wie *vorauf*, weil es eine Vorstadt sei.

In der Überlieferung des Mathesius findet die Debatte um die Etymologie des Wortes ‚Dorf' auf einer Reise von Johannes Brenz (1499–1570), Luther, Andreas Osiander (1496–1552) und Melanchthon in Hessen statt. Es muss sich um die Reise nach Abschluss des Marburger Religionsgesprächs (1.–4. 10. 1529) handeln, da die genannten Reformatoren nur damals zusammen in Hessen reisten (am 7. 10. 1529 trennten sich dann Brenz und Osiander von der übrigen Reisegesellschaft, vgl. MBW 10, Itinerar). Bei Mathesius findet Melanchthon die Lösung Luthers am überzeugendsten – allerdings in der Lesart Dorf = „vorhoff" (Loesche Nr. 184; Vendenhaimers „vorauf" ist fehlerhaft). In den Sonntagsvorlesungen entscheidet er sich für „Thorhoff": „Ich glaube, das deutsche ‚Dorff' kommt von ‚Thorhoff', oder ‚fur [= vor] dem Thor'" (CR 24, 55).

Nr. 188

Die zwei Arten der Weissagung

Eine allgemeine Prophezeiung ist, was über die Zukunft gesagt wird, ohne eine bestimmte Person, Ort, Zeit sowie Art und Weise anzugeben. So prophezeit jeder Christ die Vernichtung der Gottlosen, das Heil der Gerechten, den Wandel der Königreiche, der Völker, der Gesetze, der Gemeinwesen. Die Gottlosen sehen dies nicht so, sondern weissagen selbst das Gegenteil. Eine spezielle Prophezeiung ist, was über die Zukunft gesagt wird mit Angabe von Person, Ort, Zeit sowie Art und Weise. So haben die Propheten von Christus geweissagt.

Der Unterschied von allgemeiner und spezieller Prophezeiung wird textgleich auch in den Tischreden behandelt, hier ergänzt etwa um eine Aufzählung dessen, was die Gottlosen an Gegenteiligem prophezeien, nämlich ihr eigenes Überleben und den Untergang der Frommen (WA TR 1, 545 f.; 3, 177).

Nr. 189

Ein Bild des Todes

Ein schlafender Mensch ist einem Toten ähnlich. Daher stellte man nicht ohne Grund den Schlaf als Bruder des Todes dar. In gleicher Weise hat man sich Tod und Leben im Wechsel von Tag und Nacht vorgestellt.

Der Schlaf als (Zwillings-)Bruder des Todes ist ein seit der Antike gebräuchliches Bild – siehe z. B. Homer, Ilias 16, 671–673. Der Text – auch die Gleichsetzung von Leben = Tag und Tod = Nacht – wird ebenfalls unter den Tischreden überliefert (WA TR 1, 554).

Nr. 190

Eine widernatürliche Leibesfrucht

Eine Frau gebar ein Kind, das einer Haselmaus ähnlich war und das sogleich zu einem Mauseloch unter der Bank eilen wollte. Herr Doktor Martin Luther sagte dazu, dies sei ein Beweis dafür, dass die Geisteskräfte so stark seien, dass sie auch die Körper verändern könnten. Und als er gefragt wurde, ob das Kind getauft werden könne, antwortete er: „Nein, *den ich halts nur* für ein unbewusstes Lebewesen."

In der Überlieferung als Tischrede findet diese Diskussion über Monstergeburten im Sommer/Herbst 1532 statt und wird von Veit Dietrich notiert. Er ist es auch, der gegenüber Luther Zweifel an der Geschichte äußert, doch dieser lässt sich nicht beirren. Die Frage eines weiteren Tischgenossen nach der Taufe wird mit der Vernunftlosigkeit solcher Lebewesen verneint. Zuletzt wird noch die Frage aufgeworfen, ob solche Wesen eine Seele haben, worauf Luther lapidar antwortet: „Ich ways es nit, hab Gott nit darumb gefragt" (WA TR 1, 133 f.).

Nr. 191

Drei Christenverfolgungen

I. Schlimm sind die, welche uns mit Schwert und Gewalt verfolgen, weil dies eine Sünde gegen den [himmlischen] Vater ist.
II. Schlimmer sind die Anhänger der Irrlehren, die sich mit ihrem menschlichen Verstand gegen den Sohn versündigen.
III. Am schlimmsten sind die falschen Brüder, die sich aus lauter Bosheit gegen den Heiligen Geist versündigen.

Das Thema der gegen die Christen bzw. gegen den dreieinigen Gott agierenden Feinde, nämlich der Tyrannen, Ketzer bzw. Schwärmer und „falschen Brüder", erscheint in den Tischreden in unterschiedlichen Varianten (WA TR 1, 24; 2, 292; 3, 159 f.). Die Skala des Bösen reicht dabei von den Tyrannen, die nur Leib und Gut nehmen, über die Schwärmer, die mit falschen Lehren verwirren, bis hin zu den „falschen Brüdern", die wie Judas schön predigen und gleichzeitig Christus aus lauter Bosheit verraten. In den Scholien zu Ps 101,8 spricht Luther ebenfalls von der dreifachen Verfolgung der Kirche und jeder einzelnen Seele durch Tyrannen, Häretiker und „falsche Brüder", die er mit den „Hypocritae", also den Heuchlern, gleichsetzt (WA 4, 156 f.).

Nr. 192

Ein frommer Prediger

Ein frommer Prediger ist den Bienen ähnlich. Eine Biene ist ein kleines Tier, das Honig sammelt, *hat dennoch einen stachel.* Ebenso hat ein frommer Prediger die süßesten Trostworte, wenn er aber zum Zorn gereizt wird, kann er andere auch beißen.

Für Melanchthon bot die Biene vielfältige Assoziationen: ihr vorbildliches Staatswesen, Honig als Metapher für gute Rede, ihre ungeschlechtliche Entstehung als Bild für die Kirche (z. B. CR 25, 29; vgl. auch seine „Historia apum" in CR 6, 453 f.). Der Vergleich zwischen angenehmer Rede und Honig ist bereits in der frühen griechischen Literatur (Homer, Hesiod) bekannt, später auch die Parallele von Autor/Dichter und Biene; die Existenz des Bienenstachels führte in der Antike zu Beschreibungen des Bienenstocks mit militärischen Begriffen und zu Schilderungen von Bienenschlachten (Belege und Literatur zur Rezeption bei Dominik Berrens: Biene. B. 1 – Antike Zoologie, www.animaliterbib.uni-trier.de). Der vorliegende Text ist auch unter den Tischreden überliefert (WA TR 3, 254).

Nr. 193

Der Vergleich von Kuckuck und Papst

Der Kuckuck trinkt die Eier der Grasmücke aus und legt seine ins Nest. Wenn er später ausgeschlüpft ist, kann er nicht gepflegt werden, weil er immer aussätzig ist. Schließlich verschlingt er die Mutter und kann die Nachtigall nicht ertragen. So ist auch der Papst ein Kuckuck. Er verschlingt der Kirche eigene Eier und kackt Kardinäle aus. Danach will er sogar die Kirche verschlingen, in der er geboren und erzogen wurde. Auch kann er nicht den Gesang der Nachtigall, d. h. der Redlichen, ertragen.

Im polemischen Bestiarium Wittenbergs der 1550er Jahre war der Kuckuck für Matthias Flacius Illyricus, den gnesiolutheranischen Gegner Melanchthons, reserviert, während Melanchthon als (positiv besetzte) Nachtigall figurierte (Nachtigall = philomela, d. h. Phil. Mel. = Philipp Melanchthon; bereits 1523 wurde Luther von Hans Sachs als „wittenbergische Nachtigall" besungen). Im „Synodus avium" von 1557 des jungen Dichters und Melanchthonanhängers Johannes Major (1533–1600) wird der Kuckuck beschuldigt, der Grasmücke, nämlich der Universität Wittenberg, seine Eier unterzuschieben. Die Erzählung Melanchthons bezieht sich wohl auf eine Vorform, denn die Liedtradition setzte den Kuckuck häufig polemisch ein und bezog ihn auch auf den Papst, wie in dem vorliegenden Text. Luther selbst wandelte das Lied „Der Kuckuck ist zu tod gefallen" auf den Papst um (WA 54, 274 f.) und vergleicht in einer Tischrede den Papst mit dem Kuckuck: „Der Papst ist der Kuckuk, er frisset der Kirchen ihre Eier und scheißt dargegen eitel Cardinäl aus" (WA TR 4, 571). Die Textfassung bei Vendenhaimer ist nicht ganz schlüssig und muss durch die Parallelen in der Tischredenüberlieferung korrigiert werden: Kuckuck und Papst werden verglichen, so dass, wenn der Papst die Mutter Kirche verschlingt, dann auch der Kuckuck nicht einen „kleineren Vogel" („minorem"), sondern seine Mutter („matrem"; diese Textkonjektur bildet auch die Übersetzungsgrundlage) auffrisst (vgl. Loesche Nr. 98).

Nr. 194

Doktor Martin Luther pflegte zu sagen: „*Itzt hat man gute bücher vnd böse schüler, aber vor zeiten hat man bose bücher vnd gute schüler, so auch guldene Priester vnd hultzene bilder, finstere kürchen vnd lichte hertzen,* aber jetzt *hültzene pfaffen, güldene götzen, lichte kürchen vnd finstere hertzen.*"

Dieser Ausspruch Luthers ist auch in den Tischreden überliefert: WA TR 4, 649 (Nachschrift des Johannes Mathesius vom Juni 1540). Die Entgegensetzung früherer und „heutiger" Zeiten, bei der die Menschen der Gegenwart durchweg nicht gut wegkommen, kennt zahlreiche Beispiele. Der Auflistung Luthers – ehedem: böse Bücher, gute Schüler, goldene Priester, hölzerne Bilder, finstere Kirchen, lichte Herzen vs. heute: gute Bücher, böse Schüler, hölzerne (= steife, ohne Schwung) Pfarrer, goldene Götzen, lichte Kirchen, finstere Herzen – kommt die kürzere Fassung, die mit der Autorenangabe Aventin (1477–1534, bayerischer Landeshistoriker) überliefert ist, nahe: „Olim habuisse Christiani obscura templa sed lucida corda, nunc contra habere lucida templa et obscura corda" – „Einst hatten die Christen finstere Kirchen und helle Herzen, heute aber haben sie helle Kirchen und finstere Herzen." Matthias Flacius Illyricus zitiert in seinem „Catalogus testium veritatis" (Straßburg 1562, p. 564) nicht nur diese Wendung, sondern auch: „Olim fuerunt lignei calices et aurei sacerdotes, nunc contra sunt aurei calices et lignei sacerdotes" – „Einst gab es hölzerne Kelche und goldene Pfarrer, heute hingegen sind die Kelche golden und die Pfarrer hölzern." Luthers Dictum scheint also unterschiedliche Spruchtraditionen zusammenzufassen, die wiederum später auch ohne Rückgriff auf Luther rezipiert wurden: „‚Ach Herr Pastor!' – sagte ein alter, schlichter Bürger – ‚es ist doch jetzt Alles anders, als sonst. Vor Zeiten hatten wir finstere Kirchen und lichte Herzen, hölzerne Kelche und goldene Prediger; jetzt ist's umgekehrt, jetzt haben wir lichte Kirchen, finstere Herzen, goldene Kelche und nicht selten hölzerne Prediger!'" (in: Der Gesellschafter oder Blätter für Geist und Herz. Jg. 7, hrsg. von F[riedrich] W[ilhelm] Gubitz, Berlin 1823, S. 471).

Nr. 195

Das Gesetz

Ein großer berg, sagt die Vermessenheit. *Ich wil hinnuber,* sagt die Heuchelei. *Du kanst nicht,* antwortet die Erkenntnis der Sünde. *So will ichs laßen,* sagt die Hoffnungslosigkeit.	So bewirkt das Gesetz entweder Vermessenheit oder Hoffnungslosigkeit.

In einer Tischrede von 1532 zitiert Luther seinen Mentor Johann von Staupitz (ca. 1465/8–1524) über den freien Willen und zum Gesetz, das den Menschen in trügerischer Sicherheit oder in Verzweiflung gefangen hält: „Es [sc. das Gesetz] ist ein grosser berck, uber den ich sol. Und das anmaßende Fleisch sagt: Ich will hinuber. Die Anerkenntnis der Sünde antwortet: Du kanst nicht hinuber. Die Verzweiflung aber antwortet: So will ichs lassen. So verhält sich die Sache mit dem Gesetz; deswegen lässt es die Menschen entweder anmaßend werden oder verzweifeln" (WA TR 2, 666). Lothar Graf zu Dohna argumentiert v. a. mit dieser Tischrede, dass Luther die Einsicht in den hermeneutischen Gegensatz von Gesetz und Evangelium Staupitz verdanke (vgl. ders.: Gesetz und Evangelium in Staupitz' frühreformatorischer Theologie, in: Staupitz, theologischer Lehrer Luthers. Neue Quellen – bleibende Erkenntnisse, hrsg. von dems. und Richard Wetzel, Tübingen 2018, S. 331–334).

Nr. 196

Das Naturrecht

Unbrauchbar ist die Definition der Rechtsgelehrten, die als Naturrecht das bezeichnen, was allen Menschen und Tieren gemeinsam ist. Es ist nämlich beim Naturrecht notwendig, den Menschen gleichsam als den Herrn von den übrigen Tieren zu unterscheiden. Ihm muss mehr als den übrigen Tieren in jeder Hinsicht etwas Vortrefflicheres zugerechnet werden. Richtiger würde man also sagen, dass es einerseits ein unvernünftiges Naturrecht gibt und andererseits ein Naturrecht der Vernunft. Recht ist das, was geschehen muss. Fünf plus drei müssen nicht acht ergeben, sondern sie sind es bereits. So wird das Recht speziell beim Tier als Naturrecht bezeichnet, weil dieses sich verteidigt. Sich zu verteidigen, geschieht nämlich von selbst und ist die Natur selbst. Beim Tier geht es also um die Tatsache, nicht um das Recht, welches nur beim Menschen auftritt. Sich fortzupflanzen und zu ernähren sind nur zu Tatsachen geworden, nicht zu Gesetzen. Bei jedem Gesetz *muß das [Sollen] sein; zu der saw darf man [nicht] sagen, das sie eßen soll.*

Dieser Text ist unter den Tischreden überliefert, und zwar in der Nachschrift von Veit Dietrich aus dem Jahr 1533 (WA TR 1, 267 f.). In der Textsammlung von Hermann Wolfgang Beyer: Luther und das Recht (München 1935) ist diese Passage unter der Überschrift „Der Begriff des ‚Naturrechts' ist mißverständlich. Denn Recht gibt es nur unter Menschen" wiedergegeben (S. 24 f.). Den Hintergrund bildet die aristotelische Definition des Menschen als „animal rationale" und damit der Vernunft als Unterscheidungsmerkmal gegenüber dem Tier. Deshalb ist der Mensch, so auch die Reformatoren, von Gott zum Herrn über alle Kreaturen eingesetzt worden. Die Frage, ob das Naturrecht auch auf Tiere und ihr Verhalten zu beziehen ist, wurde bereits in der Antike von Ulpian (3. Jh. n. Chr.) diskutiert, überliefert in den „Digesten" mit der Behauptung, dass die Menschen das Naturrecht mit den Tieren gemeinsam haben (vgl. Merio Scattola: Das Naturrecht vor dem Naturrecht. Zur Geschichte des ‚ius naturae' im 16. Jahrhundert, Tübingen 1999, S. 160). Scattola stellt die verschiedenen Positionen vor: (1) Tiere besitzen Rechte; (2) Recht ist nur dem Menschen dank seiner Vernunft zuzuschreiben, doch haben auch – metaphorisch – die Tiere eine Art Naturrecht; (3) den Tieren ist jedes Recht abzusprechen. Luther entscheidet sich offensichtlich für die dritte Option. Vendenhaimer bietet einen verkürzten Text der Tischrede, der nicht immer verständlich ist. So klärt sich der Schlusssatz erst durch den Vergleich mit der Überlieferung der Tischrede: „Bei jedem Recht muss das Sollen sein. Zur Sau darf man nicht sagen, dass sie essen soll, sondern sie tuts ungeheißen."

Nr. 197

Ein durch Folter erzwungenes Geständnis

Wenn jemand den Schmerz nicht ertragen kann, sobald er der Folter unterzogen wird, und ein Verbrechen gesteht, welches er nicht begangen hat, handelt er frevelhaft, weil er gegen sein Gewissen handelt. Der Richter aber sündigt nicht, wenn er ihn aufgrund dieses Geständnisses verurteilt, wie es die Tat Davids zeigt: „Wir werden den töten, welcher von sich sagt, dass er Saulus getötet habe."

Die Folter war in der Frühen Neuzeit ein rechtlich anerkanntes Mittel der Wahrheitsfindung und wurde nach Verhör und Zeugenbefragungen bei Vorliegen schwerer Verdachtsgründe eingesetzt. Den gesetzlichen Rahmen dafür schuf die von Kaiser Karl V. 1532 erlassene „Constitutio Criminalis Carolina". Auch den Zeitgenossen war klar, dass ein Geständnis nach Folter (lt. Regelung in der „Constitutio" z. B. Daumen- und Beinschrauben, Verbrennen der Haut mit Schwefel etc.) mehr als fragwürdig war, so dass es erst gültig wurde, wenn es vom Angeklagten einen Tag später vor einem Richter wiederholt wurde (zur Folter allgemein vgl. Handwörterbuch zur deutschen Rechtsgeschichte [2]2008. Bd. 1, Sp. 1610–1614 [R. Lieberwirth]). Der Text, der auch in den Tischreden überliefert ist (WA TR 1, 81), zitiert als Beleg 2Sam 1,2–16: David lässt den Mörder von Saul und Jonatan erschlagen, da dieser sich selbst des Mordes bezichtigte (V. 16: „Und David sprach zu ihm: Dein Blut komme auf dein Haupt; denn dein Mund hat gegen dich selbst geredet").

Nr. 198

Drei in der Natur unmögliche Dinge

I. Eine sich ausdehnende Durchdringung, so dass Länge und Breite eines Körpers gleich bleiben und dennoch zwei Körper entstehen.
II. Ein leerer Raum.
III. Ein unendlicher Raum.

Diese drei Dinge sind für die Natur unmöglich, sie sind aber für Gott möglich. So liegt im Abendmahl eine sich ausdehnende Durchdringung vor, und dennoch behalten beide ihre Größe und Anzahl und beide überschreiten die Größe und Anzahl nicht. *Als ein wurffel in den andern werffen,* so dass sie dennoch zwei bleiben und zugleich auch von gleicher Beschaffenheit sind.

Die Pointe wird in der gedruckten Textfassung des CR nicht ersichtlich; bei Vendenhaimer steht „possibilia deo", wie auch in der Tischreden-Überlieferung (WA TR 1, 148); also ist statt „possibilia duo" („zwei Dinge sind möglich") „Deo possibilia" zu lesen, so dass die Entgegensetzung lautet: „Diese drei Dinge sind für die Natur unmöglich, sie sind aber für Gott möglich." In der Tischrede entfaltet Luther nur den ersten Punkt der in der Natur unmöglichen Dinge am Abendmahl (Körper ist im Körper, d. h. Christus ist im Brot, und beide bleiben zwei und zugleich eins).

Nr. 199

Ein Scherz

Ein Müller stellte in der Passionsgeschichte die Gestalt Christi dar. Als einige ihm das Verbrechen des Diebstahls vorwarfen, sagte er: „*Wer ich itzündt nit vnser hergot, ich wolt eüch wol bezalen.*"

Luthers kritische Haltung gegenüber den Passionsspielen wird in dieser Anekdote, die auch unter den Tischreden überliefert ist (WA TR 5, 528), deutlich. Denn der Müller als Christusdarsteller bringt wie die Zuschauer Spiel und Realität durcheinander, wenn er auf die ihn als Person betreffenden Vorwürfe – Müller galten traditionell als „die größten Diebe im ganzen Land" – mit dem Ausruf antwortet: „Wäre ich jetzt nicht unser Herrgott, würde ich euch wohl bezahlen [= vergelten]" (vgl. Detlef Metz: Das protestantische Drama. Evangelisches geistliches Theater in der Reformationszeit und im konfessionellen Zeitalter, Köln u. a. 2013, S. 131).

Nr. 200

Rom ist der Boden der Hölle

Ist eine Hell, so stehet gewiß Rom darauf. In Rom herrschte eine so große Unzucht, dass es unmöglich ist, sie zu beschreiben. Unter Papst Julius gab es einen Kardinal, der eine Frau heiratete. Als man ihn zwang, sie zu verlassen, nahm er sie nach einem Jahr wieder zu sich. Nach dem Tode des Kardinals weinte die Frau und klagte, sie habe einen anständigen Mann gehabt, da er mit einer einzigen Gattin zufrieden gewesen sei. Da riefen alle Bürger bewundernd: „O heilige Maria!"

„Ist ein höll, so steht Rom darauff", ist eine Formulierung Luthers aus „Wider das Papsttum zu Rom vom Teufel gestiftet" aus dem Jahr 1545 (WA 54, 220). Die Geschichte über die sittliche Verkommenheit eines Kardinals unter dem Papsttum von Julius II. (1503–1513; selbst Vater von drei Töchtern) ist auch unter den Tischreden überliefert: WA TR 2, 152 und 3, 218 f. (vgl. auch Loesche Nr. 320). Mit der Formulierung der Überschrift, Rom als „basis inferni", ist wohl gemeint, dass Rom den Boden der Hölle bildet, also den untersten Teil, der dem Himmel am entferntesten ist und die schlimmsten Verbrecher ‚beherbergt'.

Nr. 201

In den Plural setzen

Die Papisten haben ihre Autorität dafür eingesetzt, *dz ein vater seinen sohn, wen er ein pfaf würdt, soll ‚Ihr' heißen,* weil David in Psalm 110 seinen Sohn Christus „Herr" nennt. So sagte eine Mutter, als sie ihren Sohn am Georgstag zur Schule brachte: „*Ey wie schwer würdts mich ankumen, wen ich meinen son werde sollen ‚Ihr' heißen.*"

Christus als Sohn Davids geht v. a. auf die Prophezeiung von 2Sam 7,13 zurück, in der der Herr König David einen Nachkommen verheißt: „Der soll meinem Namen ein Haus bauen, und ich will seinen Königsthron bestätigen ewiglich." Auch in Ps 110 wird die Herkunft des Messias aus David zum Thema. In der Tischredenüberlieferung (WA TR 4, 552) trägt dieser Text den Titel „Vobisare der pfaffen" und meint wie die Überschrift des Dictums, dass aus dem alltäglichen ‚Du' das ehrerbietige ‚Ihr' wird. Das Zitat bezieht sich auf Ps 110,1. Der Tag des Hl. Gregors (12. März) galt als Tag der Einschulung. Vielleicht wird hier von Vendenhaimer absichtlich stattdessen der Georgstag genannt, da der Hl. Gregor (540–604) ein Papst war und verschwiegen werden sollte. Melanchthon indessen datierte z. B. seinen Brief vom 12. März 1556 auf „Die Gregorii" (MBW 7744).

Nr. 202

Acht Eigenschaften des Evangeliums

I. Wesen: Das ist die göttliche Offenbarung, weil Vater, Sohn und Heiliger Geist sich in der Taufe Christi offenbaren.
II. Größe: Sie zeigt sich im Vergleich mit anderen Dingen, dass nämlich Gott selbst vom offenen Himmel herabsteigt, nicht die Engel, nicht Mose. Auf diese Weise wird die Sache in der Begriffsbestimmung sichtbar, indem ihre Größe deutlich gemacht wird.
III. Beschaffenheit: *wie freundtlich vnd lieblich ist es zugangen.* Es gab keine Anzeichen von Zorn, keine Waffen, keinen Donner.
IIII. Beziehung: Sie kann ein Gegensatz sein, in gleicher Weise auch, dass Gott und Mensch, Sünder und Erlöser eins werden.
V. Handlung: Das ist der Nutzen, der sich ergibt.
VI. Leiden: *waß man darüber leidet.*
VII. Wo: überall.
VIII. Örtlichkeiten: was die einen lehren, was anderen gelehrt wird, was wiederum andere hören.

Aus dem Jahr 1531 ist in der Nachschrift Veit Dietrichs eine Tischrede zu den zehn Eigenschaften (= Kategorien) nach dem Evangelium

Matth 3,15 ff. überliefert (WA TR 1, 5). Diese Textfassung unterscheidet sich nur wenig von der Nachschrift Vendenhaimers. Dieser hat die Kategorie der Zeit („Quando, semper") weggelassen und die beiden Kategorien der „relatio" (Antithese und Identität) zusammengezogen, so dass er auf acht Kategorien kommt. CR titelt deshalb „Octo praedicamenta", während Vendenhaimer wie die Tischrede mit „decem praedicamenta" einsetzt, auch wenn er nur von I bis VIII zählt. Die 4. Kategorie der Relation ist bei Vendenhaimer unverständlich und erschließt sich nur durch eine Ergänzung aus der Tischreden-Fassung, denn der Satz „homo et Deus peccator" muss vollständig heißen: „quod Deus et homo, peccator et iustificator uniuntur" – „dass Gott und Mensch, Sünder und Erlöser eins werden"; so sind auch bei Vendenhaimer Antithese und Identität angesprochen, zumindest angedeutet.

Nr. 203

Das Milzkraut

Das Milzkraut *Je lenger ie lieber* heilt Krankheiten der Milz. Seinen Namen [Teukrion] hat es von Teukros, dem Bruder des Ajax. Telamon hatte zwei Söhne, Teukros und Ajax. Teukros hatte er aus der Ehe mit Hesione; später heiratete er eine andere Adlige, von der er den Ajax hatte. Teukros musste für Ajax Leibwächter und Befehlshaber sein, als dieser in den Trojanischen Krieg zog. Als aber Teukros ohne seinen Bruder Ajax nach Hause zurückkehrte, wurde er von seinem Vater verbannt, ging ins Exil und gründete dort die Stadt Salamis, in der Telamon lebte. Als er dort geopfert und dabei Kräuter hinzugefügt hatte, die er auf beiden Seiten [des Altars] gepflückt hatte, bemerkte er, dass das Teukrion eine zu starke Tätigkeit der Milz reduzierte. Daher verwendete er es auch für seine Milz, weil er schwarzgallig [also Melancholiker] war, und gab diesem Kraut seinen Namen. Es wird auch Milzkraut genannt. Ich habe in Frankfurt unter den übrigen Vornehmsten eine Jungfrau sitzen sehen, die einen Kranz aus Teukrion trug. Ihr waren folgende Worte hinzugefügt: *„Je lenger ie lieber ich bin allein, den trew vnd glaub ist worden klein."*

In einem Brief an Joachim Camerarius vom 23.7.1544 (MBW 3627) erzählt Melanchthon von einem Gemälde, das er in Frankfurt/Main gesehen habe und auf dem eine Pflanze mit dem Namen „Jelängerjelieber" oder „Bittersüß" dargestellt sei. Wenige Tage später (3.8.1544, MBW 3638) kann er auch den griechischen Namen der Pflanze mittteilen: Teukrion (heutige deutsche Bezeichnung: Gamander, zu den Lippenblütlern gehörig). Der Name komme, so Melanchthon nach einer unbekannten Quelle („fabella elegantissima, quisquis autor est"), von Teukros, einem griechischen Helden, Halbbruder des Ajax und Gründer der Stadt Salamis, der zufällig die Heilkraft dieser Pflanze gegen übermäßige schwarze Galle entdeckt habe. Melanchthon muss dieses (heute verschollene) Bild einer milzkrautflechtenden Jungfrau mit Spruchband („Je länger, je lieber ich bin allein, denn Treu und Glaube ist worden klein") sehr beeindruckt haben, da er darauf in verschiedenen Zusammenhängen zu sprechen kommt (vgl. Bernd Kratz: Ein Frankfurter Gemälde in der Deutung Philipp Melanchthons und seiner Schüler, in: Deutsche Vierteljahresschrift für Literatur 92 [2018], S. 317–375). Auf dem Bild haben Melanchthon offensichtlich v. a. die deutschen Verse gefallen, die er auch in seinem Theognis-Kommentar zitiert und mit eigenen Erfahrungen verknüpft: „Es ist nicht gut mit vielen Leuten zu thun haben, das werdet jr wol jnnen werden, wenn jr werd alt werden" (CR 19, 76 f.; Melanchthon las über Theognis 1551 im Alter von 54 Jahren, s. Nr. 253). Vendenhaimers Angabe, Teukros habe die Stadt Salamis gegründet, in der Telamon lebte, geht in die Irre: Telamon war der Vater von Teukros (und Ajax) und regierte als König auf der vor Piräus gelegenen Insel Salamis; Teukros gründete dagegen auf Zypern eine Stadt, die er nach seiner Heimatinsel Salamis nannte.

Nr. 204

Voraussetzungen für einen guten Prediger

I. Er muss Lehrer sein. II. *Er sol einen feinen kopff haben.* III. *Er sol ein gute stim haben.* IIII. Ein gutes Gedächtnis. V. Redegabe. VI. *sol fein wißen auf zuhoren.* VII. *sol seines dings fleisich wardten.* VIII. *Er sol leib vnd leben daran setzen.* IX. *Er sol sich von Jderman deuschen laßen.*

Angesichts des häufig schlechten Bildungsstandes vieler Pfarrer auch in protestantischen Territorien lag Luther und Melanchthon sehr daran, die theologische Ausbildung an der Universität zu verbessern. Welche Kompetenzen für das Pfarramt notwendig sind, hat Luther mehrfach in den Tischreden ausgeführt und dabei „conditiones boni praedicatoris" aufgezählt, die fast wortgleich zu diesem Dictum sind (z. B. WA TR 2, 531; 6, 193). Zwei Qualifikationen im Anforderungsprofil des evangelischen Geistlichen bedürfen vielleicht der Klärung: Nr. VI meint das rechtzeitige Aufhören beim Predigen, und Nr. IX rät zum geduldigen Ertragen von Spott (so die Parallelen in den Tischreden: „er soll geduldig ertragen", „soll sich von jedermann lassen vexieren", vgl. auch Marcel Nieden: Die Erfindung des Theologen. Wittenberger Anweisungen zum Theologiestudium im Zeitalter von Reformation und Konfessionalisierung, Tübingen 2006, S. 87 Anm. 64).

Nr. 205

Die wilde Ehe der Juden

Das Konkubinat war den Juden auch durch das Gesetz des Mose, Exodus 21, gestattet und erlaubt: „Wenn jemand eine nicht verlobte Jungfrau geheiratet hat" usw. Um Frauen zu fördern, war den Juden außerdem auferlegt und bestimmt, dass die Witwen und armen Mädchen im Konkubinat Nahrung und Kleidung bekommen sollten. Daher war diese Bestimmung den Juden nicht angenehm, sondern eher lästig. *Sie habens mußen auß großer noth thun,* nicht aus Verlangen *oder furwitz.* Wenn jemand aus der Familie es zu einer gewissen Würde brachte oder sonst reich wurde, *zu dem hielten sich alle seine freündt, diese müst er ernöhren.* Die Juden hatten mehrere Frauen, *die werden in sein müde geworden,* und sie waren gezwungen, mehrere zu haben durch die verbindende Kraft der Verwandtschaft und des Versprechens. Denn Gott hatte versprochen, dass er ihren Samen vermehren wolle wie die Sterne am Himmel und den Sand des Meeres. Zur Erfüllung dieses Versprechens waren sie gezwungen, mehrere Frauen zu heiraten.

Nicht nur die zitierten alttestamentlichen Stellen (2. Mose 22,15; 1. Mose 22,17), sondern auch die Vielehen etwa Jakobs oder Davids zeigen, dass Polygamie im Judentum und in der Bibel, weder im Alten noch im Neuen Testament, keineswegs verboten war. Die monogame Beziehung entspricht dem römischen Verständnis. Im Judentum war die Polygamie bis ca. 1000 n. Chr. erlaubt (d.h. Polygynie war erlaubt, nicht aber Polyandrie). Die bei Mathesius mitgeteilte Fassung unter den Dicta Luthers beginnt mit dem Verweis auf die Vielehe der heiligen Patriarchen (WA TR 1, 589 f., Loesche Nr. 373).

Nr. 206

In der Schöpfung zeigt sich die Dreifaltigkeit

In der Sonne sind Substanz, Hitze und Glanz, in den Blitzen sind Substanz, Fließen und Kraft, und so auch in den Wissenschaften. In der Sternkunde gibt es Bewegung, Licht und Einfluss, in der Musik Re mi fa, in der Geometrie drei Dimensionen: Linie, Oberfläche und Körper. In der Grammatik gibt es drei Arten der Rede, in der Arithmetik drei Zahlen, in der Rhetorik Gliederung, sprachliche Gestaltung und Vortrag oder Gestik, sie ist die Auffindung der Mittel oder des Stoffs, in der Dialektik: Definition, Trennung und Argumentation. So hat jede beliebige Sache Bedeutung, Menge und Gestalt. So ist in der Musik b fa # mi das Evangelium, die übrigen Schlüssel sind das Gesetz. Das Gesetz gehorcht dem Evangelium, und b fa # mi regiert die übrigen Schlüssel und ist am lieblichsten.

Dass sich Spuren der göttlichen Dreieinigkeit in allen Dingen wiederfinden, hat nicht erst Augustinus in „De trinitate" dargelegt, sondern ist als Dreier-Struktur bereits seit der Antike ein prägendes Grund- und Ordnungsschema. Die Beispiele erscheinen wortgleich auch in den Tischreden (WA TR 1, 396). Daraus ergibt sich eine Korrektur im Text Vendenhaimers bzw. im CR: Statt „so auch in den Vögeln (= avibus")" muss es heißen: „so auch in den Wissenschaften (= artibus)". Das musikalische Beispiel am Ende, das den Gedankengang der umfassenden Trinität des

Seins verlässt, ist offensichtlich aus einer anderen Tischrede genommen (WA TR 3, 136); dort dient es der Illustration des Gegensatzes von Gesetz und Evangelium (vgl. auch die eingehende musikhistorische Erläuterung bei Loesche Nr. 593). Im CR ist übrigens noch ein weiterer Lesefehler zu korrigieren: Der Name der letzten Note in den beiden Schlusssätzen ist nicht „nis" (eine solche Note gibt es im Hexachord gar nicht), sondern „mi" (so auch bei Vendenhaimer). Im Falle der Rhetorik werden die Aufgaben eines Redners von fünf auf drei „zurechtgestutzt", um in die Dreier-Matrix zu passen. Denn von den traditionellen „officia oratoris", nämlich inventio (Auffinden der Argumente), dispositio (Gliederung des Vortrags), elocutio (sprachliche Gestaltung), memoria (Auswendiglernen) und actio (öffentlicher Vortrag), bleiben nur dispositio, elocutio und actio übrig, mit einer nachgeschobenen inventio, doch ohne memoria. In der bei Manlius (1566, p. 4) als „Plauderei" („confabulatio") zwischen Luther und Melanchthon überschriebenen Fassung wird zum einen der richtige Notennamen „mi" mitgeteilt und zum anderen bei der rhetorischen Trias die inventio ausdrücklich als nicht zugehörig eingestuft, da sie nicht zur Kunst, sondern zur Natur gezählt werde.

Nr. 207

Der Papst hat eine dreifache Krone

eine gegen

Gott	Kaiser	Mensch

er verurteilt

die Religion	und den Staat, untersagt das kaiserliche Recht	den Hausstand, indem er den Seinen die Ehe verbietet

Unter den Tischreden ist auch eine deutsche Fassung überliefert: „Der Papst hat drei Kronen. Die erste ist stracks wider Gott; denn er verdammet die Religion. Die andere wider den Kaiser; denn er verdammet das weltlich Regiment. Die dritte ist wider gemeine Leute; denn er verdammet den Hausstand, hat den Priestern und seinen Geschmierten das kaiserlich Recht, die Ehe und Haushaltung verboten" (WA TR 1, 473).

Nr. 208

Zerberus

Zerberus ist der dreiköpfige Höllenhund, denn er hat drei Rachen, mit denen er die Menschen verschlingt, nämlich das Gesetz, die Sünde und den Tod (ans Tageslicht bringt ihn Herkules, der Diener des Wortes). Ich meine, dass die Geschichte von den Vorfahren herrührt.

Der antike Held Herkules musste als zwölfte und letzte Aufgabe Zerberus, den mehrköpfigen Hund, der den Eingang zur Unterwelt bewacht, an die Oberwelt bringen. Das hier verwendete Epitheton ornans des Herkules, „minister verbi", das in der Erweiterung „minister verbi divini" die Berufsbezeichnung des Theologen und Pfarrers meint, legt eine weitere Bedeutungsebene nahe: Herkules ist der Reformator Martin Luther, wie ihn z. B. Hans Holbein d. J. um 1519 als „Hercules Germanicus" inszeniert, der mit seiner Keule die katholischen Autoritäten vernichtet. Die Fassung in WA TR 1, 98 erweitert die Darstellung um einen Vergleich des Zerberus mit Schor ha-bar, dem jüdischen ‚Stier der Steppe' als Bild für den Satan: also Herkules Luther im Kampf gegen den Teufel (vgl. auch Loesche Nr. 3). Die Tischrede vergleicht abschließend Phaethon und Ikarus ausdrücklich mit Zwingli und Oekolampad, so dass sich die implizite Parallele Herkules – Luther einfügt.

Nr. 209

Reigentänze

Die Veranstaltung von Reigentänzen ist erlaubt, damit man Geselligkeit unter Menschen lernt und damit Jungen und Mädchen Freundschaften schließen können. So wird der Umgang miteinander erprobt. Sie bieten auch die Gelegenheit, tugendhaft zu leben, und die Mädchen können sich später in freundlichem Selbstvertrauen ehrenhafter und mit mehr Sicherheit um einen Mann bemühen. Der Papst hat die Reigentänze verdammt, weil er ein Gegner der Ehe war. Es soll aber alles sittsam zugehen. Aus diesem Grund sollen rechtschaffene Männer und Frauen eingeladen werden, an den Reigentänzen teilzunehmen, damit alles recht ehrenhaft vor sich geht.

Nach der Überlieferung der Tischreden durch Johannes Mathesius ist dies eine Darstellung Luthers vom September 1540 („Doctor dixit"), während eine Wiener Tischredenhandschrift ausdrücklich Melanchthon als Autor angibt. In der Tischredenüberlieferung ist die Rede davon, dass als Folge des gemeinsamen Tanzens die Männer in die Lage kommen, um das Mädchen ehrenhafter und sicherer zu werben; bei Vendenhaimer ist der Satz hingegen so verkürzt, dass man ihn so versteht, als würden nun die Mädchen um einen Mann werben – was für das 16. Jahrhundert wohl kaum vorstellbar ist. In WA TR 5, 36 (vgl. Loesche Nr. 63) gibt es noch die Ergänzung, dass Luther nach eigener Aussage durch seine Anwesenheit die Studenten dazu gebracht habe, von walzerartigen Tänzen („gyros") abzusehen. Manlius (1566, p. 340) titelt „Doctoris Martini Lutheri de ducendis choreis iudicium". In der Übersetzung wird – entgegen dem Text im CR – die Sinneinheit der beiden letzten Sätze wie bei Vendenhaimer durch Interpunktion nach „modeste fiant omnia" („es soll alles sittsam zugehen") getrennt, so dass die Forderung nach Sittsamkeit die Begründung dafür abgibt, nur rechtschaffene Männer und Frauen einzuladen.

Nr. 210

Die Lemnische Erde

Die Beschaffenheit der Lemnischen Erde ist erstaunlich. Denn Dioskurides schrieb, dass Ziegenblut mit der Erde von Lemnos vermischt werde, und dieses Heilmittel wird viel verwendet. Daher besuchte Galen diese Gegend selbst, um zweifelsfrei zu erforschen, wie sie sich dort darstelle, und stellte fest, dass der Boden von Natur aus metallisch oder eben mit Ziegenblut vermischt sei. Lemnische Erde wird aber heute bei den Thrakern und den Griechen so häufig verwendet und so sehr bewundert, dass ein türkischer Herrscher sie unter ausgewählten Gaben an Gesandte zu verschenken pflegt.

Dass die Erde der griechischen Insel Lemnos heilende Wirkung besitzt, hat erstmals der griechische Pharmakologe Dioskurides (1. Jh. n. Chr.) ausgeführt (De materia medica 5, 113): Die aus einem höhlenartigen Stollen genommene Erde werde mit Ziegenblut gemischt und zu Pastillen als Heilmittel gegen tödliche Gifte geformt. Der als medizinische Autorität verehrte Galen (130–210) hat in zwei Werken, „De simplicium medicamentorum temperamentis ac facultatibus" und „De antidotis", über die Heilkraft der Lemnischen Erde berichtet. Von der Reise Galens auf die Insel Lemnos erzählt Melanchthon in seiner Rede „De vita Galeni" fast textgleich (CR 11, 500 f.), so dass zwei Lesarten bei Vendenhaimer (und im CR) durch Vergleich korrigiert werden können: Die Lemnische Erde wird nicht mit menschlichem Blut, sondern mit Ziegenblut gemischt (also nicht „humanum sanguinem", sondern „hircinum sanguinem"), und der nicht identifizierbare „tyrannus Iurritus" ist ein „Turcicus tyrannus".

Nr. 211

König Alfons war ein gebildeter und kluger Mann. Als ihm einmal gemeldet wurde, dass einige von ihm abgefallen seien, denen er viele Wohltaten hatte zukommen lassen, war er zunächst von

Zorn ergriffen. Später aber beruhigte er sich wieder und sagte: „*Ach*, wozu zürne ich ihnen? Ich verfüge über so große und sogar unendliche Wohltaten Gottes und bin dennoch undankbar ihm gegenüber. Es ist daher nicht verwunderlich, dass auch diese sich zu wenig an die Wohltaten erinnern, die ich ihnen erwiesen habe."

S. den Kommentar zu Nr. 77.

Nr. 212

Der witzige Ausspruch eines Flötenspielers

Der König Ptolemaios tadelte einen Flötenspieler, der die Laute spielte. Dieser antwortete ihm: „Das eine ist das Szepter, das andere die Laute." Er meinte, dass der König und alle anderen sagen würden, er solle an seine Aufgabe und seine Pflicht denken und sich nicht um andere Dinge kümmern, von denen er keine Ahnung habe.

Das sprichwörtliche „Aliud sceptrum, aliud plectrum" („Das Szepter ist eine Sache, die Laute eine andere") bedeutet, dass jeder das betreiben soll, was er versteht, und ist zugleich die selbstbewusste Antwort eines Künstlers gegen die Einmischungen eines Herrschers in künstlerische Belange. Quelle Melanchthons könnten die Adagien des Erasmus von 1508 sein, die den Ausspruch und seine Geschichte darlegen (4, 1, 56, Nr. 3056: „Alia res sceptrum, alia plectrum") und sie dem im 4. Jh. v. Chr. lebenden athenischen Lautenspieler Stratonikos im Disput mit dem ägyptischen König Ptolemaios I. (367–283 v. Chr.) in den Mund legen (nach Athenaios, Deipnosophistae, 8, 350c; eine stark erweiterte Fassung der Erzählung bei Loesche Nr. 165). In einer anderen Fassung verlegt Melanchthon das Gespräch zwischen Herrscher und Künstler in die Gegenwart, wenn er Kaiser Maximilian, der ein Bild zeichnen will, dem aber der Stift immer wieder abbricht, und Dürer, der den Entwurf mühelos vollendet, auftreten lässt. Dem erstaunten Kaiser entgegnet Dürer daraufhin: „Gnädigster Herr, ich möchte nicht, dass Euer Majestät so geschickt zeichnen könnte wie ich" und weist mit dem genannten Sprichwort resümierend dem Kaiser das Regieren und dem Maler das Zeichnen zu (vgl. Albrecht Dürer: Schriftlicher Nachlass, hrsg. von Hans Rupprich, Berlin 1956, S. 325).

Nr. 213

Die schreckliche Tat von Zauberinnen in einem Dorf nicht weit von Berlin

Ein Bauer hatte seinen kleinen Jungen verloren. Als er ihn suchte, kam er zufällig in das Haus eines Nachbarn, wo er ihn ermordet und abgehäutet vorfand. Zornentbrannt griff er daher die zwei [dort befindlichen] Zauberinnen an und rief die Nachbarn zusammen. Dann verlangte er den Grund für diesen Mord zu erfahren, warum sie seinen Sohn getötet hätten, da doch weder er selbst noch seine Frau noch sein Sohn ihnen etwas getan hätten. Die Zauberinnen antworteten, sie hätten den Knaben aus einem anderen Grunde umgebracht, nämlich um sein Fleisch in einer glühenden Form zu kochen. Wenn dies ungehindert vor sich gegangen wäre, wie sie es vorgehabt hätten, dann hätten sie Eis für die Vernichtung des Getreides erzeugt. Dies sind keine menschlichen, sondern teuflische Taten. So verwandelt der Teufel, nachdem er vom heiligen Geist verstoßen wurde, Geschöpfe in lebende Teufel. Deshalb muss man sorgsam dafür beten, dass Gott uns durch seinen Heiligen Geist lenke, weil der Mensch entweder ein Tempel Gottes oder ein Wohnsitz des Satans ist.

Bei Mathesius ist diese Geschichte ausdrücklich Melanchthon zugewiesen und auf den Sonntag „Exaudi“ datiert, also auf den 14.5.1553. Außerdem wird sie dort durch ein Basler Ereignis mit zahlreichen Morden ergänzt, um auch damit das verheerende Wirken des Teufels zu illustrieren und zum sorgfältigeren Gebet aufzufordern (vgl. Loesche Nr. 167). Die Zauberinnen zu Berlin sind ein Motiv, das von Manlius über Hondorff bis zu den Hexenpredigten des Hermann Samson (1626) Einzug in die protestantischen Exempelsammlungen fand (vgl. Rehermann, S. 159 u. 551 f.).

Nr. 214

Die Strafe für Mord

Einst fiel ein Wanderer Straßenräubern in die Hände, und als er von ihnen getötet wurde, sah er Krähen vorüberfliegen und rief ihnen zu: „Ich bitte euch, Rächer meiner Ermordung zu sein." Am dritten Tage darauf kamen die Räuber in eine Stadt, und als eine große Schar Krähen in das Gebäude, das sie betraten, hineinflog, sagte einer von ihnen auf einmal: „Jetzt kommen die Krähen, um den Mord an Ibykus zu rächen!" So nämlich war der Name des ermordeten Wanderers. Als ein Diener den Namen des Ibykus, der Bürger eben dieser Stadt gewesen war, hörte, meldete er dies seinem Herrn. Dieser ließ die Räuber ergreifen und in den Kerker werfen, und schließlich erhielten sie die gerechte Strafe für den Mord.

In Melanchthons Leben spielen drei Krähen eine „prophetische" Rolle: 1524 konnte Melanchthon erstmals seit seinem Berufsstart an der Leucorea im August 1518 Urlaub nehmen und fuhr in seine Heimat Bretten. Auf der Rückreise kam er mit den beiden Freunden Wilhelm Nesen und Joachim Camerarius in das hessische Treysa. Camerarius berichtet in seiner Melanchthonbiographie von dieser Episode des 2. 6. 1524: „Als Philipp, Nesen und ich, nachdem die übrigen schon vorausgegangen waren, dort, bis die Pferde Wasser getrunken hatten, noch stehenblieben, erblickte Nesen auf dem nächsten Hügel drei Raben, die, als ob sie Vorzeichen geben wollten, mit ihren Schnäbeln und Flügeln ganz wundersame Töne und Bewegungen erzeugten. Er fragte Philipp, was denn seiner Ansicht nach durch diese Vorzeichen prophezeit werde. Philipp antwortete: ‚Was denn wohl anders, als dass einem von uns der Tod nahe bevorsteht?'" Melanchthon war daraufhin überzeugt, dass er bald stirbt, doch es ist Nesen, der wenige Wochen später bei einem Bootsunfall in der Elbe umkommt (vgl. Joachim Camerarius: Das Leben Philipp Melanchthons, übersetzt von Volker Werner, Leipzig 2010, S. 96). Das von Melanchthon erzählte Exemplum – die Fassung in WA TR 5, 611 wird ebenfalls Melanchthon zugewiesen – erinnert an die Kraniche des Ibykus, die nicht erst durch Friedrich Schiller (1797), sondern bereits in der Antike literarisiert wurden, etwa bei dem Lexikographen Suda oder in einem Epigramm von

Antipater von Sidon (Anth. Graeca 7, 745). Auch Erasmus kennt das Motiv (in den „Adagien“: 1, 9, 22, Nr. 822: „Ibyci grues“). Zu diesen Quellen vgl. Wulf Segebrecht: Naturphänomen und Kunstidee. Goethe und Schiller in ihrer Zusammenarbeit als Balladendichter, dargestellt am Beispiel der Kraniche des Ibykus, in: Klassik und Moderne. Die Weimarer Klassik als historisches Ereignis [...], hrsg. von Karl Richter und Jörg Schönert, Stuttgart 1983, S. 197–199.

Nr. 215

Karneval. Philipp Melanchthon

Es gab hier einen Pfarrer, der während des Freudenfestes oder Karnevals mit seinen Gefährten speiste und ihnen folgende Frage vorlegte: „Warum wollt ihr das Freudenfest bewahren, nicht aber das Fasten beibehalten?“ Als sie nicht antworten konnten, tadelte er sie und äußerte selbst folgende Ansicht: „Das Fasten ist die abergläubische Einhaltung nicht notwendiger Bräuche und kann daher abgeschafft werden. Diese Erholung der Sinne hier ist ein gesellschaftlicher Brauch ohne Gottlosigkeit und kann also beibehalten werden.“ Dies ist eine erkenntnisreiche Unterscheidung, die aus verschiedenen Gesichtspunkten gewonnen wurde.

Melanchthon verkehrt hier alle traditionellen Vorstellungen: Das Fasten soll als abergläubisch abgeschafft werden, während der Karneval als gottgefällige Erholung beibehalten werden kann. Die Reformatoren lehnten das Fasten als verordnetes Werk zur Erlangung des Heils ab. Den oft kolportierten protestantischen Widerstand gegen Fastnacht hinterfragt – mit eingehender Untersuchung der vielfältigen Äußerungen Luthers – Holger Pyka: Vom Sittlichkeitskampf zur Büttenrede. Protestantische Karnevalsrezeption und Transformationen konfessioneller Mentalität, Stuttgart 2018, cap. 3.2: „Fastnachtsrezeption der Reformatoren und ihrer Nachfolger“. Bei Manlius (1566, p. 153 f.) wird dieses Gespräch unter Freunden präzisiert: Der Pfarrer ist ein Wittenberger Pfarrer, Bruder von Doktor Brück; dabei muss es sich um Simon Heins, ca. 1483 in Brück geboren, 1523 in Wittenberg verstorben, den letzten katholischen Pfarrer an der Wittenberger Stadtkirche, handeln. Während einer Krankheit –

und er war in den letzten Lebensjahren in der der Tat oft krank, so dass er sein Amt kaum mehr ausüben konnte – konfrontierte er seine Freunde, die in jenen Tagen Karneval feierten, mit der Frage nach Karneval und Fasten und bekam keine Antwort. Die Erzählung nimmt bei Manlius dann eine andere Wendung als bei Vendenhaimer, denn die Frage eines weiteren Gesprächspartners richtet sich auf die Tänze während des Karnevals, die er am Tag zuvor bei einem Juristenfest erlebt hatte und die ihm nicht christenmäßig erschienen. Melanchthon greift ihn an, wie er denn auf Grund eines solchen Erlebnisses ein Urteil über die Kirche treffen wolle. Nachdem Melanchthon noch ein ähnliches Beispiel erwähnt – ein Pfarrer in einem Nachbarort habe törichterweise gegen das Miteinanderfeiern von Herren und Bürgern in Verkleidung gepredigt –, klärt er das Problem: Fasten ist Aberglauben und muss als „impius cultus" abgeschafft werden. Gesellschaftliche Bräuche, die ehrenhaft sind, können dagegen beibehalten werden und dazu gehört der Karneval als „relaxatio animorum", als Erholung. Die Grenze der obrigkeitlichen und moralischen Toleranz war allerdings für Melanchthon bei unmäßigem Alkoholgenuss erreicht (CR 24, 437 f.).

Nr. 216

Die bestrafte Undankbarkeit

Philipp, der König der Mazedonier, sandte einst einen Untergebenen in die Fremde. Als dieser wegen eines Unwetters auf See an einem Dorf anlegte, bat er einen Bauern um Hilfe, wurde von diesem freundlich aufgenommen und den Möglichkeiten entsprechend auch höflich behandelt. Als er aber zum König zurückkehrte, berichtete er über die Gefahren, die er um des Königs willen auf sich genommen und durchlitten hatte, und bat diesen, dass er ihm für seine Treue eine Bitte gewähren möge. Der König versprach dies. Nun ersuchte der Soldat den König, ihm in dem nahe gelegenen Dorf das kleine Stück Land des Bauern, von dem er gastlich aufgenommen worden war, zu schenken. Als er dies erreicht und den Bauern von seinem Besitz vertrieben hatte, wandte sich dieser an den König, beklagte sich über die Undankbarkeit seines Gastes und führte die Wohltaten an, die er ihm erwiesen hatte. Nachdem er dies vernommen hatte, befahl der König den Soldaten zu sich und ordnete an, dass dem Bauern sein Besitz zurückgegeben wurde. Dem Soldaten aber ließ er wegen seiner Undankbarkeit ein Zeichen in die Stirn einbrennen mit den Worten: „ein undankbarer Gast". Und auf diese Weise wurde dieser wahnsinnig.

Diese Geschichte über den mazedonischen König Philipp (382–336 v. Chr.), den Vater Alexanders des Großen, wird auch bei Manlius (1566, p. 233) erzählt, mit einigen Ausschmückungen: Der Bote ist hier ein tapferer Soldat, der von dem Bauern in einem Kahn gerettet und von ihm 30 Tage lang gastfreundlich aufgenommen wird. Der König erfüllt die Bitte des Geretteten aus allzu großer Freude oder im Rausch („denn der Vater Alexanders trinkt viel") und beauftragt den Präfekten Pausanias, das Land dem Soldaten zu übereignen. Nach Aufklärung durch den Bauern wird der König wütend. Manlius lässt den gebrandmarkten Soldaten nicht wahnsinnig werden, sondern endet mit allgemeinen Weisheiten und weiteren Beispielen zur Undankbarkeit der Menschen. Undankbarkeit war ein Lebensthema Melanchthons – v. a. auch aus eigener Erfahrung –, so dass sie bei ihm in vielfältigen Lebens- und Textzusammenhängen erscheint, vgl. Gerhard Weng: Philipp Melanchthon. Undankbarkeit. Texte aus seinen Briefen, Geschichten, Reden, Gebeten, Psalmenversifikationen, Postillen, Kommentaren, Auslegungen, ethischen, dogmatischen und apologetischen Schriften, Meldorf 1997. Dieses Exempel für Undankbarkeit wird auch in einem Witwenspiegel von 1613 erwähnt, vgl. Britta-Juliane Kruse: Witwen. Kulturgeschichte eines Standes in Spätmittelalter und Früher Neuzeit, Berlin/New York 2007, S. 612 f. Sinnbild der Undankbarkeit ist für Melanchthon der Kuckuck, der seine Eier von anderen Tieren ausbrüten lässt und dann sogar seine Ernährerin frisst, wie er in seiner 1537 verfassten Rede „Über die Undankbarkeit des Kuckucks" ausführt; darin erzählt er auch die Geschichte des Soldaten, der die Wohltaten seines Gastgebers verschweigt (CR 11, 340 f.).

Nr. 217

Schlechte Nachahmung, *Affenspiel*

Als Orpheus gestorben war, soll seine Leier nach Lesbos gebracht worden sein. Der Sohn eines Fürsten nahm sie an sich und meinte, er würde selbst wie Orpheus, wenn er darauf spiele. Er glaubte also, dass er die Felsen und Wälder rühren und bewegen könne, ging hinaus und spielte. Die Hunde aber, die ihn spielen hörten, wurden gereizt und zerrissen diesen Dummkopf. So wollen viele wie Luther sein und wollen die Sinne der Menschen rühren, aber sie werden von den Hunden zerrissen. So endet gewöhnlich schlechte Nachahmung.

Die Tötung des Orpheus und das Schicksal der Leier des mythischen Sängers werden von Ovid zu Beginn von Buch 11 seiner Metamorphosen geschildert. Lukian erweitert die Geschichte, indem er von Neanthus, dem Sohn des Tyrannen Pittacus, berichtet, der die göttliche Leier des Orpheus entwendete, durch sein nächtliches stümperhaftes Spiel alle Hunde aufweckte und von diesen zerrissen wurde (adv. ind. 12). In der Emblematik wird diese Geschichte zum Exempel schlechter Nachahmung (vgl. Emblemata. Handbuch zur Sinnbildkunst des 16. und 17. Jahrhunderts, hrsg. von Artur Henkel und Albrecht Schöne, Stuttgart 1967, Sp. 1612 f.).

Nr. 218

Der Prediger, der Christophorus pries

Ein Prediger pries am Fest des heiligen Christophorus diesen wortreich vor dem Volk, weil er auf seinen Schultern Christus getragen habe. Dabei fragte er immer wieder: „Und wer auf Erden hätte ein so großes Vorrecht gehabt, den Heiland zu tragen?“ Als er nicht aufhörte, so lästig zu fragen, sagte einer der Umstehenden, der der ständigen Wiederholung dieser Frage überdrüssig war: „Der Esel, der sowohl den Sohn als auch die Mutter trug.“

Bei ihrer Flucht nach Ägypten reitet Maria mit Jesus im Arm auf einem Esel (vgl. Mt 2,13). Melanchthon macht sich hier über einen einfältigen Prediger lustig, der am Festtag des Heiligen Christophorus bis zum Überdruss auf der Legende dieses „Christusträgers" herumreitet und damit den bissigen Kommentar eines Zuhörers provoziert, der die biblischen Geschichten offensichtlich besser kennt als der Prediger selbst.

Nr. 219

Fegt den alten Sauerteig aus

Ich kannte einen Geistlichen, dem in seiner Jugend im Examen folgende Stelle vorgelegt wurde: „Fegt den alten Sauerteig aus." Er las: „Fegt den alten Sauerteig aus, wie ihr ja Esel seid." Ein wohlgesinnter Greis antwortete: „Da wir nicht wollen, dass unsere Fehler von Gebildeteren festgestellt und von ihnen aufgedeckt werden, bewirkt Gott, dass Knaben uns zurechtweisen und aufklären." Und so verwandelte er den Irrtum des jungen Mannes in eine ernste Mahnung.

Der biblische Text (1. Kor 5,7) lautet: „Darum schafft den alten Sauerteig weg, auf dass ihr ein neuer Teig seid, wie ihr ja ungesäuert seid". Das Wort „ungesäuert" = „azymi" verwechselt der Examinierte mit „asini" = „Esel". Bei Manlius (1566, p. 492) findet die Prüfung in Bamberg anlässlich der Aufnahme des jungen Mannes in das Kanonikerkollegium statt. Indem der junge Kandidat die Menschen als Esel bezeichnet, wird aus seinem Irrtum doch noch eine richtige Aussage über die Natur des Menschen. Zu ungesäuertem Brot äußert sich Melanchthon ausführlich in einer Sonntagsvorlesung (CR 24, 637 f.) und erzählt zu diesem Thema auch die Geschichte des theologischen Examens, wie bei Manlius in Bamberg lokalisiert und mit einem Prüfling, der als Graf von Henneberg vorgestellt wird (CR 24, 651); offensichtlich verbirgt sich dahinter Graf Poppo von Henneberg (1513–1574), der am 9.6.1523 Domherr in Bamberg wurde, 1543 den geistlichen Stand aber verließ (vgl. MBW 12, S. 270).

Nr. 220

Jeder soll König in seinem Hause sein

Als der englische König einst auf der Jagd vom Wege abirrte, kam er in die Hütte eines Bauern, der ihn seinen Möglichkeiten entsprechend freundlich aufnahm und gut behandelte. Einmal wollte sich aber der König in einer bestimmten Angelegenheit nicht nach ihm richten. Der Bauer sagte nämlich, jeder sei König in seinem Hause, und hatte ihn aufgefordert, von einer bestimmten Speise zu essen. Der König bekam von ihr einen Brechreiz, und der Bauer versetzte ihm einen Faustschlag. Der König merkte sich seinen Ausspruch, dass jeder König in seinem Hause sei, gehorchte danach und aß von jener Speise. Am Morgen, als er an seinen Hof zurückgekehrt war, wies er seine Höflinge an, ihm diesen Bauern herbeizubringen. Als dies geschehen war, verlangte der König, er solle sich an den Tisch setzen, und ihm sollten sehr viele Gerichte vorgesetzt werden. Er selbst stand dabei und sagte zu dem Bauern: „Iss von allen, ich bin König in meinem Hause." Der Bauer gehorchte dem königlichen Befehl und aß von allen Gerichten. Da sagte der König: „Du hast klüger gehandelt als ich, weil du den Faustschlag vermieden hast. Wenn ich bei dir von allen Gerichten gegessen hätte, hätte ich ihn auch vermieden."

Auch bei Manlius (1566, p. 383) wird der englische König nicht näher identifiziert. Dass jeder Herr und König in seinem eigenen Haus ist, gehört zum internationalen Sprichwortgebrauch, vom lateinischen „Domi suae quilibet rex" bis hin zum englischen „my home is my castle". So hat der Spruch „Daheim bin ich König" Wurzeln, die bis zu Homers Odyssee reichen: „Ich aber werde Herr sein unseres Hauses" (Od. 1, 397).

Nr. 221

Ein Junge aus Zwickau, der von Engeln beschützt wurde

Eine Frau hatte ihrem Sohn aufgetragen, die Rinder zum Weiden auf eine nahegelegene Waldlichtung zu bringen. Als der Knabe sich einmal länger verweilte, gab es einen heftigen Schneefall, der alle Berge zudeckte, und die Nacht verschlimmerte dies noch, so dass er die Berge nicht verlassen konnte. Am nächsten Tage warteten die Eltern, die sich nicht um das Vieh, sondern um den Jungen Sorgen machten, auf seine Rückkehr, sie hatten aber wegen der Schneemassen nicht hinausgehen und ihren Sohn suchen können. Schließlich fanden sie ihn im Wald an einem sonnigen Ort, wo kein Schnee war. Dort saß er und lachte seine Eltern an. Als sie ihn fragten, weshalb er nicht nach Hause gekommen sei, antwortete er, dass er warte, bis der Abend käme. Er wusste nicht, dass schon ein Tag vergangen war, und er hatte keinen Schnee um sich herum gesehen. Und als sie ihn weiter fragten, ob er etwas gegessen habe, sagte er, dass ein Mann gekommen sei, der ihm Brot gegeben habe. So wurde er ohne Zweifel von Gott gerettet.

Bei Manlius (1566, p. 16 f.) beginnt mit dieser Erzählung das Kapitel „Beispiele, bei denen Gott die Seinen durch Engel beschützt"; folgerichtig ist es hier auch ein Engel, der dem Jungen das rettende Brot gibt. Denn für Melanchthon sind die Engel Boten und Beschützer des armseligen Menschengeschlechts (CR 25, 571). Als Quelle wird bei Manlius ein ehr- und vertrauenswürdiger Mann angegeben, von dem Melanchthon diese wahre Geschichte erfahren habe. Unter dem Titel „Historia, wie ein Engel ein Kind behütet habe" wird die Geschichte als „Historia von Doctore Martino Luthern selbs", so wie sie Caspar Cruciger von ihm gehört habe, eingeführt; sie endet mit dem Resümee Luthers, „daß dieser Mann, so auf das Kind gewartet [= aufgepasst] hätte, wäre ein guter Engel gewesen" (WA TR 6, 203 f.).

Nr. 222

Die geschminkten Frauen

In Griechenland wurde ein Gastmahl gefeiert, bei dem viele Frauen anwesend waren. Unter den Vergnügungen für die Speisenden wurden auch Spiele veranstaltet, und zwar besonders jenes, bei dem abwechselnd jeder der Gäste allen übrigen vorschreiben sollte, was ihm beliebte. Die Reihe kam auch an eine junge Frau von auffallender Schönheit und nicht ungefälligem Wesen. Sie hatte bemerkt, dass einige Frauen anwesend waren, die mit Bleiweiß, Purpurfarbe und noch anderen Farben überzogen waren, und sagte, um sie zu beschämen: „Ich stelle eine leichte Aufgabe, der ich mich auch selbst als erste unterziehen werde. Jede von uns soll mit nassen Händen über ihr ganzes Gesicht streichen und es dann mit einem Tuch abwischen." Sie selbst führte als erste die Anweisung aus, die sie selbst gegeben hatte; da sie aber nichts an Schminke an sich hatte, war sie nach dieser Reinigung noch schöner, die geschminkten Frauen aber zeigten erst hässliche, dann lächerliche Gesichter und wurden darauf verspottet. Danach ließen sie von Schönheitsmitteln dieser Art ab, waren zufrieden mit ihrem natürlichen Aussehen und verachteten die Schminke.

Schon die Antike kannte das Schminken und zugleich die Polemik gegen eine solche Vortäuschung falscher Tatsachen. Gregor von Nazianz (zu Melanchthons Kenntnissen über dessen Leben und Werk vgl. H. Ashley Hall: Philip Melanchthon and the Cappadocians. A Reception of Greek Patristic Sources in the Sixteenth Century, Göttingen 2014, z. B. S. 97–100 zu seiner Rede „De Gregorio Nazianzeno") verfasste sogar ein 334-zeiliges Gedicht „Gegen die Putzsucht der Frauen", in der gegenüber aller äußerlichen Pracht einem guten Charakter der Vorzug gegeben wird und die Schminke in ihrer Künstlichkeit als in Wirklichkeit hässlich diskreditiert wird (Edition und Kommentar von Andreas Knecht, Heidelberg 1972 mit reichen antiken Parallelen zu Kosmetika und der Polemik gegen sie). Melanchthon lehnte in seiner „Rhetorik" den Vergleich des Redeschmucks mit Schminke ab, denn jener gehöre zur natürlichen Textgestaltung, während diese unnatürlich sei und „bei einer ehrbaren Frau als abscheulich gelten muß“ (vgl. Joachim Knape: Philipp Melanchthons ‚Rhetorik‘, Tübingen 1993, S. 90).

Nr. 223

Ein spanischer Richter

Ein Mord war begangen worden, und Verdächtige wurden festgenommen. Da aber alle beständig leugneten, zwang der Richter sie, die Brust zu entblößen. Er berührte sie, schloss aus der Bewegung oder dem Schlagen des Herzens auf den Täter und sagte: „Du bist es, der den Mord begangen hat.“ Der Mann gestand, weil er sich des Verbrechens bewusst und von seinem Gewissen überführt war.

In seiner Rede „Über die Teile und Bewegungen des Herzens“ (1550) legte Melanchthon grundsätzlich dar, dass das Herz, obgleich doch „nur“ eine Fleischmasse, durch Gefühle in Bewegung gerät und Sitz der Affekte ist; als mögliches Beispiel dafür findet die Geschichte, die auch bei Manlius (1566, p. 290) steht, dort allerdings keine Erwähnung (Übersetzung der Rede in: Melanchthon deutsch. Bd. 1, Leipzig [2]2011, S. 115–127).

Nr. 224

Cicero zur Verteidigung von Roscius

Ein Vater war in seinem Schlafgemach ermordet worden, in dem außer seinen zwei Söhnen niemand schlief. Als das Gemach offenstand, traten die Verwandten ein und meinten, dass der Vater von seinen Söhnen getötet worden sei. Weil man aber die Söhne schlafend vorgefunden hatte, entspricht es nicht natürlicher Vernunft, dass sie den Mord begangen hatten, weil niemand schlafen kann, der gerade einen Menschen umgebracht hat.

Cicero gelang es 80 v. Chr. – als junger Anwalt mit seiner erst zweiten Rede vor Gericht –, den des Vatermords und der Unterschlagung angeklagten Sextus Roscius erfolgreich zu verteidigen und ihn als Opfer einer Intrige zu erweisen. Die Geschichte mit den zwei Söhnen dient in der Rede als Vergleich: Titus Caelius aus Terracina sei nach dem Abendessen mit seinen beiden jungen Söhnen in dasselbe Schlafzimmer gegangen und morgens tot aufgefunden worden. Im Prozess wegen Vatermord seien die Söhne freigesprochen worden: „Denn niemand glaubte, dass es einen Menschen geben könne, der, nachdem er alle göttlichen und menschlichen Rechte durch einen ruchlosen Frevel verletzt hatte, sogleich einschlafen könne, weil, wer ein solches Verbrechen begangen habe, nicht allein nicht sorglos schlafen, sondern auch nicht einmal ohne Angst atmen könne" (Pro Sex. Roscio Amerino oratio, 23).

Nr. 225

Von Vnachtsamkeit

Theodosius der Jüngere pflegte Briefe, die ihm vorgelegt wurden, zu unterzeichnen, auch wenn er sie nicht gelesen hatte. Ein rechtschaffener Mann, der dieses Verhalten korrigieren wollte, schrieb einen Brief, in dem er um die Hand der Schwester des Kaisers anhielt. Wie gewohnt, unterzeichnete der Kaiser den Brief, ohne ihn vorher gelesen zu haben. Daraufhin zeigte der Mann diesen Brief der Schwester des Kaisers. Diese ging zu ihrem Bruder und fragte ihn, weshalb er sie einem anderen und nicht wenigstens einem Adligen versprochen habe. Der Kaiser leugnete, dass er dies getan habe. Der Brief wurde herbeigebracht, und der Kaiser wurde widerlegt. Danach unterzeichnete er, auch wenn er dazu aufgefordert wurde, keinen Brief mehr, ohne ihn vorher gelesen zu haben.

„Theodosius filius" ist Theodosius der Jüngere, also der Enkel des oströmischen Kaisers Theodosius I. (347–395, regierte seit 379). Er wurde als Theodosius II. (401–450) ebenfalls oströmischer Kaiser und zwar bereits im jugendlichen Alter von sieben Jahren. Seine ältere Schwester war Pulcheria, die im „Chronicon Carionis" als Frau mit herausragendem Verstand, Bildung und Frömmigkeit vorgestellt wird; durch ihren Rat seien auch später, als Theodosius schon regiert habe, die zentralen staatlichen Angelegenheiten gelenkt worden (CR 12, 1011).

Nr. 226

Die Träumen eines Grafen. Philipp Melanchthon

Es gab einen Hauptmann, der zwei Söhne in einer Türkenschlacht verloren hatte und den ich in seiner Trauer einmal fragte: „Herr Hauptmann, wie träumt ihr von eurem Sohn?" Er antwortete: „Ich will es euch sagen. Der Jüngere lebt noch, aber der Ältere ist umgekommen." Nach wenigen Tagen kehrte der [jüngere] Sohn tatsächlich zurück. Ähnliche Träume hatte Jakob von seinem Sohn Joseph.

Im Traum schaut Jakob die Himmelsleiter, auf der Engel zwischen Himmel und Erde auf- und niedersteigen, und hört die Prophezeiung Gottes, dass er und seine Nachkommen von Gott nicht verlassen werden und auf der ganzen Welt Segen bringen (1. Mose 28,12–15). Manlius (1566, p. 762) bietet einen einsichtigeren Gesprächsverlauf: Hier stammt der Hauptmann aus Joachimsthal und erzählt, dass er im Traum seinen jüngeren Sohn häufig sehe, den älteren aber niemals. Daraufhin antwortet Melanchthon (statt „Dicit ei" muss es „Dixi ei" heißen): „Du wirst sehen, dass jener noch lebt", und bald darauf sei der jüngere Sohn auch tatsächlich zurückgekehrt. Zu Melanchthon als Deuter fremder Träume s. Nr. 181.

Nr. 227

Manchmal kann der Teufel ein Wunder bewirken

Einst hatte ein Mädchen einen unheilbaren Ausschlag im Gesicht. Einmal träumte es, dass Venus an sie herantrat und ihr einen Kranz aus Rosen darbot, mit dem sie sich salben sollte. Als das

Mädchen am folgenden Tage auf dem Weg in den Tempel war, sah es auf einem Gemälde einen Kranz aus Rosen. Es nahm ihn ab und bereitete aus ihm eine Salbe, durch die es sofort von dem Ausschlag befreit wurde. Dieser Entschluss erfolgte auf Eingebung des Teufels, der die Unterschiede und Heilkräfte der Pflanzen kennt.

Manlius (1566, p. 763) platziert diese Geschichte in seinem „Libellus Medicus" im Kapitel über die Träume. Sein Focus liegt daher auf der prophetischen Kraft von Träumen, ohne dass bei ihm der Teufel auftritt: Es geht um Aspasia, die schönste aller Jungfrauen, deren Gesichtsausschlag kein Arzt heilen kann. Im Traum erhält sie den Rat, Rosen vom Haupt der Venus zu nehmen, diese mit Wasser zu benetzen und auf die Flecken aufzutragen: „Als sie das tat, wurde sie wieder gesund." Aspasia (ca. 470 – ca. 420 v. Chr.) galt in der Antike als Philosophin. Die Geschichte ihrer Heilung steht bei Aelian in dessen „Bunten Geschichten", dort mit der Pointe, dass man die Medizin verachten solle (vgl. Willy Schrödter: Pflanzengeheimnisse, Eschwege 1968, S. 275). In den Sonntagsvorlesungen wird die Geschichte noch um allgemeine Ausführungen zur Heilkraft der Rose bei Hautausschlägen, z. B. Pusteln, erweitert und Krätze neben Katarrh und Geldmangel als die typischen Krankheiten der Gelehrten bezeichnet (CR 24, 496 f.). Die „Wunder" des Teufels im Gegensatz zu denen der Kirche beschreibt Melanchthon in seinen Sonntagsvorlesungen, ohne dieses Beispiel zu erwähnen (CR 25, 990–992; ausführlich wird die Geschichte in CR 25, 834 erzählt, hier mit dem Teufel als Urheber des Hautausschlags). Bei Manlius (1566, p. 762) berichtet Melanchthon sogar von der erfolgreichen Heilung einer eigenen Augenkrankheit durch einen Traum, in dem er den Ratschlag bekommen habe, „Euphrasia" (= Augentrost, eine Wiesenpflanze, die bis heute gegen Augenreizungen und -entzündungen hilft) zu nehmen.

Nr. 228

Die Kleidung der Deutschen

Der türkische Sultan befahl einmal, ihm die Kleidung aller Völker zu malen. Als daraufhin der Maler die Kleidung der meisten Völker dargestellt hatte, malte er schließlich einen nackten Menschen und daneben verschiedene Farben. Darauf wurde der Künstler vom König aufgefordert, das Gemälde zu erklären, wo doch alles Übrige eindeutig dargestellt sei. Er sagte, dieser Nackte sei ein Deutscher und für ihn könne keine bestimmte Kleidungsart gemalt werden, weil er sich jeden Tag eine neue ausdenke.

Melanchthon ärgerte sich häufig über die Modesucht seiner Zeitgenossen, über ihre Lust, ständig neumodische Kleider anzuziehen. Eine solche Neuerungssucht bei Kleidern offenbare eine entsprechende Gesinnung (MBW 7670). So nimmt es nicht wunder, dass Melanchthon diesem Thema schon 1527 eine ganze Rede widmete („De vestitu") und dabei mit harschen Worten gegen modische Trends polemisierte, diese als moralischen Verfall diskreditierte und auch die Geschichte von dem Maler anführte, der den Deutschen mangels einheitlicher Kleidung nackt darstellte, eine Geschichte, die Melanchthon in seiner Rede von 1527, die den ausführlichen Titel „Contra affectationem novitatis in vestitu" („Gegen die Neuerungssucht in der Kleidung") trägt, als bekannt voraussetzt („Audisse enim vos de patribus vestris opinor", CR 11, 142) (vgl. Rehermann, S. 568).

Nr. 229

Ein Bürgermeister, der einen Dichter zum Lügen aufforderte

Ein Bürgermeister in Pommern hatte einen Dichter zum Essen eingeladen. Da er sich für witzig hielt , sagte er: „In der Regel lügen die Dichter. Erzählt mir daher irgendeine Lüge." Jener antwortete: „Herr Bürgermeister, warum nervt ihr mich, ihr seid doch ein redlicher Mann." Der Bürgermeister aber verstand diesen Menschen nicht.

Dass Dichter lügen, ist ein alter Topos seit Hesiods „Theogonia", in deren Proömium die Musen den Dichter anrufen und von sich selbst sagen: „Täuschend echte Lügen wissen wir viele zu sagen, / Wahres jedoch, wenn wir wollen, wissen wir gleichfalls zu künden" (Theog. 27 f.). Der Dichter ist demnach in der Lage, die „wahre" Realität abzubilden, aber auch „lügnerische" Fiktionen zu erdichten. Der genervte Dichter bezeichnet den

Bürgermeister in seiner Replik als „redlichen Mann" – und genau das war die erbetene Lüge! Leider (oder zum Glück) hat der Gastgeber diese spitze Bemerkung nicht als solche verstanden.

Nr. 230

Ein Maler

Ein Maler verlieh bei der Opferung der Iphigenie einem der Fürsten eine besondere Haltung, durch die sein Schmerz ausgedrückt werden sollte, einen anderen stellte er weinend dar, ein dritter zeigte durch eine andere Geste seinen Schmerz. Als er aber das Empfinden des Vaters nicht ausdrücken konnte, weil dessen Schmerz zu groß war, malte er ihn mit völlig verhülltem Gesicht.

Iphigenie ist die älteste Tochter des mykenischen Königs Agamemnon, der sie aus Strafe für eine Beleidigung der Götter opfern muss, um die Weiterfahrt der Griechenflotte nach Troja zu ermöglichen. In Rede steht hier kein zeitgenössisches Gemälde, denn weder bei den Cranachs noch bei Dürer ist dieses Sujet überliefert, sondern ein Bild des antiken Malers Timanthes (2. Hälfte 5. Jh. v. Chr.). Die Skala der Gefühlsdarstellungen in diesem nicht erhaltenen Bild wird z. B. von Quintilian beschrieben, nämlich dass Trauer und Schmerz in den Gesichtern von Kalchas und Odysseus und in noch stärkerem Maße von Menelaos ihren künstlerischen Ausdruck fanden, doch dass die Erschütterung des Vaters vom Maler nur noch durch Verhüllung des Kopfes dargestellt werden konnte (Inst. orat. 2, 13, 13).

Nr. 231

Der Charakter Maximilians

Als der junge Maximilian mit seinem Bruder Friedrich in Rom war, sandte ihm sein Vater ein Geburtstagsgeschenk: *Ein new Jhar,* sechs schöne Früchte, die man ihm anderswoher geschickt hatte, und 20 Goldmünzen, die in ihnen befestigt waren. Er wollte nämlich die Sinnesart seines Sohnes erproben. Diejenigen aber, die gesandt worden waren, überbrachten es ehrerbietig, wie es sich geziemte. Der Sohn antwortete, er nehme dieses Geschenk respektvoll an. Er werde Gott bitten, dass er den Vater gesund erhalten möge, und er werde seinen Gehorsam dem Vater gegenüber in jeder Hinsicht deutlich zeigen. Danach stellte er das Geschenk auf den Tisch und untersuchte es. Als er aber die hineingelegten Goldmünzen sah, sammelte er sie zusammen, warf sie unter seine jungen Kameraden und sagte: „Das gehört euch, aber die Früchte will ich sorgfältig für mich aufbewahren." Als dies dem Vater berichtet wurde, der seine Boten nach ihrer Rückkehr sorgfältig über Einzelheiten ausfragte, gefiel es ihm, und er sagte lachend: „Gut, *mein son würdt ein stretgnedlein werden.* Es hat mir gefallen, dass er jene Geschenke, die seinem Alter angemessen waren, richtig verteilt und verwendet und das Geld verschmäht hatte. Hätte er es angenommen, hätte er damit ein Zeichen unserer Verachtung gesetzt." Er bemerkte in ihm einen königlichen Charakter und Freigebigkeit am rechten Platz.

Von dem Geschenk Kaiser Friedrichs III. (1415–1493) an seinen Sohn Maximilian, dem späteren römisch-deutschen Kaiser (1459–1519), erzählt auch Mathesius (Loesche Nr. 221), der die Szene in Nürnberg lokalisiert und die Charakterisierung des Sohnes als „streu-guttlein" angibt (= einer, der sein Gut verstreut, und nicht wie bei Vendenhaimer und im CR unverständlich „stretgnedlein"). Was bei Melanchthon als Freigebigkeit eine positive Note erhält, galt dem Vater als kritikwürdige Verschwendungssucht des Sohnes (vgl. Hermann Wiesflecker: Kaiser Maximilian I. Bd. 5, München 1986, S. 564). Vendenhaimer verwechselt offensichtlich den „Friedrich" dieser Geschichte, denn Maximilian hatte keinen Bruder, sondern einen Vater namens Friedrich. So ist bei Manlius (1566, p. 221) Friedrich der kaiserliche Vater, der die Großzügigkeit seines Sohnes ohne Begeisterung in Latein kommentiert: „Ich sehe in meinem Sohn den künftigen Verschleuderer der Reichtümer voraus." Melanchthons Resümee sieht auch in der Fassung des Manlius eher die positiven Seiten: „Maximilian war später während seines gesamten Lebens so freigebig und dankbar gegenüber denen, die sich Verdienste erworben hatten" (so auch in den Sonntagsvorlesungen: „Da lachte der Vater und sagte: ‚Ich weiß wohl, es wirdt ein straw gudtlein werden. Er wird verschwenderisch sein und sich nicht um Sparsamkeit kümmern'", CR 24, 528 f.). Dass Melanchthon Freigebigkeit ohne Einschränkungen positiv kommentierte, liegt gewiss an seiner eigenen Großzügigkeit, die von seinem Freund und Biographen Joachim Camerarius voller Unverständnis als „unterschiedslose Wohltätigkeit" beschrieben wird: „Und genauso wurde nicht etwa täglich, sondern vielmehr stündlich oder fast in jedem Augenblick irgendein Gegenstand fortgetragen oder weggebracht, weil dies die oberste Regel des Hauses war, dass niemandem irgendwas verweigert würde" (Joachim Camerarius: Das Leben Philipp Melanchthons, übers. von Volker Werner, Leipzig 2010, S. 62).

Nr. 232

Ein Doktor aus Pommern

In Wittenberg gab es einst einen hervorragenden Doktor namens Muschler. Als dieser einmal zu der Gattin von Kurfürst August an den Hof kam, wurde er von ihr zum Essen eingeladen. Dort erschien er auch zur festgesetzten Zeit, *vnnd haben sich zu tisch gesetz die Fürstin sampt iren Junckfrawen vnnd dem Doctor.* Während des Mahls bewegte die Fürstin eine Frage und so fragte sie den Doktor: „*Her Doctor, sagt mir, was heist auf Lateinisch ein kunst?*" Der Doktor antwortete: „*Scientia.*" *Da sagt die Fürstin:* „*Ey her Doctor, es ist ein ander wort.*" *Da antwordt der Doctor:* „*Ja gnedige Fraw, ir seit das a, ich bin das r, vnd die Junckfraw das s, so lekt mich nun al denen zusamen.*" Da begann die Fürstin zu lachen und sagte: „*Ey her Doctor, was sollen wür than?*" Da errötete der Doktor und entschuldigte sich. Er wollte nämlich sagen: „*Leget mich auch zusamen.*" Was er aber vorher gesagt hatte: „*leket mich alle zusamen*", das war eine Eigenart seiner Sprache, er war nämlich ein Sachse.

In Melanchthons Briefwechsel wird ein Georg Musler (oder Muschler) erwähnt, der Dialektikprofessor an der Wiener Universität war (vgl. MBW 13, S. 471). Doch in dieser Geschichte stammt der „hervorragende Doktor" aus Pommern, so die Überschrift, oder aus Sachsen, so die

Pointe. Das könnte auf den in Schneeberg geborenen Theologen Andreas Musculus (1514–1581) passen, der allerdings nach seinem Studium in Wittenberg v. a. in Brandenburg, u. a. als Generalsuperintendent, wirkte und wohl kaum an den kurfürstlichen Hof in Dresden eingeladen wurde. Vielleicht passen die erwähnten biographischen Daten am besten auf den langjährigen Rektor der Leipziger Nikolaischule Johann Musler (oder Muschler) (1502–1555), der allerdings im fränkischen Oettingen geboren wurde und wohl auch niemals in Wittenberg lebte, aber einen juristischen Doktortitel trug und als Mitglied des Leipziger Schöppenstuhls (ab 1545) sicherlich auch Hofkontakte besaß (vgl. MBW 13, S. 471 f.). Die Ehefrau des sächsischen Kurfürsten August (1526–1586, regierte seit 1553) war seit 1548 die dänische Prinzessin Anna (1532–1585). Die Mutter von 15 Kindern war eine vielseitig interessierte Frau und strenge Lutheranerin, beschäftigte sich mit Medizin und Pharmazie, richtete Destillierlabore ein, sammelte Rezepte und Arzneien und verwaltete die fürstlichen Domänen (vgl. Katrin Keller: Kurfürstin Anna von Sachsen [1532–1585], Regensburg 2010). Der als „Mutter Anna" bis heute bekannten sächsischen Kurfürstin wird eine Fülle von praktischem Wissen zugesprochen, indessen nicht die Kenntnis der lateinischen Sprache. In dieser Erzählung wird eine zumindest rudimentäre Lateinkompetenz sichtbar, da Anna offenkundig den Unterschied von „scientia" und „ars" kennt und „Kunst" eher als Erfahrungswissen (= „ars") denn als Wissenschaft (= „scientia") verstanden wissen will und dabei sicherlich auch an ihre eigene „Kunst" denkt, die ohne akademisches wissenschaftliches Studium Ausfluss technisch-praktischen Wissens ist. Die peinliche Situation für den Herrn Doktor entsteht durch die doppelte Bedeutung von ‚ars' = lat. ‚Kunst' und = dtsch. ‚Arsch', so dass hinter dem urbanen Scherz, die drei Anwesenden ergeben zusammengelegt das Wort ‚ARS', das derbe ‚Arsch lecken' ertönt.

Nr. 233

Die Spanier, die die Deutschen anklagen

Am Hofe Kaiser Karls V. war ein Streit zwischen einem spanischen und einem deutschen Offizier entstanden, ich weiß nicht mehr, aus welchem Grunde. Da wandten sich einige ziemlich unverschämte Spanier an den Kaiser und forderten dreist, er solle alle Deutschen vom Hof wegschicken. Sie könnten nämlich nicht dienen, wenn jene gleichzeitig Dienst täten. Der Kaiser war über ihr törichtes und dreistes Gesuch verwundert und sagte: „Gut, da ihr es ja nicht ertragen könnt, werde ich dafür sorgen, dass ihr von diesem Ärger befreit werdet." Er setzte ihnen einen bestimmten Tag fest, und als dieser herangekommen war, versammelte er alle Deutschen an einem Ort. „Treue Gefährten", sagte er, „die Spanier haben von mir gefordert, dass ich alle Deutschen wegschicke. Ich bin auch ein Deutscher. Kommt also, lasst uns gehen, damit wir jenen nicht zur Last fallen." Damit bestieg er sein Pferd, ritt ihnen voran, und sie folgten fröhlich und laut rufend. Da liefen die Spanier hinzu, warfen sich ihm zu Füßen, hielten Zügel und Pferde fest und baten, er möge ihnen ihr Gesuch um Gottes willen nicht übel nehmen.

Im Humanismus entfalteten sich nationale Stereotypen, die für das Entstehen der eigenen nationalen Kultur in Abgrenzung zu anderen Nationen identitätsbildend wurden. Während Spanien im 18. Jahrhundert als romantisch-phantasievoller Sehnsuchtsort imaginiert wurde, galt ‚der Spanier' im 16. Jahrhundert als grausam, fanatisch, falsch, kriegerisch etc. (vgl. mit weiteren Angaben Silvia Serana Tschopp: Nationale Stereotypen in literarischem Gewand: das Bild des Spaniers in den Werken deutschsprachiger protestantischer Autoren während des Dreißigjährigen Krieges, in: Frühneuzeitliche Stereotype. Zur Produktivität und Restriktivität sozialer Vorstellungsmuster, hrsg. von Miroslawa Czarnecka u. a., Berlin u. a. 2010, S. 67–92). Insbesondere das Auftreten der kaiserlichen Soldaten aus Spanien im Schmalkaldischen Krieg (1546/47) verstärkte die Antipathien gegen alles Spanische; so schloss Melanchthon einen Brief mit dem Gebet, Gott möge die spanische Grausamkeit und Unflätigkeit bestrafen (MBW 4765), und erwähnte ihre Grausamkeiten in einer Sonntagsvorlesung: Im „bellum Germanicum" hätten die spanischen und ungarischen Soldaten den Bauern Geld, Getreide und Vieh geraubt und die Bevölkerung gequält (CR 25, 94). In der Erzählung wird Kaiser Karl V. als Deutscher ‚eingemeindet' („Ego quoque sum Germanus"; in einer anderen Geschichte distanziert er sich von den Verbrechen der Spanier, CR 24, 937). Die Sprachkenntnisse Karls als Herrscher über ein vielsprachiges Reich sind umstritten: Aufgewachsen mit Französisch – seiner ersten Umgangssprache – und Flämisch/Brabantisch beherrschte Karl, als er Kaiser werden wollte, die Sprache seines neuen Herrschaftsgebiets anfänglich wohl nur rudimentär. Gerade im Gegensatz zu seinem Konkurrenten, dem französischen König Franz I., mussten seine deutsch-habsburgische Abstammung und seine Deutschkenntnisse betont werden. So schrieb er im Vorfeld der Kaiserwahl eigenhändig an den sächsischen Kurfürsten Friedrich über sich: „das wir ain Teutscher von gebluet und gemuet, von gepurt und zungen sein". Seine deutschen Sprachkenntnisse hielten sich in bescheidenem Rahmen, etwa wenn er auf dem Augsburger Reichstag 1530 zum protestantischen Markgrafen Georg von Ansbach, der nicht auf die evangelische Predigt verzichten und sich lieber den Kopf abschlagen lassen wollte, radebrechend sprach: „Nicht Kopf abhauen, nicht Kopf ab." Später soll Karl im Deutschen sicherer geworden sein und es nach Auskunft Martin Bucers fließend gesprochen haben (die Ausführungen und Zitate nach Christian Kahl: Lehrjahre eines Kaisers – Stationen der Persönlichkeitsentwicklung Karls V. [1500–1558]. Eine Betrachtung habsburgischer Fürstenerziehung/-bildung zum Ende des Mittelalters, Diss. Trier 2008, S. 231–235). Bekannt ist ein Ausspruch Karls V. über sein Verhältnis zu den verschiedenen Sprachen: „Ich spreche Spanisch zu Gott, Italienisch zu den Frauen, Französisch zu den Männern und Deutsch zu meinem Pferd." Oder als Variante: Er bete zu Gott auf spanisch wegen der Erhabenheit dieser Sprache, verhandle mit Fürsten italienisch wegen der imponierenden Beredsamkeit, unterhalte sich französisch mit den Frauen wegen der Eleganz und rede die Feinde (oder Hunde) deutsch an wegen des schreckeneinflößenden Tones (vgl. Harald Weinrich: Sprachanekdoten um Karl V., in: ders.: Wege der Sprachkultur, Stuttgart 1985, S. 181–192). So passen dieser Ausspruch und Melanchthons Erzählung zusammen, da beide für Kaiser Karl V. den Funktionsort des Deutschen im Militärischen situieren. Dass Karl für Melanchthon als Gegenpart zum französischen König Franz I. zum Träger deutscher Freiheit avanciert, illustriert eindrucksvoll seine Schrift von der „Geschichte der Wahl und Krönung Kaiser Karls V." (1544): Hier ist Franz die ausländische Gefahr und der potenzielle Räuber, während Karl zum deutschen Nationalhelden erklärt wird (vgl. Caspar Hirschi: Wettkampf der Nationen. Konstruktionen einer deutschen Ehrengemeinschaft an der Wende vom Mittelalter zur Neuzeit, Göttingen 2005, S. 461).

Nr. 234

Das Wappen des Königs Alfons

Pro lege et pro grege [Für das Gesetz und für die Herde], d.h. für die Religion und für die Verteidigung der Untertanen. Es ist ein so ehrwürdiger Ausspruch wie kein anderer bei den Vorfahren, und wenn Lykurg ihn gekannt hätte, hätte er ihn zweifellos auch vorgetragen. Alfons selbst pflegte in seinem Heizungsraum einen Pelikan zu halten. Dieser, so schreibt man, habe eine solche Natur, dass er, wenn er Junge ausgebrütet hat, diese aber nichts zu fressen haben, sich selbst die Brust zernagt und mit seinem eigenen Blut seine Jungen ernährt. Alfons wollte zeigen, dass er seine Untertanen mit überaus großer Liebe umfasse, so sehr, dass er sogar sein eigenes Blut für sie vergießen wolle. Darum stellte er auch in seinem Wappen einen Pelikan dar, der sich die Brust aufreißt und seine Jungen füttert, und schrieb über den Pelikan: Pro lege et pro grege.

Die Maxime des Königs Alfons von Kastilien (er regierte von 1252 bis 1282) war im christlichen Abendland bekannt, galt sie doch als Zeichen eines gerechten und milden Herrschers (vgl. Günter Barudio: Politik als Kultur. Ein Lexikon von Abendland bis Zukunft, Stuttgart 1994, S. 322): Das Bild des Pelikans, der mit seinem eigenen Blut seine Kinder nährt, wird mit der Devise „Für das Gesetz und das Volk" ergänzt und wird so zum Bild des Herrschers, der sein Blut für seine Untertanen vergießt (vgl. auch CR 24, 786 f.). Der Pelikan als Beschützer und Nährer seiner Kinder ist seit den Kirchenvätern eine „pulcherrima imago" insbesondere für Christus (vgl. auch Manlius 1566, p. 8). Lykurg gilt als legendärer Gesetzgeber, dem Sparta seine straffe Staatsordnung mit der nach Aristoteles (und Melanchthon, s. Nr. 95) perfekten Mischung monarchischer, aristokratischer und demokratischer Elemente verdankte. Bild und Text sind später emblematisch geworden (vgl. Emblemata. Handbuch zur Sinnbildkunst des 16. und 17. Jahrhunderts, hrsg. von Artur Henkel und Albrecht Schöne, Stuttgart 1967, Sp. 811 f.).

Nr. 235

Die tote Jungfrau, die ihren Körper mit Hilfe des Teufels aufrecht hielt

In Bologna gab es eine vornehme Jungfrau, die sich ganze zwei Jahre, als wäre sie lebendig, unter den Menschen aufhielt. Sie setzte sich gemeinsam mit an den Tisch, schien immer etwas zu sich zu nehmen, wenngleich auch sehr wenig, war immer bleich und war auch bei den Tänzen dabei. Schließlich kam ein Magier hinzu und sagte: „Dieses Mädchen ist tot." „Wie kann sie tot sein?", fragte man, „Du siehst doch, dass sie bei den Tänzen dabei ist!" „Ich werde es euch zeigen", sagte der Magier, trat hinzu und entriss ihr, was sie unter der Achsel der linken Schulter hatte. *So pflegt mans zw nennen*, jenen großen Zauber. Sie stürzte nieder und war tot. Der Teufel hatte diesen Körper bewohnt. Das vermag er zu tun, aber er kann Tote nicht wiedererwecken.

Dass der Teufel in vielen Truggestalten erscheint und sogar die Körper von Untoten bewohnt, gehört in das Repertoire der Teufelserzählungen. In Luthers Tischreden bewirkt ein Nekromant, dass der Teufel eine Tote zumindest für einige Tage zum Laufen bringt (WA TR 5, 484 f.). Die Geschichte von der (un)toten Jungfrau aus Bologna erzählt Melanchthon auch in seinen Sonntagsvorlesungen, als er auf die Wunder zu sprechen kommt, die der Teufel nicht nachzuahmen imstande sei; dazu gehöre die Auferweckung der Toten. Melanchthon führt aus, dass er diese Geschichte schon oft erzählt und sie von Luther, Christoph Groß (Amtmann in Wittenberg), Sigismund Gelenius (1497–1554) u. a. erfahren habe: Die vornehme Jungfrau, ihr untotes Leben über zwei Jahre, die gemeinsamen Essen, ihre blasse Hautfarbe, ihr Tanzen im Reigen der anderen und die Feststellung ihres Todes durch einen Magier sind beiden Fassungen gemeinsam. In der Sonntagsvorlesung wird zusätzlich die Entzauberung verdeutlicht: Der Magier entfernt das Zaubermittel, nämlich ein Phallusamulett unter ihrer linken Achsel (CR 25, 355, vgl. auch CR 24, 496; zu „fascinum" in der antiken Bedeutung „amulet with the shape of a phallus worn around the neck for the purpose of warding off the evil eye" vgl. J[ames] N[oel] Adams: The latin sexual vocabulary, Baltimore

1990, S. 63 f.). Vendenhaimer lässt das anstößige Zaubermittel weg, auf das sich offensichtlich der zusammenhanglose Satz „So pflegt mans zu nennen“ bezieht. Vgl. auch eine weitere Fassung in den Sonntagsvorlesungen (CR 25, 483): Hier wird die Fähigkeit des Teufels präzisiert: Er kann einen Leichnam zum Laufen bringen, den Fäulnisprozess aufhalten und durch den Leichnam sprechen, ihm aber kein Leben schenken. Mit Berufung auf Melanchthon wurde diese Erzählung vielfach in der einschlägigen Teufels- und Prodigienliteratur tradiert, vgl. Alsheimer, S. 426.

Nr. 236

Polykarp

Polykarp, den man vor Gericht gezerrt und ins Feuer geworfen hatte, konnte nicht verbrannt werden, und auch seiner Kleidung fügte das Feuer keinen Schaden zu. Später wurde er schließlich enthauptet. Hier wurde die Gegenwart Gottes sichtbar.

Über den Märtyrertod des Hl. Polykarp, Bischof von Smyrna (2. Jh. n. Chr.), berichtet Eusebios in seiner Kirchengeschichte (IV, 15): Polykarp wurde wegen seines freimütigen Christus-Bekenntnisses als Greis von 86 Jahren vom römischen Prokonsul zum Tod auf dem Scheiterhaufen verurteilt, doch „das Feuer […] umgab rings den Leib des Märtyrers wie eine Mauer […]. Als die Gottlosen schließlich merkten, dass sein Leib vom Feuer nicht verzehrt werden könne, befahlen sie dem Henker, er solle zu Polykarp hingehen und ihm das Schwert in die Brust stoßen.“ Weitaus ausführlicher wird der Tod Polykarps bei Manlius (1566, p. 130 f.) erzählt, v. a. sein Gebet in den Flammen und der Befehl des Tyrannen zum Tod durch das Schwert; vgl. auch Melanchthons Rede „De Polycarpo“ von 1542 (CR 11, 565 f.) oder die ausführliche Erläuterung in den Sonntagsvorlesungen (CR 24, 351–353, eine Kurzfassung in CR 24, 562).

Nr. 237

Arius

Als Arius in Konstantinopel morgens zu einer Disputation ging, um seine Irrlehre zu verteidigen, verspürte er in seinem Magen solche Qualen, dass er gezwungen war, einen Abtritt aufzusuchen, wo er fast alle seine Eingeweide entleerte. Und so starb er unter größten Qualen, ein Beispiel für die Rache Gottes an den Verächtern seines Wortes.

Arius (ca. 260 – nach 327) lehnte die Wesensgleichheit von Gottvater und Sohn und damit die kirchliche Trinitatslehre ab. Er war im Wittenberg der Reformatoren als Inbegriff des Häretikers präsent (vgl. z. B. MBW 852a: Melanchthon sammelt für seine Sonntagsvorlesungen Beweise für die Gottheit Christi gegen arianische Irrlehren). Vom Tod des Arius berichtet Theodoret (393–458) in seiner „Kirchengeschichte“: Arius wurde von Kaiser Konstantin in Konstantinopel empfangen und versuchte, seine Rechtgläubigkeit zu beweisen, indem er seine Abweichungen von der offiziellen Lehre verschwieg und alles mit einem Eid bekräftigte. Doch Bischof Alexander betete inständig, dass Arius und damit seine Irrlehren nicht wieder in die Kirche aufgenommen werden dürften. Dieser „begab sich in einen Abort, anscheinend um eines natürlichen Bedürfnisses willen, da plötzlich stürzte er […] vornüber und borst mitten entzwei und hauchte am Boden liegend sofort seine Seele aus“ (Hist. eccles. 1, 14). Arius und seine falsche Lehre nehmen auch im „Chronicon Carionis“ einen ausführlichen Platz ein, u. a. sein unwürdiger Tod auf der Latrine als exemplarische Strafe Gottes für die Feinde der Wahrheit (CR 12, 979). Der Tod des Arius assoziiert übrigens das Ende des Verräters Judas nach Apg 1,18: „Aber er stürzte und riss sich den Leib auf, so dass alle seine Eingeweide hervorquollen.“

Nr. 238

Der Theologe Jan Briart

Jan Briart, der ein Theologe in Löwen war, schrieb, dass der Glaube Abrahams dem des Sokrates, des Cicero oder des Xenophon ähnlich gewesen sei. Dies ist eine schreckliche Gottlosigkeit, und dass es nicht wahr ist, kann durch den offenbarten Text bewiesen werden. „Abraham sah meinen Tag und freute sich" [Joh 8,56]. Später ist er rasend geworden, und als er starb, ließ er ein fürchterliches Brüllen hören.

Hinter „Arensis", wohl irrtümlich für „At(h)ensis", verbirgt sich Jan Briart (1460–1520), in der Nähe von Ath (Haínaut) geboren, Theologe und Vizekanzler der Universität Löwen (Vendenhaimer gruppierte offensichtlich Arius [s. Nr. 237] und „Arensis" aus klanglichen Gründen hintereinander). Briart pflegte ein enges Vertrauensverhältnis zu Erasmus, bis er 1519 dessen „Encomium matrimonii" kritisierte (es preise zu sehr die Ehe auf Kosten des Zölibats). Erasmus konterte mit einem Traktat, in dem er Briart vorwarf, er verwische den Unterschied von Deklamation und Predigt. Der Vorwurf, Briart habe nicht nur antike und christliche Gattungen (so Erasmus), sondern auch biblische Figuren wie Abraham mit antiken Autoren wie dem Philosophen Sokrates, dem Rhetoriker Cicero und dem Historiker Xenophon vermengt (so Melanchthon), basiert auf der Überzeugung (nicht nur) Melanchthons, dass es einen grundsätzlichen Unterschied zwischen Heidentum und Christentum, zwischen paganer und christlicher Literatur gibt, der sich an der nicht vermittelbaren Differenz von Gesetz und Evangelium festmacht. Vor diesem Hintergrund wird einsichtig, weshalb Melanchthon Joh 8,56 zitiert, denn hier ist Abraham der, der um die künftige Ankunft Christi weiß (was Sokrates, Cicero und Xenophon niemals wissen konnten). Zu Briart vgl. Contemporaries of Erasmus. Bd. 1, hrsg. von Peter G. Bietenholz, Toronto u.a. 1985, S. 195 f. Wie Briart wirklich starb, ist unbekannt.

Nr. 239

Was die Italiener über die Deutschen denken

Die Italiener sagen von den Deutschen, die in Italien leben: „Der deutsche Italiener ist der leibhaftige Teufel." Dieser Ausspruch ist völlig wahr, weil die Deutschen ungestümer, wilder und frecher sind als die Italiener. Da nun Schlauheit oder italienische und spanische Lebensart hinzukommt, sind sie den Italienern bei weitem überlegen.

Zu den polemischen Stereotypen, mit denen die italienischen Humanisten die Deutschen überzogen, gehörten Barbarei, Wildheit, fehlende Tischsitten, Jähzorn, Trunkenheit etc., zusammengefasst seit der Antike im „furor Teutonicus". Der Barbarei entgegengestellt wurde die Zivilisiertheit, die wiederum zum Proprium der Italiener, ihrer Bildung und Kultur, erklärt wurde (vgl. Caspar Hirschi: Wettkampf der Nationen. Konstruktionen einer deutschen Ehrgemeinschaft an der Wende vom Mittelalter zur Neuzeit, Göttingen 2005, S. 243–248). Während das Dictum Melanchthons bei den in Italien lebenden Deutschen das Zusammenkommen der Vorzüge beider Völker wohl eher als positiv identifiziert, ist für Luther ihre Kombination eine schreckliche Vorstellung. Unter den Tischreden ist eine Reflexion über den Unterschied der Völker und ihrer Sprachen überliefert, bei der der „Italus Germanus" zum Inbegriff der moralischen und politischen Gefährdung Deutschlands, ja zum „lebendigen Teufel" erklärt wird: „Drüm wenn Sachsen oder Flämminge in Italien kommen, so sind sie ärger denn die Italiener selbs, also, daß sie sagen, Allemanni Bassi sind die ärgsten Schälke. Und ist bey ihnen ein Sprüchwort: ‚Uno to Tescho Italiano e uno Diabolo incarnato.' – ‚Ein deutscher Wal [= Welscher, s. Nr. 281] ist ein lebendiger Teufel.' Darum hüte dich fur [vor] einem Italo Germano, deutschen Walen; denn so bald ein Deutscher in Italien den Epicurismum gelernt hat, und verdäuet das Hölleküchlin, so ist er viel ärger und tückischer, denn ein Wal" (WA TR 4, 78 f.). Mehr Wirkung entfaltete die Variante von Roger Ascham (1515–1568) durch die breite Rezeption seiner englischsprachigen Bildungs- und Erziehungsschrift „The schoolmaster" (posthum 1570), in der der ‚italianisierte' Engländer zum Teufel erklärt wird: „Inglese italianato è un diavolo incarnato."

Nr. 240

Sokrates

Nach der Ermordung des Sokrates sagte man: „Ihr habt ihn getötet, ihr habt eine Nachtigall getötet, die niemanden verletzt hat.“ Manche zitieren [die Klage] über Palamedes: „Getötet, getötet habt ihr den besten der Griechen, eine Nachtigall, die niemandem geschadet hat.“

Euripides hat in seiner nur fragmentarisch erhaltenen Tragödie „Palamedes“ in einem Chorlied den Tod des unschuldig hingerichteten Helden (auf Grund von falschen Beschuldigungen des Odysseus) beklagt; die Verse werden von Vendenhaimer griechisch wiedergegeben (vgl. in der Reihe „Tragicorum Graecorum Fragmenta“ Euripides: Fragmenta, hrsg. von Richard Kannicht, Göttingen 2004, fr. 588). Die Klage wurde schon im 4. Jh. v. Chr. auf den Justizmord der Athener an Sokrates übertragen (vgl. Andreas Patzer: Studia Socratica, Tübingen 2012, S. 108 f.). Zu dem ungerechten Tod des Palamedes vgl. auch Manlius (1566, p. 134 f.).

Nr. 241

Warum sind Schweine den Juden verboten worden?

Den Juden sind Schweine verboten worden, weil man im Orient die lieblichsten Gärten hatte, in denen es Balsamsträucher und andere wohlriechende Gewürze im Überfluss gab. Damit aber die Schweine das, was den größten Gewinn brachte, nicht verwüsteten, verbot Gott ihnen die Schweine.

Das Verbot, Schweinefleich zu essen (nach 3. Mose 11, 7: da das Schwein kein Wiederkäuer ist), wird von Melanchthon rational und ohne Polemik diskutiert. Auch bei Manlius (1566, p. 169) kommt die Erklärung vor, dass den Juden Schweine verboten seien, um die wertvollen Gärten vor Zerstörung zu bewahren. Manlius erwähnt noch eine andere Begründung eines fremden Gelehrten, nämlich dass Gott die für Krankheiten anfälligen Juden vor dem leicht in Fäulnis übergehenden Schweinefleisch schützen wollte (dazu und zum gesamten Themenkomplex ‚Melanchthon und die Juden' vgl. Heinz Scheible: Reuchlins Einfluß auf Melanchthon, in: ders.: Melanchthon und die Reformation. Forschungsbeiträge, Mainz 1996, S. 83–87). In den Sonntagsvorlesungen wird die Erklärung noch breiter ausgeführt: Die Schweine gefährden die Gärten, da diese aus Mangel an Holz in Israel nicht eingezäumt werden können. Auch würden die Schweine die Balsamstauden und die Weinberge beschädigen. Aus solchen ökonomischen Gründen habe Gott Schweinehaltung verboten; erst später seien andere Gründe hinzugekommen (CR 25, 183).

Nr. 242

Der Wahlspruch des Solon

Bedenke das Ende bei einem langen Leben.

Solon (640 – 560 v. Chr.), einer der Sieben Weisen, hat in unterschiedlichen Zusammenhängen davor gewarnt, einen Menschen vor seinem Tod glücklich zu schätzen. Sein Ausspruch (ὅρα τέλος μακροῦ βίου) wird von Ausonius im Prolog zu seinem „Ludus Septem Sapientum" zitiert. Bei Herodot (Hist. 1, 32, 9) wird der Spruch in einen historischen Kontext gestellt: König Krösus fragte Solon, nachdem er ihm seine Reichtümer gezeigt hatte, wer der glücklichste Mensch sei. Darauf Solon: „Ob du der Glücklichste bist, kann ich nicht sagen, bevor du nicht tot bist. Denn keiner soll vor seinem Tod glücklich genannt werden." In den Sonntagsvorlesungen wird Solon außerdem beim Lob des Weines (er ernähre besser als Wasser) als Gewährsmann herangezogen, denn dieser habe als alter Mann gesagt, dass er sich am meisten über zwei Dinge freue: über den Wein und über das Lernen (CR 25, 947).

Nr. 243

Der Wahlspruch des Kaisers Friedrich, der in der Burg zu Nürnberg geschrieben steht

„Das Vergessen unwiederbringlicher Dinge ist das höchste Glück." Ebenso „Halte Maß", *das laut ein wenich beßer den* „Immer weiter".

Seine Auffassung von Glück, nämlich das zu vergessen, was nicht zu ändern ist, soll Kaiser Friedrich III. (1415–1493) mehrfach an Gebäuden verewigt haben, z. B. in Stein gemeißelt im Schloss Laxenburg oder in der Kaiserstube der (im 2. Weltkrieg stark zerstörten) Burg Nürnberg über der Tür „nebst dem Monogramm dieses Kaisers mit goldenen Buchstaben" (Klement Alois Baader: Reisen durch verschiedene Gegenden Deutschlands in Briefen. Bd. 2, Augsburg 1808, S. 35). Für Kaiser Friedrich III. war dieser Satz sein Leitspruch, den Melanchthon auf Seneca zurückführt (ep. 94, 28: „iniuriarum remedium est oblivio" – „Das Heilmittel gegen Unrecht ist Vergessen"). „Halte Maß" („Tene mensuram") wählte sich Kaiser Maximilian, der Sohn Friedrichs III., als Devise (vollständig: „Tene mensuram et respice finem" – „Halte Maß und bedenke das Ende"), während „Immer weiter" („Plus ultra") der persönliche Leitspruch Kaiser Karls V. war (dieser Devise stand Melanchthon wegen ihrer anmaßenden Überheblichkeit eher ablehnend gegenüber, s. Nr. 6).

Nr. 244

Die Tischgesellschaften des Plutarch

Plutarch schreibt, es müsse bei den Tischgesellschaften die gleiche Ordnung herrschen wie im Alphabet, dass nämlich einige die Vokale [die, die den Ton angeben] seien, d. h. die Doktoren und die Älteren, andere die Konsonanten [die mit ihnen übereinstimmen], d. h. die Bürger, wiederum andere die Mutae [die stumm sind], d. h. die Jüngeren.

Bei Manlius (1566, p. 243) wird in einer Reihe von Dicta zum Thema „Gastmahl" die Plutarch-Stelle zitiert, ohne dass die Buchstabentypen mit Menschengruppen korreliert werden. Hier gibt es nur betrunkene Bauern und Leute im Wein- und Bierrausch, die reden („vocales"), übereinstimmen („consonantes") und andere wiederum, die nicht stumm sind, aber übereinstimmen („non mutae, sed consonantes"). Plutarch (ca. 45–125), Verfasser zahlreicher biographischer und philosophischer Werke, hat das Symposium häufig als erzählerischen Rahmen für seine Schriften gewählt, etwa beim „Gastmahl der Sieben Weisen", bei dem die Sieben Weisen ein ideales Symposium mit kultivierten Unterhaltungen pflegen, die von leichter Konversation bis hin zu ernsthaften ökonomischen und politischen Problemen reichen. Auch in seinen „Symposiaka" verwendet Plutarch den Rahmen des Tischgesprächs, um Wissenschaft und Ethik, Triviales und Literarisches zu behandeln (von den „convivales quaestiones" eines Plutarch, Athenaios, Platon und Xenophon spricht Melanchthon in CR 24, 702). Die Platzverteilung gehörte bei den antiken Symposien zu den zentralen Streitpunkten, denn die Sitzordnung konnte die Statusunterschiede der Gäste abbilden oder bewusst diese missachten „zugunsten einer utopischen Gesellschaft" (Hans Joachim Stein: Frühchristliche Mahlfeiern. Ihre Gestalt und Bedeutung nach der neutestamentlichen Briefliteratur und der Johannesoffenbarung, Tübingen 2008, S. 33). In den Tischreden ist ebenfalls mit Berufung auf Plutarch („in convivalibus sermonibus") eine dem Dictum Melanchthons ähnliche Einteilung überliefert: Die Vokale sind die Herrscher, Doctores und Pfarrer, die Halbvokale „ehrliche Leute" und die Stummen die Jungen, „die sollen allein zuhören" (WA TR 6, 362).

Nr. 245

Die heilige Maria

Nikephoros schreibt, dass Maria noch ungefähr 8 Jahre nach dem Tode ihres Sohnes lebte und im 59. Lebensjahr starb. Nehmen wir an, dass sie mit 20 Jahren geboren hat. Es erscheint nämlich nicht wahrscheinlich, dass sie im 15. Lebensjahre geboren hat, wie manche behauptet haben. Christus lebte 33 Jahre, und sie lebte nach der Himmelfahrt ihres Sohnes noch etwa 8 Jahre. Sie sah die neue und immer größer werdende Kirche, und man muss gut festhalten, dass an eben demselben Tage, an dem Maria geboren wurde, Jerusalem zerstört und niedergebrannt worden ist, d.h. die Kirche lag brach und hörte auf, die alte Kirche zu sein. Gott aber hat sie zu sich genommen, damit sie nicht die immer schlimmer werdenden Übel, d.h. die Irrlehren und Umstürze, sehen müsse, wo sie doch mehr als genug Unglück erfahren hatte, als sie ihren Sohn am Kreuz hängen sah. Und ich glaube nicht, dass irgendeine [andere] Frau solche Schmerzen hätte ertragen können. Es ist also bekannt, dass Maria eine Frau von größter Tapferkeit war. Jerusalem ist zerstört worden im Jahre 73 nach der Geburt Christi. Vom Auszug des Volkes Israel aus Ägypten bis zu dieser letzten Zerstörung Jerusalems sind es aber 1582 Jahre. Wir befinden uns jetzt schon im Jahre 1559 seit der Wiedererlangung des Heils. Es bleiben wenige Jahre bis zum Jahre 82, kaum 24, und in dieser Zeit werden zweifellos wunderbare Veränderungen hin zu etwas Einzigartigem vor sich gehen, oder die Welt wird nicht bestehen bleiben. Es gibt nämlich viele Deutungen aus dem Vergleich der Zeiten, die eine gewisse Ähnlichkeit aufweisen. Gott stehe uns bei; die zu dieser Zeit leben werden, werden es erfahren.

Nikephoros Kallistos Xanthopulos (ca. 1268/1274 – nach 1328) schrieb eine 18-bändige Kirchengeschichte, die erstmals 1553 in der lateinischen Übersetzung des Johannes Lange in Basel gedruckt wurde (die griechische Version erschien erst 1630 in Paris). Melanchthon besaß die Ausgabe (vgl. MBW 6977). Am 8.9.1553, am Festtag Mariä Geburt, nur wenige Tage nach Erscheinen des Druckes, zitiert er in einigen Briefen (MBW 6962–6967) die Aussagen des byzantinischen Kirchenhistorikers über Maria (Hist. eccl. 1, 40). In der von Mathesius überlieferten Version des Dictums verknüpft Melanchthon das Alter der Maria (59 Jahre) mit seinem eigenen, da er dieses in zwei Jahren erreichen werde (vgl. Loesche Nr. 180). Melanchthons Ausführungen sind bei Vendenhaimer auf 1559 datiert und erweitern das Maria-Jesus-Thema um eine Endzeitprophezeiung auf das Jahr 1582. Parallelisiert wird die Zeitspanne vom Auszug Israels bis zur Zerstörung Jerusalems (70 n. Chr.) mit der Gegenwart, so dass die Zerstörung der Welt 1582 bevorsteht. Leitend ist dabei die Annahme, dass die zeitliche Dauer der Kirche des Alten und der des Neuen

Bundes gleich ist (vgl. Volker Leppin: Antichrist und Jüngster Tag. Das Profil apokalyptischer Flugschriftenpublizistik im deutschen Luthertum 1548–1618, Gütersloh 1999, S. 73 mit zahlreichen späteren Belegen).

Nr. 246

Ein Inzest

In Erfurt diente ein ehrbares Mädchen aus angesehener Familie bei einer reichen Witwe. Ihr Sohn, schon ein junger Mann, war von der Schönheit des Mädchens gefesselt und von Verlangen nach ihm ergriffen und forderte es auf, mit ihm zu schlafen. Das Mädchen widersetzte sich einer solchen entehrenden Untat und stieß den leidenschaftlichen Jüngling von sich. Als er es schließlich Tag für Tag immer mehr bedrängte, erzählte das Mädchen, verängstigt wegen des empörenden Benehmens und der Gefahr für sich selbst, die Sache der Reihe nach der Mutter des jungen Mannes und forderte sie auf, ihrem Sohn, der ihr nachstellte, Zügel anzulegen. Die Mutter bedachte die Angelegenheit und fasste mit dem Mädchen einen Plan. Sie gab ihm den Auftrag, [zum Schein] in die Liebe des Sohnes einzuwilligen und eine Nachtstunde zu bestimmen, zu der es am sichersten schien, zusammenzukommen und zusammen zu schlafen. Sie wolle nämlich zu eben dieser Zeit anstelle des Mädchens im Bett liegen und auf diese Weise dem Sohn eine Abfuhr erteilen. Das Mädchen war mit dem Plan einverstanden und verabredete sich mit dem Jüngling. Dieser erschien des Nachts zur festgesetzten Stunde und wollte mit dem Mädchen schlafen. Die Mutter, die anfänglich vorgehabt hatte, den Liebeswahnsinn des Sohnes zu bändigen und abzuwehren, bot ihm, übermannt von Begierde und vom Teufel angetrieben, ihren Körper dar. Aus der blutschänderischen Verbindung ging ein Mädchen hervor, das weggegeben und von jemand anderem erzogen, schließlich aber von der Mutter wieder zu sich genommen wurde. Der Sohn jedoch, der von alledem nichts wusste, begann dieses Mädchen zu lieben und nahm es zur Frau. Die Mutter, die von Zweifeln gequält wurde und im Todeskampf Gewissensbisse spürte, gestand ihr Vergehen ein. Die Sache wurde vor den Rat der Theologen gebracht. Nachdem man lange beraten hatte, da der Fall doch ungewöhnlich war, kam man schließlich zu dem Urteil, dass dem unglücklichen Gewissen der Mutter geholfen werden müsse. Luther billigte die Meinung der Theologen. Denn die Pforte der Gnade und Vergebung darf den Sündern niemals verschlossen sein.

Am 14. 5. 1544 erzählt Melanchthon in einem Brief an Andreas Diebold von diesem doppelten Inzest, den Luther in Erfurt als Beichtvater von der sterbenden Mutter erfahren habe. Die Theologische Fakultät Erfurt habe die Sterbende trotz ihrer Schuld absolviert, die Ehegatten seien nicht über ihr inzestuöses Verhältnis aufgeklärt worden – für Luther ein vorbildlich sensibler Umgang mit Beichtkindern, denn Gott schenke dem Reuigen Vergebung und die Liebe der Eheleute sei ein schützenswertes Gut (MBW 3558). Luther hatte diese Geschichte zuvor in seiner Genesisvorlesung am 16. 10. 1543 ausgeführt (WA 44, 222 f., vgl. auch Johannes Haußleiter: Ein Stück der Genesisvorlesung in einer Greifswalder Handschrift, in: Archiv für Reformationsgeschichte 17 [1920], S. 81–91). Auch in den Tischreden wird sie häufig wiedergegeben: WA TR 1, 82; 3, 501 f.; 4, 252 f.; vgl. auch Loesche Nr. 308 und 629 und Manlius (1566, p. 94 f.). Zur Überlieferung dieser Erzählung samt Überlegung, ob Vendenhaimer eine auf Melanchthons Brief an Diebold direkt zurückgehende Vorlage kopiert habe, vgl. Peter Meinhold: Die Genesisvorlesung Luthers und ihre Herausgeber, Stuttgart 1936, S. 225–235.

Nr. 247

Wachet und betet!

14. Juli 1534. Veit Dietrich aus Nürnberg hat von einem schrecklichen Fall berichtet. Eine ehrbare Frau war nämlich von einem Geistlichen geschwängert worden. Als das Kind schließlich zur Taufe gebracht wurde, wollte der Priester wissen, wer der Vater sei. Als sie den Vater nicht angaben, wurde das Kind ohne Taufe

nach Hause gebracht. Die Mutter tötete daraufhin das Kind und erhängte sich dann selbst. Der Geistliche, der der Vater war, erstach sich danach. Nachdem der Priester dies vernommen hatte, erhängte er sich. Diesen schrecklichen Fall beklagte Luther unter Tränen. Lasst uns also beten und wachsam sein, denn der Teufel schläft nicht. Diese Geschichte ermahnt also die Priester, daran zu denken, dass sie Diener der Sakramente, nicht ihre Herren sind.

Veit Dietrich (1506–1549), aus Nürnberg gebürtig und nach Studium und Lehrtätigkeit in Wittenberg (1522–1535) Pfarrer in seiner Heimatstadt, wurde von beiden Reformatoren sehr geschätzt und stand mit ihnen in vertrauensvollem Briefaustausch. In Melanchthons Briefwechsel wird dieser Bericht als Brief Dietrichs an Luther oder Melanchthon ediert (MBW 1462). Doch lebte Dietrich am 14.7.1534 noch in Wittenberg und erhielt erst im Dezember 1535 seinen Ruf auf die Pfarrstelle in St. Sebaldus.

Nr. 248

Ein griechischer Priester

Ein griechischer Priester kam nach Rom, wo man ihn, um ihn zu ehren, mit „domine" [Herr] anredete. „Domine, domine", fragte er, da er der lateinischen Sprache nicht mächtig war, „was bedeutet ‚domine'?" Als man ihm sagte, dass dies dasselbe bezeichne wie das griechische „kyrie", antwortete er: „Ich will nicht ‚domine' sein, denn ich kann nichts bezahlen." So sehr hat dieser gute Mensch, obwohl er arm war, große Ehrentitel verabscheut.

Der griechische Priester lehnt den Titel „Herr" mit griechischen Worten ab, deren Sprachklang an „Domine" erinnern: „δόμεναι" (= geben, bezahlen). Seine Weigerung macht deutlich, dass er nicht Teil des römisch-katholischen Systems von Bestechung und Ämterkauf werden will.

Nr. 249

Das Bild des Königs von Frankreich

Als in Frankreich König Franz beim Frühstück saß, stellten einige Leute drei [noch verschlossene] Kulissen im Speisezimmer auf, so als ob sie ein Theaterstück aufführen wollten. Dann gingen sie wieder hinaus, wie wenn sie sich auf die Aufführung vorbereiten wollten. Nachdem eine lange Zeit vergangen war, ohne dass sie zurückkehrten (da sie sofort geflohen waren und sich versteckt hatten), befahl der König, die Kulissen zu öffnen. Als dies geschehen war, erblickte er auf der ersten einen König, der inmitten leichter Mädchen saß und reichlich trank, auf der zweiten, wie er den an eine Säule gefesselten Christus geißelte, auf der dritten, wie er über das Volk hinwegritt. Auf diese Weise wurde erstens gezeigt, dass die königliche Regierung von einem König, der müßig ist und sich den Vergnügungen hingibt, vernachlässigt wird. Zweitens wurde die Härte und Grausamkeit den Frommen gegenüber deutlich gemacht. Drittens wurden die Ausplünderungen, durch die die Untergebenen ausgesaugt und gleichsam niedergetreten werden, veranschaulicht.

König Franz I. von Frankreich (1494–1547) war der große Gegenspieler Karls V. und erscheint als solcher auch in Melanchthons Schrift „Über die Wahl und Krönung Kaiser Karls V.“. Die Entscheidung gegen Franz wird insbesondere mit seiner ausländischen Herkunft („Nec vero dubium est, Regem Gallicum esse peregrinum principem“, CR 20, 489) und der Gefahr eines Bürgerkriegs nach seiner Wahl begründet. Vorgeworfen wird ihm zudem, dass er Gesetze und Traditionen nur nach eigenem Gutdünken beachte (CR 20, 485). Auch brieflich artikulierte Melanchthon Abneigung gegen die Politik des französischen Königs (vgl. MBW 1170). Als dieser ihn 1535 nach Paris zu Gesprächen über die Reform der Kirche (mit dem unausgesprochenen Ziel einer Allianz mit den protestantischen deutschen Fürsten) einlud, war er indes überaus willens, zu fahren und den Dialog zu führen, und schrieb einen Brief an den „allerchristlichsten und mächtigsten König“, in dem er dessen Einsatz für die Kirchenreform rühmte (MBW 1612); er war umso enttäuschter, als ihm sein Landesherr,

Kurfürst Johann Friedrich, die religionspolitisch heikle Reise verbot (vgl. Heinz Scheible: Melanchthons ökumenischer Einsatz in Frankreich, in: ders.: Aufsätze zu Melanchthon, Tübingen 2010, S. 173–188). Die negative Beurteilung des Königs in dieser Erzählung zielt auf unterschiedliche Eigenschaften: Sein intensives Interesse für Frauen war bei den Zeitgenossen berüchtigt, da er über die Jahre zahlreiche, z. T. sehr einflussreiche Mätressen hatte, etwa Anne d'Heilly oder Madame Féron oder Françoise de Foix – es gab an seinem Hof eine als „petite bande" bezeichnete Gruppe junger Frauen (vgl. Sigrid Ruby: Mit Macht verbunden. Bilder der Favoritin im Frankreich der Renaissance, Heidelberg 2017, S. 47). Seine Frömmigkeit blieb an die katholische Kirche gebunden, so dass er trotz politisch motivierter Kontaktaufnahmen die Reformation ablehnte und bekämpfte. Sein „frühabsolutistisches Regiment" war großzügig gegenüber den Künsten und Wissenschaften und förderlich für den Aufbau einer Finanzverwaltung, doch musste er seine langjährigen Kriege durch höhere Steuern finanzieren, die er u. a. den Bauern auferlegte (vgl. Alfred Kohler: Franz I. [1515–1547], in: Die französischen Könige und Kaiser der Neuzeit 1498–1870, hrsg. von Peter C. Hartmann, München 2006, S. 52–70). Das ausschweifende Luxusleben des Königs fand seinen literarischen Niederschlag bis zum Theaterstück „Le roi s'amuse" („Der König amüsiert sich") von Victor Hugo aus dem Jahr 1832.

Nr. 250

Philipp Melanchthon

Ein Graf von Gleichen wurde vor vier Jahren in Syrien oder Palästina gefangen genommen. Damals war es üblich, dass die Mohammedaner unsere Landsleute unterdrückten. Die Tochter des Sultans hörte jedoch, dass er aus vornehmem Hause stammte, und hatte wegen seiner außerordentlichen Schönheit begonnen, ihn zu lieben. So sagte sie zu ihm, sie werde ihm die Freiheit und das Leben schenken, wenn er verspräche, sie zur Frau zu nehmen. Der Graf sagte, es sei in seinem Vaterland nicht Sitte, zugleich zwei Gattinnen zu haben, gleichzeitig aber bedachte er das Elend der Knechtschaft und Gefangenschaft und versprach, sie zu heiraten. Nachdem die Angelegenheit daher beschlossen war, ließ die Prinzessin ein Schiff bereitstellen. In der darauffolgenden Nacht kamen sie in Venedig an, wo ihn ein Diener erwartete, mit dem er nach Rom aufbrach. Dort wandte er sich an den Papst und erzählte ihm die ganze Geschichte, wie sie sich zugetragen hatte. Er habe dieser Frau die Ehe versprochen nicht aus Leidenschaft, sondern vielmehr, um sein Leben zu retten. Der Papst sprach ihn von der Sünde frei und sagte, dass diese Ehe auf Grund des gegebenen Versprechens Bestand haben solle. So konnte er sie aufrechterhalten, und als er danach nach Hause zurückkehrte, wurde er von seiner Gattin ehrenvoll empfangen. Danach fragte sie, wer denn diese Frau sei. Er berichtete ihr die ganze Geschichte von Anfang an und sagte, sie sei die Tochter des türkischen Herrschers. Nachdem die Gattin alles vernommen hatte, kam sie mit ihr bestens aus. Die Gattin des Grafen brachte Nachkommen zur Welt, die Prinzessin jedoch blieb kinderlos. Der Graf liegt in Erfurt, in Stein gemeißelt, zwischen seinen beiden Gattinnen begraben. Dort ist der Prinzessin eine Krone aufgesetzt, die Nachkommen der ersten Gattin aber sind zu ihren Füßen dargestellt.

Die Geschichte des Grafen Ernst von Gleichen – die Burg Gleichen liegt in Thüringen in der Nähe Gothas – erzählt von der Heirat des bereits mit Bertha von Orlamünde verheirateten Grafen mit der Tochter des Sultans (sie bekommt in der späteren Legendenausschmückung den Namen Melechsala) und dem harmonischen Zusammenleben zu Dritt und soll sich in der ersten Hälfte des 13. Jahrhunderts zur Zeit der Kreuzzüge zugetragen haben. Auch Mathesius überliefert diese Geschichte als Erzählung Melanchthons; in dieser Fassung wird die Kinderlosigkeit der zweiten Frau als Wille Gottes gedeutet, der hingegen die erste Ehe mit zahlreichen Kindern segnete und sie damit als die rechtmäßige auszeichnete (vgl. Loesche Nr. 241, so auch bei Manlius 1566, p. 312 f.). Im Erfurter Dom befindet sich an der Südwand ein Grabstein, auf dem ein Graf von Gleichen mit zwei Frauen dargestellt ist. Die Legende soll im Nachhinein diesen Grabstein erklärt haben (in Wirklichkeit handelt es sich um die Grabplatte des Grafen Lambert II. von Gleichen mit seiner ersten Frau Ottilia und seiner zweiten Frau, die er nach dem Tod Ottilias geheiratet hatte). Landgraf Philipp von Hessen verwendete diese Geschichte, um seinen Wunsch nach einer Doppelehe gegenüber den Reformatoren zu legitimieren (WA Br 5, 633 mit Anm. 25); er erhielt von ihnen Dispens, so dass er am 4. 3. 1540 Hochzeit mit dem Edelfräulein Margarethe von der Saale feiern konnte und weiterhin mit Christine von Sachsen verheiratet blieb; aus der ersten Ehe hatte Philipp zehn, aus der Nebenehe neun Kinder. Der Graf von Gleichen erscheint auch in späteren protestantischen Exempel- und Predigtsammlungen (vgl. Rehermann, S. 153 u. S. 377). Zur weiteren Wirkungsgeschichte vgl. Jamal Malik: Orientalism and Occidentalism: The Case of Earl of Gleichen, in: Islamic Studies 51 (2012), S. 119–137 (auf S. 134 wird ohne Quellengrund behauptet, dass Melanchthons Schüler Veit Oertel die Legende als erster verschriftlicht habe, doch sei seine „Historia de Comite quodam Glichense 1546" wohl niemals publiziert worden; aufklären kann hier Georg Loesche, der in Anm. 1 zu Nr. 241 auf die Überlieferung der Erzählung durch Veit Oertel in einer Gothaer Handschrift mit dieser Titelei hinweist).

Nr. 251

Der Bischof von Salzburg

Der Bischof von Salzburg sagte auf dem Augsburger Reichstag 1530: „Es gibt drei Wege, auf denen die Streitigkeiten in der Religion beigelegt werden können. Der erste ist, dass wir den Lutheranern zustimmen, was wir nicht tun wollen. Der zweite ist, dass die Lutheraner uns zustimmen, was sie nicht tun können, weil es hier um die Sache Gottes geht, der weder etwas genommen noch hinzugefügt werden darf. Wenn drittens auf diesen beiden Wegen die Angelegenheit nicht geregelt werden kann, muss man zum dritten Mittel greifen, dass nämlich die eine Seite die andere unterdrückt."

Auf dem Augsburger Reichstag 1530 traf Melanchthon den Salzburger Erzbischof Matthäus Lang von Wellenberg (1468–1540). Am 25. Juni berichtete Melanchthon in einem Brief an Luther von einem Gespräch mit ihm, das sich sehr konfliktreich gestaltete und übrigens genau an dem Tag der Übergabe der Confessio Augustana stattfand (MBW 937). Auch Justus Jonas berichtete in zwei Briefen an Luther aus Augsburg, dass das Gespräch zwischen dem Erzbischof und Melanchthon bis tief in die Nacht gedauert habe und von Drohungen gegen Melanchthon geprägt gewesen sei; Lang habe für die theologische Argumentation der Gewissensentscheidung kein Verständnis aufgebracht und dagegen auf der Notwendigkeit öffentlicher Ruhe insistiert. Die Positionen der beiden Konfessionen werden dem Salzburger Erzbischof mit protestantischer Einfärbung in den Mund gelegt. Denn während die Katholiken nicht zustimmen *wollen*, *können* die Protestanten dies nicht tun, da es ihnen um die Sache Gottes geht, die nicht verhandelbar ist. Damit deckt sich die Schilderung des Jonas über eine Privatunterhaltung, bei der der Erzbischof u. a. dem Laienkelch und der Priesterehe zugestimmt, sie dann aber doch abgelehnt habe, da diese Reformen aus einem Nest wie Wittenberg kommen würden, deshalb den öffentlichen Frieden störten und aus diesem Grund überhaupt nicht hingenommen werden könnten (s. Nr. 252; vgl. Johann Sallaberger: Kardinal Matthäus Lang von Wellenberg [1468–1540]. Staatsmann und Kirchenfürst im Zeitalter von Renaissance, Reformation und Bauernkriegen, Salzburg/München 1997, S. 425). Nicht nur der Salzburger Erzbischof, sondern auch sein Mainzer Kollege konnten sich nicht vorstellen, dass aus Wittenberg eine Reformation der Kirche erwachsen sollte: „Wolt ihr Lutherischen uns aus euerm scheis winckel reformirn? Das werdt ihr noch woll laßen!" (WA TR 4, 550) Wie sehr übrigens das Argument der öffentlichen Ruhe die Diskussionen um die in der Sache von vielen akzeptierte Notwendigkeit umfassender Kirchen- und Glaubensreformen bestimmte, führt Melanchthon in seinen Sonntagsvorlesungen aus (CR 24, 462).

Nr. 252

Derselbe

Eben dieser Bischof von Salzburg sagte zu Philipp: „*Lieber Philippe, wür wüßen wol, das eüre lher recht ist, wißet aber darjegen auch etc. Es hat niemandt dem Pfaffen vermocht etwas abzugewinnen, ir werdet der erst auch nicht sein.*"

Das Eingeständnis des Salzburger Erzbischofs Matthäus Lang zur Rechtgläubigkeit der Protestanten mag verwundern, da er zeitlebens ein eifriger Bekämpfer der Reformation war; doch gleichzeitig bemühte er sich, nicht zuletzt in Folge seiner humanistischen Bildung, um innerkirchliche Reformen, die indessen, wie dieser kurze Dialog mit Melanchthon andeutet, durch klerikale Gegenkräfte ins Leere liefen. Seine Zugeständnisse an die reformatorische Lehre erinnern an das von Justus Jonas während des Augsburger Reichstags 1530 mitgeteilte „privatum colloquium" (s. Nr. 251), bei dem der Erzbischof gesagt haben soll: „Ich wollt das Abendmahl unter beiderlei Gestalt; ich wollt die Priesterehe; ich wollt eine Messreform; ich wollt Freiheit bei den Speisen [also kein Fastengebot] und in den anderen Traditionen, und dass es so bleibt. Aber dass ein entlegener Ort [wie Wittenberg] uns alle reformieren soll, das bedeutet, den Frieden zu brechen, das ist unerträglich" (WA Br 5, 427 f.). Seine Skepsis gegenüber der eigenen Klerikerkaste kommt in diesem Wortwechsel mit Melanchthon zum Vorschein, den auch Luther mit leicht veränderten Worten überliefert: „Denn der Bischoff zu Saltzburg hat zu Magister Philippus gesagt: ‚Ach, was wolt ir doch an uns Pfaffen reformieren? Wir Pfaffen sind nie gut gewest." Und Luther fährt fort: „Da siehe doch und höre die frommen Leut! Sie wissen und bekennen, dass sie böse sind und Unrecht haben, wollen dazu auch so bleiben, ungereformirt sein und der offenkundigen Wahrheit nicht weichen. Und schreien doch und rufen Kaiser und alle Fürsten an, man solle für sie kriegen und schirmen" (WA 30/III, 294; vgl. dazu auch Johann Sallaberger, wie zu Nr. 251). Melanchthon schätzte offensichtlich „den hohen Verstand und geschwinden Kopf" des Salzburger Erzbischofs – auch gegen die Kritik Luthers – und berichtet von dem Gespräch in Augsburg entsprechend der Überlieferung der Tischreden Folgendes: „Er wäre Anno 1530 sechs Stunde lang bei ihm zu Augsburg gewesen, hätte mit ihme geredt von der Religion. Da hatte er endlich zu ihm gesaget: ‚Mein Domine Philippe, wir Pfaffen sind noch nie gut gewesen!' Item er hatte auch gesaget: ‚Wir wissen wol, daß Euer Lehre recht ist; wisset Ihr aber nicht hinwiederum, es hat nie jemands den Pfaffen können etwas abgewinnen? Ihr werdet der erste auch nicht sein!'" (WA TR 5, 692).

Nr. 253

Aus Theokrit

Simonides sagte, er habe zwei Kästen, einen vollen und einen leeren. Aus dem vollen, so sagte er, gebe er anderen Menschen Wohltaten, und dieser bliebe immer voll, weil er immer bereit sei, anderen Wohltaten zu erweisen. In dem anderen, so sagte er, bewahre er den Dank auf, der ihm von den anderen abgestattet werde. Dieser aber bleibe immer leer, weil ihm niemand Dank sage.

Melanchthon hat bereits 1520 ein lateinisches Gedicht über die beiden Gefäße des Simonides verfasst, dessen Grundtenor bereits im ersten Vers anklingt: „Omnia sunt ingrata, nihil fecisse benigne est", d. h. „Alles bleibt ohne Dank und gütig zu handeln ist zwecklos" (CR 10, 481 f.). Dieser Vers zitiert Catulls Carmen 73, 3, doch ist die Simonides-Anekdote nicht bei Catull vorformuliert. Von Simonides aus Keos (557/56–468/67 v. Chr.) sind nur Fragmente erhalten; Melanchthon kennt das berühmte „Wanderer, kommst Du nach Sparta etc." (CR 19, 185 f.). Die Angabe „Aus Theokrit" ist verwirrend, denn in dem Werk des bukolischen Dichters Theokrit (3. Jh. v. Chr.) kommt kein Simonides vor; von Theokrit hat Melanchthon dessen Id. 19 übersetzt (CR 18, 1139 f.). Ein Simondes kommt hingegen bei Theognis vor, den Melanchthon in einer Vorlesung ausführlich behandelt hat (vgl. Dieter Kaufmann-Bühler: Eine Vorlesung Ph. Melanchthons über das Theogniscorpus, in: Philologus 100 [1956], S. 113–131). In dem veröffentlichten Kommentar wird auch der genannte Catull-Vers zitiert und zwar als Einstieg in die Kommentierung von Theognis V. 237 ff. unter der Überschrift „Querela de ingratitudine" („Auseinandersetzung um die Undankbarkeit", CR 19, 92), wo Simonides allerdings keine Erwähnung findet. Vielleicht verwechselte Vendenhaimer hier Theokrit mit Theognis? Das frühe Gedicht Melanchthons „De duabus thecis Simonidis" soll als Kommentar zu diesem Dictum in der kongenialen Übersetzung von Gerhard Weng wiedergegeben werden: „Die beiden Gefäße des Simonides / Alles bleibt ohne Dank und gütig zu handeln ist zwecklos. / Kein gebührender Dank kommt für Verdienste zurück. / Zwei Gefäße ließ in den Tempel Simonides stellen; / Denn der Alte war Kastor und Pollux sehr lieb. / Eine, aus der er leicht Bedürftigen Hilfsdienste holte / Und zu rechten Zeit eben mal tatkräftig half. / Hatte sie viel verschenkt, ließ neuer Vorrat an Gütern / Sie nicht lange leer; denn sie ward reichlich gefüllt. / Aber das andre Gefäß war gemacht, um die Gaben zu bergen, / Eines dankbaren Mannes, zeigte sich einmal ein Dank. / Niemand tat was hinein, das Gefäß, das immerfort leer blieb, / War der sich're Beweis: Liebesdienst bleibt stets vertan. / Beide Gefäße jedoch ließ Simonides zeigen, wenn jemand / Eine Mühe erbat oder geliehenes Geld. / Nach dem Beweis, daß mit vollem Gefäß er Hilfsdienste leistet, / Warnte er, daß ein Verdienst niemals Belohnung erhält"

(Gerhard Weng: Philipp Melanchthon. Undankbarkeit. Texte aus seinen Briefen, Gedichten, Reden […], Meldorf 1997, S. 7).

Nr. 254

Philipp Melanchthon

Schon seit vielen Jahren gibt es
Kein Vertrauen mehr bei Verträgen.
Honig im Mund, Worte wie Milch
Gift im Herzen, Betrug in den Taten.

Diese Verse sind sprichwörtlich und stammen nicht von Melanchthon (vgl. Lexikon der lateinischen Zitate, hrsg. von Hubertus Kudla, München ^{3}2007, Nr. 3175). Sie formulieren aber durchaus die Weltsicht des älteren Melanchthon, dem angesichts der Zeitläufte das Vertrauen in die Menschen abhandengekommen war. Dazu zählte bei Melanchthon auch die Erfahrung, dass Worte und Taten immer mehr auseinanderfielen und dass er von zahlreichen ehemaligen Schülern und Kollegen, die er einstmals gefördert hatte, v. a. in den Streitigkeiten nach Luthers Tod immer heftiger angegriffen wurde. So wuchsen bei ihm in den letzten Lebensjahren zunehmend Enttäuschung und Verbitterung – bis er sich schließlich auf den Tod freute, um endlich von der „rabies theologorum" befreit zu sein. Im Theognis-Kommentar zieht Melanchthon übrigens eine seiner Lieblingsanekdoten heran, um den moralischen Verfall der Gegenwart zu illustrieren: Die „Weiber von Weinsberg" (s. Nr. 284) belegen für ihn, dass in der Vergangenheit Vereinbarungen eingehalten worden sind, da früher „unser deutsches Geschlecht" viel wohltätiger, dem Guten aufgeschlossener und verlässlicher war: „Alles wurde bei Verträgen treu eingehalten" (CR 19, 74 f.).

Nr. 255

[Johannes] Stigel

Wenn der Mensch alle durchlebten Lebensabschnitte abwägt,
so hat er schlecht oder blindlings oder umsonst gehandelt.
Also besteht die bei weitem erstrebenswerteste Lebensweise darin,
Gott zu kennen und dem Streben, das er gutheißt, zu folgen.

Johannes Stigel (1515–1562) gehörte zu den Lieblingsdichtern Melanchthons. Er studierte ab 1531 an der Leucorea und lehrte dort ab 1543 als Lateinprofessor, bis er nach der Niederlage des Schmalkaldischen Bundes und der Eroberung Wittenbergs 1547 nach Jena wechselte, um dort die „Hohe Schule", ab 1557 Universität, aufzubauen. Für Melanchthon zählte er zu den besten Dichtern seiner Zeit, in Deutschland nur mit Eobanus Hessus vergleichbar, so dass er im Auftrag Melanchthons bei zahlreichen offiziellen Anlässen, z. B. bei der Einweihung der Torgauer Schlosskapelle, zur poetischen Stimme Wittenbergs avancierte (zu seinem Leben und Werk vgl. Stefan Rhein, in: Frühe Neuzeit in Deutschland [1520–1620]. Literaturwissenschaftliches Verfasserlexikon. Bd. 6, Sp. 145–155). Melanchthon zitierte auch in seinen Vorlesungen Stigel-Verse und verwendete sie als literarische Illustrationen, etwa in einer Sonntagsvorlesung zu Mt 9, wo in der Edition der „Postilla" ein Teilkapitel aus einer Vorlesung, die Melanchthon im Jahr vor seinem Tod gehalten hatte, die Überschrift trägt: „Wie heissen die vers Stigelii?" (CR 25, 844; vgl. auch CR 24, 858, wo zum Verständnis eines Psalms Stigels Paraphrase als Kommentarersatz empfohlen wird). Bei Manlius (1566, p. 638–640) sind von Stigel zum einen zwei Gedichte mit „Lebensregeln für die studierende Jugend" und zum anderen ein Gedicht über die Daniel-Prophezeiung zur Abfolge der Weltreiche („De statua Danielis") wiedergegeben. Als die besten Beispiele für die Einsicht, dass Arbeit mit Lust keine Last ist, dienen Melanchthon Cranach, der noch als 70-jähriger jeden Tag von morgens – er stehe vor dem gesamten Gesinde auf – bis spät in die Nacht male, und Stigel, für den Verse zu machen niemals beschwerlich sei (CR 25, 458). Die bei Vendenhaimer zitierten Verse stammen aus Stigels langem Epithalamium zur Hochzeit von David Chytraeus (1530–1600), der am 12. 11. 1553 in Rostock Margerete Smedes (1531–1571), die Tochter eines Ratsherrn, heiratete. Stigels Hochzeitsgedicht erschien 1553 bei Johann Krafft d. Ä.

in Wittenberg (VD 16, S 9061); die Verse stehen dort auf fol. B3v. Diese Sammelpublikation zur Hochzeit des jungen Rostocker Professors wurde von Melanchthon organisiert, der bereits in einem Brief an Chytraeus von Ende August 1553 (MBW 6948) Gedichte zur Hochzeit ankündigte und darüber mit dem Bräutigam in Kontakt blieb (vgl. MBW 6990 und 7026); der Wittenberger Druck enthält auch ein griechisches Gedicht Melanchthons (fol. F3v). Das erste der beiden Distichen hat sich sehr schnell verselbständigt und wurde auch mehrfach als Stammbucheintrag verwendet; vgl. Walther Ludwig: Deutsche Studenten in Bourges und das Stammbuch des Josias Marcus von 1557/58 innerhalb der frühen Stammbuchentwicklung, in: ders.: Florilegium Neolatinum. Ausgewählte Aufsätze 2014–2018, hrsg. von Astrid Steiner-Weber, Hildesheim 2019, S. 106 mit Anm. 153. Stigel hat sich bei diesem Distichon offenbar an die dreigeteilte Formulierung aus Senecas berühmtem ersten Brief an Lucilius angelehnt: „Et si volueris attendere, magna pars vitae elabitur male agentibus, maxima nihil agentibus, tota vita aliud agentibus" – „Und wenn du einmal darauf achten möchtest: Ein großer Teil des Lebens entgleitet einem, während man Schlechtes tut, der größte Teil, während man nichts tut, das ganze Leben, während man Belangloses tut" (epist. 1, 1).

Nr. 256

Derselbe

Alles wird vergehen, wir werden gehen, ihr werdet gehen, sie werden gehen;
geliebte und ungeliebte Menschen haben das gleiche Schicksal.
Ewiges Leben und auch das tägliche Brot –
Wer Großes gegeben hat, wird nicht ablehnen, Kleines dazuzugeben.

Stigel ist nicht, wie von Vendenhaimer behauptet, der Autor, denn das erste Distichon ist ein mittelalterliches Sprichwort (vgl. L'Ape Latina. Dizionarietto di 2948 sentenze, proverbi […], hrsg. von Giuseppe Fumagalli, Mailand ND 2005, Nr. 1821); zu Beginn des Pentameters heißt es statt „chari, non chari" („Geliebte und Ungeliebte") meist „Ignari,

gnari" („Unverständige und Verständige"). Der erste Vers ziert als Memento mori auch Gebäude, z.B. den Eingang zur Fürstengruft in der Wolfenbütteler Hauptkirche Beatae Mariae Virginis. Problematisch erscheint das zweite Verspaar, dessen erster Vers lediglich aus zwei isolierten Akkusativen besteht (im Original „Aeternam vitam, panem quoque quottidianum"). Spender des ewigen Lebens und des täglichen Brotes ist Gott; der folgende Hexameter würde dann bedeuten, dass der Mensch darauf vertrauen kann, dass der Spender des ewigen Lebens auch für das tägliche Brot sorgen werde. Im Zusammenhang mit dem ersten Distichon, das häufig auf Grabdenkmälern und Totentänzen steht, erscheint ein solcher Gedanke aber deplaziert. Sinnvoller wäre hier der die christliche Heilszuversicht zum Ausdruck bringende Gedanke, dass Gott als der Spender des täglichen Brotes auch das ewige Leben schenken werde. Der abschließende Hexameter müsste in diesem Fall aber lauten „Et qui parva [= das tägliche Brot] dedit, non addere magna [= das ewige Leben] negabit." Dass die beiden Adjektive „parva" und „magna" bei Vendenhaimer vertauscht wurden, ließe sich damit begründen, dass die Formulierung im Haupttext auf den ersten Blick plausibler wirkt, solange man den Kontext außer Acht lässt.

Nr. 257

Doktor Martin Luther

Der Rechtsgelehrte sagt: Es soll Gerechtigkeit geschehen, und gehe die Welt darüber zugrunde.
Der Theologe sagt: Die Sünde soll vergeben werden, und die Welt wird gerettet.
Weil keine Gerechtigkeit herrscht, herrscht andererseits die Sünde immer.
Wan wür thetten, was wür sollten,
So thet auch got, was wür wollten.
Wo das Evangelium nicht ist, dort ist auch keine Erkenntnis der Sünde.
Wo keine Erkenntnis der Sünde ist, dort kann auch keine Gerechtigkeit sein.

Wo keine Gerechtigkeit ist, dort ist kein Leben.
Wo kein Leben ist, dort ist der Tod.
Wo der Tod ist, dort sind die Sünde, der Teufel und die Hölle.
Glaub vnnd Leben siht der Teuffel an;
Darum halt fest wie ein Christen man.

Diese Luther-Worte sind in unterschiedlichen Tischreden überliefert: Der Vergleich von Jurist und Theologe steht in WA TR 1, 186. Der deutsche Zweizeiler besitzt als Tischrede folgenden Wortlaut: „Wenn wir täten, was wir sollten, und nicht machten, was wir wollten, so hätten wir auch, was wir haben sollten" (WA TR 2, 255); die von Vendenhaimer mitgeteilte Variante („Wenn wir täten, was wir sollten, so täte auch Gott, was wir wollten") wird in den geläufigen Zitatensammlungen (z. B. www.gutzitiert.de) dem barocken Dichter Johann Matthias Schneuber (1614–1665) zugeschrieben, doch muss es ganz offensichtlich eine frühere Quelle gegeben haben. Die Reihung von Evangelium – Erkenntnis der Sünde – Gerechtigkeit – Leben – Tod – Sünde / Teufel / Hölle steht in WA TR 5, 272. Der abschließende Zweizeiler mit der – bei Luther geläufigen – Warnung vor dem Teufel kommt in der Tischredenüberlieferung nicht vor – zumindest nicht in diesem Wortlaut und nicht in der Edition der Weimarana.

Nr. 258

Ein Mönch

Ein schlauer Mönch musste morgens beim Aufstehen das Stundengebet lesen. Er empfand dies aber als lästige Mühe und las nur das Alphabet: „A B C. Herr Jesus Christus, nimm diese Buchstaben an und mache für dich selbst das Stundengebet – oder was dir gefällt."

Mathesius datiert diese Geschichte auf den 10. 6. 1553 und erzählt sie weitaus ausführlicher. Er lässt Melanchthon noch über Luther berichten, dass dieser noch lange Zeit am regelmäßigen Stundengebet festhielt und dieses tägliche Werk wegen anderer Beschäftigungen oft auf den Samstag verschieben musste und erst allmählich den Aberglauben der Gnadenwirksamkeit des Stundengebets aufgab (vgl. Loesche Nr. 188). Diese antimonastische Polemik wird auch in den Sonntagsvorlesungen überliefert, verbunden mit der Kritik am Werkcharakter des altgläubigen Betens, das ein Murmeln ohne Sinn und Verstand („sine cogitatione“) gewesen sei (CR 24, 762). In einem ausführlichen Gespräch zwischen Luther und Melanchthon vom Frühsommer 1542, das unter den Tischreden überliefert ist, berichtet Melanchthon von einer frühen Begegnung mit den Stundengebeten: „Ich hab einen gekandt, der hieß Petrus, bei dem lag ich etliche Tage zur Herberge in Heidelberg, der betete immer seine horas canonicas den ganzen Tag über und verstands doch nicht; er konnte auch nicht recht lesen.“ Melanchthon versucht ihn zu überzeugen, dass „die horae canonicae nicht geordiniert sind, dass sie einer beten soll, der sie nicht versteht, sondern dass man sie in der kirchen singen soll“, und rät ihm, lieber auszuschlafen und sich mit einem Paulus-Brief zu beschäftigen (WA TR 5, 136). Die Geschichte in Kurzform ähnlich der Variante Melanchthons erscheint in den Tischreden des Frühjahrs 1533: WA TR 3, 126. Zur Rezeption als „Historia von einem ungelehrten Meß-Pfaffen“ vgl. Rehermann, S. 335.

Nr. 259

Ein Bischof

Als der Bischof von Salzburg in einer öffentlichen Herberge einkehrte und dort ein Neues Testament entdeckte, öffnete er das Buch und stieß zufällig auf die Stelle im Brief des Paulus an die Römer, wo er sagt: „So halten wir nun dafür, dass der Mensch gerecht werde allein durch den Glauben“ etc. Daraufhin sprach er zornentbrannt: *„Siche, bistu auch Lütherisch worden?“* und warf das Buch fort.

Die Rechtfertigung durch den Glauben nach Röm 3,28 ist die zentrale Botschaft der reformatorischen Theologie. Die biblische Grundlage der lutherischen Lehre muss verärgert auch der Salzburger Bischof akzeptieren. Gemeint ist der Erzbischof und Kardinal Matthäus Lang von Wellenberg (1468–1540), den Melanchthon auf dem Augsburger Reichstag 1530 als entschiedenen Gegner kennenlernte und der doch gleichzeitig das theologische Anliegen der Reformation sehr wohl verstand, die Konsequenzen aber aus politischen Gründen, in Rücksicht auf den allgemeinen politischen Frieden, ablehnte (s. Nr. 251 f.).

Nr. 260

Ein ehrsüchtiger Bischof

Bei den Burgundern gab es in Besançon einen Bischof, der so ehrgeizig und ruhmsüchtig war, dass er nicht zögerte, sich der Hölle zu weihen, wenn er nur römischer Papst würde. So wollte er nach Rom aufbrechen und dort nach [vermeintlich] frommer Sitte als Papst regieren. Als er schon auf dem Wege war, kam ihm der Teufel entgegen, der ihn mit sich in die Hölle nehmen wollte. Der Bischof sah, dass der Feind der Seele da war und wollte sich mit dem Zeichen des heiligen Kreuzes verteidigen. Der Teufel aber, der den Bischof emporhob und mit sich nahm, gab folgendes Epigramm von sich:

„Bekreuzige dich nur immer, vergebens schlägst und würgst du mich,
Rom; zu dir wird durch Bewegungen plötzlich die Liebe kommen."

Die beiden Verse des Epigramms stellen ein Palindrom dar, können also jeweils vorwärts und rückwärts gelesen werden („Signa te signa, temere me tangis et angis, / Roma tibi subito motibus ibit amor"). Die Legende legte sie dem Teufel in den Mund, als er den Hl. Martin von Tours auf dem Weg nach Rom anging und dieser sich mit dem Kreuzzeichen schützte (vgl. z. B. Ove Michaelsen: Classic Latin palindromes, in: Word Ways 39 [2006], S. 36). Bei Manlius (1566, p. 367) stammt der Bischof aus Byzanz (und nicht aus Burgund). In den Tischreden gibt es auch eine Geschichte über einen Teufelsbündner, der mit Hilfe des Teufels Papst werden will („Von einem, der sich dem Teufel ergeben, das er Papst würde"), doch nimmt sie einen völlig anderen Verlauf (WA TR 5, 668).

Nr. 261(a)

Lucas, der Maler zu Wittenberg

Der Maler Lucas Cranach *hat auf ein zeit mit dem Bischof von Maintz geeßen. Da waren im kleine fischlein fürgesetz worden, die hatten dem Lucas Maler sehr wol geschmeckt, darüm er auch viel geeßen hat, das sich yderman darüber verwündert hatte. Vnd wie auch der Bischof solches gesehen hat, hat er in gefragt, ob er kranck wer geweßen. Sagt Lucas Maler: „Ja warlich ich bin sehr kranck gewesen." Da hat er in gefragt, ob es auch lang wer. Antwort er widerum: „Fur* [vor] *32 Jaren lag ich sehr kranck zu Wien in Osterreich."*

Lucas Cranach d.Ä. (ca. 1472–1553) hielt sich 1501 bis 1504 in Wien auf. Der erwähnte Bischof von Mainz ist Kardinal Albrecht von Brandenburg, den Cranach mehrfach porträtierte. Vermutlich traf sich Albrecht mit dem sächsischen Kurfürsten 1533 in Halle (Saale) und Cranach war dabei. Der Wiener Aufenthalt Cranachs ist nur durch diese Geschichte Melanchthons und durch einen Hinweis in Christoph Scheurls Widmungsbrief an Cranach von 1509 belegt. Irrigerweise geht die Cranach-Forschung davon aus, dass Melanchthon sie von Vendenhaimer erfahren habe, doch hat sie dieser vielmehr als Hörer Melanchthons aufgeschrieben (vgl. Lucas Cranach: Maler – Unternehmer, Ausst.-Kat., Regensburg 1994, S. 307, und Ernst Kroker: Anekdoten Melanchthons und Leipzig, in: Schriften des Vereins für die Geschichte Leipzigs 10 [1911], S. 116). Melanchthon stand in engem Austausch mit der Familie und der Werkstatt Cranachs und lieferte sogar Skizzen und Vorlagen („praeformatas imagines") zu den Bibelillustrationen (MBW 3332a).

Nr. 261(b)

Der König mit der langen Nase und der Narr

Ein Narr stand am Königshof vor dem Tisch, sah dort einen König mit einer langen Nase sitzen und verspottete ihn mit den Worten: *„Ey wie hastu so ein große nasen."* Man befahl ihm zu schweigen, *er* *aber wolts widerum gut machen, vnd sagt: „Ey wie hastu so ein feines kleines neslein."* Man ließ ihn hinausführen und mit Ruten züchtigen, damit er danach den König nicht mehr sehen sollte. Nicht lange danach aber ging er hinein und sagte zum König: *„Was gehet mich dein nasen an, das man mich darum schlegt? Du nar got geb du hast ein nasen oder neslein, so schies ich dir auf die nasen."*

Die Konstellation König mit langer Nase und Narr passt auf Kaiser Maximilian I., der ab 1486 bis zu seiner Kaiserwahl 1508 römisch-deutscher König war, und Kunz von der Rosen, seinen Ratgeber, Vertrauten und Narren; von beiden erzählt Melanchthon in seinen Vorlesungen immer wieder (s. z. B. Nr. 13 und 73; zum langnasigen Maximilian s. außerdem Nr. 15).

Nr. 262

Ein witziger Dieb

Zu Zwickaw drang jemand am Tage in das Haus eines Bürgers ein, um alles genau in Augenschein zu nehmen, denn er wollte etwas stehlen. Nachdem er länger nichts gefunden hatte, sah er in der Küche Speck hängen und beschloss, den zu stehlen. Als nun alle im Hause schlafen gegangen waren und er das Stück auf die Schulter zu nehmen versuchte, fiel der Speck herunter. Von diesem Lärm wurde der Hausherr aufgeweckt und kam die Treppe herab. Der Dieb hörte das Geräusch, konnte aber nicht aus dem Haus entkommen, da es einen Riegel hatte, der sich auch von innen nicht öffnen ließ. Also dachte er sich eine List aus, lief zum Rauchfang, nahm Ruß und schwärzte sich das ganze Gesicht. Der Hausherr ging zum Herd, um das Feuer anzufachen, und als er in die Asche blies, um die Kerze anzuzünden, blies der Dieb von der anderen Seite ebenso hinein. Der Hausherr bekam einen großen Schreck und sagte: „Wer in aller Welt bist du?" Der Dieb antwortete: „Ich bin der Teufel." Darauf jener: „Was also willst du?" Der Dieb antwortete: „Ich will den Speck." „Nimm ihn", sagte der Hausherr,

„und geh weg." „Ich habe ihn", sagte der Dieb. „Also geh." Darauf der Dieb: „Du sollst die Tür öffnen." Das geschah, und er ging unbesorgt fort und trug dabei den Schinken auf der Schulter. Am nächsten Tage verbreitete sich das Gerücht in der ganzen Stadt, der Teufel sei in dem Hause gewesen und habe Schinken gewollt. Bald danach, als der Dieb viele Taten von der gleichen Art begangen hatte, wurde er auf frischer Tat ergriffen. Man warf ihn in den Kerker, und als er unter der Folter befragt wurde, gestand er neben vielem anderen, dass er in Zwickau in dem Hause den Teufel gespielt habe. Als der Stadtrat den Namen jenes Bürgers erfuhr, schrieb er ihm, er solle rechtzeitig kommen, wenn er den Teufel sehen wolle, den er einst in seinem Hause ertappt hatte. Dieser solle nämlich seine Strafe an einem bestimmten Tage erleiden. Als sie dies gehört hatten, kamen viele Menschen dorthin, um jenen wundersamen Menschen zu sehen, der so meisterhaft zu stehlen vermocht hatte.

Bei Mathesius ist eine ähnliche Geschichte unter den Dicta Luthers überliefert, allerdings kürzer und weit weniger dramatisch. Dort wird sie ohne Ortsangabe und mit einer moralischen Einfärbung erzählt: Der Dieb rechtfertigt gegenüber dem Hausherrn seine Tat, weil dieser Armen nichts schenke. Da der Speck übergeben wurde und der Abgang ungehindert war, wird bei Mathesius schließlich noch die Frage gestellt, ob es sich wirklich um einen Diebstahl oder nicht vielmehr um ein Geschenk gehandelt habe. Da aber Betrug und List im Spiel war, läge keine einvernehmliche Vereinbarung vor (Loesche Nr. 335). Beide Fassungen basieren auf Erzähltraditionen, die unter dem Titel „Der Speckdieb" überliefert sind. Der seit dem Mittelalter bekannte Diebesschwank, der z. B. auch von Hans Sachs 1553 literarisch bearbeitet wurde, lässt den Dieb nachts durch den Schornstein in die Küche eines Bauern (oder eines Geistlichen) eindringen; mit seinem geschwärztem Gesicht hält man ihn für den Teufel und lässt ihn mit seiner Beute ziehen, so dass er froh ist, mit heiler Haut davonzukommen. Bisweilen besitzt der Schwank auch eine sozialkritische Facette, dass nämlich der Dieb einem reichen Geizkragen einen Schinken stiehlt, wie in der Fassung bei Mathesius (vgl. Hans-Jörg Uther: Deutscher Märchenkatalog. Ein Typenverzeichnis, Münster/New York 2015, S. 437 f., Nr. 1624 B und Enzyklopädie des Märchens 12 [2007], Sp. 959–961). Melanchthon (oder seine Quelle) lokalisiert die Erzählung in Zwickau und gibt ihr einen neuen Schluss.

Nr. 263

Eine Magdeburgerin

Eine Frau aus Magdeburg wurde von nächtlichen Erscheinungen gequält. Da machte sie ihre Verachtung für den Urheber der Schrecken ganz deutlich, *ließ ein furtz zum beth hinaus* und sagte: „*Sihe, da hastu ein stab, daran gehe ghen Rom zu deinem abgot.*“

Die Magdeburgerin sieht in dem nächtlichen Schreckgespenst ganz offensichtlich den Teufel am Werk, den sie mit einem Furz zum römischen Antichristen vertreibt. Diese Episode um die „matrona Magdeburgensis“ wurde – wenn es um die beste Art und Weise, wie man den Teufel vertreiben könne, ging: nämlich durch Verachtung – an Luthers Tisch häufig erwähnt (z. B. WA TR 1, 493). Einmal berichtet Luther sogar von den Umständen, unter denen er davon erfahren hatte: Es habe sich in den Anfangsjahren der Reformation zugetragen, dass in Magdeburg ein Bürger, von den lutherischen Schriften beeindruckt, den Tod seines Kindes nicht mit Seelenmessen betrauert habe, so dass der Teufel täglich um 8 Uhr abends erschien und dagegen polterte. Er, Luther, habe geraten, den Teufel mit Verachtung zu bestrafen („Teufel, was machst du, hast du sonst nichts mehr zu tun? Heb dich, du verfluchter Geist, dahin du gehörest, in Abgrund der Hölle!“). Ein Gast aus Bremen wollte die Geistererscheinung ebenfalls erleben; als der Teufel kam, sei ihm angst und bange geworden, doch seine Frau „wendet den A[rsch] zum Bette hinaus, und läßt ihm einen F[urz] und spricht: ‚Siehe da, Teufel, da hast du einen Stab, den nimm in deine Hand, und gehe damit wallfahrten gen Rom zu deinem Abgott, dem Papst, und hole dir Ablaß von ihm!‘ Spottet also noch des Teufels dazu. Nach dem bliebe der Teufel mit seinem Poltern außen, weil er ein stolzer Geist ist und Verachtung nicht ertragen kann“ (WA TR 6, 210 f.).

Nr. 264

Zwei Bauern, von denen der eine *Martinisch*, der andere *Lutherisch* genannt werden wollte

Nicht weit von Coburg wohnten zwei Bauern. Als diese einmal in die Stadt gekommen waren und sich dort am Wein berauscht hatten, begaben sie sich schließlich gemeinsam auf den Heimweg. Unterwegs entstand zwischen ihnen ein Streit über die Religion. Der eine war *Martinisch* (denn noch zu dieser Zeit wurde Luther so genannt), der andere aber wollte *Lutherisch* genannt werden, wobei sich der eine mit Martin, der andere mit Luther verteidigte. Schließlich kam es zur Schlägerei, *der ein wolt Lutherisch sein, der ander Martinisch,* und keiner von beiden verstand den anderen, und keiner von beiden begriff die Lehre – weder die von Martin noch die von Luther.

Die neue Lehre hieß gerade in den ersten Jahrzehnten der Reformation auch „martinisch", so dass „evangelische" Bürger und Bauern von ihren altgläubigen Gegnern häufig unterschiedslos als „lutherisch" oder „martinisch" bezeichnet wurden. Die Pointe besitzt in dieser Geschichte allerdings keine konfessionelle Note, sondern geht allgemein gegen ein oberflächliches Christentum ohne Einsichten in das Spezifische der reformatorischen Theologie. So klagte Melanchthon 1524: „vil geben sich auß vor dem gemaynen volck für lutherisch, die gar nit lutherisch seind" (vgl. Bent Jörgensen: Konfessionelle Selbst- und Fremdbezeichnungen. Zur Terminologie der Religionsparteien im 16. Jahrhundert, Berlin 2014, S. 61). „Lutherisch" war eine gängige Formel der Fremdbeschreibung, um die Reformation auf die Parteinahme für die Person des Ketzers Luther zu reduzieren, und auch Luther selbst lehnte die Bezeichnung ab, da es ihm um die Bibel und nicht um eine neue eigene Lehre ging, doch wurde „lutherisch" rasch auch zur Selbstbeschreibung, wie das Zitat Melanchthons von 1524 und auch diese Erzählung illustrieren.

Nr. 265

Ein vornehmer Jüngling aus Coburg hatte aus Mutwillen den Diener des Hauses getötet und war nach Wittenberg geflohen. Dort wurde er von Veit Oertel, der von dieser Sache nichts wusste, unter seine Schüler aufgenommen, wo er sich ehrenhaft verhielt. Inzwischen hatte seine Mutter den Streit mit den Freunden des Getöteten beigelegt, danach rief sie ihn nach Hause zurück, und nach zwei Jahren gab sie ihm eine noch sehr junge, aber sehr reiche Witwe zur Frau. Später entstand zwischen den beiden Feindschaft, denn sie war eine Hure und hatte ihm mehrmals Gift in sein Essen gemischt. Schließlich verschwor sie sich mit einem Ritter, einem Fuhrmann und einem Flickschneider, und sie griffen ihn in seinem Bett an. Da aber der Jüngling kräftig war, verteidigte er sich lange und biss der Frau, während sie ihm den Mund verstopfen wollte, die Finger ab. Dabei sagte er: „Das sollst du, Dirne, zuletzt für dich behalten." Wegen dieser Tat wurde die Frau ergriffen und enthauptet, die übrigen Helfershelfer entflohen. Einer von ihnen wurde in Magdeburg aufs Rad geflochten, der zweite erlitt dieselbe Strafe in Sachsen, der dritte wurde geköpft. Dies sind handgreifliche Beispiele für die Urteile des göttlichen Zorns über den Mord.

Veit Oertel oder Veit Winsheim (1501–1570) lebte von 1523 bis zu seinem Tod in Wittenberg und betrieb hier eine Privatschule; ab 1529 unterrichtete er an der Leucorea Rhetorik und Gräzistik, übernahm 1541 von Melanchthon die Griechisch-Professur und lehrte ab 1550 in der Medizinischen Fakultät. Auf Melanchthons Beerdigung hielt er für die Universität die Leichenrede und fasste die allgemeine Trauer in der Formulierung zusammen: „Wir haben unseren Steuermann verloren" (CR 10, 205). Zu den zahlreichen Kontakten zwischen Coburg und Wittenberg, auch durch Studenten, vgl. Rainer Axmann: Melanchthon und seine Beziehungen zu Coburg, in: Jahrbuch der Coburger Landesstiftung 42 (1997), S. 129–224. Manlius (1566, p. 305 f.) bietet diese Geschichte sehr textnah zu Vendenhaimer, doch ohne den Herkunftsort des jungen Mannes und auch ohne eine Erwähnung Veit Oertels, der hier durch einen unbestimmten „doctus vir" ersetzt wird.

Nr. 266

Zwei Doktoren

Doktor Turck [Christoph Türck] und Doktor Cubito [Wenzel Bayer] waren bei einem Gastmahl und tranken miteinander. Wie er so dasaß, verstarb Cubito plötzlich an einem Schlaganfall; der andere reichte ihm den Becher, *vnd sties es im vnther die nasen,* und sah nicht, dass er fast schon tot war, bis er vornüberfiel. Und das geschah unter hervorragenden Männern und Doktoren, von denen einer Doktor des Rechts, der andere aber Doktor der Medizin war. Beide waren jedoch große Schlemmer.

Auch in Luthers Tischreden wird ein „Cubito“ erwähnt: Unter der Überschrift „Scherz“ stehen die Reime: „Tu vocaris Cubito, / Et ego non dubito, / Quin moriaris subito“ („Du heißt Cubito, und ich zweifle nicht, dass du bald stirbst“, WA TR 4, 590). Ernst Kroker identifiziert (in WA TR 4, 590 Anm. 2) beide, den „Cubito“ der Tischrede wie auch den „Dr. Cubito“ der Vendenhaimer-Geschichte, als eine Person, nämlich als Dr. med. Wenzel Bayer aus dem böhmischen Elbogen („de cubito“). Dies ist allerdings wenig einleuchtend, da der „Cubito“ der Tischrede nicht als Dr. med. eingeführt wird. Überzeugender sind dagegen die Ausführungen von Otto Clemen, der in diesem „Cubito“ den Luthergegner Dr. theol. Wolfgang Schindler aus Elbogen (gest. 1538), Domprediger in Magdeburg und eifriger Kämpfer gegen die Lutheraner, erkennt; auf ihn passen die polemischen Verse mit Luthers Wunsch des frühzeitigen Todes des altgläubigen Gegners. Bei Vendenhaimer wird „Dr. Cubito“ hingegen ausdrücklich als Mediziner vorgestellt, was wiederum auf Dr. med Wenzel Bayer passt, der in Leipzig studierte, in Bologna promoviert wurde, dann als Arzt in seiner Heimatstadt wirkte und dort an einem Pferdeunfall starb (Allgemeine Deutsche Biographie 46 [1902], S. 535; vgl. auch Otto Clemen: Kleine Beiträge zur sächsischen Gelehrtengeschichte im 15. und 16. Jahrhundert, in: ders.: Kleine Schriften zur Reformationsgeschichte [1897–1944]. Bd. 2, hrsg. von Ernst Koch, Leipzig 1983, S. 32 f.). Nach Melanchthon stirbt er hingegen bei einem Trinkgelage mit Christoph Türck von Kruschwitz (1497–1547), der als Jurist und Doktor beider Rechte Kanzler Kardinal Albrechts von Brandenburg und anschließend des sächsischen Herzogs Moritz von Sachsen war; in den Tischreden gilt er auf Grund seiner Funktion am Kardinalshof durchweg als schlecht, gar teuflisch (z. B. WA TR 3, 696; 4, 159). Melanchthon hatte ihn auf dem Leipziger Religionsgespräch Ende April 1534 auf der katholischen Gegenseite persönlich kennengelernt (MBW 1433) und berichtete später von dessen beträchtlichem Vermögen, darunter zahlreichen Burgen (MBW 4102, 4783). In den Sonntagsvorlesungen erwähnt Melanchthon diese Anekdote als abschreckendes Beispiel für einen unmäßigen, die Gesundheit zerstörenden Alkoholkonsum: Beim Thema Schlaganfall („apoplexia") erzählt er, dass sich Türck und Bayer in Halle (Saale) betranken, der letztere am Tisch zusammenbricht, der andere weitertrinkt, zwei sehr gebildete Doctores, die sich aber nicht um die Lehre der Kirche kümmerten. Drastisch beschreibt Melanchthon den Schlaganfall: „Das Gehirn fällt zusammen, die Muskeln erschlaffen, der Mensch erstickt. Das sage ich deswegen, damit ihr in eurer Lebensweise beherrschter seid" (CR 25, 648). An anderer Stelle lässt sich Melanchthon über die deutschen Wüstlinge aus, die in ständigem Suff und Luxus leben; an dem Besäufnis bis tief in die Nacht bei Dr. Türck in Halle nimmt diesmal aber nicht Dr. Cubito, sondern Dr. Curio teil, ebenfalls ein Arzt, wohl Georg Curio (1498–1556), der als Medizinprofessor in Wittenberg lehrte und von den Reformatoren sehr geschätzt wurde, so dass er in diese Anekdote wohl nur durch ein Versehen, sprich einen Schreibfehler, gerutscht ist (CR 25, 72; zu Curio vgl. MBW 11, S. 326). Auch bei Mathesius wird die Geschichte von Bayer und Türck zu den Dicta Melanchthons gezählt (vgl. Loesche Nr. 208).

Nr. 267

Ein Fürst und seine Gattin

In Deutschland gab es einen Fürsten, dessen Gattin immer noch lebt. Dieser hatte sich einst große Hoffnungen auf einen Erben gemacht, denn ihr Bauch begann anzuschwellen. Als die Zeit der Geburt heranrückte, gebar die Gattin einen Klumpen geronnenen Blutes. Dies ließ sie dem Fürsten durch einige Frauen mitteilen, damit er dieses Unglück gefasst mit ihr ertrage, da doch Gott es so eingerichtet habe. Als die Frauen zu ihm gekommen waren und vor ihm glänzend und ausgezeichnet gesprochen hatten, fragte er: „Was hat sie geboren?" Sie schwiegen aber und wollten es ihm nicht sagen. Er sprach wiederum: „Sagt doch endlich, was hat sie geboren?“ Als die Frauen sahen, dass der Fürst nicht aufhören würde zu fragen, wenn sie es ihm nicht mitteilten, sagten sie: „Deine Herrin hat *den Monkalb* geboren.“ Er antwortete: „Es ist besser, dass sie ein Kalb geboren hat, als einen Knaben. Ein Kalb nämlich können wir essen, nicht aber einen Knaben.“

Das Mondkalb ist lt. dem Grimmschen Wörterbuch „eine miszgeburt in gestalt eines unförmlichen fleischklumpens, unter dem widrigen einflusse des mondes erzeugt“. Luther kennt v. a. „Mondkind“, ein nicht natürlich gezeugtes, leibliches, sondern unkörperliches schemenhaftes Wesen (WA 34, 171, zu „mondkalb“ WA 45, 544). Manlius (1566, p. 445) schließt die Geschichte mit einem Urteil über die (in der Tat bizarre) Antwort des Ehemannes ab: „Die Rede war geschmacklos, nicht eines Menschen würdig. Lernt indessen, was sich den Menschen schickt“ (so auch CR 24, 486: „Jener antwortet: ‚Es ist besser ein kalb, denn ein kind. Ein kalb kann man essen.‘ Dies ist eine Geschmacklosigkeit, keine feine Art“). Quelle des Wissens über das Mondkalb war die „Historia naturalis“ des Plinius (cap. 7, 63): ein Fleischklumpen, unförmig, ohne männlichen Samen nur von der Frau gezeugt unter dem Einfluss des Mondlichts (vgl. auch Handwörterbuch des deutschen Aberglaubens. Bd 6, Sp. 537 f., und v. a. Joh. Jacob Harders: Von der Erzeugung und dem Unterscheid der Mondkälber, in: Der Römisch Kaiserlichen Akademie der Naturforscher […] Abhandlungen. Teil 2, Nürnberg 1763, S. 345–358, wo die Parthenogenese allerdings bezweifelt wird: „Aber von den Weibern hat niemand jemals gesehen, daß sie ein Mondkalb oder sonst dergleichen etwas ohne Beywohnung eines Mannes bekommen“). Vielleicht wird aus der Art der vermuteten Zeugung der Kommentar des Mannes auf die Geburt verständlicher: Er fühlte sich nicht als der Vater.

Nr. 268

Ein Hirte, der bei Hofe in einen Spiegel sah

In einer Ekloge Petrarcas kommt an den Hof ein Hirte, der zuvor noch keinen Spiegel gesehen hatte. Als er hineinsah, begann er die Jungfrauen bei Hofe zu lieben. Er wurde jedoch schlecht behandelt und die Treppe hinunter geworfen. Da stieß er die Worte aus: „Auf ewig soll dieser Elende stöhnen, der den Hirten des Hofes als erster niederträchtige Geschenke gegeben hat“ usw. Das heißt, so wie jener Spiegel ein verderbliches Geschenk für den ersten Hirten war, so ist dies auch der Hof für neue Höflinge.

Melanchthon zitiert mehrfach zwei Verse (V. 158 f.) aus der 6. Ekloge des italienischen Dichters Francesco Petrarca (1304–1374), in denen sich ein narzistischer Hirte im Spiegel bewundert („Apud Petrarcham est bella fabula de pastore admirante formam suam in speculo et involvente se aulicis negotiis. Ea fabula hoc Epiphonemate clauditur: Aeternum gemat ille miser, pastoribus aulae / Qui primus mala dedit“, CR 14, 138; 20, 596; 24, 583; 25, 473). Petrarcas Ekloge polemisiert gegen Missstände in der Kirche unter Papst Clemens VI., ohne dass Melanchthon diesen Aspekt aufgreift; offensichtlich war ihm nicht die gesamte Ekloge, sondern nur der zitierte Textausschnitt bekannt (vgl. Stefan Rhein: Melanchthon und der italienische Humanismus, in: Humanismus und Wittenberger Reformation, hrsg. von Michael Beyer u. Günther Wartenberg, Leipzig 1996, S. 374).

Nr. 269

Der an Fieber erkrankte Fürst und der Narr

Ein Fürst, der an Fieber erkrankt war, hatte einen Narren, der zufällig gehört hatte, dass Fieber durch einen plötzlichen Schreck geheilt würde, was auch wahr ist. Als also der Narr gerade darüber nachdachte, wie sein Herr geheilt werden könne, sah er auf einmal, dass der Fürst an einem steilen Abhang stand, der in einen Fluss abfiel. Er näherte sich daher dem Fürsten heimlich von hinten, ging plötzlich auf ihn los und drohte ihn gleichsam in den Fluss hinabstürzen zu wollen. Der Fürst erschrak außerordentlich, wurde aber vom Fieber befreit. Den Narren ließ er jedoch in den Kerker werfen, und nachdem er lange darüber nachgedacht hatte, welche Strafe der Narr für das begangene Verbrechen erhalten solle, beschloss er schließlich, ihn enthaupten zu lassen. Letzten

Endes nahm er aber davon Abstand und gab dafür dem Henker den Auftrag, dass er, wenn der Narr niederkniete, das Schwert fortlegen und ihn nur mit einem Stab schlagen solle. Der Henker befolgte den Befehl des Fürsten, schlug aber den Narren ein wenig zu stark in den Nacken oder auf den Kopf. Der Narr brach nach dem Schlag zusammen und starb auf der Stelle. Andere sagen, dass dies vor Schreck geschehen sei.

Auch bei Manlius (1566, p. 293) endet die Geschichte mit einem doppelten Erklärungsversuch für den plötzlichen Tod des Narren: Entweder war der große Schrecken die Ursache oder es gab doch eine körperliche Verletzung und zwar, wie Manlius präzis angibt, an den Nackensehnen. Zugrunde liegt der „Heilmethode" die Überlegung, dass, wenn das Fieber durch eine Gemütsbewegung wie Zorn, Begierde etc. entstanden ist, entweder Ruhe oder eine andere Erregung das Fieber wieder vertreibt, ähnlich wie der Schluckauf auf einen Schrecken hin aufhört (für die Persistenz der Vorstellung von der engen Verknüpfung von Affekt und Leib vgl. J. B. Burserius von Kanilfeld: Anleitung und Heilung der Fieber, Gießen/Marburg 1785, S. 249). Gegen Fieber helfe, so eine weitere Erzählung bei Manlius (1566, p. 752 f.), Granatapfelsaft („Febris curatio").

Nr. 270

Philipp Melanchthon

Ich kannte einst jemanden, der auch mein Hörer war und jetzt Doktor des Rechts und Ratgeber des Fürsten von Württemberg ist. Dieser beherrschte die Kunst des Ringens und ließ sich geschlitzte Kleidung machen, wie sie bei solchen Übungen und solchen Menschen Mode war. Als er nun einmal von seinen Eltern nach Hause gerufen wurde, kam er zu mir und bat um Geld. Ich fragte ihn, wozu er es wolle. Er sagte, *Er wolle im andere hosen lassen machen.* Darauf sagte ich zu ihm: „Du hast doch aber Hosen, die vorher gut waren." Er antwortete mir: „*Ich darff meinem* Vater *mit diesen zerhackten hosen nicht vnther augen komen.*" Darauf sagte ich zu ihm: „*Das danck dir die drüß.* Und warum also trägst du in meiner Gegenwart solche Kleidung? Meinst du, dass man meine Augen weniger ehren müsse als die des Vaters oder dass ich blind bin?“ Und dann gab ich ihm Geld, von dem er sich andere Kleidung kaufen konnte.

Auslassungen über Kleider gehören zum festen Repertoire der Zeitkritik Melanchthons (s. auch Nr. 228). So versammelt Manlius unter der Überschrift „Über die Kleidung und die Bescheidenheit beim Auftreten“ eine Fülle von Exempeln aus Melanchthons Vorlesungen (Manlius, 1566, p. 341–348), darunter auch diese Anekdote (ebd., p. 341). Bei Manlius wird der ehemalige Schüler Melanchthons als heutiger Dr. jur. und Ratgeber eines nicht näher bestimmten Fürsten vorgestellt; der Bittsteller wird von Melanchthon heftig angegangen; hier endet die Fassung des Manlius, also ohne den versöhnlichen Abschluss Vendenhaimers. Dieser setzt mit der Freigebigkeit Melanchthons eine unerwartete Schlusspointe, die nicht zum Ductus und zur Intention der Erzählung passt. Sie trifft allerdings einen Charakterzug des Erzählers, der für seine Großzügigkeit bekannt war (s. Nr. 231). Dass bei Vendenhaimer Württemberg mit ins Spiel kommt, könnte vielleicht daran liegen, dass er zwei Kleider-Geschichten zusammengezogen hat. Denn bei Manlius schließt sich gleich nach dieser Erzählung Melanchthons eine Geschichte mit Herzog Eberhard von Württemberg an, die auch in Melanchthons Rede „Über die Kleidung“ einen prominenten Platz einnimmt, nämlich dass der württembergische Herzog einen unzüchtig gekleideten jungen Mann umgehend aus dem Raum geworfen habe (CR 11, 148). In einer Sonntagsvorlesung kommt Melanchthon auf den Missbrauch von Reichtum zu sprechen, den er auch an prächtiger Kleidung festmacht: „Sehet die Gauckeley mit den kleidern: Wie unflätig und Nerrisch ists, dass einer 30 thaler zu einem par hosen bedarff“ (CR 25, 260).

Nr. 271

Philipp Melanchthon

In Torgau geschah Folgendes: Einige Leute wollten die Spiele und Reiterwettkämpfe während des Karnevals sehen und waren in ihrem Eifer auf die Hausdächer gestiegen. Da fiel einer von ihnen vor zu großer Anstrengung vom Dach, und als er bis zum obersten Stockwerk des Hauses gekommen war, ergriff er den Mantel irgendeines anderen und riss auch diesen mit sich. Als der dann weiter bis zu einem anderen Stockwerk gekommen war, riss er auch den dritten mit sich, so dass bei dem Sturz zugleich drei herabfielen. Dies rief bei den Zuschauern großes Gelächter hervor.

Diese Erzählung ist in keiner der bekannten Sammlungen der Historiae und Dicta Melanchthons überliefert (lt. Auskunft Alexander Bartmuß). Ob sie tatsächlich in Torgau stattfand, erscheint bei näherem Blick wohl eher unwahrscheinlich: Hausdächer, von denen man Reiterkämpfen zuschauen kann, und Balkone, auf denen weitere Zuschauer stehen, passen eher zu mediterranen Gebäudetypen und Veranstaltungsformen.

Nr. 272

Eine Frau, die ihren Mann *knicklaus* nannte

Es wird die Geschichte von einer Frau erzählt, die ihren Mann sehr oft *knicklaus knicklaus knicklaus* nannte. Als Makel warf sie ihm vor, dass er voller Läuse sei. Er verprügelte sie, und als das nichts nützte, tauchte er sie schließlich in den Brunnen. Als sie aber schon in dem tiefen Wasser versank, streckte sie dennoch ihre Hand heraus und deutete mit einer Geste an, *wie er die Leüs zerknicket hett, knicklaus.*

Luther erwähnt in seinem Brief vom 27. 11. 1537 an den Stadthauptmann von Nordhausen, Jonas von Stockhausen, u. a. „das Exempel von dem leuseknicker“, damit dieser durch solche Geschichten seine depressiven Gedanken vertreibe (WA Br 6, 387). Die Geschichte vom Läuseknicker wird z. B. in dem erstmals 1522 erschienenen Schwankbuch „Schimpf und Ernst“ des Franziskaners Johannes Pauli (ca. 1455 – nach 1519) als Nr. 595 erzählt (vgl. die Edition von Johannes Bolte, Berlin 1924, mit zahlreichen Hinweisen zur breiten Überlieferung).

Nr. 273

Als ein Bauernjunge dem Priester beichtete, wurde er von diesem aufgefordert, das dritte der zehn Gebote zu nennen. Als er dies getan hatte, fragte ihn der Diakon weiter nach der Erklärung dieses Gebotes, und zwar so, wie dies getan zu werden pflegt: „*Was ist das?*“ Da stand der Junge mit gebeugten Knien vor dem Priester, hielt seine Kappe in den Händen und sagte: „*Ey her sehet irs nit, es ist ein blaws hütlein.*“

In Luthers Bibelübersetzung von 1522 lautet das 3. Gebot: „Gedenke des Sabbaths tags, das du jn heiligst.“ In seinen „Loci communes“ erklärt Melanchthon dieses Gebot: „Das dritte Gebot heißt uns, den Sabbat zu heiligen und frei von unseren Werken zu sein, d. h. dass wir das Werk Gottes und gleichzeitig unser Absterben zulassen“ (CR 21, 122; Absterben = mortificatio, nach CR 24, 428 = contritio, Reue). Hingegen stellt sich in der reformatorischen Polemik das Niveau der katholischen Beschäftigung mit diesem Thema mehr als bescheiden dar: Der Junge kniet vor dem Priester und versteht schon die Frage nicht. Im 16. Jahrhundert bedeutete übrigens die metaphorische Wendung „einer Sache ein blaues Hütlein aufsetzen“ „unsinnige, dumme Sachen auf die Spitze treiben“, so dass „blaues Hütlein“ sinnbildlich für Unsinn und Dummheit stand (vgl. Christiane Wanzeck: Zur Etymologie lexikalisierter Farbwortverbindungen. Untersuchungen anhand der Farben Rot, Gelb, Grün und Blau, Amsterdam/New York 2003, S. 289 f.). Hätte der Junge Luthers Kleinen Katechismus gekannt, hätte er auf die dort stereotyp gestellte Frage „Was ist das?“ beim dritten Gebot („Du sollst den Feiertag heiligen“) antworten müssen: „Wir sollen Gott fürchten und lieben, dass wir die Predigt und sein Wort nicht verachten, sondern es heilighalten, gerne hören und lernen.“

Nr. 274

Der Aussätzige

In Frankreich hatte ein Adliger einem anderen Adligen seine Tochter versprochen, und die Burgen der beiden waren etwa fünf Meilen voneinander entfernt. Auf halbem Wege befand sich das Haus eines Aussätzigen, der der Hausherr war. Als nun der Tag der Hochzeit herangekommen war, vertraute der Vater der Braut, welche sehr schön war, diese einem treuen Diener an, der sie zu ihrem Bräutigam bringen sollte. Er selbst wollte nämlich am nächsten Tage mit seiner Gattin und anderen Begleitern nachfolgen. Der Diener machte sich mit der jungen Frau auf den Weg. Als er zwei Meilen zurückgelegt hatte, begann sie sehr zu frieren, denn es war Winter, und die edle junge Frau konnte die ungewohnte Kälte nicht aushalten. Daher beklagte sie sich heftig über die Kälte und sagte zu ihrem Begleiter, sie könne nicht weiterreiten. Der Diener forderte die junge Frau auf, tapfer zu sein, und teilte ihr mit, dass in der Nachbarschaft ein Haus sei, in dem sie sich aufwärmen könnten. Als sie bis zum Haus des Aussätzigen geritten waren, gingen sie hinein, begrüßten den Wirt und baten um die Möglichkeit, sich aufzuwärmen, eine Weile dort zu verweilen und sich zu erfrischen. Als ihnen dies gestattet wurde, ließ der Reiter die junge Frau allein in der warmen Stube zurück und versorgte die Pferde im Stall. Der Aussätzige betrachtete die Gestalt der jungen Frau genau und entbrannte mehr und mehr in Verlangen nach ihr. Um sie in seine Gewalt bringen zu können, ging er schließlich zu dem Reiter in den Stall und tötete ihn heimtückisch. Danach kehrte er in die warme Stube zurück und wollte die junge Frau zum Geschlechtsverkehr überreden. Da sie aber fromm und ehrenhaften Sinnes war, flehte sie ihn an, um Gottes und ihrer Eltern willen nichts Derartiges zu erwägen, und verweigerte den Geschlechtsverkehr. Aber der Aussätzige ließ sie den Tod ihres Dieners wissen und sagte, dass sie auf ähnliche Weise sterben würde, wenn sie ihm nicht zu Willen sei. Was sollte die arme junge Frau tun? Der Hilfe des Dieners beraubt, stand sie waffenlos da, und der bewaffnete, grausame und aussätzige Mörder stand vor ihren Augen. Da sie schließlich, entstellt von vielen Tränen, gezwungen und unterlegen war, versprach sie, dass sie seine Begierde befriedigen wolle. Sie nahm das Messer, das ihr am Geldbeutel an der Seite hing, gab vor, mit dem Messer die Knoten der Bänder ihres Kleides lösen und sich entkleiden zu wollen, und tötete sich selbst. Um seine Hoffnung betrogen, steckte der Aussätzige die beiden Leichname in einen Sack, bestieg sein Pferd, legte den Sack vor sich auf den Rücken des Pferdes und schickte sich an, in den Wald zu reiten. Wahrscheinlich wollte er die Leichen vergraben oder in den nahen Fluss werfen. Gott aber wollte, dass diese so grausame Tat offenbart und bestraft werde. Und so näherte sich wenig später der Vater der jungen Frau, der auf dem Wege zur Hochzeit seiner Tochter war, mit seiner Begleitung (die Hochzeit aber verwandelte sich in das traurigste Begräbnis). Sie bemerkten den Aussätzigen, der vor ihnen im Abstand von ungefähr einem Morgen ritt. Der Edelmann erkannte sein Pferd, mit dem der Begleiter der jungen Frau fortgeritten war. Die anderen aber sagten, dass dies nicht sein Pferd sei, denn wie sollte es möglich sein, dass es jetzt hier sei. Er begann ein wenig zu zweifeln und ließ sich von seiner vorherigen Meinung abbringen. Als schließlich der Edelmann in seinem Innersten mehr und mehr etwas Schlimmes ahnte, befahl er einem der Diener, sich sofort zu dem Aussätzigen zu begeben und ihn zu fragen, wer er sei und wohin er reite. Der Diener tat dies und erkannte sofort das Pferd seines Kameraden. Als er den Mann daher fragte, wer er sei und wieso er dieses edle Pferd reite, verstummte der Übeltäter und erbleichte vollkommen. Der Diener glaubte aber, dass er andere Dinge treibe und das Pferd durch Diebstahl an sich gebracht habe, und warf den Sack vom Pferd. Mit der Hand die Zügel haltend, ergriff er den Strolch, hielt den Gefangenen fest und rief seine Gefährten. Diese liefen herbei, ergriffen den Dieb und rissen ihn von dem Pferd, das sie erkannt hatten. Danach zwangen sie ihn, den Sack zu öffnen. Was braucht es noch vieler Worte? Sie erkannten die Ihrigen, und ein herzzerreißendes Weinen und Klagen begann, da das Verbrechen nun offenbar war. Schließlich fesselten sie den Verbrecher und warfen ihn in den

Kerker bis zur Entscheidung über seine Strafe. Danach ließ der Edelmann das Haus des Aussätzigen niederreißen, ausplündern und in Brand stecken, nahm die Körper der Toten mit sich nach Hause und bestattete sie. Schließlich wurde der Mörder für sein Verbrechen hart bestraft.

Wie Nr. 271 ist auch diese Geschichte ohne Parallele in den anderen Sammlungen der Historiae und Dicta Melanchthons (lt. Auskunft von Alexander Bartmuß). Wo sie ihre Quelle besitzt, ist unklar, zumal ein Aussätziger in mittelalterlichen Geschichten meist den Part des Armen und Guten einnimmt, während er in dieser Erzählung als Hausbesitzer und Vergewaltiger auftritt.

Nr. 275

Als zwei hungrige und völlig mittellose Soldaten auf ihrem Wege ein Kloster erblickten, gingen sie zu ihm und baten um eine Gabe. Es war gerade Essenszeit, und der Pförtner reichte ihnen eine sehr heiße Suppe und schwarzes Brot. Da sie nun keine Löffel hatten und der Hunger keinen Aufschub duldete, einigten sie sich darauf, die Suppe sogleich abwechselnd mit dem Mund zu schlürfen, das Brot aber sollte für den weiteren Weg aufgehoben werden. Als der erste dem anderen zutrank und die heiße Suppe schlürfte, verbrannte er sich gehörig den Gaumen, so dass ihm die Tränen aus den Augen flossen. Der andere sah das und fragte nach dem Grunde der Tränen, warum er jetzt weine, wo er doch zu essen habe. Vorher, als er Hunger hatte, habe er dies nicht getan. Der Kamerad verschwieg, dass der Schluck so heiß war, und erfand andere Gründe für die Tränen. An diesem Tage vor einem Jahr, sagte er, sei nämlich sein Vater ans Kreuz geschlagen worden, das sei ihm eben in den Sinn gekommen. Schließlich nahm auch der andere einen Schluck von der heißen Suppe und verbrannte sich ebenso wie der erste den Mund, so dass auch ihm Tropfen aus den Augen rannen. Darauf sagte der erste: „Sieh da, weinst du nicht auch? Warum, so frage ich, tust du das?“ Der andere antwortete:

„Ich weine, weil du nicht zusammen mit deinem Vater gekreuzigt worden bist, denn wenn das geschehen wäre, hätte ich mir nicht meinen Mund verbrannt."

Vendenhaimer ordnet sein Material häufig nach thematischen Gesichtspunkten, so dass Zusammenhängendes beieinandersteht. Die Erzählweise erinnert an Nr. 271 und Nr. 274. Auch für diese beiden Geschichten sind wie für Nr. 275 keine Parallelen in den anderen Dicta-Sammlungen zu Melanchthon und bislang auch keine Quelle, die im populären Literaturumfeld anzunehmen ist, bekannt; so drängt sich die Vermutung auf, dass für die Nrr. 271, 274 und 275 noch eine gemeinsame Provenienz gefunden werden muss.

Nr. 276

Vor sechs Jahren wurde in Wien eine Frau verbrannt, die es mit einem Hund getrieben hatte. Der [dieser Verbindung entsprossene] Fötus hatte einen menschlichen Kopf, der übrige Körper aber glich dem eines Hundes.

Diese Geschichte wird auch von Mathesius kolportiert (vgl. Loesche Nr. 233). In einer weiteren Tischredenüberlieferung wird der Hund als „canis anglicus", also als englische Dogge, bezeichnet, mit dem die Wienerin, hier eine „virgo nobilis", also eine vornehme junge Frau, sieben Hündchen gezeugt habe; mit diesen zusammen sei sie dann verbrannt worden (WA TR 5, 613). Nach WA TR 5, 610 Anm. 12 stammt diese Anekdote von Melanchthon. Mischwesen bevölkern in großer Zahl die Welt der Sagen und Fabeln, doch in seiner Erzählung suggeriert Melanchthon ein reales zeitgenössisches Ereignis („vor sechs Jahren").

Nr. 277

Von einem Eremiten erzählt man sich folgende Geschichte: Da er Bienen hielt und schon einen ganzen Topf voller Honig gesammelt hatte, sagte er zu sich selbst: „Ich werde diesen Honig verkaufen, mir zwei Schäfchen kaufen und eine große Herde aufbauen. Wenn ich dann reich bin, werde ich eine Frau nehmen, die fügsam ist. Wenn sie aber nicht fügsam sein will, bringe ich sie um." Und er sagte, indem er zugleich mit dem Stock, den er hatte, zustieß: „So werde ich sie durchbohren." Zufällig stieß er dabei an den Topf mit dem Honig und zerbrach ihn. Und so war sein Plan umsonst.

Melanchthon erzählt diese Geschichte in einer Sonntagsvorlesung und nimmt sie als Exempel für die oft unerwarteten Wendungen des Lebens und für die Erkenntnis in die Vergeblichkeit menschlichen Planens und Hoffens: „es gehet viel also zu, [anders] als dass man gedenckt." Nach weiteren Exempeln wird er dort sehr persönlich: „Ich habe sehr viele Beispiele bei mir und bei anderen erfahren, wo Hoffnungen und auch die Furcht um die Zukunft ganz vergeblich waren. Das Leben vergeht nicht ohne Irrtümer, aber unsere Irrtümer machen uns gleichwohl sorgsamer und vorsichtiger, und es soll das Gebet hinzukommen" (CR 25, 461 f.). Die Erzählung stellt gleichzeitig die Scheinheiligkeit der nach katholischer Auffassung Gott geweihten eremitischen Lebensform bloß. Für Luther und Melanchthon bedurfte es keines Rückzugs aus der Welt, um in Gottes Gnade zu leben. Dabei diente ihnen die Geschichte vom „Schuster zu Alexandrien" als wichtiger Beleg: Als der Eremit Antonius Gott bat, ihm zu zeigen, welche Fortschritte er in seiner strengen Lebensweise gemacht habe, wurde ihm im Traum ein Schuster zum Vergleich gezeigt, der frühmorgens mit wenigen Worten für die Stadt bete und dann seine Arbeit tue. Den Reformatoren erschien dieser Schuster „heiliger", da es ihm gelinge, fromm und gläubig mitten in der Welt zu sein (vgl. Peter Gemeinhardt: Antonius. Der erste Mönch. Leben – Lehre – Legende, München 2013, S. 165–167).

Nr. 278

Man erzählt, dass jemand zu David gekommen sei und ihn um Rat gefragt habe, was ihm am günstigsten scheine, ob er nämlich eine Jungfrau oder eine Witwe heiraten solle oder eine, die vorher schon mit zwei Männern verheiratet war. David schickte ihn zu seinem Sohn Salomon, der gerade mit anderen Knaben auf einem langen Steckenpferd ritt. Dieser antwortete: „*Ein* Jungfrau *wie du wilt, ein* Witwe *wie sie will, die zwen gehabt, huot dich, mein pfert schlegt dich.*"

Salomon wird hier gefragt, ob man eine Jungfrau, eine Witwe oder eine Frau, die bereits zwei Männer gehabt habe, heiraten soll. Er antwortet mit zwei Sprichwörtern: „Eine Jungfrau, wie du willst, eine Witwe, wie sie will." Und: „Hüte dich, mein Pferd schlägt dich." Dass Witwen in neuen Eheverhältnissen die Oberhand haben wollen, also so agieren, wie sie wollen, während ein junges Mädchen eher dem Willen des Mannes gehorcht, also so lebt, wie er will, soll ein polnisches Sprichwort sein (vgl. Hans von Hentig: Das Verbrechen II. Der Delinquent im Griff der Umweltkräfte, Berlin/Heideberg 1962, S. 277). Das zweite Sprichwort (Karl F. W. Wander: Deutsches Sprichwörterlexicon = woerterbuchnetz.de s. v. Hüten Nr. 65) warnt drastisch vor der Ehe mit einer bereits zweimal verheirateten Frau. In der „Ars Apophthegmatica" des Georg Philipp Harsdörfer (1607–1658), erstmals erschienen Nürnberg 1655, wird als Nr. 2934 (S. 611 f.) der Ausspruch folgendermaßen zitiert: „Dergleichen wird gelesen, daß einer Salomon gefragt, ob er eine Jungfrau heiraten sollte. Darauf habe Salomon gesagt: ‚Wie du willst.' Ferner habe er gefragt, ob er eine Witwe freien sollte. Er hat geantwortet: ‚Wie sie will.' Drittens, ob er eine nehmen sollte, welche zwei Männer gehabt. Da soll er geantwortet haben: ‚Hüte dich, mein Pferd schlägt dich.'" In der Fassung Melanchthons bei Vendenhaimer wird ein anderes Bild Salomons gezeichnet: Er reitet auf einem langen Steckenpferd, was an eine spätmittelalterliche Redensart erinnert: Seit Ende des 15. Jahrhunderts hat „auf dem Stecken bzw. Steckenpferd reiten" die Bedeutung „etwas Sinnloses, weil Kindisches / Närrisches tun" (basierend auf Horaz sat. 2, 3, 247–249: „Aus Sand sich Häuschen bauen, Mäuse an ein Wäglein spannen, mit Nüssen grad und ungrad spielen und auf langen Bambusstöcken reiten – wer dran als bärtiger Mann noch Freude hat, dem fehlt es an Verstand", übers. von Wilhelm Schöne). Bei einem erwachsenen Mann ist das Steckenpferd-Reiten also lächerlich, doch reitet hier offensichtlich der junge Salomon mit anderen Knaben auf dem langen Stecken, was angemessen erscheint. Dass wiederum ein Kind Eheratschläge erteilt und über das Verhalten von Witwen in Zweitehen Auskunft gibt, besitzt satirisches Potenzial; da „auf dem Steckenpferd-Reiten" ein häufiges Motiv in der zeitgenössischen satirischen Literatur darstellt (z. B. Brant, Murner etc.), könnte der Steckenpferd-Reiter Salomon eine Anspielung auf diese literarische Tradition sein (zu den literarischen Variationen der sprichwörtlichen Formel vom Steckenpferd-Reiten vgl. Andreas Bässler: Sprichwort und Sprichwortschwank. Zum illustrativen und narrativen Potential von Metaphern in der deutschsprachigen Literatur um 1500, Berlin/New York 2003, S. 315–320).

Nr. 279

Christoph Baumgartner, ein angesehener und reicher Bürger, hatte seine Gattin Elisabeth, die Tochter eines sehr reichen Kaufmanns mit Namen Heinrich David, im Verdacht, ein heimliches Verhältnis mit einem Diener zu haben, nur gründete sich sein Verdacht auf keinerlei sichere Beweise. Er wuchs aber bei einer Gelegenheit, als der Diener abwesend war, da sein Herr ihn fortgeschickt hatte, um bei gewissen Schuldnern Geld einzutreiben. Der Mann ging in das Schlafgemach des Dieners, um, wie ich glaube, nach einem Beweisstück zu suchen, mit dem er nachweisen konnte, was er vermutete. In den Stiefeln des Dieners fand er seidene Schuhriemen. Sogleich holte er seine Gattin herbei und befragte sie, ob sie diese Schuhriemen kenne oder woher sie der Diener bekommen habe, denn er hatte erkannt, dass sie ihr gehörten. Sie gestand, dass sie sie ihm geschenkt habe. Darauf setzte der Gatte die Spitze seines Dolches auf den Leib der Frau, um ihr die Wahrheit durch Angst zu entreißen, und versprach, dass nichts Böses geschehen werde, wenn sie die Wahrheit gestünde. Und um sie umso mehr zu einem Geständnis zu bewegen, gestand er zuerst, dass er selbst Ehebruch begangen habe und das Gleiche bei ihr vermute. Sie leugnete zunächst, gab es aber schließlich zu, da der Ehemann ihr so zusetzte, und dieser ließ sie nach ihrem Geständnis gehen. In Schrecken versetzt, floh sie zu ihrer Schwester in ein Dorf namens Brattezich. Mit Hilfe des Schwagers und der Verwandten wurde über Rückkehr und Aussöhnung beraten. Der Gatte zeigte sich versöhnlich, und die Frau kehrte am 3. August, einem Sonnabend, zurück, begleitet von einigen Verwandten und engen Freunden, die der Gatte mit einem fröhlichen Umtrunk aufnahm. Man ging mit Glückwünschen auseinander, und man sagt, dass der Mann und seine Frau in dieser Nacht zusammen schliefen. Damit es nicht schiene, dass die Spur einer Missstimmung zurückgeblieben sei, frühstückten sie am nächsten Tage mit gleicher Heiterkeit zusammen. Bald aber schickte der Gatte den Diener vom Frühstück weg zu einer Versammlung, die Kinder aber, die er von seiner vorherigen Gattin hatte, ließ er Birnen einkaufen gehen. Nachdem er so erreicht hatte, dass sie allein waren, verriegelte er die Tür, erstach seine schwangere Gattin und darauf das Töchterchen, das kaum vier Jahre alt war. Nachdem er dies getan hatte, schrieb er einen Brief an den Rat, stieg unverzüglich auf das Dach des Hauses, rief dreimal den Namen Jesu und stürzte sich hinab, so dass das Gehirn auf die Straße spritzte. An die Stiefel hatte er mit einem der Schuhriemen einen Brief gebunden, in dem stand, was er auf welche Weise getan hatte und gleich tun würde: Er hatte eine geständige Ehebrecherin getötet; er hatte seine Tochter getötet, damit ihr in der Zukunft niemand das Vergehen des Vaters oder der Mutter zum Vorwurf machen könne; er hatte sich selbst gerichtet, um nicht durch lange Folterqual zugrunde zu gehen, verurteilt durch den Spruch der Richter. Und ebenso rasend verfuhr man mit seinem Leib: Nachdem man ihm die Knochen gebrochen hatte, wurde er oben auf das Rad geflochten, später in Holz eingeschlossen und in den Rhein geworfen. Was mit seiner Seele geschehen ist, weiß Gott.

Dieses Beispiel maßloser Eifersucht trug sich am 3./4. August 1532 in Basel zu: Der angesehene Bürger Christoph Baumgartner verdächtigte seine zweite Ehefrau Elisabeth des Ehebruchs und tötete nach einem erzwungenen Geständnis und einer inszenierten Versöhnung die Hochschwangere, die gemeinsame ca. 4–5 Jahre alte Tochter Elisabeth und sich selbst. Erasmus schrieb diese Geschichte auf und verschickte sie an zahlreiche Freunde (vgl. The Correspondence of Erasmus. Letters 2635 to 2802, Toronto 2019, S. 127–129, und Contemporaries of Erasmus. Bd. 1, hrsg. von Peter G. Bietenholz, Toronto 2003, S. 101). Gedruckt lag sie 1532 (in: Johannes Aventinus: Panegyrica oratio ad Carolum Quintum, Louvain 1532) und 1549 (Johannes Cochlaeus: Commentaria de actis et scriptis Martini Lutheri, Mainz 1549, p.181 f.) vor. Melanchthon hält sich bis in den Wortlaut an die Überlieferung, nur wird dort als

Ort, an den die junge Frau zu ihren Verwandten flieht, nicht „Brattezich", sondern „Pratelen" (also Pratteln, ca. 10 km von Basel entfernt) genannt. Bei Cochlaeus (1479–1552), einem erbitterten Gegner Luthers, der mit seiner Lutherdarstellung das katholische Lutherbild jahrhundertelang prägte, bekommt die Geschichte am Ende eine konfessionelle Botschaft, denn sie solle vom Ehebruch abschrecken, der bei den Evangelischen nur noch als Witz eingeschätzt werde. In den Tischreden wird der Fall Baumgartner ebenfalls berichtet und zwar als Erzählung Luthers 1536 in Torgau, als Herzog Philipp I. von Pommern (1515–1560) mit Maria von Sachsen (1515–1583) am 27. Februar 1536 Hochzeit feierte. Luther sei damals krank geworden, so dass Bugenhagen die Hochzeitspredigt gehalten habe, in der er auf Luthers Veranlassung hin diese Begebenheit öffentlich vorgetragen habe, „daß Eheleute sich vor dem Teufel vorsehen möchten und in der Furcht Gottes leben, fleißig beten und vor Unzucht und Ehebruch sich hüten" (WA TR 6, 278) – eine für heutiges Empfinden ziemlich unpassende Exempelgeschichte in einer festlichen Hochzeitspredigt gegenüber einer jungen Braut von 20 Jahren.

Nr. 280

Kürzlich ereignete sich ein tragischer Fall bestrafter Unzucht. Ein Kardinal, der ein Neffe des Papstes war, hatte ein Verhältnis mit der Frau eines römischen Bürgers niederen Standes, der ihm diesen schändlichen Verkehr gestattet hatte. Als dies der Bruder des Ehemanns erfuhr, machte er ihm schwere Vorwürfe. Wie aber beide bestraft worden sind, werde ich mit kurzen Worten schildern. Der Kardinal schickte zur Gattin dieses Bürgers und ließ ihr sagen, man möge das, was für eine intime Atmosphäre notwendig sei, vorbereiten, er werde in dieser Nacht zu ihr kommen. Die Frau führte den Auftrag aus und schmückte alles sorgfältig, aber der Kardinal wurde auf wundersame Weise aufgehalten und konnte in dieser Nacht nicht zu ihr kommen. Als daher der Ehemann bis tief in die Nacht vergeblich auf seine Ankunft gewartet hatte, sagte er schließlich zu seiner Frau: „Wohlan, lass uns gemeinsam in das Schlafgemach gehen, das für den Kardinal vorbereitet ist, und dort schlafen." Die Frau stimmte zu, und nachdem sie dort zusammen eingeschlafen waren, drang der Bruder des Ehemanns, der sich heimlich im Haus versteckt hielt, in das Schlafgemach ein. Ohne genau zu wissen, wen er vor sich hatte, trat er an das Bett und tötete den Bruder zusammen mit dessen Frau mit dem Schwert. Als er später erfahren hatte, ein wie großes Verbrechen er begangen hatte, ließ er sich selbst von einem Priester umbringen, bevor er wegen des Mordes an seinem Bruder hätte ins Exil gehen müssen. So strafte Gott beide auf schreckliche Weise.

Eine Schauergeschichte ganz in Melanchthons Sinn: Das unzüchtige Verhältnis des Kardinals mit einer verheirateten Frau endet in einem Blutbad mit drei Toten – ein gerechtes Gottesurteil. Bei Manlius (1566, p. 333) erhält übrigens – unter der Überschrift „Tragicus casus punitae libidinis" („Ein tragischer Fall von bestrafter Unzucht") – auch der Kardinal als Ursache des gesamten Übels seine Strafe, da der Bruder einen Priester mit dessen Ermordung beauftragt, bevor er selbst ins Exil geht. Vendenhaimer scheint hier die Erzählung Melanchthons missverstanden zu haben: Der Bruder ließ sich nicht von einem Priester umbringen, um dem Exil zu entkommen (eine doch mehr als abwegige Erklärung für eine Tötung auf Verlangen), sondern beauftragte den Mord an dem Kardinal, bevor er ins Exil ging. Der Kardinal war der „nepos" eines Papstes, also ein Enkel oder ein Neffe. Bei Päpsten im Zölibat durften Enkel „eigentlich" nicht vorkommen, so dass Neffen ihre nächsten Verwandten waren, denen Pfründe und Würden verliehen werden konnten (also „Vetternwirtschaft" oder „Nepotismus"). „Kardinalnepoten" wurden im 16. und 17. Jahrhundert als Verwandte zu engen Vertrauten der Päpste und erhielten so eine fest institutionalisierte Rolle v. a. in Repräsentation und Protokoll.

Nr. 281

In Antwerpen gab es einen Spanier oder Italiener, denn diese werden dort ohne Unterschied als *Wallen* bezeichnet. Als er sah, dass sein Kamerad aufstieg und größere Erfolge im Handel hatte als er, suchte er nach einer Gelegenheit, ihn zu beseitigen. Zunächst veranlasste er seinen Kameraden, einen Brief zu schreiben, in dem dieser bezeugte, dass er ihm eine bestimmte Summe Geld schulde.

So würde er nicht um das Geld betrogen werden, wenn er ihn getötet hätte. Später brachte er seinen Kameraden auf hinterhältige Weise um und vergrub den Leichnam in seinem Keller. Als der Getötete nach einigen Tagen vermisst wurde, suchten öffentliche Beamte überall im Hause nach ihm. Da aber der, der den Mord vollbracht hatte, befürchtete, man könne der verscharrten Leiche auf die Spur kommen, grub er den Leichnam wieder aus und warf ihn in einen Brunnen. Das sah zufällig eine Frau und zeigte beim Rat an, dass ein Leichnam in diesen Brunnen geworfen worden sei. Sie gab auch das Haus an, aus dem er getragen worden sei. Der Schuldige wurde festgenommen, und später auf dem Marktplatz, auf dem Stuhl, auf dem er seinen Kameraden getötet hatte, *ist er mit glüenden Zangen zerrißen worden.* Dies ist göttliche Rache.

Bei seinen Überlegungen zur Etymologie von Völkernamen kommt Mathesius in seinen Lutherpredigten auch auf die „Wallen" zu sprechen, „davon das Wort reisen oder wallen hergesponnen ist". Mit den „Wallen" sind die „Welschen" gemeint, also die romanischen Völker (vgl. Hans Volz: Die Lutherpredigten des Johannes Mathesius, Leipzig 1930, S. 94). In Luthers Tischreden meinen die beiden Bezeichnungen insbesondere die Italiener (z. B. WA TR 3, 669; 5, 455). „Welsch" erhielt in der Reformation neben der sprachlichen Entgegensetzung deutsch vs. romanisch zunehmend die konfessionelle Konnotation katholisch in Abgrenzung von evangelisch (vgl. Ute Schneider: Die Erfindung des Bösen: Der Welsche, in: „Gott mit uns". Nation, Religion und Gewalt im 19. und frühen 20. Jahrhundert, hrsg. von Gerd Krumeich und Hartmut Lehmann, Göttingen 2000, S. 37–40). Als Folter oder als Einstieg in die Hinrichtung kamen Folterzangen aus Eisen zur Anwendung, die zuvor in glühende Kohlen gelegt wurden, um mit ihnen Haut- und Fleischstücke des Delinquenten herauszureißen.

Nr. 282

In Rom lebte ein Höfling, der entweder aus Sparsamkeit oder aus Geiz seinen Dienern den Wein verboten hatte. Wenn er einen von ihnen in den Keller schickte, um Wein zu holen, musste dieser

Wasser in den Mund nehmen, und wenn er zurückkam, ließ er ihn das Wasser vor seinen Augen ausspeien. Sein Diener hatte aber im Keller Wasser in einem Gefäß, und er spie das Wasser, das er vor den Augen des Herrn genommen hatte, im Keller aus und trank, so viel er wollte. Danach nahm er im Keller wiederum das andere Wasser in den Mund, das er vor seinem Herrn ausspie.

Nur geringfügig variiert erscheint diese Geschichte ein zweites Mal unter den „Historiae" Vendenhaimers, nämlich als Nr. 76. Später wurde sie übrigens in der Sammlung „Historischer Wunder-Baum merckwürdiger Curiositäten" (Frankfurt/Leipzig 1705, S. 19) in der Rubrik „Geiz", bezogen auf einen „vornehmen Cardinal zu Rom", gedruckt.

Nr. 283

Kaiser Trajan war ein Mann von außerordentlicher Redlichkeit. Wenn er jemand zum Befehlshaber der Prätorianer ernannt hatte, gab er ihm ein Schwert in die Hand und fügte folgende Worte hinzu: „Gebrauche dieses Schwert gegen meine Feinde und die des Vaterlandes bei gerechten Anlässen. Wenn ich aber nicht gerecht handele, dann sollst du das Schwert gegen mich selbst ziehen." Sooft daher ein Kaiser öffentlich für sein Amt bestimmt wurde, pflegte man zu wünschen, dass er an Glück und Redlichkeit dem erhabenen Kaiser Traian gleichkomme.

Der römische Kaiser Trajan (53–117) wird in der antiken (Cassius Dio) und byzantinischen Historiographie mit dieser Geschichte als Liebhaber der Gerechtigkeit vorgestellt (vgl. Michailo Popovič: Zum Bild des römischen Kaisers Trajan in der byzantinischen Literatur, in: austriaca.net, S. 340 f.). Melanchthon stellt ihn im „Chronicon Carionis" als einen „weisen, gerechten, durch Klugheit und Tapferkeit in Kriegen herausragenden" Kaiser vor und erwähnt dabei auch diesen Ausspruch, der seine besondere Berechtigung bei Heeresführern besitze (CR 20, 925). Auch in den Sonntagsvorlesungen ist dieser Ausspruch präsent (CR 25, 137); zudem wird Trajans Besonnenheit gerühmt (CR 25, 745).

Nr. 284

Philipp Melanchthon

König Konrad belagerte eine Burg nicht weit von meiner Heimatstadt [Bretten], die *Weinsberg* hieß. Als die Belagerung schon lange Zeit ergebnislos andauerte, baten die Frauen, die in der Burg waren, der König möge ihnen freien Abzug gewähren und ihnen zugleich erlauben, alles das mitzunehmen, was sie dabei tragen könnten. König Konrad, der sich durch Tugend und einen versöhnlichen Charakter auszeichnete, versprach ihnen freien Abzug. Er dachte aber, dass die Frauen völlig verängstigt seien und ihre Knaben, silberne Gefäße oder irgendetwas Ähnliches mit sich nehmen würden. Die Frauen aber trugen auf ihren Schultern ihre Ehemänner und den Burghauptmann hinaus. Als das dem König gemeldet worden war, ließ er die Frauen unbehelligt in sein Zelt kommen und die Männer wegbringen. Von einigen Leuten wurde er aber dazu gedrängt, den Burghauptmann zu bestrafen. Da er jedoch ein gerechter Mensch war, kam er zu dem Schluss, dass er dies nicht zu Recht tun könne. Von Mitleid bewegt, schenkte er schließlich den Frauen ihre Männer und den Burghauptmann, der Welf hieß, und schloss mit ihnen dauerhaften Frieden.

Die Geschichte der „Weiber von Weinsberg", die nicht zuletzt durch Gottfried August Bürger (1774) und Adalbert von Chamisso (1831) bis heute bekannt ist, wurde erstmals von Melanchthon erzählt – und zwar in seiner 1538 vorgetragenen Rede „De Guelpho Duce Bavariae" (CR 11, 468): Der Stauferkönig Konrad III. (1093/94–1152) belagerte im Jahr 1140 die damals bayerische Burg Weinsberg (nahe Heilbronn), die dank der listigen Rettungsaktion der Frauen von Weinsberg auch heute noch „Weibertreu" heißt (vgl. auch CR 14, 22 f., 19, 75, MBW 7463, 8076). Melanchthon hatte diese Geschichte bei der Arbeit an der Weltchronik des Reuchlinförderers Johannes Vergenhans, lat. Nauclerus, kennengelernt, an deren Drucklegung er 1516 als Korrektor maßgeblich mitwirkte (vgl. Heinz Scheible: Melanchthon, in: Killy Literaturlexikon. Bd. 8, Berlin/New York ²2010, S. 148, und Uwe Israel: Von Fakten und Fiktionen in der Historie. Das neuzeitliche Leben der „Weiber von Weinsberg", in:

Zeitschrift für Geschichtswissenschaft 52 [2004], S. 599: „Melanchthon selbst kannte die Geschichte der ‚Weiber von Weinsberg' schon seit seiner Jugend. Ein Jahr vor der Lutherschen Thesenveröffentlichung hatte er die gewaltige Weltchronik des ersten Tübinger Universitätsrektors Johannes Naukler [1425–1510] herausgegeben. Der 19-jährige Herausgeber nahm sich die Freiheit, die Weinsberger Episode einzufügen, womit Melanchthon die Ehre gebührt, die Geschichte als erster im Buchdruck verbreitet zu haben. Als Quelle gab er den 1516 verstorbenen Benediktiner Johannes Trithemius [1462–1516] an." Zur weiteren Verwendung der Geschichte vgl. Rehermann, S. 364, 410, 423). Melanchthons Rede konzentriert sich auf den bayerischen Herzog Welf VI. (1115–1191), der sich nach Melanchthon – entgegen der historischen Überlieferung – während der Belagerung in der Burg aufhielt; seine Frau habe den maßgeblichen Part bei den Vorbereitungen und der Umsetzung der List übernommen. Die Geschichte der „Weiber von Weinsberg" diente Melanchthon auch als Beleg für eine Vergangenheit, die vertragstreu und verlässlich war (s. Nr. 254).

Nr. 285

Bei Herodot kann man eine Geschichte über eine Ehefrau lesen, deren Mann und deren Vater sich gleichzeitig im Kerker befanden. Sie erreichte bei den Richtern, dass sie um die Freilassung eines von beiden bitten durfte, bat aber um ihren Vater und befreite ihn. Als viele ihr danach schwere Vorwürfe machten, antwortete sie: „Ich kann andere Ehemänner haben, aber keinen anderen Vater."

Herodot (ca. 484–430 v. Chr.) erzählt in seinen breit angelegten „Historien", die Melanchthon sehr schätzte und an deren Übersetzung er arbeitete (ohne sie druckfertig abzuschließen, vgl. MBW 2494), die Geschichte folgendermaßen: Intaphrenes, ein persischer Adliger im 6. Jh. v. Chr., war ein wichtiger Feldherr und Gefolgsmann am Hof von Dareios I. Er hatte jederzeit Zugang zum Großkönig, nur dann nicht, wenn dieser mit einer seiner Frauen schlief. Als ihn einmal die Wachen mit Hinweis darauf abwiesen, glaubte er ihnen nicht und schlug ihnen mit seinem Säbel die Ohren und Nasen ab. Dareios verdächtigte ihn des Hochverrats, nahm ihn samt allen (männlichen) Familienangehörigen fest und verurteilte sie zum Tode. Die Frau des Intaphrenes erhielt durch ihr beharrliches Flehen die Möglichkeit, wenigstens einen ihrer Familienangehörigen zu retten. Sie entschied sich für ihren Bruder: „Da ich Vater und Mutter nicht mehr habe, so kann ich keinen Bruder mehr bekommen, wohl aber einen anderen Mann und andere Kinder." Dareios war über ihre Antwort so erstaunt, dass er neben ihrem Bruder auch noch ihrem ältesten Sohn das Leben schenkte; Intaphrenes und alle anderen wurden hingerichtet (Hist. 3, 118 f.).

Nr. 286

In Halle an der Saale gab es vor dreißig Jahren einen frommen Prediger, den Herrn Georg. Weil er die Wahrheit lehrte, hassten ihn die Mönche und Priester. Der Bischof von Mainz rief ihn zu sich und sprach ernsthaft und auch sanft mit ihm, damit er den Mönchen nicht zu viel Verdruss bereite; danach entließ er ihn freundlich. Da legte ein reicher Priester einen Hinterhalt, ließ ihn bei seiner Rückkehr beobachten und durchbohrte ihn so mit einem Jagdspieß. Dieser Mörder starb einen schrecklichen Tod am dreißigsten Tage nach seiner Tat. Man sagt, er habe wie ein Rind gebrüllt, und zwar starb er plötzlich, und es gab keinen anderen Schuldigen. Im Gegenteil, es stand fest, dass Gott am dreißigsten Tage von ihm Rechenschaft gefordert hatte. So rächte Gott zu diesem Zeitpunkt den Mord, der vor dreißig Jahren begangen worden war. Der dreißigste Tag und das dreißigste Jahr sind entscheidend. So haben sie es auch im Papsttum festgelegt, den dreißigsten Tag nennen sie *den dreisichen beghen.*

Bei dem frommen Prediger in Halle (Saale) handelt es sich um Georg Winckler, der als Prediger in der Stiftskirche 1527 das evangelische Abendmahl einführte. Befragt wurde er von Kardinal Albrecht von Brandenburg (1490–1545), der gleichzeitig Erzbischof von Magdeburg und Erzbischof von Mainz war und von 1514 bis zu seiner Vertreibung 1541 in Halle in der Moritzburg residierte; Winckler war an dessen Hof tätig. Auf Intervention Konrad Hoffmanns, des Kanonikus am Neuen Stift, musste er sich vor Albrecht rechtfertigen, der sich damals in Aschaffenburg aufhielt. Auf der Rückreise wurde Winckler am 23.4.1527 im Spessart ermordet, von Hoffmann selbst, so der damalige Verdacht. Luther beklagt seinen Tod in „Tröstung an die Christen zu Halle über Herrn Georgen, Ihres Predigers, Tod" (WA 23, 402–431). Dieser frühe Märtyrer der Reformation wird ausführlich vorgestellt in: Lebensbilder aus der Oberlausitz, hrsg. von Frank Fiedler und Uwe Fiedler, Bischofswerda 2017, S. 383–391. Konrad Hoffmann, der verdächtigte Mörder, starb 1528 (so Nicole Kuropka: Philipp Melanchthon. Wissenschaft und Gesellschaft, Tübingen 2002, S. 90 f.), nicht 30 Tage nach dem Verbrechen, aber doch so zeitnah, dass Melanchthon darin ein gerechtes Gottesurteil erblicken konnte. Die Zahl 30 beschreibt u.a. den Beginn von Christi Wirken mit der Taufe im Jordan, die Höhe des Judas-Lohns (30 Silberlinge) und in der Offenbarung die Zeit der großen Drangsal. Auf 30 Jahre ist ein Menschenalter berechnet, so dass diese Zeitspanne den Ablauf von Fristen und Verjährungen (z.B. für Mord) bestimmte (vgl. Grimmsches Wörterbuch, s.v. Dreiszig). Die Ausführungen bei Vendenhaimer u.a. zur göttlichen Bestrafung von Mord scheinen auf diese Rechtsregeln Bezug zu nehmen.

Nr. 287

Philipp Melanchthon

Als unser Kaiser schwerkrank daniederlag, kam zu ihm ein Markgraf. Da dieser ihn trösten wollte, sagte er: „Herr Kaiser, seid guten Mutes! Ihr habt viele Reichtümer und könnt euch wohl Arzneien verschaffen." Der Kaiser antwortete: „*Ach* es gibt kein anderes Heilmittel für unseren Schmerz *denn Gedült vnd schreihen*", fast so als ob er sagte *gedült vnd vngedült.* Die Qualen zu ertragen und sie dennoch zu fühlen, in eben dieser Selbstbeherrschung den Abscheu der Natur zu spüren, ist geringe Geduld.

In den Sonntagsvorlesungen schließt sich Melanchthon der Antwort Kaiser Karls V. bei Krankheiten an: „Ich antworte wie der Kaiser antwortete: ‚Das ist mein artzney, Gedult und ein wenig schreyen.'" Daraufhin erläutert Melanchthon die Situation, in der dieser Satz fiel: Es sei der Markgraf von Brandenburg in Augsburg zum Kaiser gekommen, der von seiner Arthritis gequält worden sei, und habe ihm zum Trost gesagt, dass er sich doch in Folge seiner herausragenden Stellung die besten Heilmittel besorgen könne. Der Kaiser habe verärgert auf solche albernen Vorschläge geantwortet: „Mein Lieber, meine Krankheit ist so, dass kein Medikament helfen kann, nur Geduld und Schreien" (CR 25, 782 f.). Manlius (1566, p. 755) bietet mit 1548 eine Datierung für die Begegnung des Markgrafen, den er als Markgraf Joachim (I. oder II. von Brandenburg) identifiziert, mit dem Kaiser und spricht von dessen bekanntem „morbus articularis", also einer Gelenkkrankheit (s. auch Nr. 5). Untersuchungen an einem außerhalb des Sarkophags aufbewahrten mumifizierten Fingerglied Karls V. diagnostizierten 2006 eine schwere, sehr schmerzhafte Gicht mit starkem Knochenabbau (vgl. Susan Richter: Um die Abdankung des Kaisers zu verhindern. Die bildliche Inszenierung der Postreise des jungen Erzherzogs Ferdinand 1555 nach Brüssel, in: Entsagte Herrschaft. Mediale Inszenierungen fürstlicher Abdankungen im Europa der Frühneuzeit, hrsg. von ders., Wien u. a. 2019, S. 35). Der Schlusssatz Vendenhaimers bietet Verständnisschwierigkeiten, da er dem Kaiser, der ansonsten ausnahmslos positiv beurteilt wird, nur geringe Geduld attestiert, wenn dieser trotz Selbstbeherrschung den Schmerz spürt. Oder ist gemeint, dass der Kaiser, wenn er den Schmerz jenseits des Natürlichen („aversio naturae"?) nicht spüren würde, dann nur geringe Geduld aufbringen müsste; da er aber ein ‚normaler' Mensch mit natürlichem Schmerzempfinden ist, ist es eben keine geringe Geduld, was er täglich erleidet?

Nr. 288

Auf dem Reichstag zu Speyer gab es einen Mönch, der Folgendes verkündigte: „Ich würde euch gern von den neuen Gerüchten über Luther erzählen. Jetzt ist die Zeit schon vergangen, aber am nächsten Sonntag werde ich darüber eine hervorragende Predigt halten." Es kam daher eine große Menge Menschen zusammen, die etwas Neues hören wollten. Er sprach also eine Weile über die Brote, denn es war der Sonntag Judica, und sagte schließlich: „Ich hätte doch fast tatsächlich das vergessen, worüber ich euch erzählen wollte." Das Volk spitzte die Ohren und stand wie vom

Donner gerührt. Der Mönch sagte: „Die Laien hassen uns und wir umgekehrt sie." *Khere ein ider für seiner thür, so würdt es allenthalben rein*, wie auch unser Kaiser sagt: „Wir bedürfen alle der Besserung." *Das ist*, mache jeder die Arbeit, zu der berufen ist, oder wie man sagt: „Wenn du ein Amt hast, mache ihm auch Ehre."

Die Szene spielt auf dem Speyrer Reichstag 1529 und zwar am 5. Fastensonntag. Melanchthon war als theologischer Begleiter des sächsischen Kurfürsten Johann des Beständigen (1468–1532) anwesend und erlebte die scharfe Polemik z. B. eines Johann Fabri, des königlichen Beraters (s. Nr. 147), in dessen Predigten hautnah. Das Ende der Geschichte bildet das sprichwörtliche „Spartam quam nactus es, hanc orna", das von Melanchthon auch in anderen Zusammenhängen (z. B. Manlius [1566, p. 205] oder CR 11, 93 in der Grabrede auf Kurfürst Friedrich d. Weisen, vgl. auch CR 11, 467) zitiert wird. Es bedeutete zunächst „Sparta hast du erlost: Ihm mach Ehre!", ein Satz, den in einer verlorenen Tragödie des Euripides Agamemnon seinem Bruder Menelaos, dem neuen Herrscher Spartas, zurief. Melanchthon nennt als antike Quelle Ciceros Briefe an Atticus (4, 6; CR 25, 235). Der Städtename Sparta verflüchtigte sich zusehends und wurde zu „sparta", also zu Amt, Aufgabe. So erweiterte sich das Sprichwort zu einer allgemeinen Aufforderung rechtschaffener Pflichterfüllung, oder wie es Melanchthon in einer Sonntagsvorlesung übersetzt: „Sihe, das du deinen stand wol regirest, las andere lande zufrieden" (CR 25, 928).

Nr. 289 (a)

Doktor Martinus hat gesagt: „Vergil bringt viele schlechte Dichter hervor, Herr Philippus viele schlechte Dialektiker, und ich viele schlechte Theologen. O Einbildung, Einbildung, wie umfassend ist dein Schaden!"

Dieser Ausspruch Luthers ist unter den Tischreden in der Nachschrift des Johannes Mathesius vom Mai/Juni 1540 überliefert: Auch der Beste in seinem Fach (Vergil in der Dichtung, Melanchthon in der Dialektik, Luther in der Theologie) bringt unfähige Schüler hervor. Denn die einen dichten mit dem Holzhammer, die anderen glauben, wenn sie drei Prämissen haben, sei dies schon ein Syllogismus (WA TR 4, 595 f.). Vor diesem Hintergrund wird der Ausruf in der Fassung Vendenhaimers verständlich: δόξα meint hier die Meinung, etwas zu wissen oder zu können, die Einbildung von Kompetenz – und so etwas ist schädlicher als ein Nicht-Wissen, das man sich eingesteht.

Nr. 289 (b)

Der dänische König ist ein ganz ausgezeichneter Fürst, der unsere Religion sehr befördert. Diesem wurde einmal die Klage einiger Nonnen oder Ordensfrauen überbracht, die sich beim König darüber beschwerten, dass sie von einem Bauern misshandelt worden seien, den sie als Gefangenen mit sich geführt hatten. Der König sagte, er wolle in dieser Angelegenheit nicht urteilen, sondern jemanden schicken, der den Streit beilegen werde, und schickte Doktor Gagius zu ihnen. Der machte sich mit dem Fall vertraut und erkannte die Unschuld des Bauern. Zunächst ließ er ihn losbinden, und danach befragte er ihn: „*Waß hastu den Nonnen gethan, das sie dich gebunden hieher gefürt haben?*" Der Bauer antwortete: „*Ich hab nur ein mal oder zwey geschrihen: Himelhuren, himelhuren, als dan haben sie mich gebunden hergefürt.*" Darauf der Doktor: „*Gehe hin vnd sage forthin nit mer die warheit, wiltu vngebunden sein.*"

„Himmelhuren" gehörte zum reformatorischen Schimpfwörterarsenal gegen Nonnen (vgl. Anja Lobenstein-Reichmann: Sprachliche Ausgrenzung im späten Mittelalter und in der frühen Neuzeit, Berlin/Boston 2013, S. 62). Der dänische König ist Christian III. (1503–1559), der in seiner Regierungszeit (ab 1534) das Luthertum in seinem Land engagiert beförderte. Er stand im Briefwechsel mit Melanchthon (68 Briefe zwischen den beiden sind erhalten), dessen Vorschläge die Neuorganisation der Lateinschulen und der Universität Kopenhagen prägten, dessen Lehrbücher den dortigen Unterricht grundlegend bestimmten und dessen „Loci communes" fester Bestandteil des theologischen Curriculums wurden. Auch durch die zahlreichen dänischen Studenten an der Leucorea, die die Gedanken und Methoden ihres Lehrers mit nach Hause in ihre beruflichen Positionen in Kirche, Verwaltung, Schule und Universität mitnahmen, wurde Melanchthon zum „Praeceptor Scandinaviae“ (Leif Grane). Der dänische König und Melanchthon begegneten sich 1538 persönlich in Braunschweig; der Wittenberger Reformator gewann bei dem längeren Gespräch einen sehr guten Eindruck von der friedlichen Gesinnung und Rechtschaffenheit des Königs (MBW 2022; s. auch Nr. 20). Wer mit „Doctor Gagius“ gemeint ist, bleibt unklar.

Nr. 290–299 [fehlen im CR]

In der Wolfenbütteler Handschrift ist die Nummerierung der „Historiae“ gegen Ende der Sammlung in Unordnung geraten. Die Nummern in römischer Zahlschrift sind dort bereits ab Nr. 286 fehlerhaft: Statt „CCLXXXVI“ = 286 steht in der Handschrift „CCLXXXXVI“ = 296, d. h. an dieser Stelle werden zehn Nummern übersprungen. Während die Handschrift nach diesem Sprung (falsch) weiterzählt, setzt das CR seine konsistente Zählung zunächst bis zur Nr. 289 (a/b) fort, die in der Handschrift – wie zuvor bereits bei den Nummern 89 (a/b) und 261 (a/b) – doppelt vergeben ist: einmal als „CCXCVIIII“ = 299 und noch einmal als „CCXCIX“ = ebenfalls 299 (Vendenhaimer scheint mit den römischen Zahlen Schwierigkeiten gehabt zu haben). Das CR schreibt stattdessen „CCLXXXVIIII“ und „CCLXXXIX“ (also jeweils 289), springt aber anschließend kommentarlos zu „CCC“ = 300, so dass die Zählung der letzten fünf Dicta in der Handschrift und im CR wieder übereinstimmt. Die Sammlung enthält jedoch in Wirklichkeit nicht 304, sondern – die drei (a)- und (b)-Nummern doppelt gezählt (Nrr. 89, 261, 289) und die sechs unterschiedlichen Texte unter Nr. 304 einzeln betrachtet – ingesamt 302 „Historiae Melanthonis“. Solche Zahlensprünge sind übrigens in der Editionsgeschichte nicht singulär: In der Weimarer Ausgabe von Luthers Briefwechsel folgt auf Nr. 2299 die Nr. 3000, so dass die erhaltene Korrespondenz des Reformators um 700 Stück kleiner ist, als es die Weimarana vermuten lässt, in der die falsche Zahl bis zum Ende fortgeschrieben wird.

Nr. 300

In Böhmen oder Mähren ist es geschehen, dass eine Erscheinung irgendwann des Nachts zu jemand kam und sagte: „Komm mit mir!" Sie kehrte auch in der folgenden Nacht zurück. Er aber weigerte sich in der ersten Nacht. Und so sagte die Erscheinung [in der zweiten Nacht] noch einmal das Gleiche: „Komm mit mir!" Er aber weigerte sich von Neuem, mit der Erscheinung zu gehen. Sie kehrte schließlich in der dritten Nacht zurück und sagte: „Komm mit mir!" Nun fasste er sich ein Herz und ging mit der Erscheinung, und sie führte ihn fort an einen unbekannten Ort, und zwar auf ein bestimmtes Feld, und sagte: „Siehst du etwas?" Er antwortete: „Ich sehe." „Was siehst du?" fragte die Erscheinung. „Ich sehe ein großes Heer." – „Was weiter?" – „Ich sehe auch eine andere Menschenmenge, es ist das Heer von irgendjemand anderem." Darauf die Erscheinung: „So wird es geschehen", sagte sie. „Die Türken werden kommen und große Verwüstungen anrichten. Sie werden mit den Christen kämpfen, und die Christen werden siegen. Zuvor aber wird es ein großes Blutbad unter ihnen geben und große und beklagenswerte Verwüstungen."

Diese Geschichte kommt auch bei Manlius (1566, p. 32) vor, allerdings mit kleinen Änderungen. Neben der Datierung „vor wenigen Jahren" wird hier der Böhme beim dritten Auftreten der Erscheinung mit der Drohung, dass es ihm schlecht ergehen werde, wenn er nicht aufstehe, zum Mitgehen gezwungen. Vor allem aber erkennt er ohne Hilfe, dass die Heere der Türken und der Christen sich zum Kampf rüsten und dass am Ende der Sieg den Christen zufällt. Die Erscheinung prophezeit dann nur noch, dass dies bald geschehen werde, und verschwindet. Bei Vendenhaimer weissagt die Erscheinung noch große Verwüstungen der Türken und ein schreckliches Blutbad mit vielen Toten unter den Christen. Melanchthon selbst hat häufig von Kriegen geträumt, auch von der Bedrohung durch die Türken (MBW 1968, 3069, 3343, 6608).

Nr. 301

Wenn im Rat von Nürnberg irgendwelche unlösbaren Aufgaben anfielen, pflegte Ebner Senior, ein weiser und gelehrter Mann, zu sagen: *„Ich heiß wol der Ebner, aber ich kan es nit alles eben machen.“*

Erasmus Ebner (1511–1577), der in Wittenberg insbesondere bei Melanchthon studiert hatte, wirkte von 1531 bis 1557 im Dienst der Reichsstadt Nürnberg als Bürgermeister und v. a. als Gesandter auf Reichs-, Kreis- und Städtetagen sowie bei Religionsgesprächen und pflegte daneben seine humanistischen Interessen in Wissenschaft und Literatur. Mit „Senior Ebnerus“ ist hier wohl sein Vater Hieronymus Ebner (1477–1532) gemeint, der nach dem Studium der Rechtswissenschaft in Ingolstadt und einer Bildungsreise durch Frankreich ein einflussreicher Ratsherr im Nürnberger Rat wurde, ein früher Anhänger Luthers, der maßgeblich die von Melanchthon konzipierte und 1526 eröffnete Obere Schule in Nürnberg initiierte, ein humanistisch gebildeter Patrizier, der sich bemühte, „alles eben zu machen“, also in den Konflikten ausgleichend zu wirken. Bei Manlius (1566, p. 619 f.) tritt ein „Ebnerus senator Norinbergensis“ auf, der seinen Ausspruch anlässlich schwieriger Beschlüsse formuliert habe. Manlius ergänzt dies mit einem lateinischen Sprichwort (Horaz Ars poet. 350): „Nicht immer wird der Bogen alles treffen, was er bedroht“ (d.h. nicht alle Pfeile treffen), oder, so Manlius: „Denn nicht immer entspricht das Ergebnis den Beschlüssen.“

Nr. 302

Ich, Philipp Melanchthon, war einmal zusammen mit anderen gelehrten Männern bei einem Gastmahl. Da ich aber noch zu tun hatte und daher nicht lange bleiben konnte, ging ich nach Hause. Unterwegs kamen einige Studenten auf mich zu, die mich hochhoben und in den Bach werfen wollten. Ich schwieg und sagte nichts, konnte mir aber kaum das Lachen verkneifen. Als sie schließlich zum Bach kamen, sagte ich lachend: „*Ey ir Lerker,* verschont euren Lehrer.“ *Da stelleten sie mich gemach nider vnd lieffen darvon, als wen sie der donner iaget.*

Der nächtliche studentische Angriff auf Melanchthon ist nicht datiert. Konflikte zwischen Studenten und Bürgern waren nicht selten; sie wurden bisweilen gewaltsam ausgetragen und entzündeten sich an teuren Wohnungen und hohen Unterhaltungskosten. Durch den unter Studenten zwar verbotenen, aber gerade von adligen Studenten als Statussymbol verteidigten Waffenbesitz und -gebrauch eskalierten solche Konflikte bisweilen (vgl. Andreas Gößner: Disziplinierung an der lutherischen Universität der Frühen Neuzeit, in: „Orte der Gelahrtheit". Personen, Prozesse und Reformen an protestantischen Universitäten des Alten Reiches, hrsg. von Daniela Siebe, Stuttgart 2008, v. a. S. 111–115). „Nicht zum Lachen" war der Angriff des polnischen adligen Studenten Stanislaus Ruszycki in der Nacht vom 3.6.1555: Melanchthon hatte um 22.00 Uhr versucht, auf der Straße randalierende Studenten zu beruhigen, und wurde mit dem Schwert bedroht. Verletzt wurde niemand, doch man relegierte den Übeltäter sogleich für acht Jahre von der Universität (vgl. MBW 7517 Anm. und Scripta publica. Tom. 2, Wittenberg 1556, fol. 114v/115r). Wie nachhaltig dieses Ereignis in Erinnerung blieb, lässt sich auch daran ablesen, dass Christoph Pezel 1594 in seiner Edition der „Postilla Melanthoniana" eine Sonntagsvorlesung damit datiert (CR 24, 924).

Nr. 303

Wenn die Kometen, deren Abstand von der Sonne elf Sternzeichen beträgt, an den Polen erscheinen, wird der König irgendeines Reiches oder einer von den Fürsten des Reiches sterben. Erscheinen sie aber an aufsteigendem Ort, wird es ihnen gut gehen; was zu seinem Schatz gehört, wird dennoch den Lenker wechseln. Erscheinen sie [dagegen] an absteigendem Ort, werden Krankheiten und plötzliche Todesfälle auftreten. Wenn sie sich aber von Westen nach Osten bewegen, wird ein äußerer Feind die Gebiete angreifen; wenn sie sich nicht bewegen, wird es ein innerer Feind sein.

1553 gab Melanchthon seine Übersetzung der „Tetrabiblos" des Ptolemaios, eines zentralen astrologischen Werks aus dem 2. Jh. n. Chr., zum Druck (sie erschien bei Johannes Oporinus in Basel). Ebenfalls abgedruckt ist dort die Übersetzung des „Centiloquium", einer Sammlung von hundert Aphorismen zur Astrologie, die fälschlicherweise Ptolemaios zugesprochen wurden. Die Übersetzung samt Kommentar stammt von Giovanni Pontano (1429–1509) und wurde erstmals 1531 in Basel gedruckt. Daraus stammt diese Stelle (nämlich These 100) zu den Wirkungen der Kometen, die Melanchthon im September 1531 seinem Freund Camerarius brieflich mitteilte (MBW 1189). 1531 erschien der besonders lichtstarke Halleysche Komet am Himmel, der Melanchthon tief beeindruckte. Für ihn waren Sonnen- und Mondfinsternisse, Planetenkonjunktionen und Kometen weissagende Zeichen, mit denen Gott den Menschen Veränderungen, insbesondere Unheil, ankündigte (z. B. CR 24, 526: „Ein Komet leuchtet, was große Erschütterung bedeutet", vgl. auch CR 24, 914). Melanchthon hat sich häufig mit solchen astronomischen Erscheinungen auseinandergesetzt und sie auch astrologisch gedeutet – in Deklamationen, z. B. in „De dignitate astrologiae", in Briefen, z. B. ein Komet als Ursache großer Dürre (MBW 2011) oder ein Komet als Hinweis auf Theologenstreitigkeiten (MBW 7732), und in seinen astronomisch-astrologischen Gedichten, etwa 1556 mit der poetischen Beschreibung eines Kometen als Ankündigung vom Tod des burgundischen Herzogs, Karls des Kühnen, und von Bürgerkriegen (vgl. Barbara Bauer: Philipp Melanchthons Gedichte astronomischen Inhalts im Kontext der natur- und himmelskundlichen Lehrbücher, in: Melanchthon und die Naturwissenschaften seiner Zeit, hrsg. von Günter Frank und Stefan Rhein, Sigmaringen 1998, S. 150 f. u. 177–179). Vom CR ist Vendenhaimer an einer Stelle falsch gelesen worden: Entsprechend der Pontano-Vorlage heißt es nicht „movetur", sondern „morietur", d. h. der König wird nicht „bewegt" oder „vertrieben", sondern er wird sterben.

Nr. 304

Tucher, der in Nürnberg Bürgermeister war, wurde vom Fürsten gefragt, auf welche Weise man eine so große Volksmenge regieren und in Schranken halten könnte. Er antwortete: „*Gnediger herr, mit linden worten vnd harter straff.*"

Anton Tucher (1458–1524) stammte aus einer der angesehensten Kaufmannsfamilien der Reichsstadt Nürnberg, die durch breit vernetzte Handelsbeziehungen zu großem Reichtum gekommen war; so leitete er mehrere Jahre die Niederlassung der Familie in Venedig. Er war als Mitglied des städtischen Rats von 1477 bis 1490 Junger Bürgermeister und ab 1491 Alter Bürgermeister Nürnbergs und förderte Luthers Sache in seiner Heimatstadt. Mit Tucher pflegte Kurfürst Friedrich der Weise einen engen, vertrauensvollen Kontakt, der sich in vielen Briefen niederschlug und auch zu zahlreichen persönlichen Begegnungen führte, bei denen eine solche Frage des Fürsten um Rat gut vorstellbar erscheint (vgl. Sina Westphal: Die Korrespondenz zwischen Kurfürst Friedrich dem Weisen von Sachsen und der Reichsstadt Nürnberg, Frankfurt/Main 2011, bes. S. 23–40).

Durandus über das Abendmahl

Wir hören das Wort.	*Gottes wort wür horen vnnd sein stim* *Die dringt durch in vnsern syn.*
Wir fühlen den inneren Antrieb.	*Vnnd würdt dardurch dz hertz bewegt* *Vnnd neue kraft darin erregt.*
Die Art und Weise kennen wir nicht.	*Die form vnnd weiß, wie dz zw gehet,* *Kein mensch in dieser welt verstehet.*
Wir glauben an die Gegenwart [Christi].	*Allein der glaub an Jesum Christ* *Schaft, dz er gegenwerdich ist.* *Vnnd speist vns mit seim fleisch vnd blut,* *Vnnd sich mit vns vereinigen thut.* *Der mündt empfehet natürlich broth,* *Die seel aber speiset selber got.*

Der Dominikaner Durandus de S. Porciano (ca. 1270–1334), der dem Ablasswesen gegenüber kritisch eingestellt war, fasste mit seinen vier lateinischen Formeln prägnant das eucharistische Geschehen zusammen, die übrigens auch später in Predigten, z. B. bei Johann Arndt, als gelehrte Reminiszenzen vorkamen (vgl. Werner Anetsberger: Tröstende Lehre. Die Theologie Johann Arndts in seinen Predigtwerken, München 1999, S. 164). Sie werden bei Melanchthon von deutschen Versen erläutert, deren Autor nicht bekannt ist. In einem lateinischen Gedicht von drei Distichen hat Adam Siber (1516–1584), der an der Leucorea u.a. bei Luther und Melanchthon studierte und später erster Rektor der kurfürstlichen Landesschule Grimma wurde, unter dem Titel „Christus praesens in Cena sacrosancta" die Formulierungen des Durandus verarbeitet (vgl. Adam Siber: Epigrammatum libellus superadditus, Basel 1566, p. 28). In Melanchthons Antrittsrede von 1518 diente Durandus neben Thomas von Aquin und Duns Skotus als Prototyp der barbarischen scholastischen mittelalterlichen Theologie (Melanchthon deutsch. Bd. 1, Leipzig ²2011, S. 51).

So wie der Storch, auch wenn er wegzieht, nach seiner Rückkehr dennoch dieselben Nester wieder aufsucht, so sollen wir nicht die Freunde vergessen, auch wenn der Verkehr mit ihnen unterbrochen wurde, sondern ihr Andenken immer mit uns tragen.

Der Storch galt in der Antike als „frommer Vogel" („pia avis"), als Sinnbild der pietas, also der engen wechselseitigen Bindung zwischen Eltern und Kindern und dabei insbesondere für die Liebe und Fürsorge der Kinder ihren Eltern gegenüber; in ihrer dankbaren Liebe würden die flügge gewordenen Störche nach ihrer Winterreise im Frühling immer wieder in dieselben alten Nester zurückkehren und ihre Eltern ernähren. Erasmus hat diese Vorstellung in einem Adagium unter dem Titel „Ἀντιπελαργεῖν" (also Vergeltung der Elternliebe wie ein Storch, da das griechische Wort eine kühne antike Wortfindung darstellt: ‚entgelten' = ‚entstorchen'; 1, 10, 1, Nr. 901) mit zahlreichen Belegstellen aus Homer, Aristoteles, Plinius, Aristophanes und Platon erläutert. Emblematisch für die Liebe zu den Eltern wurde der Storch in dem Bild „Storch trägt seine Eltern auf dem Rücken und füttert sie" (vgl. Emblemata. Handbuch zur Sinnbildkunst des 16. und 17. Jahrhunderts, hrsg. von Artur Henkel und Albrecht Schöne, Stuttgart 1967, S. 827 f.). Im Dictum Melanchthons wird das Bild des Storchs zum Vorbild der Freundesliebe ausgeweitet, was bereits in der antiken pietas angelegt ist, da diese über die Beziehung zwischen Blutsverwandten hinaus die Beachtung von zwischenmenschlichen Bindungen umfasst, also auch die pietas erga amicos (vgl. z. B. Cicero ad fam. 1, 1, 1; 1, 8, 2; 1, 9, 1 etc.).

Klagelied über die Treue

Brüder, Diener Gottes,
meine Verse sollen euch nicht beunruhigen,
hört aber um Gottes willen
meine klagenden Worte:
Die Welt bereiste ich voller Schmerz,
überall suchte ich die Treue.
Wo auch immer ich die Treue suche,
ob beim Volke, ob beim Klerus,
ob im Kloster, ob auf dem Markte,
wo die Treue ist, weiß ich nicht.
Treue ist nirgendwo sichtbar,
in der ganzen Welt fehlt es an Treue.
Weder der Sohn schenkt dem Vater
Treue, noch der Bruder dem Bruder.
Ach, von ihrem Thron stürzt
die Treue, die doch fest war
einst, und an ihrer Stelle
triumphiert allein die Arglist in der ganzen Welt
so mächtig und so verderblich.
Niemand kann ihr entgegentreten.
Was auch immer die Arglist verordnet,
das muss man machen.
Der Klerus und das ganze Volk
ordnen sich andächtig der Arglist unter.
Alles in der ganzen Welt
richtet die Arglist nach ihrem Wunsch ein.
Die mit der Arglist auf gutem Fuße stehen,
die gewinnen auch die Herrschaft.
Wer aber die Arglist wahrhaft nicht kennt,
der ist verworfen und wertlos,
wird als Stümper bezeichnet
und ist nicht ein Jota wert.

Die im lateinischen Original paarweise gereimten Achtsilbler stammen aus einer im 14. und v. a. im 15. Jahrhundert weit verbreiteten Ständesatire und wurden 1535 und 1544 von Nickel Schirlentz in Wittenberg gedruckt („Querela de fide pii et spiritualis cuiuspiam Parrochi (ut videtur) ante hoc nostrum seculum, nuper reperta", Wittenberg: Schirlentz 1535). Die reformatorische Rezeption rührt daher, dass die Verse am Beginn einer Dichtung stehen, in der die Stände der vorreformatorischen Gesellschaft heftig kritisiert werden, so dass die Polemik der Wittenberger gegen die katholische Kirche, ihre Vertreter und Anhänger in diesem Zyklus einen Vorläufer fand: Fides wurde vom Thron gestürzt; dafür herrscht jetzt Dolus, die Arglist, über den Klerus und das ganze Volk (dass Fides hier nicht als „Glaube", sondern als „Treue" – im Gegensatz zu ihrer Widersacherin, der „List" – zu verstehen ist, schlägt WA 38, 376 Anm. 2 vor). Danach folgen heftige Attacken in Versform gegen Prälaten, Mönche, Bettelorden, Adlige und Kaufleute, etwa dass die Geistlichen die ihnen anvertrauten Gaben verkaufen oder dass Kanoniker sich v. a. um den Marktplatz kümmern; die antiklerikale Polemik findet ihre Zuspitzung in V. 107 f.: „Qui vult Sathanae servire / Claustrum debet introire" – „Wer dem Teufel dienen will, muss ins Kloster gehen" (vgl. Nikolaus Henkel: Gesellschaftssatire im Mittelalter. Formen und Verfahren satirischer Schreibweise [...], in: Epochen der Satire. Traditionslinien einer literarischen Gattung in Antike, Mittelalter und Renaissance, hrsg. von Thomas Haye und Franziska Schnoor, Hildesheim 2008, S. 107–109). Die spätmittelalterliche Vorlage setzt in V. 1 mit einem Appell an die Mitbrüder des anonymen Verfassers ein: „Viri fratres, servi Dei" (diese Lesart ist die Grundlage der Übersetzung), während Vendenhaimer „Viri fratres verbi Dei" liest; er lässt übrigens auch fünf Verse weg (in der Edition Wittenberg 1535 V. 24–28). Luther selbst schrieb ein kurzes Vorwort zu der Wittenberger Publikation und betonte darin, dass es auch vor der Reformation schon wahrhaftige Gläubige gegeben habe, die sich allerdings verborgen halten mussten (WA 38, S. 376; die Verse sind abgedruckt auf S. 379–385). In der Druckfassung ist das Gedicht wie der gesamte Druck überschrieben: „Querela de fide pii et spiritualis cuiuspiam Parrochi (ut videtur) ante hoc nostrum seculum, nuper reperta" (in der zeitgenössischen Übersetzung [Wittenberg: Georg Rhau 1544] lautet der Titel: „Klagerede vom Glauben eines fromen und geistlichen (als es scheint) Pfarrhers fur [vor] dieser unser zeit, jetzt neulich gefunden").

Doktor Paul Eber aus dem Kapitel Jesaja 49

Kann denn eine Frau davon ablassen, sich um ihr Kind zu sorgen,
so dass eine Mutter den eigenen Sprössling vernachlässigt?
Angenommen, es geschieht, dass eine Frau alle Liebe
einer Mutter verliert, so wäre diese wilder als ein Tier.
Ich selbst dagegen werde dich niemals vergessen;
deine Namen sind in meine Hand geschrieben.

Der Wittenberger Theologe Paul Eber (1511–1569) verfasste am Tag der Geburt seines Sohnes Johannes, also am 4.7.1550, im Sinne einer poetischen Übertragung lateinische Verse über Jes 49,14–16, die er in das Stammbuch Wolfgang Ruprechts eintrug. In einer kürzeren Variante sind sie von Vendenhaimer aufgezeichnet sowie in der Ausgabe der Gedichte Melanchthons von Grathusius (1560), Vincentius (1563) und Hegelund (1583) publiziert worden (vgl. ausführlich Stefan Rhein: Paul Eber als lateinischer Dichter, in: Paul Eber [1511–1569]. Humanist und Theologe der zweiten Generation der Wittenberger Reformation, hrsg. von Daniel Gehrt und Volker Leppin, Leipzig 2014, S. 218–220).

Vom Priester, der einem Dieb Trost spendete

Ein Geistlicher begleitete einen Dieb auf dem Wege dorthin,
wo er die Schuldigen dem Henker zur Bestrafung übergibt, und
sagte zu ihm: „Sei nicht traurig, Gast des höchsten Gottes,
bald wirst du bei den Himmlischen sein, wenn du nur glaubst."

In der Ausgabe der Gedichte des Georg Sabinus (1508–1560), Schüler und Schwiegersohn Melanchthons, produktiver lateinischer Dichter, Rhetorikprofessor in Frankfurt (Oder), Gründungsrektor der Universität Königsberg, ist das Gedicht unter dem Titel „De sacerdote furem consolante" überliefert und umfasst dort vier Distichen, von denen die ersten beiden hier übernommen wurden; das Gedicht geht folgendermaßen weiter: „Ille gemens, si vera mihi solatia praebes, / Hospes apud superos sis meus oro, refert, / Sacrificus contra: mihi non convivia fas est / Ducere, ieunans hac edo luce nihil" – „Jener stöhnte auf und antwortete: ‚Wenn du mir wahren Trost gewährst, dann bitte ich dich, mein Gastfreund im Himmel zu sein.' Der Priester wiederum: ‚Es steht mir nicht zu, ein Gastmahl auszurichten; in diesem [himmlischen] Licht faste ich und esse nichts.'" Vgl. z. B. Georg Sabinus: Poemata, Leipzig: Lantzenberger/Vögelin 1597, p. 289 f.

ANHANG

Abkürzungsverzeichnis

Alsheimer Rainer Alsheimer: Katalog protestantischer Teufelserzählungen des 16. Jahrhunderts, in: Volkserzählung und Reformation. Ein Handbuch zur Tradierung und Funktion von Erzählstoffen und Erzählliteratur im Protestantismus, hrsg. von Wolfgang Brückner, Berlin 1974, S. 417–519.

Annotationes In Evangelia, quae usitato more in diebus Dominicis et Festis proponuntur, Annotationes Philippi Melanthonis, Wittenberg 1544 (VD 16, M 4531, Claus 1544. 103. 1).

Claus Helmut Claus: Melanchthon-Bibliographie 1510–1560. 4 Bde., Gütersloh 2014.

CR Corpus Reformatorum. Bd. 1–28: Philipp Melanchthon: Opera quae supersunt omnia, hrsg. von Karl Gottlieb Bretschneider und Heinrich Ernst Bindseil, Halle a. d. Saale/ Braunschweig 1834–1860.

Kurtze Postill Kurtze Postill Herrn Philippi Melanthonis uber die Evangelia vom Advent bis auff Ostern, übers. von Kaspar Brusch, Erfurt 1545 (VD 16, E 4592; Claus 1545. 15).

Loesche Analecta Lutherana et Melanthoniana. Tischreden Luthers und Aussprüche Melanthons, hauptsächlich nach Aufzeichnungen des Johannes Mathesius, hrsg. von Georg Loesche, Gotha 1892.

Manlius Johannes Manlius: Locorum Communium Collectanea […] per multos annos tum ex lectionibus D. Philippi Melanchthonis, tum ex aliorum doctissimorum virorum relationibus excerpta […], Frankfurt am Main: P. Fabricius, 1566 (VD 16, M 608).

MBW Melanchthons Briefwechsel. Kritische und kommentierte Gesamtausgabe, hrsg. von Heinz Scheible (bis 2009) und Christine Mundhenk (ab 2010), bisher 13 Bd.e Regesten und Register und 20 Bd.e Texte, Stuttgart-Bad Cannstatt 1977 ff.

Melantone: Predicazione evangelica Filippo Melantone: Predicazione evangelica. Sermoni per le domeniche dell'anno, übers. von Secondina Marafini, hrsg. von Stefano Cavallotto, Casale Monferrato 2001.

Meyer: Göttinger Nachschrift Wilhelm Meyer: Die Göttinger Nachschrift der Postille Melanchthons, in: Nachrichten von der Königl. Gesellschaft der Wissenschaften zu Göttingen / Philologisch-historische Klasse, Göttingen 1895.

Michel: Sonntagsvorlesungen Stefan Michel: Die Sonntagsvorlesungen Philipp Melanchthons. Vom akademischen Vortrag zum homiletischen Hilfsmittel, in: Philipp Melanchthon. Lehrer Deutschlands, Reformator Europas, hrsg. von Irene Dingel und Armin Kohnle, Leipzig 2011, S. 177–190.

Postill Postill Philip. Melanchthons uber die Evangelia vom Advent bis auff Ostern, übers. von Johannes Pollicarius, Erfurt 1549 (VD 16, E 4593; Claus 1549.8).

Postilla I Postilla Melanthoniana, hoc est: Lectionum Evangelicarum [...] Explicationes piae ac eruditae Philippi Melanthonis. Pars I, Heidelberg 1594 (VD 16, M 3981).

Postilla II Explicationum Melanchthoniarum in Evangelia Dominicalia Pars II, Hanau 1594 (VD 16, M 3979).

Rehermann Ernst Heinrich Rehermann: Das Predigtexempel bei protestantischen Theologen des 16. und 17. Jahrhunderts, Göttingen 1977.

Vendenhaimer Ulricus Vendenhaimer Noribergensis Anno 1557. Historiae quaedam recitatae a Praeceptore Philippo Melanthone inter publicas lectiones [HAB Wolfenbüttel Cod. Guelf. 21 Aug. 4°].

WA D. Martin Luthers Werke: kritische Gesamtausgabe, Weimar 1883 ff.

WABr D. Martin Luthers Werke: kritische Gesamtausgabe: Briefwechsel. Bd. 1–18, Weimar 1930–1985.

WATR D. Martin Luthers Werke: kritische Gesamtausgabe: Tischreden. Bd. 1–6, Weimar 1912–1921.

Personen- und Ortsregister

Das Register erstellte Anna Lena Jungk. Es verzeichnet Personen und Völkerschaften einschließlich der biblischen und mythologischen Gestalten sowie Länder, Landschaften und Städte. Aufgenommen wurden auch die Begriffe aus Einleitungen und Anmerkungen. Nicht berücksichtigt wurde „Philipp Melanchthon". Auf moderne Autoren wurde grundsätzlich verzichtet. Die Erläuterungen zu den einzelnen Lemmata sind auf das Nötigste beschränkt. In den Biogrammen in MBW 11 ff. werden alle (historischen und zeitgenössischen) Personen, die in Melanchthons Briefwechsel vorkommen, vorgestellt; sie sind oft auch die „Helden" seiner Geschichten, Erzählungen und Anekdoten. MBW 10, 23–256 listet alle Ortsnamen auf, die von Melanchthon erwähnt werden und in denen er Briefpartner besaß.